KB196022

헌법을 쓰는 시간

헌법을 쓰는 시간

김진한 지음

권력을 제한하는
여섯 가지 원칙

메디치

용감하고 지혜로운, 보고 싶은 어머니에게

2024년 12월 3일 윤석열 대통령은 평범한 어느 날 밤 느닷없는 비상계엄을 선포했습니다. 비상계엄의 본질은 '법'과 '제도'를 통하여 독재정치를 허용하는 것으로, 한마디로 공화국의 생명을 보호하기 위해 마지막 수단으로만 사용할 수 있는 민주주의의 '독약'입니다. 평화로운 일상을 습격한 그날의 비상계엄 선포는 민주공화국 최고의 권력이 오히려 민주주의의 가장 큰 적이 될 수 있음을 드러냈습니다.

공화국을 배신한 대통령은 헌법이 정한 절차와 원칙에 따라 탄핵되고 처벌되어야 합니다. 그런데 우리는 그 이후에 무엇을 어떻게 해야 할지에 대한 계획을 가지고 있을까요? 2017년에도 우리는 촛불과 탄핵심판으로 권력자를 자리에서 몰아낸 적이 있습니다. 하지만 그 후 권력의 폭주는 또다시 발생했습니다. 원인을 찾아 고치지 않으니 같은 역사가 반복되는 것입니다. 그 원인은 어디에서 찾아야 하고, 어떻게 고쳐야 할까요?

헌법이 시민의 자유를 보장할 수 있는 것은 헌법이면 당연히 갖추게 되는 능력 때문이 아닙니다. 상호견제의 톱니바퀴 구조로 짜여 있는 헌법의 권력구조가 그 힘의 원천입니다. 그런데 그 구조가 잘못 설계되면 불균형이 발생합니다. 작은 불균형은 점차 큰 불균형으로 발전해 마침내 권력 장치 전체를 궤도에서 벗어나게 만듭니다. 공직자들이 헌법이 아니라 권력자에게 충성하는 나라가 되는 것은 바로 그러한 불균형으로부터 시작합니다. 권력의 균형이 맞추어질 때 비로소 권력자들이 국민을 존중하게 됩니다. 시민의 생명과 자유를 안전하게 지키는 헌법은 그때에야 비로소 이뤄지는 것입니다.

2016년과 2017년 대통령 탄핵 이후 헌법 개정 작업이 시작되었습니다. 하지만 실패하고 말았습니다. 개헌의 주도세력은 정의로운 세상을 향한 의욕이 많았습니다. 하지만 헌법의 개정이란 '포기 불가능한 것마저 포기해야 하는' 타협의 과정이라는 사실을 자각하지 못했습니다. 끝내 개헌은 이뤄지지 않았고, 권력의 불균형도 바로잡지 못했습니다.

2024년과 2025년 또다시 헌법 위기가 발생했습니다. 이번 위기는 종전의 것과 양상이 다릅니다. 전면적인 헌법의 위기입니다. 광장에 서 있는 이들은 더 이상 민주주의를 옹호하는 촛불의 시민들만이 아닙니다. 헌법 부정론자와 음모론자들, 헌법 파괴자들이 굉음을 만들어내는 광장의 스피커 앞에 민주공화국은 위태롭습니다.

많은 시민이 2017년 접어두었던 헌법을 다시 꺼내어 읽고 있습니다. 사람들은 지금 헌법에서 어떤 이야기를 읽고 있는 것일까 가늠해봅니다. 헌법이 이 시대의 불안과 아픔 속에서 위로와 희망이 될 수 있다는 생각을 해봅니다. 하지만 오히려 헌법 때문에 슬픔과 좌절을 느끼고 있는 것은 아닐까 하는 생각이 들면 마음이 무거워지기도 합니다. 이러저러한 추측 속에서 분명한 확신이 하나 있습니다. 혼란과 갈등이 가득한 이 시대야말로 시민들이 헌법을 합당한 깊이에서 이해할 수 있는 '축복의 시간'이 될 수 있다는 것입니다.

더 많은 시민이 헌법을 읽고, 헌법의 작동을 이해해야 합니다. 사랑하는 이들의 평화로운 일상, 우리 모두의 평범하고 아름다운 일상, 그리고 민주주의를 지키기 위해서는 더 많은 민주주의자가 필요하기 때문입니다. 더 많은 시민이 헌법을 읽는 대한민국의 미래는 희망이며, 더 많은 시민이 헌법의 작동을 이해하는 민주공화국은 건강하고 안전합니다.

이 책은 윤석열 대통령 탄핵소추 국회 대리인으로서 탄핵심판의 소용돌이 한가운데에서 준비했습니다. 새로운 원고로 모두 고쳐 쓰진 못했으나, 이 책이 현재의 시간 속에서 독자들에게 더 새롭고 깊은 의미로 다가갈 수 있으리라 기대합니다. 대한민국 헌법이 다시는 오작동하지 않길 바라는 마음을 담아 특별부록으로 윤석열 대통령 탄핵심판 2차 변론장에서 국회 측 대리인단으로 발언한 변론 내용의 전문을 실었습니다.

부디 이 책이 동료 시민들에게 헌법에 대한 논의의 토대를 제공할 수 있기를 진심으로 바랍니다. 본 개정판을 낼 수 있도록 용기를 불어넣어준 메디치미디어 김현종 대표님께 감사드립니다.

2025년 2월 3일
김진한

차례

제1부

법과 정치 이야기

제2부

권력을 제한하는 '권력의 원칙들'

제3부

자유의 원칙들

제4부

권력을 제한하는 새로운 장치, 헌법재판제도

01

톨스토이는《안나 카레니나》를 다음과 같은 문장으로 시작한다.

행복한 가족은 모두 비슷해 보이지만, 불행한 가정은 제각기 다른 이유를 안고 있다.

행복한 가정의 모습들은 비슷하다. 위험천만한 인생의 파도를 피해갈 수 있는 사람은 없기에 행복한 가정에도 위기는 닥쳐온다. 다만 억세게 운이 좋은 것인지, 알 수 없는 방법을 사용한 것인지, 어쨌든 그들은 추락을 피하고 행복의 균형을 유지한다. 평균대 위에서 연기를 마친 체조선수들의 비슷한 모습처럼, 서로 비슷한 표정을 짓고 있다.

불행한 가정의 모습들은 각양각색이다. 불행으로부터 공격받은 방향과 그 무너진 각도, 그리고 허물어진 정도에 따라 각기 다른 모습을 보여준다. 평균대에서 떨어진 선수들의 모습이 천차만별인 것과 마찬가지다. 그래서 소설가들은 인간들의 다양한 불행을 천 가지 이야기로 묘사할 수 있는지도 모른다.

톨스토이의 문장은 비단 가정에만 해당되는 법칙이 아니다. 국가의 모습도 마찬가지이다. 성공적인 민주주의를 운영하는 국가는 모두 비슷한 모습을 갖고 있다. 반면 실패한 국가들은 그 모습도, 실패의 이유도 제각각이다.

대통령 직선제 개헌을 만들어낸 1987년 6월로부터 30년의 세월이 흘렀다. 새로운 대통령이 선출될 때마다 희망에 차 이륙했다. 하지만 우리 헌법질서는 정확하게 그 이륙 횟수만큼 반복해 추락했다. 새로운 권력에 대한 희망은 불과 몇 년 후면 좌절과 분노로 바뀌어버렸다. 도대체 우리가 번번이 실패하는 이유는 무엇일까? 과연 우리가 무엇에 대한, 어떤 노력을 기울여야 멋지게 착지할 수 있는 것일까?

02

영화 〈반지의 제왕〉은 세상을 지배할 절대적인 힘을 지닌 반지에 얽힌 이야기다. 악의 세력이 그 반지를 차지하지 못하게 하기 위해서는 그 반지를 파괴해야 한다. 선한 세력의 부름을 받은 원정대원들은 반지 파괴를 위한 먼 여정을 떠난다. 세상을 지배하려는 악의 세력은 가공할 마법의 힘으로 이들을 공격한다.

영화를 보는 내내 생겨나는 궁금증이 있다. 원정대원들은 암흑의 세력에 쫓기고 죽임을 당하면서도 왜 절대반지를 이용하지 않았을까? 반지를 파괴하러 가는 동안만이라도 반지의 힘을 사용하는 것이 영리한 선택 아니었을까?

반지의 마력은 사람의 영혼을 타락시키는 힘을 갖고 있다. 반지의 힘을 사용하면 그 스스로가 세상을 지배하려는 악마로 변화될 가능성이 있었던 것이다. 그들이 반지를 사용하지 않은 것은 반지를 사용하는 스스로를 두려워했기 때문이다.

이 이야기는 단순히 마법의 반지를 둘러싸고 벌어지는 판타지가 아니다. 통제되지 않은 권력이 갖고 있는 마력의 이야기, 두려워해야 할 것은 악이 아니라 '절대적인 권력'이라는 암흑의 경고다.

03

'권력'이란 다른 사람들에게 자신의 생각을 관철시킬 수 있는 힘이다. 사람들은 더 큰 권력을 욕망한다. 그래서 자기보다 더 많은 권력을 가진 사람을 부러워하고 질투한다. 권력을 둘러싼 갈등은 끊임없이 발생한다.

국가의 의사를 결정하고 국가가 갖는 물리력을 작동시키는 권한을 '국가권력'이라고 한다. 다른 권력과 차원을 달리하는 가장 최고의 권력이며 무한정한 성질의 권력이다. 절대반지의 힘과 가장 닮은 권력이다.

권력을 함부로 사용하는 것을 '권력남용'이라고 한다. 권력남용의 유혹은 모든 권력이 가진 속성이다. 더 큰 권력일수록 그 유혹은 더 커지고, 함부로 사용하는 정도도 더욱 커지게 마련이다. 그래서 국가권력은 가장 쉽게, 그리고 가장 심하게 남용될 수 있는 권력이다.

권력은 권력자의 인격에 변형을 초래한다. 그래서 그 권력이 선한 사람의 손에 들어가는 것도 악의 세력에 들어가는 것 못지않게 위험한 일이 된다. 사실 권력의 세계에서 선과 악을 구분하는 것은 쉬운 일이 아니다. 권력의 선악은 권력을 사용하는 자의 의도가 아니라 '제한되는가', 혹은 '제한되지 않는가'에 의해 결정되는 경우가 대부분이다.

국가권력은 자신의 생각으로 세상의 질서를 규정하려고 한다. 그리고 그 질서에 거역하는 사람들을 배제하고, 그들의 자유를 빼앗으려 한다. 이는 전제군주, 독재정치, 전체주의 체제에서만 발생하는 문제가 아니다. 우리들이 믿고 희망하는 민주주의 체제에서도 발생하는 문제다. 다수의 세력이 이기적인 욕망을 추구할 때, 그들이 두려움을 억제하지 못하고 관용의 원칙을 포기할 때, 민주주의 권력은 예측할 수 없는 방향으로 나아간다. 민주주의 권력이 갖고 있는 약하고도 악한 속성이다.

그렇다면 국가권력의 악을 제거하기 위해서 우리는 무엇을 해야 할까? 절대반지를 파괴해야 하는 것과 마찬가지로, 국가권력을 불덩이 속으로 던져 폐기해야 하는 것은 아닐까?

절대반지와 국가권력에게는 다른 점이 하나 있다. 절대반지를 없애버리는 것은 가능하지만, 국가권력을 폐기하는 것은 애초에 불가능하다는 점이다. 공동체와 공동체의 정치가 존재하는 이상, 현실세계에서 국가권력을 폐기할 수는 없다.

실패한 국가들이 있다. 미국의 한 비정부단체인 '평화기금Fund for Peace'은 해마다 '실패국가지수Failed State Index'를 발표한다. 실패국가지수의 가장 중요한 척도는 '실제로 작동하는 권력이 존재하는가'이다. 2016년 명단에 따르면 실패국가 1위는 소말리아, 2위는 남수단, 3위는 중앙아프리카공화국이다.

권력이 존재하지 않는다면 국가가 담당해야 할 어떤 기능도 기대할 수 없다. 최악의 실패국가인 소말리아에는 형식적으로 존재하는 정부는 있으나 실질적으로 지배하는 권력은 존재하지 않는다. 그래서 치안, 주민의 보호, 의료, 사회적 공공서비스 등 어떤 국가기능도 작동하지 않는다. 수많은 사람들이 기아선상에서 헤매고 있다.

국가권력으로부터 아무런 보호를 받지 못하게 되었을 때 국민들은 공포에 빠진다. 최악의 상황에서 탈출하기 위해 비록 폭력적이더라도 국가를 지배할 수 있는 권력을 선택한다. 그래서 소말리아에서 실질적으로 나라를 지배하는 것은 군벌들과 해적들이다. 범죄적 권력이지만 그나마 그들이 지배하는 영역에서는 최소한의 치안이 유지된다.

국가권력은 그 자체로 선하지 않은 것처럼 그 자체로 악하지도 않다. 지진과 해일이 덮쳐 수많은 사람들이 사망하고 전염병과 굶주림으로 고통을 겪을 때 국가가 아니면 누가 보호할 수 있을까? 권력을 사유화하고 사람들의 자유를 억압하는 정치세력이 있을 때, 정당한 국가권력의 사용 이외에 당장 어떤 대안이 있을까? 국민들의 자유와 생명, 정의와 인간다운 생존을 위해 절대로 포기할 수 없는 것이 바로 국가권력이다.

세상이 다양하고 복잡해진 만큼 권력의 지도도 다양하고 복잡해졌다. 국가권력에 비견될 만큼 거대한 경제력, 물리력, 그리고 정치적 영향력을 갖춘 세력들이 속속 등장하고 있다. 거대기업과 재벌들, 미디어를 장악하는 언론과 같은 개인권력들이 대표적이다. 이들 개인권력들은 때로 국가권력과 연합하고, 때로 국가권력과 대립하고, 때로 국가권력을 압도해 세상을 지배하려고 한다. 이들 개인권력이 세상을 지배하려고 할 때 개별 시민들이 대항할 수 있는 수단으로 남는 것은 국가권력밖에 없다.

갖고 있을 수밖에 없고, 갖고 있어야 하지만, 갖고 있기에는 너무나 위험한 이 반지의 권력을 도대체 어떻게 해야 할까? 이 책이 다루려고 하는 이야기가 바로 그것이다.

05

헌법은 '국가권력을 제약하고 길들여 시민들의 자유를 보장하는 도구로 사용한다'는 '약속의 규범'이다. 모든 권력과 법 위에 존재하는 '최고의 법'이다. 따라서 모든 법과 권력을 복종시키는 최고의 효력으로 존재해야 한다.

하지만 놀랍게도 헌법에는 강제수단이 없다. 헌법으로부터 기원하는 모든 법들이 가지고 있는 강제력을 정작 헌법은 갖고 있지 못하다. 그 효력을 거부하는 권력에게 복종을 강제할 수 있는 물리적 수단이 없는 것이다.

그래서 헌법은 최종적 효력을 국민에게 의존한다. 국민들이 헌법의 내용을 알고, 최고 권력도 헌법에 복종해야 한다고 믿고 있을 때만이 권력으로 하여금 순순히 따르게 할 수 있다. 그러므로 헌법은 제정에 의해 존재하는 법이 아니다. 사람들이 그 내용 그대로 실현되어야 한다고 믿을 때 비로소 존재하고 효력을 발휘한다.

그렇다면 권력을 제한하고 자유를 보장하는 헌법을 작동시키려면 무엇을 어떻게 알고 있어야 할까?

헌법 조항을 하나씩 꼼꼼히 읽는 것도 필요하다. 하지만 가장 좋은 방법은 아니다. 시계의 부속품을 살펴보는 것만으로 시계의 작동을 이해할 수 없듯, 헌법의 조문을 읽는 것만으로는 부족하다.

헌법은 주권자인 시민들에게 기본권이라는 권력이 침해하지 못할 자유를 부여하고 있다. 시민들의 자유 보장을 이해하는 것으로 헌법을 작동시킬 수 있을까? 자유를 알고 있는 것으로는 자유조차도 보장하지 못한다. 헌법을 무용지물로 전락시켜버리는 권력자의 권력행사에 대해 자유에 관한 지식은 아무런 대책도 알려주지 못한다. 권력의 원칙을 알지 못한 채 헌법의 자유만을 아는 것으로는 스스로의 자유조차도 보장하지 못한다. 모래 위에 지은 성에 불과한 것이다.

우리가 진정으로 알아야 할 것은 권력의 원칙들이다. 헌법이 국가권력을 어떻게 만들고 제한하는지, 전체 원리를 알고 있어야 한다. 그래야 권력통제의 장치를 작동시킬 수 있고, 헌법을 보호할 수 있으며, 그것으로 자유를 확보할 수 있다.

권력은 간단하게 통제되지 않는다. 하나의 원칙으로 순조롭게 길들여지지 않은 것이 권력이고, 권력의 욕망이다. 그래서 권력을 통제하기 위해서는 여러 원칙이 필요하다. 여러 헌법의 원칙들이 정교한 균형의 원리로 동시에 작동할 경우에야 가까스로 권력을 제한할 수 있다.

그것은 헌법을 쓰는 시간이었다.

2016년 가을부터 2017년의 봄까지, 국민들은 민주주의와 자유의 헌법을 다시 한 번 작성했다. 권력자가 함부로 무시했던 헌법을 광장의 바닥에 또렷하게 새겨놓았다.

이제 다시 헌법을 쓰는 시간이다. 본격적인 헌법 개정 논의가 시작될 것이다. 그리고 헌법 개정을 둘러싼 여러 정치 세력들의 대결도 시작될 것이다.

헌법의 개정은 정치적 이해관계를 놓고 싸울 주제가 아니다. 먼 미래를 향하고 있는 헌법의 개정을 지금 이 순간의 정략 수단으로 사용한다면 미래의 어느 시기에, 알 수 없는 방향에서 날아오는 부메랑이 되어 누구도 원하지 않는 파국을 초래할 것이다.

하지만 순간의 정략을 거부하지 못하는 것이 정치인과 정치세력들의 속성이다. 그렇기 때문에 정치인들에게 헌법의 논의를 독점시켜서는 안 된다. 정치권력의 영향에서 자유롭지 않은 전문가와 학자들에게 전적으로 맡기는 것도 곤란하다. 헌법 개정의 토론에는 시민들이 개입해야 한다. 개정에서 다룰 주제도 정치인들과 전문가들이 정한 주제로 한정시켜서는 안 된다. 시민들이 중요한 문제를 제안하고 주장할 때 헌법의 틀 속에 새로운 내용이 채워지게 된다.

국민들의 정정당당한 요구라는 자극이 없다면 정치세력과 전문가들이 제대로 된 헌법 개정의 궤도를 찾아가지 못한다. 수십 년 동안 기다려야 했던 헌법 개정의 기회를 최고의 패착으로 날려버릴 수는 없다. 헌법을 제정하고 개정하는 것은 주권자인 국민들의 고유한 권한이다.

헌법 개정의 토론에 참여하기 위해서는 헌법의 원칙을 스스로 공부해야 한다. 감정의 불을 들고 정치인들의 헌법 개정 전투에 참여하는 것은 최악의 참여다. 이성의 토론을 준비하지 않으면 정치세력들 간의 논쟁에서 대리전의 용병이 되기 십상이다. 헌법의 형상과 설계를 마음속에 가지고 있어야 제대로 주장할 수 있고, 경청할 수 있으며, 논의를 왜곡하는 세력들에게 속거나 이용당하지 않을 수 있다. 헌법은 그렇게 작성되어야 한다.

시민들이 헌법을 쓰는 시간이다. 그리고 권력과 정치인들은 시민들의 목소리에 조용히 귀 기울여야 한다.

07

이 책에서 소개하는 '권력을 제한하는 헌법의 원칙'은 여섯 개의 기둥으로 구성되어 있다.

첫 번째 원칙, 법치주의

법치주의는 우리 헌법의 원칙 가운데 가장 잘못 이해되고 있고, 가장 큰 오해를 빚고 있는 원칙이다. 이는 법에 따라 다스린다는 원칙이 아니다.

법치주의 원칙이란 권력통제와 시민들의 자유를 보장하는 헌법의 모든 원칙들의 총합체다. 때문에 헌법을 한마디 다른 말로 표현한다면 가장 적합한 단어가 바로 법치주의 원칙이다.

두 번째 원칙, 민주주의

민주주의 원칙은 권력을 만들어내는 원칙이다. 국가권력의 주인은 다른 누구도 아닌 국민이고, 국가권력은 국민의 뜻에 따라 결정되고 행사되어야 한다는 원칙이다. 권력을 만들어내고 부여하는 방식 중 가장 신뢰할 수 있고, 공정하며, 안전하다고 믿었기에 민주주의 원칙을 채택했다. 하지만 오늘날 민주주의 원칙은 안개속에 잠겨있다. 법치주의 원칙이 잘못 알려진 원칙이라면 민주주의 원칙은 혼란스러운 원칙이다.

우리는 민주주의의 수단으로 대의제를 사용했다. 선거를 통해 대표들에게 권력을 부여하는 대의제는 충분히 민주적이지 않다. 대표들의 정치적 결정과 권력행사가 일상적으로 이뤄지면서 정치인들이 권력의 주인, 나라의 지배자라는 계급을 차지하게 된 것이다. 선거에 의한 대의제가 민주적이지 않다면 모든 정치적 결정을 국민들이 직접 내리는 직접민주주의 방식을 채택해야 하는 것일까? 민주주의 원칙은 과연 어떻게 실현될 수 있는 것일까?

세 번째 원칙, 권력분립

우리 민주주의가 연속적으로 실패했던 가장 큰 원인은 권력분립 원칙을 실현하지 못한 데 있다. 과연 어떻게 설계하고 작동시켜야 성공적인 권력분립 원칙을 달성할 수 있을까? 그 방법을 반드시 찾아서 이번 헌법 개정 작업에서 구체화해야 한다.

권력분립 원칙의 설계를 실제 정치에 구현하는 것이 정부형태다. 정치인들은 제왕적 권력을 통제한다는 명분으로 정부형태의 변경을 논의하고 있다. 과연 최선의 정부형태는 어떤 것일까? 정부형태의 변경이란 과연 달성하고자 하는 그 목표를 위한 바람직한 수단일까?

네 번째 원칙, 자유의 원칙들

헌법은 기본권이라는 이름으로 시민들의 자유를 보장한다. 자유를 보장받지 못하는 시민들은 권력의 남용을 억제하지 못한다. 헌법에 보장되는 시민들의 자유는 권력이 넘을 수 없는 가장 명확한 경계선이다. 그래서 자유는 시민들 개인의 권리일 뿐 아니라 권력을 제한하는 헌법의 원칙이다.

자유를 완전하게 보장하는 사회는 가능하지 않다. 그렇다면 과연 어떠한 자유를, 어떻게, 어디까지 보장할 것인가? 헌법 자유의 조항들은 자유 보장의 원칙들에 의해 실질적 의미를 갖게 된다. 법률유보 원칙, 명확성 원칙, 과잉금지 원칙 등 자유의 원칙들은 우리들의 자유를 어떻게, 어디까지 보장하고 있을까?

다섯 번째 원칙, 표현의 자유

헌법을 위반하는 권력에 대한 시민들의 가장 원초적인 무기는 표현의 자유다. 만일 표현의 자유마저도 제대로 작동되지 않는다면 모든 권력제한 장치들은 무력해지게 된다.

표현의 자유가 권력통제의 최후의 장치인 이유는 무엇일까? 표현의 자유를 위해 우리들은 어떤 이성을 발동시키고 어떤 양보와 희생을 각오해야 하는 것일까?

여섯 번째 원칙, 헌법재판제도

여섯 번째 원칙은 원칙이 아니라 제도다.

시민들이 최고의 법으로서 헌법을 만들었다. 만일 이 헌법을 함부로 위반한다면 시민들의 원래 목적은 달성할 수 없다. 권력이 헌법을 위반해서는 안 된다는 원칙을 직접 달성하는 제도가 헌법재판제도이다.

　헌법재판제도는 완벽하지 않다. 여러 가지 허점과 약점을 가지고 있다. 헌법재판제도가 갖는 약점은 헌법의 약점에서 비롯된다. 헌법의 약점은 헌법을 강하고 질기게 만드는 강점이기도 하다. 과연 헌법재판제도는 무엇으로 그 약점을 극복할 수 있을까? 어떻게 그 약점을 강점으로 전환시킬 수 있을까?

제1부

법과 정치 이야기

1장
법 이야기

01
법이란 무엇인가?

딱딱한 빵을 맛있게 먹는 방법

법은 일반인들의 관심에서 멀리 떨어져 있다. 법이 다루는 대상은 직접적인 권력의 문제가 아니고, 승부의 문제도 아니다. 피와 살이 튀는 드라마틱한 싸움 장면도 없다. 법률은 이해하기 어려운 단어로 쓰여 있고, 그 법을 적용하는 판결은 암호와 같은 문장들로 이뤄져 있다. 그래서 법의 문제는 법을 공부한 사람들만이 생각할 문제라고 치부된다.

만일 쉽지 않다는 이유로 법에 관심을 갖지 않는다면 정치권력은 자신에게 편리한 결정을 법의 이름으로 자유롭게 내릴 수 있다. 아무도 관심을 갖지 않는 사이에 자신들의 구미에 맞는 결정을 내리고, 집행할 수 있는 것이다.

세상의 모든 일에 양면이 존재하는 것처럼 법에도 지루하고 따분한 면만 있는 건 아니다. 감동적이고 통쾌한 드라마도 숨어 있다. 영화배우 톰 행크스에게 아카데미 남우주연상을 안겨준 〈필라델피아〉라는 영화가 있다. 대형 로펌의 유능한 변호사였던 앤드류(톰 행크스 분)가 후천성 면역결핍증에 걸렸다. 그 사실을 알게 된 로펌의 경영진은 은밀히 해고 사유를 만들어 그를 해고한다. 영화는 앤드류가 로펌 경영진을 상대로 외로운 법정 싸움을 벌이는 이야기를 다루고 있다.

이 영화를 본 사람들이라면 기억하고 있을 명장면이 있다. 에이즈 치료법을 아직 제대로 개발하지 못했던 시절, 병세가 진행되어 죽음을 목전에 둔 앤드류가 스스로 증인이 되어 법정에서 증언한다.

앤드류의 변호사 밀러(덴젤 워싱턴 분)가 질문한다.

"당신은 유능한 변호사인가요?"
"네, 저는 탁월한 변호사입니다."
"탁월한 변호사인 이유는 무엇인가요?"
"저는 법을 좋아하고, 법을 잘 알고, 소송에서 잘 이길 수 있습니다."
"법의 어떤 면을 좋아 하나요?"

진지하게 대답하던 앤드류가 난처한 듯 미소를 지으며 묻는다.

"여러 가지가 있는데요? 혹시 가장 좋아하는 것이 무엇이냐고 묻는 건가요?

"가끔, 자주 그렇지는 않아요, 어쩌다가 있는 일이기는 하지만 법을 통해 정의가 실현되는 때가 있어요. 그럴 때는 정말 가슴이 뛰는 희열을 느끼지요."

딱딱한 빵을 맛있게 먹는 방법이 있다. 입안에서 굴리며 오래 씹는 것이다. 오래 씹다보면 어느새 부드럽고 고소한 빵으로 바뀐다.

법은 의견에 불과하다

법학 공부에 관심도 기울이지도 않은 채 시간이 흘러 법학전공 3학년이 되었던 시절의 이야기이다.

법철학 과목의 첫 시간. 교수님은 학생들에게 '사실'과 '당위'를 구분할 수 있는가를 질문하셨다. 법학이 당위의 학문이라는 것은 알고 있었다. 하지만 과연 사실과 당위를 어떻게 구분할 수 있는 것인가, 그것을 구분하는 것은 도대체 무슨 의미가 있는가 따위는 생각해본 적도 없었다. 아무도 대답하지 않았다. 한참 대답을 기다리던 교수님은 먼 곳을 응시하던 시선을 거두며 이렇게 설명하셨다.

"'사실'은 눈으로 보고 확인할 수 있는 것, 감각으로 느끼고 확인할 수 있는 것들입니다. 지금 창밖에 보이는 것들이 바로 전형적인 사실들입니다. 비가 온다, 교정에 나무가 서 있다, 지금 이 순간 도서관에서 한 학생이 나오고 있다, 어제 정문 앞에서 교통사고가 발생했다. 이런 것들이 사실입니다. 사실은 우리가 오감으로 감각할 수 있습니다.

'당위'는 세상의 모습이 어떠해야 한다는 가치이고 판단입니다. 옳다, 그르다를 포함해 사람들마다 생각과 양심에 따라 다양한 판단 하게 되는 것이 당위입니다. 각자 자신의 생각에 따라 다양한 의견 들은 있을 수 있습니다. 하지만 그곳에 진실과 거짓은 없습니다. 법 학이란 이런 당위를 공부하는 학문입니다."

그동안 법학이 어떤 성질을 갖는 학문인지 알지도 못한 채 무조 건 외우려고 덤벼들었었다. 법률, 판례집, 법학서적에 담겨 있는 학 자들의 학설은 당연히 정답이고, 당연히 진리라고 생각했었다. 그런 데 그 모든 것들이 의견에 불과하다는 사실은 놀라운 깨우침이었다.

같은 풍경을 본다고 해도 어떤 틀로 바라보는가에 따라 전혀 다 른 풍경이 된다. 그날 배운 관점을 통해 법학을 새로 만나게 됐다. 그제야 진정으로 법학 공부를 시작할 준비를 갖추었던 것이다.

이 세상에는 다양한 학문이 있다. 그 가운데에는 사실, 그리고 그 사실이 움직이고 있는 방향을 공부하는 학문들이 있다. 지구 온난 화 또는 물가와 실업률의 변화를 관찰하는 연구자들을 생각해보자. 이들은 사실들을 관찰하고 그 변화를 분석한다. 그리고 그 분석을 통해 미래의 변화를 예측한다. 이들은 옳고 그름에 대해 판단하지 않는다.

그들이 연구한 결과를 놓고 과연 어떤 행위를 금지하고, 어떤 행 위를 권장할 것인가 토론하는 일은 정치인들의 몫이다. 그리고 그들 이 제대로 된 정치인들이라면 옳은 것을 권장하고, 그른 것을 규제 하기 위해 어떤 법을 만들게 된다. 당위의 영역으로 넘어가게 되는 것이다.

법학에서는 사실이 아닌 당위를 공부한다. 당위는 '무엇이 옳다', '무엇이 정의롭다'는 판단이고 의견이다. 가령, 법률이란 입법자의 의견이며, 판결이란 법관의 의견이고, 법학자의 학설이란 법학자의 의견이다.

호박꽃이 아름답다는 '의견'

호박 넝쿨은 별처럼 생긴 커다란 노란 꽃을 피워낸다. 어린 시절 동네의 호박꽃들은 축대를 조용히 오르고, 그 주변을 벌들이 윙윙거렸다. 그 모습을 보고 있으면 오후 내내 나른하고 평화로웠다. 그래서 내게 호박꽃은 한가하며 평화로운 꽃이다. 한편 호박꽃을 보고 못생기고 촌티난다고 생각하는 이들도 있다. 그것은 진실과 거짓의 문제가 아니다. 각자 자신의 의견이고 판단이다.

의견은 세상에 존재하는 것이 아니라 사람들의 생각에 존재한다. 그 의견 가운데에는 사회적 편견이나 고정관념 때문에 생긴 의견이 있다. 그런 의견은 억울한 피해자를 발생시킨다. 의견에 진실과 거짓은 존재할 수 없지만, 공정함과 공정하지 않음은 존재한다.

원시의 세상을 상상해보자. 곧게 뻗은 나무들이 울창하다. 동물들이 어슬렁거리고 있다. 비가 오고, 눈이 오고, 바람이 분다. 숲과 나무의 모습에 옳고 그름은 없다. 어떤 모습을 하고 있다는 사실만 있다. 자연 속에서 사는 동물들은 사실의 지배를 받으며 살아간다.

문명이 발달하면서 사람들에게 옳고 그름에 관한 의견이 생겼다. 당위의 세계가 생겨난 것이다. 당위의 의견은 인간들에게 판단과 행동을 요구하는 힘을 갖게 되었다. 당위에 따르는 인간들의 행동에 의해 세상이 변하기 시작했다. 사람들의 머릿속에만 있고, 현실에 존재하지 않는 당위의 의견이 현실과 사실을 변화시키기 시작한 것이다.

멧돼지의 출현

서울 주택가 한가운데 멧돼지들이 출현했다. 현장에 있는 기자가 뉴스를 전한다.

"오늘 오후 3시 종로구 평창동 주택 뜰에 멧돼지 다섯 마리가 나타났습니다. 멧돼지들은 경찰이 출동하자 뒷담을 넘어 북한산으로 달아났습니다."

스튜디오에 있는 뉴스앵커가 이어서 말한다.

"정부는 시민들의 생명과 안전을 위한 대책을 서둘러 마련할 필요가 있습니다. 이제 멧돼지 사냥을 허용할 시기가 되었습니다."

기자가 전한 뉴스는 '사실'에 관한 보고다. 직접 현장에 가서 멧돼지의 발자국 등 흔적을 눈으로 보거나 손으로 만져 확인할 수 있는 내용들이다. 반면 뉴스앵커의 말은 사실이 아니라 '당위'다. 사람들은 각자의 판단에 따라 그 앵커의 생각에 동의하거나 반대할 수 있다. 멧돼지와 관련한 당위의 결정에는 다양한 가치와 판단요소들이 관련된다. 인간의 안전, 농작물의 보호가 한쪽의 가치라면 다른 한쪽에는 동물 생명의 존중, 생태계의 보호라는 가치가 있다. 당위를 결정하기 위해서는 여러 판단요소들 가운데 무엇이 우선인지 결정해야 한다.

공동체 당위의 결정은 공정해야 한다. 구성원들의 삶에 중대한 영향을 주기 때문이다. 사익을 추구하거나 편견으로 가득한 당위의 결정은 누군가의 자유와 인생을 부당하게 파괴하여 정의에 반하는 결과를 초래할 수 있다.

법은 무엇으로 세상을 규율하는가?

일반적인 규범으로 정해 놓은 결정

현실의 법으로 한발 더 들어가보자. 국가 공동체의 문제를 일반적, 추상적인 규범으로 결정해놓은 것을 법이라고 한다. 일반적이고 추상적이라 함은 개별적이거나 구체적이지 않다는 것을 말한다.

2017년 5월 28일 밤 10시. 서울 동대문구 광장고등학교 앞에서 음주운전을 하던 김돌돌 기사가 혈중알콜농도 0.4%의 음주운전으로 적발되어 운전면허를 취소당했다.

운전면허 취소를 명하는 법은 일정한 기준 이상의 음주운전을 한 사람 '모두'에게 적용되는 것이지 특정인 김돌돌에게만 부여된 처분이 아니다. 그리고 그 규범은 2017년 5월 28일 밤, 서울 동대문구에만 적용되는 법이 아니라 시간, 장소, 계절에 구애받지 않고 '항상' 적용되는 법이다.

개별적인 누구를 정해 놓지 않고 모두에게 적용되는 기준, 구체적인 상황에 영향받지 않고 모든 경우에 동일한 기준을 적용하는 것이 바로 일반적, 추상적인 것이다.

일반적이고 추상적인 규범으로 법을 제정하는 이유는 무엇일까? 반복적으로 처리해야 될 문제에 대해 일률적으로 처리할 기준이 필요하기 때문이다. 그렇지 않으면 결정을 내리기 위한 여러 가지 복잡한 고려를 수천, 수만 번 반복해야 한다.

고등학교 시절의 일이다. 담임 선생님께서 지각하는 학생에 대한 벌을 선포하셨다. 대걸레 자루 몽둥이로 열 대를 맞는 혹독한 벌이었다. 요즘 같으면 신문 기사로 나올 악법이다. 그러나 악법도 공평하게 집행되면 법으로서 충분히 기능한다. 엄격하게 처벌이 집행되자 당분간은 아무도 지각하지 않았다.

그런데 어느 날 선생님이 아끼는 반장 학생이 지각을 했다. 선생님은 모르는 척 넘어가 버렸다. 그 다음날 지각생의 수는 늘었고, 선생님은 그 이후로 지각생들에 대한 처벌을 엄격하게 하지 못했다. 약 일주일이 지나자 교실의 지각생 처벌법은 유야무야 되고 말았다.

법에 적용될 사람이 누군가, 어떤 상황인가에 따라서 그 기준이 수시로 바뀐다면 법은 유지될 수 없다. 바뀌고 변동되는 기준에 의해 불이익한 결정을 받은 사람은 그 결정에 승복하지 않기 때문이다. 일반적이고 추상적인 규칙을 유지하기 위해서는 그 기준을 변경하지 않고 모든 사람과 모든 경우에 그대로 적용하고 집행해야 한다.

일반적이고 추상적인 법이 제정되면 사람들은 그 법과 자신들 계획과의 관계를 설정할 수 있다. 어떤 행위를 금지하는 법이면 그 행위를 하지 않으려 노력하게 되고, 이익을 주는 법이 있으면 그 조건을 채우려 노력하게 된다. 국가권력이 일일이 알려주고, 접수고, 강제하고, 설명하지 않아도 사람들은 자신들을 위해 법의 규정을 고려한 행동과 판단을 하게 된다.

일반적인 법의 제정을 통해 권력은 자신들의 결정을 효과적으로 집행할 수 있고, 사람들은 자신들의 생활을 예측하고 계획할 수 있다.

법의 정당성은 어디에서 오는가?

법의 강제력은 그 정당성을 어디에서 가져올까?

신과 신의 대리인인 사제가 절대적 권력을 갖고 있었던 시대가 있었다. 그 시대에 법을 제정하는 힘은 신의 의지에 있었다. 신으로부터 직접 명령을 들을 수 있는 능력을 가진 사제가 신이 제정한 법을 인간들에게 전달하면 그것으로 그 법은 정당성을 확보했다.

군주가 절대적 권력을 갖고 있던 시대에 법의 힘과 정당성은 군주의 현실적인 무력과 왕위의 계승으로부터 나오는 것이다. 정당하게 왕위를 계승받은 군주가 제정한 법은 곧바로 정당성을 확보했다.

오늘날 민주주의 국가의 주권자는 바로 국민들이다. 국민들은 주권자로서 최고 권력을 갖고 있다. 민주주의 국가에서 법은 국민이 선출한 대표들로 구성된 의회가 제정한다. 의회는 단순히 결정하는 것이 아니라 수많은 대표자들이 함께 모여 신중한 토론과 엄격한 절차를 거쳐 법을 제정한다. 그리하여 국민의 대표들로 구성되는 의회가 만드는 법에게 정당성을 부여한다.

국민들의 대표가 만든 법은 자동적으로 옳고 정당한 것일까?

'법 없이도 살 사람'이라는 말이 있다. 법 없이도 살 사람은 법이 없고 감시하는 사람이 없다 해도 나쁜 일을 하지 않고 다른 사람들에게 피해를 주지 않을 듯한 사람을 이르는 말이다. 그런데 법 없이도 살 사람들이 도저히 지킬 수 없다고 호소하는 법들이 있다. 이런 법들을 볼 때 우리는 법의 정당성에 대해 갈등하게 된다. 법은 그 내용이 어떤 것이라도 반드시 효력을 갖는 것으로 집행되고 강제되는 것일까?

존 스타인벡John Steinbeek의 소설 《분노의 포도》에는 대평원의 모래 먼지 속에서 농민과 은행 대리인의 대화 장면이 나온다. 흙작이 든 1930년대 미국 오클라호마의 대평원에서 법 없이도 살 성실하고 순수한 농민들은 농사를 망치고 은행에 땅을 빼앗긴다.

"우리는 여기서 태어나 이 땅 때문에 목숨을 잃기도 했고, 또 여기서 죽었어요. 땅이 나빠졌다고 해도 여전히 우리 겁니다. 우리가 여기서 태어나 여기서 일하고 여기서 죽으니까 우리 땅이에요. 땅의 주인이라는 건 그런 겁니다. 숫자가 적힌 서류로 주인이 되는 게 아니란 말입니다."

"미안합니다. 우리가 그러는 게 아니잖아요. 괴물이 시킨 겁니다. 은행은 사람하고 달라요."

"그렇지만 은행도 사람들이 모여서 만든 거잖아요."

"아니, 틀렸어요. 틀렸어. 은행은 사람하고 달라요. 사실 은행에서 일하는 사람들도 모두 은행이 하는 일을 싫어하지만 은행은 상관 안 합니다. 은행은 사람보다 강해요. 괴물이라고요. 사람이 은행을 만들었지만 은행을 통제하지는 못합니다."

"하지만 이건 우리 땅이야."

소작인들이 소리쳤다.

"우리는……."

"아뇨. 은행, 그 괴물이 이 땅의 주인입니다. 당신들은 떠나야 해요."[1]

소설에서 땅을 가져가는 것은 은행이지만, 은행이 땅을 가져가도록 허용하는 것은 법이다. 법이 부여한 강제력이 작용하는 것이다.

법이 항상 정의와 공평을 실현하지는 않는다. 오히려 현실에서는 그 반대로 작용하는 경우도 많다. 무엇이 정당한 법인지 확정하기란 쉽지 않다. 사람들은 각자 무엇이 옳은지 자신들의 의견을 갖는다. 사람들의 다른 의견에도 불구하고 법은 자신의 효력을 관철시킨다.

일부 사람들이 법의 내용에 반대한다고 그 법의 효력을 부정할 수 있는 건 아니다. 법의 효력을 부정하려면 법의 내용을 바꾸어야 한다. 그리고 법을 공정한 것으로 바꾸기 위해 필요한 것이 정치다. 같은 의견을 갖고, 같은 생각을 하는 사람들이 모여 법을 바꾸기 위해 노력한다. 그 노력의 결과로 새로운 질서가 만들어질 수 있다.

03
법은 어떻게 작동하는가?

앞서 법학을 당위의 학문이라고 했다. 학문으로서의 법학은 당위에 집중한다. 과연 어떤 법이 정의로우며, 정해져 있는 법이 과연 어떤 의미인지 탐구한다.

그러나 현실에서 작동하는 법의 실무는 다르다. 당위의 법만으로는 아무런 힘을 발휘하지 못한다. 법은 사실과 만나야 작동한다. 법이 사실을 만나게 하는 과정을 법의 적용이라고 한다. 사례를 들어보자. 우리나라에서는 살인죄의 법을 다음과 같이 규정하고 있다.

형법 제250조 1항
사람을 살해한 자는 사형, 무기 또는 5년 이상의 징역에 처한다.

이 법에 따르면 사람을 살해하는 것을 금지하고 있다. 이 법이 작동하는 과정, 즉 살인범을 처벌하는 과정을 통해 법의 작동방식을 알 수 있다.

1단계: 법

우선 대전제로서의 법이 있다. 살인죄의 규정에는 '사람을 살해하는 것은 옳지 않으므로 금지한다'는 첫 번째 당위의 판단, '사람을 살해한 사람에 대하여 벌을 부과해야 한다'는 두 번째 당위의 판단이 포함되어 있다.

살인죄의 조문에는 여러 가지 조건들이 포함되어 있다. 법조문은 일종의 압축파일이라고 생각하면 이해하기 쉽다. 실제 그 파일을 써야 할 때에는 그 압축파일을 풀어 우리가 읽고 볼 수 있는 형태로 전환시켜야 한다.

형법 제250조 1항 살인죄에서 징하고 있는 '사람을 살해한 자'라고 하는 압축파일을 풀면 어떤 조건들이 등장할까? 우선 피해자가 사람이어야 한다. 사람이 아닌 동물이라면 살인죄에 해당하지 않는다. 다음으로 사람을 '살해'해야 한다. 사람을 다치게 한 것은 살해가 아니다. 그리고 살해가 되기 위해서는 사람을 죽이려고 하는 마음과 의지가 필요하다. 사람이 죽었다는 결과가 있기는 하지만 실수로 저지른 행위일 경우에는 살인죄의 조건에 부합하지 않는다.

2단계: 사실

법이 작동하기 위해서는 법에 정한 조건에 부합하는 사실이 있어야 한다.

어떤 사람이 이웃의 애완견을 죽였다고 하자. 애완견 주인에게는 가족만큼 소중한 존재였다 하더라도 가해자는 살인죄의 벌은 받지 않는다. 사람을 살해한 것이 아니기 때문이다. 이 경우 재물손괴라고 하는 별도의 죄는 성립할 수 있다.

어떤 사람이 길에서 자고 있는 노숙자를 칼로 찔렀다고 하자. 그런데 그것이 경찰이 노숙자에 대한 범죄 수사를 위해 가져다 놓은 마네킹 인형이었다고 하자. 그는 사람을 살해한 것이 아니기 때문에 살인죄로 처벌받지는 않는다.[2]

법에 정한 조건에 해당하는 사실이 아닐 경우에 법은 작동하지 않는다. 법에 정한 조건의 사실들은 증거에 의해 엄격하게 증명되고 확인되어야 한다. 추측이나 주장만으로는 진실한 사실이라는 점이 확정되지 않는다.

법정영화를 보면 증거나 증인의 진술을 두고 소송의 양 당사자들이 공방을 벌이는 장면이 등장한다. 그것은 사실이 진실한 것인지를 확인하기 위한 과정이다. 실제 소송에서는 법이 어떤 내용인가를 찾기보다, 사실이 존재하는가를 확인하는 것이 더 어려운 과정이다.

3단계: 법의 작동

3단계는 법이 작동하는 단계다. 현실에서 발생한 사실들이 법에 정한 요건에 들어맞으면 그 법에 규정되어 있는 효과가 발생한다. 드디어 법이 작동하는 것이다. 자연법칙은 자연이 그 효과를 만들지만, 인간이 만든 법은 국가권력이 그 효과를 실현시킨다.

2017년 5월 9일 저녁 7시. 서울 종로구 삼청동의 한 골목길에서 장갑돌이라는 사람이 오송송이라는 사람을 칼로 찔러 살해했다. 목격자들이 증언했고, 갑돌이 본인도 고의로 살해했다고 자백했다. 범행에 사용한 칼도 발견됐다.

한 사람이 다른 사람을 살해했다는 법의 요건에 부합하는 사실들이 증거에 의해 확인됐다. 살인죄라는 법의 요건을 충족시킨 것이다. 이제 국가권력은 그에 대해 살인죄에서 정하고 있는 형벌을 부과할 것이다. 그것이 법이 정한 효과다.

이처럼 법이 제대로 작동하는 데에는 법과 사실이 모두 필요하다. 둘을 잘 구분해야 법을 공정하고 정확하게 작동시킬 수 있다.

04
법은 제대로 작동할 수 있는가?

'사실'이 된 '의견'

초등학교 시절의 일이다. 종이 울리고 수업이 시작되었다. 잠시 후 한 친구가 얼굴에 땀 범벅이 된 채로 축구공을 들고 교실에 들어왔다. 선생님이 화난 얼굴로 "뭐야? 왜, 늦었어?"라고 묻자, 그 친구는 "축구공에 복도 유리창이 깨졌거든요……"라고 대답했다. 그 아이는 무언가 더 할 말이 있어 보였는데, 선생님은 그 아이를 때리기 시작했다. 그날따라 선생님은 많이도 때렸다.

잠시 후 또 다른 아이가 들어왔다. 벌어지고 있는 상황을 파악하기 위해 잠시 어리둥절하던 그 아이는 잠시 후 말했다.

"선생님, 제가 유리창을 깼습니다. 깨진 유리창 청소를 하느라고 이제 왔습니다."

두 아이는 같이 들어오다가 공을 던지면서 장난을 했다. 뒤에 온 친구가 던진 공이 유리창을 깨고 말았다. 앞의 친구는 다른 친구가 깨진 유리 조각을 치우느라고 늦게 온다는 것을 알리기 위해 먼저 온 것이었다.

선생님은 당황했다. 어색한 웃음을 짓다가 말했다.

"우리 용범이는 참 멋진 친구야. 의리가 있어. 그렇게 맞으면서도 다른 친구가 저지른 일이라고 말을 하지 않았어."

용범이란 친구가 의리가 있는 좋은 친구임에는 분명하다. 하지만 선생님이 평소에도 그 아이를 그렇게 생각했을까? 십중팔구 그렇지 않았을 것이다. 오히려 그 아이를 버릇없는 사고뭉치라고 생각하고 있었을 가능성이 높다.

다시 생각해보자. 수업이 시작했는데, 마음에 안 드는 아이가 축구공을 들고 등장한다. 게다가 복도 유리창이 깨졌다고 한다. '못된 아이'라는 의견이 최고의 강도로 형성됐다. 이제 실제로 어떤 일이 발생한 것인지 더 이상 확인할 필요도 없다. 자신의 머릿속에 상상하고 있는 사실이 당연히 진실일 것이라는 판단이 내려진 것이다.

일상생활에서도 이와 비슷한 경험을 하게 된다. 가령 이런 것이다. 누군가로부터 나쁜 인상을 받았다. 다른 사람들도 그에 대해 이야기하기를 별로 좋은 사람이 아니라고 한다. 그것으로 그에 대한 의견은 확정되어 버린다. 다음부터 그가 하는 일은 나빠 보이게 된다. 그리고 그의 주변에서 일어난 나쁜 일들은 모두 그가 저지른 일로 생각하게 된다.

이환경 감독의 2013년 영화 〈7번방의 선물〉은 억울한 누명을 쓴 주인공이 등장해 사람들을 울렸다. 영화의 관객들은 주인공 용구가 아무런 죄를 저지르지 않았다는 사실을 알고 있었다. 사망 사건이 발생하는 장면을 영화 카메라와 함께 지켜보고 있었기 때문이다. 용구가 얼마나 딸을 사랑하는지 잘 알고 있었던 관객들은 용구가 억울하게 사형선고를 받을 즈음이면 눈물을 흘리며 훌쩍인다.

그런데 그 영화 속에는 용구에게 이빨을 드러내며, 너 같은 사람은 죽어도 싸다고 말하는 사람들이 등장한다. 경찰이 현장검증을 위해 사건이 발생했던 현장인 재래시장으로 용구를 데리고 갔을 때, 시장에 있던 이들은 수갑이 채워져 경찰에 끌려다니는 용구를 범죄인으로 확신했다. 그래서 화가 난 것이었다.

용구의 억울함에 눈물을 흘리며 가슴 아파하던 영화의 관객들과 용구에게 폭언을 하는 시민들은 사실 같은 사람들이다. 우리들의 친구, 친지, 이웃들이다. 차이를 만들어낸 것은 각자 파악하고 있는 '사실'이다. 사실은 이렇게 무서운 차이를 만들어낸다.

공정한 판단이 되기 위한 첫 번째 조건은 '의견'으로 '사실'을 만들어내지 않는 것이다. 어떤 의견을 갖는가 하는 것은 모든 사람들에게 자유로 맡겨져 있다. 하지만 사실의 판단은 자유가 아니다. 사실은 진실이라고 하는 하나의 사실만이 존재할 뿐이다.

그리스 신화에는 프로크루스테스라는 악한이 등장한다. 지나가는 행인을 붙잡아 자신의 침대에 누이고는 행인의 키가 침대보다 크면 그만큼 잘라내고 행인의 키가 침대보다 작으면 억지로 침대 길이에 맞게 늘여서 죽였다. 그 침대의 이름은 '당위의 의견'이며, 그 침대에서 희생당하는 행인들의 이름은 '진실'이다.

우리들은 마음속에 프로크루스테스 침대를 가지고 있다. 그래서 우리의 의견에 따라 진실을 바쁘게 해치운다. 우리들 마음속에 있는 그 침대를 방치했다가는 언젠가 우리 스스로의 진실마저 그 희생 제물로 삼게 된다. 그것을 그대로 둘 것인가, 그 침대를 부숴버려 더 이상의 진실의 희생을 막을 것인가? 신화 속의 프로크루스테스는 자신이 행인들을 해치우던 침대 위에서 같은 방법으로 종말을 맞았다.

진실은 찾을 수 있는 것인가

공정한 판단자가 편견 없이 접근한다고 해도 인간의 인식 능력으로 진실한 사실을 발견하기란 쉽지 않다. 구로사와 아키라 감독의 1950년 영화 〈라쇼몽〉은 인간의 능력으로 진실을 발견하는 것이 얼마나 어려운지를 보여주는 대표적인 이야기다.

비바람이 치는 밤. '라쇼몽'이라는 폐허가 된 성문가에 세 사람이 불을 피워 추위를 피하고 있다. 나무꾼과 승려와 떠돌이. 그 중 나무꾼은 깊은 생각에 잠겨 혼잣말을 하고 있다. 승려와 떠돌이의 권유로 그날 관아에서 재판했던 이상한 사건에 대해 이야기한다.

나무꾼이 숲 속에서 한 사무라이의 시신을 발견해 관아에 신고했다. 용의자로 유명한 산적 타조마루가 붙잡혔고, 사무라이의 아내도 절에 숨어 있다가 붙잡혀 왔다. 관아의 마당에서 재판이 열리고 살인 사건의 등장인물들이 각기 자신의 입장에서 사건의 경위를 진술한다.

산적 타조마루의 진술이다.

"부인과 함께 말을 타고 지나가는 사무라이를 보았다. 부인의 눈빛이 유혹하는 눈빛이었다. 사무라이를 제압해 묶었고, 부인은 순순히 나를 받아들였다. 행위가 끝나고 나자 그녀는 남편을 죽이고 자신을 데려가 줄 것을 요구했다. 나는 정정당당한 사나이이기에 묶여 있는 사무라이를 죽일 수는 없었다. 결박을 풀어주고 결투를 했고, 결투 끝에 사무라이를 죽이게 되었다."

사무라이 부인의 진술은 이렇다.

"남편과 함께 산길을 가던 중 산도적의 공격을 받았다. 남편은 산도

적에게 무기력하게 포박당했고, 나는 남편이 보는 앞에서 도적에게 겁탈당했다. 도적이 떠난 후 단검으로 남편의 포박을 풀어주려고 했다. 그런데 남편이 나를 경멸의 눈으로 바라보고 있었다. 실망과 분노의 발작 속에서 무슨 짓을 했는지 모르겠다. 정신을 차리고 보니 남편이 죽어 있었다."

사무라이는 이미 이 세상 사람이 아니었다. 영화에서는 무당을 통해 그의 영혼이 말하는 것으로 처리했다. 죽은 사무라이가 진술한다.

"아내가 산적 타조마루에게 나를 죽이라고 요구했다. 타조마루는 아내의 요구를 따르지 않고 달아났다. 아내는 나의 포박을 풀고는 수치심에 달아나버려 혼자 남았다. 세상에 환멸을 느껴 스스로 자살했다."

목격자 나무꾼의 진술이다. 그나마 가장 객관적인 증인이다.

"산적이 사무라이의 아내를 겁탈한 후 함께 가자고 했다. 아내는 남편과 결투해 승리한 사람을 따르겠다고 한다. 여자는 남자의 명예를 이야기하며 결투를 종용했다. 결국 두 남자는 서로 겁먹은 상태에서 비겁한 결투를 벌이고 산적이 사무라이를 죽인다."

사건의 관여자들은 모두 감추고 싶은 진실을 가지고 있었다. 진실을 감추기 위해 각자 만들어낸 진술이 모두 모여 전혀 다른 진실이 만들어진다. 다행히 모든 사실을 목격했던 나무꾼의 진술로 진실이 밝혀진 것 같아 보였다.

하지만 여기서 또 한 번의 반전이 있다. 이야기를 듣던 떠돌이가 목격자 나무꾼이 현장에 떨어져 있던 값비싼 칼을 가지고 있고, 그것을 감추려고 거짓말을 하고 있다는 것을 발견한다. 이제 어느 누구의 진술도 믿을 수 없게 되었고, 진실은 더 이상 찾을 수 없는 불가능한 것이 된다.

사실 이면의 사연들

거짓 없는 사실을 발견한다고 해도, 그것을 진실이라고 부르기에는 문제가 있다. 법정에서 다뤄지고 있는 사건들의 배경에는 수많은 사연, 즉 사실이 엮여 있다. 법이 관심을 기울이는 것은 사실 가운데 법의 요건을 충족시키는 몇 개의 사실뿐이다. 이를 요건사실이라 한다. 하지만 인간들이 모여 살고 있는 사회에서 법에 정한 요건을 충족시키는 사실보다 중요한 사실들이 얼마든지 있다.

이혼 사건의 경우를 생각해보자. 남자와 여자가 만나 사랑하고 헤어지는 데에는 몇 권의 소설을 쓰고도 남을 사실이 있다. 하지만 법으로 평가하면 부정행위, 폭행, 도박, 성격차이, 부채 등등의 몇 개의 사실로 정리된다. 그래서 변호사의 서면과 법정에서 다루어지는 것은 법적인 요건을 충족시키는 사실들 몇 가지이다. 그 밖의 것들은 법의 관심도 아니고, 법이 다룰 수 있는 사실들도 아니다. 과연 이런 사실만으로 인간들의 관계 속에 배어 있는 그 많은 사연과 감정이 설명될 수 있을까?

살인 사건의 형사재판도 마찬가지이다. 사람이 다른 사람의 뺨을 한 대 때리는 데에도 수많은 사연이 개입되어 있다. 다른 사람의 생명을 앗아가는 살인이라고 하는 행위에는 더욱 많은 사연들이 숨어 있다. 하지만 법의 관심은 살인죄의 법이 미리 정해놓은 조건들에 집중되어 있다. 법이 관심을 갖는 사실들은 수없이 많은 사연들의 아주 작은 조각에 불과하다.[3] 전체의 사연을 보지 않고, 극히 일부의 사실 조각들에 의거한 판단으로 인간 사회의 진실을 찾을 수 있을까? 그것으로 그 사람의 인생과 죄를 판단할 수 있을까?

깊은 산골에 화전 마을이 있다. 마을 사람들은 바깥세상을 알지 못한다. 호기심이 많은 마을의 한 젊은이가 먼 길을 떠나 바다에 이르렀다. 난생 처음 바다를 본 청년은 말을 잊었다. 바닷물에 손을 담그고, 하얀 파도를 만졌다. 파도 소리에 오랜 시간 동안 귀를 기울였다. 어떻게든 마을 사람들에게 이 신기한 바다를 보여주고 느끼게 해주어야겠다고 생각했다. 마침내 그에게 좋은 생각이 났다. 바다를 가져가서 보여주는 방법이었다. 항아리에 바다를 담아 마을로 가져가기로 한 것이다. 항아리에 담겨진 바닷물을 바다라고 할 수 있을까? 그 항아리를 받아든 마을 사람이 바다의 모습을 제대로 이해하고 상상할 수 있을까?

요건사실을 통해 판단하는 법의 장치는 인간과 사회를 단정하기에는 지극히 불완전한 장치다. 본질적인 한계로 인해 정의를 제대로 실현하지 못하는 경우가 많다.

그렇다면 요건사실의 방법을 포기하고 새로운 판단 방법을 찾는 것은 어떨까? 가령, 사람들이 자신의 인생을 이야기로 설명하도록 한 이후에 법 적용 여부를 판단하면 어떨까? 살인 사건의 혐의자에게 죄가 있는지 판단할 때 그 살인자의 성장과정으로부터 가족들과의 관계, 살인하게 된 동기에 이르기까지 전체 이야기를 설명하도록 하고, 그 이야기로 그의 유죄 여부를 판단하는 방법이다. 이렇게 한다면 사건의 전체를 제대로 파악할 수 있을까?

하지만 이 방법도 최선은 아니다. 오히려 더욱 위험한 방법이 될 수도 있다. 같은 사건이라고 해도 보는 각도와 구도에 따라 전혀 다른 이야기가 여럿 나올 수 있다. 이혼 사건에서 남편의 이야기와 아내의 이야기를 듣는다면 각자 전혀 다른 부부의 이야기로 들릴 수 있다. 살인 사건을 이야기하도록 한다면 피해자 측으로부터는 살인범을 주인공으로 한 악마의 스토리를, 피고인으로부터는 자신을 주인공으로 한 핍박받는 천사의 스토리를 듣게 될 것이다. 의도적인 거짓말을 하고 있기 때문만이 아니다. 모든 사람들은 자신을 주인공으로 한 자신들만의 이야기를 갖고 있기 때문이다.

이런 방식의 진실 찾기는 위험하다. 이야기를 만들어내는 능력에 따라 진실이 달라지고, 그것으로 매우 불공정한 결과가 나올 수 있기 때문이다. 더욱 위험한 것은 판단자가 어떻게 생각하는가, 어떤 선입견을 갖고 있는가에 따라서 전혀 다른 판단이 가능하다는 점이다. 행위자가 어떤 행위를 했는가가 아니라, 그 사람의 인상과 느낌이 판단을 결정할 가능성마저 있다.

사실의 조각들을 중심으로 판단하는 법의 전통적인 판단방식은 불완전하기 짝이 없다. 그렇다고 대체할 수 있는 새로운 대안이 있는 것도 아니다. 현재의 법 판단방식은 불완전하지만 다른 방법으로 대체하기도, 그렇다고 보완하기도 어렵다.

법은 완전하지 않다

국민들이 주권을 갖는 민주주의 국가에서 법은 국민 또는 선출된 대표들의 다수결의 합의로 만들어진다. 법이 제정된 것은 그 내용이 옳기 때문이 아니다. 단지, 다수가 그런 의견을 갖고 있기 때문이다. 법으로 제정되었다는 이유만으로, 국민의 대표가 제정한 것이라는 이유만으로 옳은 것이라고 말할 수는 없다.

'가난한 사람은 게으르다', '성적이 좋은 사람은 지혜롭다', '검은 피부의 사람은 사고능력이 부족하다'라고 하는 식의 불공정한 사회적 의견은 억울한 피해자를 낳을 수 있다. 하지만 그런 의견이 법으로 만들어진다면 그보다 훨씬 파괴적인 결과를 낳는다.

'장애인들은 정부의 허가 없이 결혼할 수 없다', '대학을 졸업한 사람들만이 선거권을 가질 수 있다', '어떤 경우에도 이혼은 허가되지 않는다', '정부의 정책에 반대하지 않는 사람만 연금을 받을 수 있다'는 법이 만들어져 집행된다면 과연 세상은 어떤 모습으로 변할까? 잘못된 법이 초래한 피해와 손상은 어떤 자연재해보다도 심각하다.

편견과 이익으로 판단력이 흐려지는 것이 사람이다. 입법자 역시 편견과 이해관계에서 자유롭지 못하다. 국민들의 대표에게 법의 내용을 결정할 권한이 있지만 그 결정은 오류가 없는 결정이 아니다. 공정하고 신중하게 결정한다고 해도 인간은 오류를 만들어내는 존재다. 많은 경우 불공정한 선입관과 준비되지 않은 성급함으로 결정한다. 법은 완벽함과는 거리가 먼 창조물일 뿐이고, 부족하고 평범한 인간들을 닮은 인간 능력의 분신이다.

이제껏 확인한 바와 같이 법과 사실이라는 두 가지 전제로 작동하는 법의 작동 장치는 모두 인간 능력의 한계에 의해 제약당하고 있다. 법은 그 내용으로 불완전하고, 사실은 진실과 너무도 거리가 멀다. 그 두 개의 불완전한 톱니바퀴를 휘어진 축으로 연결해 작동시키고 있는 것이 법의 장치이니 제대로 작동할 리가 없다.

결함 있는 기계를 완전하다고 믿고 작동시키는 것만큼 위험한 일도 없다. 법을 운영하는 사람들이 법이란 진리이며, 어떤 경우에도 관철을 멈추어서는 안 되는 선이라고 생각하는 순간 법은 가장 위험한 장치로 변질된다. 법을 작동하는 사람이 반드시 깨달아야 할 것은 법은 결함투성이 기계라는 사실이다.

제2장
정치 이야기

01
정치란 무엇인가?

공동체의 중요한 의사결정과 그 과정을 '정치'라고 한다. 누가 어떤 내용의 권력을 행사할 것인지, 공동체의 문제를 누가 어떻게 결정하고 해결할 것인지, 잘못된 결정을 어떻게 수정할 것인지, 그 책임을 누가 어떻게 질 것인지 등, 이 모든 공동체의 결정과 그 결정 과정이 정치다.

정치인들은 정치를 통해 공동체의 삶을 나아지도록 할 것이라 약속한다. 그런데 공동체의 삶을 나아지게 하는 것들은 정치적 결정과 관계없는 경우가 많다. 가령 수출이 잘 되고 공장이 잘 돌아가서 경제가 성장한다면 정치와 관계없이 사람들의 삶이 나아지는 것 아닌가? 의학과 과학의 발달을 보아도 그렇다.

함포고복含哺鼓腹이란 고사성어는 우리에게 정치에 관한 이상향을 제시한다. 최고의 태평성대에 백성들은 임금님이 누구인지도 모르고 정치가 어떻게 돌아가는지 관심도 없었으며, 배불리 먹고 발로 땅을 구르며 노래를 불렀다고 한다.[4]

그렇다면 최선의 정치란 세상에 아무 작용도 하지 않는 것, 사람들을 그대로 두어 자신의 타고난 행복과 삶을 누리도록 하는 것일까?

02
여러 가지 정치적 결정들

로마의 대농장 라티푼디움의 딜레마

이탈리아반도의 일부를 차지하던 작은 국가에 불과했던 로마는 여러 대륙을 지배하는 대제국을 건설했다. 본래의 영토보다 몇 십 배나 큰 식민지로부터 온갖 생산물이 공물로 실려왔다. 각지에서 붙잡혀 온 전쟁 포로들은 로마인들의 노예가 되었다. 로마인들은 그들의 노동으로 농장을 경영하고 건축을 했으며, 최고의 기술자와 풍부한 노동력으로 공업생산도 풍부했다. 제국의 모든 영토와 주민들은 그 생산물의 시장이 되었기 때문에 물건을 팔 시장도 걱정할 필요가 없었다. 생산과 소비가 넘쳐났고 경제는 날로 성장했다. 그렇다면 로마 시민들도 부유해졌을까?

그렇지가 않았다. 오히려 농촌에서 평화롭게 농작물을 가꾸던 시민들이 몰락해 대지주의 소작농으로 전락했다. 많은 로마 시민들은 국가에서 나누어주는 빵을 얻어먹기 위해 도시를 헤매는 도시빈민이 되었다. 새로이 얻은 생산의 10퍼센트만 시민들에게 주어도 모두 여유롭게 살 수 있었을 테지만, 현실은 그렇게 단순하지 않았다.

문제는 인간의 탐욕이었다. 라티푼디움Latifundium이라는 대토지 소유 제도로 광대한 농장을 갖고 있던 유력자들은 많은 노예를 확보할 수 있었고, 이들 노예를 이용해 농작물을 더욱 싸게 생산할 수 있었다. 또한 소소하게 농사를 짓던 시민들 가운데에는 전쟁에 참전했던 시민들이 많았다. 이들은 오랜 복무기간 동안 농장을 관리하지 못했고, 농장은 황폐해져만 갔다. 상당수는 전쟁에서 전사하거나 부상을 입었다. 그들의 농장은 헐값에 팔려 부자들의 농장에 흡수되었다. 결국 나라는 어마어마한 영토와 부를 확보했지만 시민들은 비참한 처지에 놓이게 되었다. 대농장의 번성과 시민계급의 몰락은 로마 공화정 멸망의 중요한 원인이 되었다.

라티푼디움이 문제를 일으키고 있을 때 로마 사회는 어떤 토론을 하고 있었을까? 이는 공화정 체제의 몰락을 이끌 정도로 심각한 문제였다. 하지만 그들은 그 문제의 본질을 해결하지 못했다. 정치 결정의 주체들이 바로 이익을 얻고 있는 주체들이었기 때문이었다. 스스로의 이익을 잘라내기란 어려운 문제였다.

하늘에서 돈벼락이 내린다고 해도 적절한 정치가 없으면 가난하고 굶주리게 된다. 더 자유롭고 행복하기 위해서는 제대로 된 정치가 이뤄져야 한다. 로마 공화정의 몰락은 정치가 제 역할을 하지 못하고 문제를 해결하는 데 실패했기 때문이었다.

게르만 부족의 정치적 결정

부족의 생존을 건 사냥에 나설 원정대가 구성되었다. 계절은 겨울이고 부족의 식량사정은 극한에 다다랐다. 부족장은 자신의 경험을 모두 동원해 원정대가 어느 방향으로 전진할 것인지 결정했다. 부족의 무당은 신의 가호가 내릴 수 있는 가장 좋은 날짜와 시간을 수호신으로부터 점지 받았다.

마을을 떠난 지 사흘째 되는 날. 거대한 엘크(사슴) 무리를 발견했다. 원정대원은 엘크 여러 마리를 사냥하는 데 성공했다. 하지만 희생자가 발생했다. 한 청년은 엘크의 뿔에 받혀 낭떠러지에서 떨어졌고, 다른 청년은 질주하는 엘크들에 짓밟혀 숨을 거두었다. 원정대원들은 숨진 청년들의 시신과 저민 엘크고기를 들것으로 운반해 마을로 돌아왔다.

이제 부족원들에게 고기를 배분해야 했다. 과연 어떻게 배분해야 할까? 원정대원들은 과연 얼마의 고기를 차지할 수 있을까? 숨진 청년의 가족들에게는 어떤 보상을 주어야 할까?

부족원들의 생각이 모두 같을 수 없다. 어떤 부족원들은 모두가 공평하게 나누어 먹어야 한다고 생각한다. 하지만 다른 이들은 사냥에 참여하지 않은 이들에게 많은 양식을 나누어주는 것은 잘못이라고 생각한다. 부족이 생존하는 데에는 결정이 필요하다. 식량의 배분, 부족의 방어, 결혼을 하고 후손을 키우는 방식, 공동체의 의무를 정하는 문제들이 대표적이다.

율리우스 카이사르는 로마의 총사령관으로서 갈리아 지방에 주둔하며 《갈리아 전쟁기》라는 기록을 남겼다. 이 기록에서 그는 다뉴브강 건너 '야만의 땅'에서 살고 있는 호전적이면서 강건한 게르만 부족의 생활을 기록하고 있다.

헌법을 쓰는 시간

게르만인은 어느 누구도 자기 자신의 땅이나 집을 소유하지 않는다. 남자를 군대에 보낸 가족은 관리들과 유력자로부터 일정 규모의 토지를 배정받지만 일 년 후에는 다른 곳으로 이동해야 한다. 게르만인들은 이 제도에 여러 가지 이유를 제시한다. 즉 습관에 사로잡히고 농사에 익숙해짐으로써 호전성이 사라지는 것을 막기 위해서이고, 넓은 땅을 욕심 내어서 강자가 약자의 땅을 빼앗는 것을 막기 위해서이고, 추위와 더위를 견딜 수 있는 집을 짓는 데 지나치게 공들이는 것을 막기 위해서이고, 분파와 다툼을 조장하는 금전에 대한 욕심을 막기 위해서이고, 유력자와 평민의 평등한 소유로 평민들이 만족하며 살 수 있게 하기 위해서이다.[5]

게르만 공동체는 한 곳에 정주해 농사를 짓는 농경사회의 단계로 넘어갈 수 있는 경제적, 정치적 조건을 갖추었음에도 전통적인 삶의 방식, 즉, 이주 생활을 포기하지 않았다. 공동체 통합과 강건한 정신, 전통의 가치를 보존하기 위해 정치인들이 내린 근본적 결정이었다.

기원전 5세기 아테네의 결정

정치는 공동체를 위한 여러 결정들을 내린다. 과연 공동체를 위한 결정은 어떤 것일까? 공동체의 이익에는 여러 가지 종류가 있고, 바라보는 관점도 다양하다. 정치가 어떤 결정을 내리는가에 따라 공동체의 운명과 시민들의 생명이 좌우된다.

기원전 5세기, 아테네는 그리스 지역의 패자가 되었다. 지중해를 지배하는 세계 제국의 길을 갈 것인가, 기존에 누리던 지역 패권의 지위를 다질 것인가의 기로에 서게 되었다. 지중해의 제국으로 나가기 위해서는 이탈리아 남쪽의 섬 시칠리아를 지배해야만 했다. 당시 시칠리아의 여러 도시국가들은 전쟁을 계속하고 있었고, 그 나라들은 자신들의 전쟁에 강대국 아테네와 스파르타를 각각 자신의 편으로 개입시키려고 노력했다.

이 도시국가들 가운데 세제스타라고 하는 소국이 있었다. 어느 날 세제스타가 아테네에게 급박한 구원을 요청했다. 시라쿠사라고 하는 시칠리아섬 내부의 강국이 자신들을 공격하고 있다는 것이었다.

기원전 415년 아테네의 민회는 시칠리아 원정을 놓고 토론했다. 알키아비데스라는 젊은 장군이 민회에서 다음과 같이 주장했다.

"아테네제국의 한계는 없다. 만일 더 넓게 지배하기를 포기하면 우리가 남의 지배를 받는 위험에 빠지게 될 것이다. 민주주의를 믿는 아테네 시민들의 자부심과 애국심은 오합지졸의 다른 도시국가들을 쉽게 굴복시킬 수 있을 것이다."

그러자 니키아스라는 노장군이 반대 연설을 했다.

"스파르타와 수립한 평화의 체제가 아직 확고하지 않다. 아직 그리스 본토의 반란군들도 완전히 진압되지 않은 상태이다. 이런 상황에서 해외로 나가는 것은 집안에 적을 남겨둔 채 밖에서 새로운 적을 끌어들이는 꼴이 될 것이다. 무엇보다도 시칠리아는 너무 멀어서 영원히 지배할 수 없는 곳이다."[6]

니키아스의 신중론은 설득력이 있었다. 하지만, 아테네인들은 그의 지혜로운 의견을 오히려 반대로 작동시켰다. 더욱 무모한 결정을 한 것이다. 쉽게 이길 수 없는 전쟁이라면 더 많은 배와 병력을 보내야 한다며 기존에 60척의 배를 보내기로 한 데에 더해 100척의 군함을 시칠리아로 파견했다.

자랑스러운 민주주의 조국을 위해 파견되는 것으로 생각했던 수만 명의 병사들은 해전과 육전에서 패배를 거듭하며 완전히 살육당했다. 그리고 그 패전은 아테네의 쇠락으로 이어졌다. 아테네 공동체의 단 한 번의 잘못된 결정은 아테네의 문화와 아테네 민주주의의 몰락을 초래했다.

2016년 독일의 결정

2016년 6월 2일. 독일 연방의회는 본회의를 열어 제1차 세계대전 기간 오스만제국이 아르메니아인 150만 명을 숨지게 한 사건을 '집단학살'로 규정하는 결의안을 채택했다.[7] 독일 의회가 백 년 전 벌어진 일에 대해 이런 결의를 한 이유는 무엇이었을까? 결의안의 주요 내용은 다음과 같다.

독일 연방의회는 백여 년 전 터키제국이 행했던 학살에 의해 희생된 아르메니아 및 기독교 소수민족 희생자들에게 추모의 마음을 전한다. 당시 '젊은 터키당 정부jungturkische Regierung'는 오스만제국 내에 있는 아르메니아 민족이 거의 완전한 절멸에 이르게 하는 학살을 자행했으며, 그 밖에 아시리아, 아람 등의 기독교 소수자 공동체에 대해서도 학살을 감행했다. (중략) 백만 명이 넘는 아르메니아인들에 대한 계획적인 학살 행위는 1915년 4월 24일 오스만제국의 콘스탄티노플에서 시작되었다. 이는 대표적인 민족 학살의 행위로 역사에 기록될 것이다.

아르메니아는 현재 터키 남동쪽 지역을 지배하던 민족이었다. 그
런데 19세기 초반 오스만제국의 세력 확장으로 오스만제국 내의 소
수민족으로 전락했다. 그 숫자는 대략 200만~250만 명 정도이었던
것으로 추산된다.

제1차 세계대전 당시 오스만제국은 독일제국과 동맹을 맺었고,
러시아는 영국, 프랑스와 연합했다. 러시아의 지원을 받아 독립을 노
리고 있던 아르메니아인들이 위험요소라고 판단한 오스만제국은 아
르메니아 남자들을 군대로 징집해 학살했다. 그리고 남자들이 모두
제거된 채 남아 있던 아르메니아족 여성과 노약자들을 사막 지역에
강제로 이주시켰다. 물과 식량이 없는 상태로 사막에 유기된 이들의
대부분은 희생되었다.

1980년대 이후 국제사회에서 아르메니아 학살의 문제가 재조명
되었다. 1987년의 유럽의회는 당시 아르메니아인에 대한 공격을 집
단학살로 규정하는 결의안을 채택했다. 이후 프랑스, 스웨덴, 네덜란
드, 오스트리아, 러시아 등 여러 나라의 의회가 아르메니아의 비극
을 집단학살로 규정했다. 시기로 볼 때 독일 연방의회의 결의는 뒷
북이라고도 할 만큼 때늦은 것이었다. 그럼에도 독일 의회는 결의에
신중과 숙고를 거듭했다.[8]

결의가 쉽게 이루어지지는 않았던 데에는 여러 이유가 있었다. 첫
번째로 독일과 터키의 특수한 관계 때문이다. 독일에 거주하는 터키
계 주민의 수가 3백만 명이 넘는다. 독일로서는 터키와 갈등관계에
빠질 경우 내부 통합에서도 커다란 문제가 발생할 수밖에 없다.[9]

더 중요한 이유가 있었다. 자신의 떳떳하지 않은 과거 때문이다.

홀로코스트라는 씻을 수 없는 죄를 저지른 독일이 다른 나라의 집단학살을 비난하는 것은 조심스러울 수밖에 없다. 게다가 독일도 터키의 아르메니아인 학살 문제에 관련되어 있었다. 당시 터키의 가장 중요한 동맹국이었던 독일은 터키의 군사행위에 대한 가장 정확한 정보를 갖고 있는 나라였으며, 그 행위를 중단시킬 수 있는 가장 큰 영향력을 갖고 있었던 나라였다. 하지만 독일은 중단시키지 않았고 오히려 군사적 지원과 협력을 제공했다.[10]

터키 정부는 독일 연방의회의 이 결의에 대해 극력 반발했다. 대통령은 독일 주재 대사를 소환했으며, 외무장관은 스스로의 부끄러운 역사를 덮기 위해 다른 나라의 역사에 근거 없는 비난을 가하는 결의라고 비난했다. 이스탄불의 거리에서는 수천 명의 시민들이 모여 독일 의회를 규탄하는 시위를 벌였다.[11]

이웃이자 친구의 죄를 드러내는 것은 쉽지 않은 결정이다. 하지만 장기적인 평화, 신뢰할 수 있는 우의관계를 얻기 위해 당장의 손해를 감수해야 할 때도 있다. 이런 결정도 결국 정치가 내리는 것이다.

03
정치와 헌법이야기

생로병사의 운명공동체

헌법을 이야기하기 위해서는 정치 이야기를 하지 않을 수 없다. 헌법과 정치는 숙명적으로 깊은 관련을 맺고 있기 때문이다. 헌법은 자신의 탄생과 성장, 그리고 소멸에 이르기까지 항상 정치와 깊은 연관을 맺고 있다.

헌법을 만들어내는 것은 정치적 결정이다. 그리고 그 헌법이 규율하는 것도 다름 아닌 정치 과정과 그 결정이다. 헌법은 정치가 이뤄지는 방법, 즉 권력이 만들어지는 방법, 권력이 행사되는 방법, 권력을 통제하는 방법을 정하고 있다.

정치가 헌법의 규율을 벗어나면 헌법에 위반되는 권력행사가 발생한다. 이 경우 헌법은 자신의 규율에 의해 정치권력의 잘못된 행사를 통제한다. 헌법을 무시하고 위반하는 권력을 통제하는 헌법의 간접적인 수단이 권력분립 원칙이고, 직접적인 수단이 헌법재판이다.

헌법의 마지막을 결정하는 것은 결국 정치이다. 헌법이 시대와 더이상 조화될 수 없을 때 헌법은 변경되고 소멸된다. 헌법의 변경과 소멸을 최종적으로 판가름하는 것은 시민들의 정치적 결정이다.

정치에 대한 관심

바람직한 헌법의 작동은 바람직한 정치의 작동을 전제조건으로 하고 있다. 헌법을 제대로 작동시키기 위해서는 정치를 돌아보고 보살펴야 한다. 헌법의 작동 열쇠 중 가장 중요한 하나가 정치의 뜰 안에 있다는 점을 잊어서는 안 된다. 그렇다면 정치에 대해 어떤 관심을 갖고 보살펴야 하는 것일까?

오늘날 정치가 이뤄지는 기본 구도는 진보와 보수 세력의 경쟁이다. 우리 정치에서 그 대결의 양상이 과열되어 마치 대대로 내려오는 가문의 원수를 대하는 것만 같다. 그렇다면 적대적인 진보와 보수의 차이는 어디로부터 비롯되는 것일까? 과연 그렇게 맹렬하게 싸

위야 할 진정한 이유가 있는 것일까?

진보와 보수는 사람들이 세상과 정치를 바라보는, 오랜 세월을 두고 형성된 두 가지 상반된 관점이다. 정치철학자들은 '사람들을 신뢰하는가'라는 질문을 통하여 이 두 가지 관점을 구분하고 있다.

진보의 사상을 갖고 있는 이들은 사람들의 능력과 이성을 신뢰한다. 사람들은 더 나은 사회를 위한 설계를 만들어낼 수 있고, 실제로 그런 사회를 성취할 수 있다고 생각한다. 더 많이 꿈꾸고 더 많이 실행하려 한다. 믿을 수 있는 존재인 사람들에게 되도록 많은 자유를 허용하려고 한다. 특히 언론의 자유, 사상의 자유 같은 사람들의 이성이 작용하는 영역의 자유이다.[12]

보수의 사상을 갖고 있는 이들은 사람들의 이성과 능력에 대하여 신뢰하지 않는 경향을 갖는다. 수시로 탐욕과 어리석음의 함정에 빠지는 사람들의 약한 측면을 직시하려 한다. 이들은 세상을 좋은 방향으로 바꾸려는 인간들의 노력이 자칫 커다란 위험을 초래할 수 있다고 생각한다. 전통과 관행을 믿고 현재의 상태를 바꾸려고 하지 않는 이유는 그것을 바꾸려는 노력이 오히려 더 큰 문제를 야기할 것이라 생각하기 때문이다.

보수적인 이들은 자유를 보는 관점도 역시 보수적이다. 합리성도 결여한 이기적인 본성을 갖고 있는 사람들에게 너무 많은 자유를 허용하면 자칫 서로에게 나쁜 결과를 가져오고, 공동체 자체의 위험까지도 초래할 수 있다고 생각한다.[13]

진보와 보수 어느 쪽도 완벽한 진리를 갖고 있는 것은 아니다. 진보 세력이 인간의 이성을 과도하게 신뢰하는 정책을 고집하여 공동체에 커다란 손해를 끼친 사례는 얼마든지 있다. 마찬가지로 보수 세력이 관행을 고집하며 세상이 나아가야 할 방향을 거역하고 공동체에 커다란 고통과 장애를 초래한 경우도 얼마든지 있다.

세상이 사람들의 생각대로 쉽사리 변화하리라 믿는 것도, 사회가 절대로 변화하고 발전하지 않으리라 생각하는 것도 모두 어리석은 생각이다. 어느 한쪽의 생각대로 결정을 하도록 두었다가 공동체는 커다란 낭패를 볼 수 있다. 그래서 진보와 보수의 대결과 협력, 견제와 조화는 정치의 필수적인 요소인 것이다.

정치에서 가장 중요한 것

과연 정치에서 가장 중요한 것은 무엇일까? 《논어》의 〈안연〉 편에서는 공자와 제자가 이에 관해 대화하는 장면이 나온다.

공자의 제자 자공이 공자께 여쭸다.

"정치에서 중요한 것은 무엇인가요?"

공자가 대답한다.

"식량을 풍족하게 하는 것, 군비를 넉넉히 하는 것, 백성들이 믿도록 하는 것이다."

자공이 다시 여쭈었다.

"어쩔 수 없이 한 가지를 버려야 한다면 어느 것을 먼저 버려야 합니까?"

"군대를 버린다."

자공이 계속하여 질문하였다.

"또 한 가지를 버려야 한다면 어느 것을 먼저 버려야 합니까?"

"식량을 버린다. 예로부터 모두에게 죽음은 있는 것이지만, 백성들의 믿음이 없으면 나라는 존립하지 못한다."

공자님 말씀에 따르면 정치에서 가장 중요한 것은 첫 번째가 신뢰이고, 두 번째가 경제이며, 세 번째가 안보이다. 다른 시대도 아닌 갈등과 전쟁의 춘추시대에 살던 공자께서 안보가 기껏 세 번째로 중요한 문제라고 말씀하다니 이해하기 어렵다. 공자는 도대체 무슨 말씀을 하려던 것일까?

우리 사회에서 벌어지는 극단적 대결과 갈등의 뿌리는 우리 현대사의 비극에 있다. 비극의 기억 가운데 가장 참혹한 기억은 전쟁과 굶주림의 기억이다. 그 기억으로 정치를 보는 많은 사람들은 확고한 보수의 시각을 가지고 있고, 이들은 정치에서 가장 중요한 것은 국가안보이고 경제라고 말한다.

다른 사람들의 아픈 기억을 자신의 이익에 이용하는 사람들은 어느 곳에든 존재한다. 전쟁과 배고픔의 아픈 기억을 이용하는 정치세력은 안보의 위험을 과장하고 기망하는 것으로 자신들의 정치적 목표를 달성하였고, 가장 중요한 정치의 규칙들을 위반하였다. '늑대가 나타났다'는 거짓말에 재미를 붙인 양치기처럼 원칙을 어기는 습관에 중독된 것이다.[16]

원칙을 존중하지 않는 정치는 백성들의 신뢰를 버리는 정치이다. 신뢰를 버린 정치는 제대로 된 안보와 경제도 얻지 못한다. 정치에서 가장 중요한 것은 신뢰라는 공자의 지혜는 오늘날의 현실에도 그대로 적용된다.

항상 옳은 편이 없는 것이 정치이다. 하지만 항상 악하고 정의롭지 않은 편은 존재한다. 그것은 다른 편을 이기기 위하여 쉽사리 거짓말을 하고 원칙을 어기는 세력이다. 이런 정치세력은 정치의 신뢰를 무너뜨려 극단적인 갈등과 대결의 정치를 낳는다. 사실 그것이 바로 우리가 놓인 정치의 현주소다. 우리의 정치는 더 바람직한 정책을 찾기 위해서 갈등하고 있는 것이 아니라, 서로 불신하기 때문에 대립하고 있는 것이다.

정치의 가장 첫 번째 과제는 원칙을 지키는 것이다. 그 원칙을 지키는 것을 통해서 사람들은 정치를 신뢰할 수 있고, 정치세력들 사이에도 건강한 대결과 경쟁이 벌어질 수 있다. 정치가 해결해야 할 여러 가지 문제도 신뢰를 바탕으로 해야만 제대로 풀어나갈 수 있다.

나쁜 정치로부터 온갖 핍박을 받아온 사람들이 정치와 권력이 지켜야 할 최고의 원칙으로 헌법을 제정하였다. 신뢰할 수 있는 정치의 조건을 정해놓은 것이다. 그래서 오늘날의 정치는 헌법을 지키는 것을 가장 기본으로 한다. 헌법의 원칙 위에서 대결하는 정치가 신뢰의 정치가 되기 때문이다.

헌법은 어떻게 작동하는가?

국가권력의 근본이 되는 법을 헌법이라고 불러왔다. 이런 헌법은 고대 국가로부터 존재하였기에 국가의 역사만큼이나 오래되었다. 이른바 국가의 권력은 누구에게 있고 어떻게 계승되는가, 국가기관에는 어떤 것이 있으며 그 조직은 어떻게 구성되는가, 백성들은 지배자들에게 어떻게 봉사해야 하는가 등에 관하여 규정하고 있다.

오늘날의 민주주의 헌법은 고대로부터 전해오는 과거의 헌법과 전혀 다른 종류의 헌법이다. 국가권력의 근본이 되는 법이라는 점에서 과거의 헌법과 동일하지만 헌법을 뒷받침하는 힘의 기초는 사뭇 다르다.

실제로 권력을 손에 쥔 자가 자신이 가지고 있는 권력을 운영하고 조직화하기 위하여 만든 것이 과거의 헌법이었다. 헌법을 작동시킬 수 있는 권력은 충분했다. 단지 효율적인 통치와 평화로운 권력승계를 위한 기술이 필요할 뿐이었다.

하지만 오늘날의 헌법은 그것을 실행에 옮길 권력의 기초가 취약하다. 주권자들인 '모든 국민들'이란 현실적인 권력주체가 되기 어렵다. 권력을 손에 쥐고 결정권을 행사하기에는 그 숫자가 지나치게 많으며, 생각도 각자 다르고, 권력에 대한 의지마저도 약하다. 경제적인 힘이나 물리적인 힘을 갖고 있는 것도 아니다. 그래서 헌법의 내용을 현실로 만들어내는 것이 헌법의 가장 중요한 과제가 된다.

이렇게 권력의 현실적 기초가 취약한 민주주의 헌법은 한술 더 떠 과거의 헌법보다 훨씬 어려운 과제들을 설정하고 있다. 권력을 통제하고, 시민들의 자유를 보장한다는 것이 그것이다. 최고의 권력자를 포함한 모든 권력을 복종시킬 대상으로 삼고 있는 헌법은 그 작동을 보장하기 위하여 복잡한 설계가 필요하고, 그것을 현실적으로 작동시키기 위해서는 만만치 않은 노력이 요청된다.

시민들의 관심이 없으면 작동할 수 없는 것이 민주주의 헌법이고, 헌법이 세대로 작동하지 않으면 올바르게 실현될 수 없는 것이 민주주의 정치이다. 따라서 정치에 대한 시민들의 관심이 헌법의 올바른 작동이라는 지점에서 하나로 모아져야 바람직한 정치와 헌법의 작동이 동시에 가능해질 수 있다.

1. 존 스타인벡, 《분노의 포도》, 김승옥 옮김, 민음사, 2008, 71쪽.

2. 물론 다른 범죄로 처벌받을 가능성은 있다. 이런 경우는 살인미수죄의 문제가 될 수 있다. 실제 범죄의 목적을 달성하는 것이 불가능함에도 가능한 것으로 알고 그 행위를 저지르는 것을 형법학에서는 불능미수라고 한다. 영화에서 종종 등장하는 이야기를 예로 들어보자. 암살자가 희생자의 주거에 침입하여 목표를 달성했다. 하지만 희생자는 암살자가 오기 전에 이미 다른 제3자에 의해 살해된 상태였다. 이런 행위들이 불능미수에 해당한다.

3. 살인죄의 1단계에 정해 놓은 법의 조건을 구성요건이라고 하고, 그 조건을 만족시키는 2단계의 사실을 요건사실이라고 한다.

4. 중국 고대 전설시대의 성군으로 꼽히는 요 임금이 자신의 통치에 대한 백성들의 반응을 알아보기 위해 평복으로 거리에 나섰다. 한 노인이 '배를 두드리고 발로 땅을 구르며(含哺鼓腹, 鼓腹擊壤)' 흥겹게 노래를 부르고 있었다. 요 임금이 노인에게 '누가 정치를 잘해 이렇게 즐겁게 지내는가?' 하고 물으니, 노인은 임금이 누구인지 알아서 무엇에 쓸 것인가 하면서 계속 춤추고 노래했다. 성군인 요 임금은 노인의 대답에 진정으로 기뻐했다. 백성들이 정치의 힘을 의식하지 못하고, 아무 불만 없이 행복하게 지내는 것이 요 임금이 생각하는 이상적인 정치의 모습이었기 때문이다. 요 임금은 자신이 정치를 제대로 하고 있다는 생각에 기뻐하며 환궁했다 한다.

5. 가이우스 율리우스 카이사르, 《갈리아 전쟁기》, 김한영 옮김, 사이, 2005, 252~253쪽.

6. 로버트 카플란, 《지중해 오디세이》, 이상옥 옮김, 민음사, 2007, 130~132쪽.

7. 집단학살(Völkermord, genocide)이란 국가가 자행할 수 있는 최악의 범죄이다. 이 죄는 단지 다수의 인간을 죽이는 것으로 성립되는 것이 아니다. 종교적, 인종적, 민족적으로 구분되는 어떤 집단을 멸종시키는 것을 목적으로 한 계획적이고 조직적인 대규모 살해행위가 발생한 경우에 인정된다.

8. 이미 수년 전에도 결의안이 제안되었지만 폐기되었던 바 있으며, 이번 제안도 1년 이상 의회에서 보류되었다. 마침내 결의가 이뤄졌으며 결의는 실질적인 전원의 일치로 이뤄졌다. 한 명의 기권과 반대가 있었을 뿐이다. 의원들이 일치해 의견을 같이함으로써 진실임에 한 점 의심이 없다는 표현을 한 것이다.

9. 2차 세계대전이 끝난 후 나라를 재건하는 과정에서 노동력 부족을 겪었던 독일은 많은 수의 터키의 노동자를 초대해 경제 재건에 성과를 거두었다. 그 반대급부로 많은 수의 터키 출신 이주자가 발생한 것이다.

10. 그래서 독일 의회는 결의 내용에서 학살의 전개과정에서 독일 스스로의 죄책과 앞으로 부담해야 할 책임을 강조했다. "연방의회는 학살이 자행될 당시 독일제국의 부끄러운 모습에 대해도 유감스럽게 생각한다. 당시 독일제국은 오스만제국의 가장 중요한 군사동맹국이었다. 그리고 독일제국은 독일의 외교관의 정보 보고와 선교사 등의 증언을 통해 오스만제국에서 자행되고 있는 아르메니아인에 대한 계획적인 학살을 명확하게 파악하고 있었다. 그럼에도 불구하고 독일제국은 오스만제국의 행위를 막고자 하는 노력을 기울이지 않았다. (중략) 연방의회는 독일이 특별한 책임을 지고 있음을 인정한다. 터키와 아르메니아가 과거의 질곡에서 벗어나 화해의 길로 나아가는 것을 지지하고 지원하고자 한다. 이러한 화해의 과정이 현재 중단 상태에 빠져 있고, 새로운 자극을 절실하게 필요로 하고 있다."

11. 터키의 학자들도 반대에 동참했다. 집단학살이라는 범죄의 개념은 제2차 세계대전 종료 이후 확정되었는데, 제1차 세계대전 중에 발생한 일을 그것으로 비난하는 것은 공정하지 않으며, 명확한 사료가 없는 상태에서 역사적 사실을 확정하는 태도도 객관적이지 않다는 주장이었다.

12. 자유의 영역 가운데 경제의 자유에 관해서는 다른 취급을 한다. 재물을 소유하려는 사람들의 욕망은 무한함에도 불구하고 세상의 경제질서가 조화롭게 작동할 수 있는 것은 '보이지 않은 손'이라는 시장의 법칙이 작동하기 때문이다. 종종 시장의 법칙이 제대로 작동하지 않아 경제적인 위기, 불황의 문제가 발생한다. 진보의 입장에서는 인간의 이성에 따른 규제, 즉 정부의 규제가 필요하다고 믿는다. 경제적 불평등의 문제에도 적극 개입하려고 한다. 모든 이들이 행복하게 살 수 있도록 경제적 약자를 돕는 정책을 적극적으로 만들어 실행에 옮기려고 한다.

13. 보수의 관점에서도 경제의 자유에 관해서는 다른 자유와 다르게 접근한다. '보이지 않는 손'의 법칙은 인간의 이성보다 위대하다고 생각한다. 기업과 개인의 경제적 자유를 함부로 제한하는 것은 시장기구의 자연법칙을 왜곡시켜 더 큰 악영향을 초래할 수 있다. 그러므로 되도록 정부가 시장에 개입하지 않는 정책, 기업과 개인의 경제적 자유를 제한하지 않는 정책을 선호한다. 경제적 약자를 돕는 정책도 정부가 인위적으로 시장에 개입하는 것이기 때문에 성공하지 못할 가능성이 많다. 오히려 시장이 스스로 움직여 경제적 약자를 돕는 결과가 발생하도록 유도하는 것이 바람직하다고 본다.

14. 2017년의 박근혜 전 대통령 탄핵 결정은 안보의 문제를 정치의 기술로 사용하던 세력에 대한 국민들의 심판이었다는 점에서 커다란 의미가 있다.

제2부

권력을 제한하는
'권력의 원칙들'

제3장

모든 자의와 폭력의 지배를 배제한다
법치주의 원칙

01
법치주의 원칙이란 무엇인가?

탄핵심판과 더 큰 민주주의 원칙

2017년 3월 10일. 헌법재판소가 결정을 선고했다.

"피청구인 대통령 박근혜를 파면한다."

대통령이 하야하거나 서거할 수 있다는 사실은 알고 있었다. 하지만 대통령이 '파면'될 수 있다는 것은 쉽게 떠올리지 못했다. 헌법재판소의 결정은 모든 대한민국 국민들이 법 앞에서 동등한 존재라는 사실을 분명하게 확인해 주었다.

그런데 여기에 궁금한 것이 한 가지 있다. 많은 시민들은 탄핵결정을 보면서 '민주주의 원칙'이 실현되었다고 기뻐했다. 과연 대통령에 대한 탄핵결정은 민주주의 원칙의 확인인 것일까?

우리들은 민주주의 원칙이 무엇인가라는 질문을 받으면 '기본적 자유', '법 앞의 평등' 그리고 '권력의 분립' 또는 '언론의 자유' 같은 것들을 떠올린다. 우리들은 이상적인 권력의 요소들을 민주주의라고 생각하는 습관을 가지고 있다. 국밥을 끓이는 커다란 가마솥처럼 모든 좋은 것들이 들어가 모두가 함께 실현되는, 그것으로 시민들의 자유가 안전하게 보장되는 공동체의 질서를 민주주의라고 생각한다. 그런데 우리가 생각하는 그런 '가마솥 민주주의'에 원래의 민주주의와 구분되고, 때로는 충돌되는 요소도 포함되어 있다면 어떨까?

헌법은 시민들의 자유를 지키기 위한 정교한 장치다. 각각 스스로의 원리에 의해 돌아가고 있는 톱니바퀴들은 유기적으로 연결되고 통합되어 있다. 각 톱니바퀴 원칙들의 역할과 기능을 알아야 장치의 전체적 작동을 관찰하고 통제할 수 있다. 종종 여러 톱니바퀴 원칙들이 충돌하는 일이 발생한다. 이때에는 시민들이 나서서 그 가운데 어떤 바퀴를 우선해 작동시켜야 할지 결정할 필요가 있다. 모든 것을 뭉뚱그려 하나로 이해한다면 그런 조치와 선택은 불가능하다.

최고 권력자도 법과 헌법을 준수해야 하고, 그것을 지키지 않을 경우에는 그 자리에서 파면된다는 것을 확인하는 것은 법치주의 원칙이다. 그래서 헌법재판소도 결정문에서 "탄핵제도는 '누구도 법 위에 있지 않다'는 법의 지배원리를 구현하고 헌법을 수호하기 위한 제도이다"라고 선언했다. 그렇다. 탄핵심판제도는 원래 의미의 민주주의 제도가 아니다.

다시 대통령의 탄핵사건으로 돌아가 보자. 그는 다수의 국민들에 의해 선출된 대통령이었다. 그런데 그 대통령이 선출되지 않은 헌법 재판관에 의해 파면되었다. 민주주의 원칙과 충돌된다.

여러 차례의 여론조사로 확인되었던 대다수 국민들의 소망은 대통령을 파면하는 것이었다. 그리고 탄핵심판청구에 대한 인용결정, 즉 '파면'의 결정이 선고되었다. 그렇다면 적어도 그 결과에서는 민주주의 원칙이 실현된 것으로 볼 수 있는 것 아닌가? 하지만 헌법 재판소의 판단은 정반대로 나올 수도 있었다. 헌법재판소 재판관들 가운데 3인이 탄핵에 반대해 최종 결론이 '기각'으로 나왔다면 그들에 의해 민주주의는 실패하는 것일까? 여론조사 결과를 따라야 하는 것이 헌법재판이고 민주주의라면 굳이 헌법재판제도를 둔 이유는 무엇일까?

오늘날 민주주의는 다수의 지배를 의미하는 원래의 민주주의 요소만으로 성취될 수 없다. 시민들 역시 기존의 민주주의 원칙과 함께 헌법의 여러 다른 원칙들이 함께 실현되는 '더 커다란 민주주의'를 소망한다. '대통령은 하야하라'라는 광장의 민주주의 요구가 헌법을 위반한 대통령의 파면 결정이라는 법치주의 제도에 따른 결론으로 마무리 되었기에 더욱 명예로운 민주주의의 실현이 이뤄진 것이다.[1]

여기서 주장하려는 것은 우리가 진정으로 더 커다란 민주주의를 실현하고자 한다면 민주주의 원칙과 함께 작동해야 할 여러 헌법의 원칙들을 알고 있어야 한다는 것이다. 그 원칙의 내용이 다른 원칙들과 다른, 그 특유의 내용을 구분해 이해할 필요가 있다. 그것을 알고 있어야 원칙들이 상충될 경우 그 문제를 해결하기 위한 관점을 얻을 수 있고, 전체적으로 조화시켜 하나의 더 큰 민주주의로 완성시킬 수 있다.

우선 법치주의 원칙에서 이야기를 시작해보자.

가짜 친구

같은 언어가족에 속하는 언어에서 어떤 단어들은 비슷한 발음에 유사한 의미를 갖는 경우가 있다. 이를테면 각각 어머니와 아버지를 뜻하는 영어의 mother, father와 독일어의 Mutter, Vater가 대표적인 예다.

하지만 같은 뜻을 가진 단어로 보이지만, 실제로 전혀 다른 의미를 갖고 있는 단어들이 있다. 비슷한 외모를 갖고 있어 친구처럼 보이지만 실제는 비슷한 뜻의 단어가 아니라는 의미로 이런 단어들을 '가짜 친구'라고 부른다.[2]

법치주의와 외양과 작동이 유사한 원리로 법가사상이라는 것이 있다. 법치주의 원칙과 법가사상은 위험한 혼동을 초래하는 가짜 친구다. 우리나라 국민들이 법치주의 원칙을 오해하는 데에는 법가사상의 기억이 큰 기여를 했다. 법치주의와 법가의 사고는 과연 어떻게 다를까?

중국 춘추전국시대(기원전 8세기~기원전 3세기)는 각종 사상들이 꽃을 피운 시기다. 각 사상들의 목표는 혼란을 극복하고 새로운 통일 국가를 만들어내는 것이었다.

이 시기 태어난 사상 중 하나가 법가사상이다. 법가사상은 엄격한 '법'과 정교한 정치의 기술인 '술'에 의한 통치를 주장했다. 변방에 있던 진나라는 법가의 도움으로 전국시대를 정리하고 중국을 통일했다. 법가의 대표적인 사상가는 한비자다. 그는 법의 공평무사함을 강조했다. 대신이라도 죄를 지었다면 법에 의해 처벌하고, 보통 사람이라도 선행을 했다면 상을 주어야 한다는 것이 그 요체이다.

왕의 총애를 받는 신하에게도 엄격하게 집행되는 법을 통해 권력은 분산되지 않고 효과적으로 집중된다. 왕의 어떤 명령과 정책도 일

사분란하게 시행될 수 있다. 어느 누구도 감히 왕의 명령을 거역하거나, 권력에 도전할 뜻을 품을 수 없다. 군주가 사회의 전 영역을 장악하고 지배하는 질서를 구축하는 것이 법가 사상가들의 목표였다.

법가통치의 본질은 백성과 귀족, 그리고 신하들이 법을 두려워하도록 하는 데에 있으며, 그 궁극적인 목적은 왕의 권력을 두렵게 여기도록 하는 데에 있다. 결국, 법가사상의 핵심은 권력과 복종이다.[3]

엄격한 법으로 통일을 이루었고 국민들의 머릿속까지 완벽하게 지배하고자 했던 진나라는 통일왕국을 건국하고 불과 16년 만에 멸망하고 말았다. 하지만 법가사상은 사라지지 않고 통치기술로서 중국의 여러 왕조를 거쳐 면면히 이어졌다. 중국의 역사학자들은 중국 왕조의 정치 전통을 외유내법外儒內法이라고 표현한다. 외면적으로는 유교를 정통의 통치 이념으로 삼지만, 그 통치의 실질적 수단은 법가의 통치라는 의미. 중국의 정치사상과 통치의 기술을 받아들인 우리나라의 여러 왕조들이 법가사상을 통치수단으로 사용하였음은 물론이다.

그렇다면 법가사상과 법치주의 원칙은 같은 것일가? 수천 년 전 중국 고대사상과 오늘날 근대헌법의 대원칙이 같은 것이리라 생각하기는 쉽지 않다. 다르다면 무엇이 어떻게 다를까?

법치주의 원칙이란 무엇인가?

오늘날 법치주의 원칙이란 자의나 폭력의 지배가 아닌 '법에 의한 지배'를 보장하는 원칙이다. 여기서 '법'이 무엇을 의미하는 것인지가 중요하다.

'법에 의한 지배'에서 '법'이란 수시로 바뀌는 지배자의 의사가 아닌 객관적인 규범을 말한다. 그리고 오늘날 그 법은 국민에 의해 선출된, 국민의 의사를 대표하는 의회가 제정한 법률을 의미한다. 최종적으로 법에 의한 지배는 국민들이 제정한 헌법에 위반되는 지배여서는 안 된다. 의회가 제정한 법률이라도 헌법에 위배된다면 그 효력을 인정할 수 없다. 국가권력은 이러한 법에 따라 행사되고 발동되어야 하며, 그 법은 헌법의 원칙에 위반하는 것이 아니어야 한다는 원칙이 법에 의한 지배의 원칙이다.

반면 군주가 백성들을 더 효과적으로 지배하기 위해, 군주의 통치를 더 효율적으로 운영하기 위해 만들어낸 것이 법가사상이다. 백성들에게 법의 준수를 강제하는 것으로 실현되는 통치가 법가의 통치이다.

이제 법가사상과 법치주의 원칙이 조금 더 명확하게 구분된다. 시민들의 자유를 보장하기 위해 시민들 스스로 만들어낸 것이 법치주의 원칙이다. 권력행사와 그 근거가 되는 법이 지켜야 될 조건을 정하고 있는 원칙, 시민들이 아니라 권력에게 법의 준수를 요구하는 원칙이 법치주의 원칙이다. 이처럼 법가사상과 법치주의 원칙은 전혀 다른 이유와 기반에 서 있는 사상이다.[4]

헌법에는 다양한 법치주의 원칙의 명령들이 규정되어 있다. 그 가운데 가장 중요한 것들을 예로 들어 본다면 다음과 같은 것들이다.

권력은 시민들의 자유를 보장해야 한다. 그 자유를 제한하기 위해서는 자유 제한의 원칙을 준수해야 한다.

모든 시민들은 법 앞에서 평등하여야 한다. 어떤 권력자라고 해도 마찬가지이다.

법은 시민들이 직접 또는 시민들의 선거에 의해 선출한 대표에 의해 제정되어야 하고, 자유와 인권과 헌법의 원칙에 위반되지 않는 것이어야 한다.

법은 사전에 공표되어 있어야 한다. 법은 시민들이 이해하기 쉽고, 집행자가 자의적으로 집행할 수 없도록 명료하게 규정되어야 한다.

권력은 그들에게 부여된 권한을 공정하게, 그 권한이 부여된 목적을 위하여, 그 권한의 범위 내에서 합리적으로 행사해야 한다.

시민들의 침해된 권리를 구제하기 위한 사법절차가 마련되어 있어야 한다. 사법부와 법관은 독립되어 법과 양심에 따라 재판하여야 한다.

결국 법치주의 원칙이란 시민들의 자유를 보장하기 위해 권력을 헌법에 복종시켜야 한다는 원칙이다. 권력을 함부로 휘두르지 못하게 제한하는 헌법의 원칙, 시민들의 자유를 제대로 보장하기 위한 모든 헌법 원칙의 총합체가 바로 법치주의 원칙이다.

02
원칙의 뿌리, 영국의 '법의 지배'

법치주의 원칙의 뿌리와 발전과정을 찾아보자. 법치주의 원칙의 뿌리는 영국에서 찾을 수 있다. 영국의 법 전통을 이어받은 국가에서는 법치주의 원칙을 '법의 지배^{rule of law}' 원칙이라고 부른다. 그러면 '법의 지배' 원칙은 군주의 권력을 어떻게 제한했는가?

권력제한의 기원

영국은 전통적으로 왕권이 약했다. 광대한 영지와 강력한 무력을 갖고 있는 귀족들이 수두룩했다. 힘센 귀족들과의 갈등과 세력 균형 위에 왕의 권력이 가까스로 존재했다.

1215년 귀족들은 존 왕과 전쟁을 시작했다. 그리고 왕으로부터 '대헌장'을 승인받았다. 단순하게 항복을 받는 데 그치는 것이 아니라, 앞으로 계속 지켜야 할 권력제한의 약속을 받아낸 것이다.

왕은 스스로 권력의 한계를 문서로 약속했다. 귀족들뿐 아니라 평민들의 자유도 인정했다. 백성들의 자유를 제약하기 위해서는 백성들의 동의가 필요하다는 점도 확인했다. 군주가 약속을 지키지 않는 경우에는 무력을 통해 준수하도록 하겠다는 경고도 담고 있다. 자유민의 권리 보장, 법을 통한 권력의 제한, 국민들이 동의하는 법에 따른 통치라고 하는 법치주의의 기본이 확보된 것이다.

대헌장 사건은 이후의 모든 왕과 자유민에게 그 영향을 미치게 되었다. 권력의 제한과 백성들의 자유는 동전의 양면이다. 대헌장의 선언은 인류 역사상 첫 번째 자유선언의 헌장이 되었다. 그리고 인류가 자유를 선언하는 순간마다 최고법의 기원으로 선언되었다.

'법의 지배' 혁명

1603년 왕위에 오른 제임스 1세의 재임기에 법의 지배의 중요한 원칙이 확립되었다. 여기에는 법률가 에드워드 코크Edward Coke의 역할이 중요했다. 그가 법원장으로 재임할 당시 판사들과 제임스 1세는 재판권을 놓고 대립했다. 왕은 판사들을 향해, "판사들은 단지 왕의 그림자이고 대리인에 불과하다. 왕은 스스로 원할 경우에는 언제든지, 어떤 사건이든지 스스로 재판할 수 있다"라고 엄포를 놓았다. 코크는 오로지 법원의 판사들이 법에 의해 재판해야 한다면서, "왕은 어떤 사람 아래에도 있지 않지만, 신과 법 아래에 있는 것입니다"라고 부연했다.

제임스 1세의 아들 찰스 1세는 더욱 무모하게 행동했고, 이로써 영국은 혁명의 시기로 진입한다. 찰스 1세는 전쟁 자금을 마련하기 위해 의회를 소집했다. 의회는 국왕에 대항해 신민들의 자유와 권리를 선언했다. 이것이 '권리청원Petition of Rights'이다.

자신의 권력을 제한하는 의회가 마음에 들지 않았던 찰스 1세는 이듬해 의회를 해산하고, 10년 동안 단 한 차례도 의회를 열지 않았다. 변칙적인 특별세를 만들어 재정을 충당했다. 군주와 의회와의 소통이 단절되었고 신민들의 불만은 점점 쌓여갔다.

1640년 찰스 1세는 스코틀랜드 정벌을 위해 막대한 자금이 필요했다. 그리고 자금을 마련하기 위해서는 오랫동안 소집하지 않았던 의회를 다시 소집하는 수밖에 없었다.

새로이 구성된 의회에는 왕에 반대하는 의원들이 다수를 차지했다. 의회가 가장 먼저 한 일은 '국왕독재'의 도구로서 활용되었고, 고문으로 악명 높았던 성실재판소Star Chamber, Camera stellata를 폐지한 것이다. 대역죄 등을 다루는 왕의 직속 법원이었던 성실재판소는 고문에 의한 자백과 증거수집을 허용하는 유일한 법원이었다. 의회는 한 걸음 더 나아가 고문을 금지한다는 원칙을 법으로 선언했다.[5]

의회는 찰스 1세의 잘못을 2백 개 조항에 걸쳐 나열하며 그 시정을 요구하는 '대항의문'을 내놓는다. 그러자 찰스 1세는 결의문 통과를 주도한 다섯 의원을 체포하고자 몸소 의사당에 난입했다. 의회는 이들 의원을 내놓으라는 왕의 요구를 면전에서 무시했다. 궁정으로 돌아가던 왕은 자신을 향해 야유하는 런던 시민들의 분노한 함성을 듣는다. 불리한 상황을 깨달은 왕은 런던을 탈출해 의회에 대한 전쟁을 선포했다. 영국은 내전상태에 돌입한다.

최초의 전황은 국왕군에게 유리했다. 의회군의 지휘관들은 귀족들이었고, 이들 중에는 국왕에 대한 충성심을 유지하는 이들이 많았기 때문이다. 그래서 의회군의 지휘관들은 우세했던 전선에서도 결정적인 공격을 주저하곤 했다.

1645년 영국 하원은 결단을 내린다. 상원의 귀족들로부터 군사지휘권을 빼앗는 결의안을 채택한 것이다. 상원은 정치력과 무력을 모두 잃었다. 이제 의회군은 스스로 자원한 시민들로 구성된 신형군으로 재편됐다. 신형군으로의 개편은 단순한 군조직의 개편이 아니라, 봉건시대 무력 질서와의 단절을 의미하는 개혁이었다.

1645년 왕은 항복해 포로가 되었다. 의회의 주도세력들은 아직도 왕의 존재가 필요하다고 생각했기 때문에 연금상태에 있는 왕과 타협을 시도했다. 왕은 의회와의 협상을 거부하며 옥좌로의 복귀만을 고집했다. 찰스 1세는 여러 차례 탈출을 시도했으며, 외국 세력을 끌어들이려는 반역을 꾀하기까지 했다. 혁명 주도세력의 고민은 깊어갔다. 왕을 축출하거나 처형하는 데까지 나아가려 한 반정은 아니었다. 그것을 잘 알고 있는 찰스 1세는 자신에 대한 재판과정에서 자신만만하게 외쳤다.

"왕이 신하를 사형시키는 것과 신하가 왕을 사형시키는 것 어느 쪽의 죄가 더 크다고 생각하는가? 짐은 그대들의 왕임을 기억하라."

그러나 1649년, 영국의 국왕 찰스 1세는 처형됐다. 영국의 국민들은 마침내 왕이 없는 국가, 즉 공화국의 정치 형태를 선택한 것이다.

찰스 1세는 시대의 변화를 읽지 못하고 폭정을 행하다 왕권의 추락을 초래한 군주다. 그의 어리석은 판단으로 인해 역사는 법치주의와 민주주의의 거탑을 쌓아올릴 수 있었다. 350년의 역사가 지난 오늘도 영국 의회와 국민들은 군주권력에 의한 의회 침탈을 기억하고 있다. 그리고 앞으로도 계속 기억하기 위해 군주에게 굴종을 강요하는 의식을 의회개원식State Opening of Parliament에 포함시키고 있다.[6]

명예혁명, 혁명의 결말

1660년에 왕정이 다시 회복되었다. 하지만 회복된 왕권은 그 전의 왕권과는 달랐다. 의회의 권력이 같은 권력은 아니기 때문이다.

의회에 의해 옹립된 찰스2세는 의회의 희망과는 다른 방향으로 움직였다. 특히 그 후계자 제임스 2세는 고집스런 반동정치를 폈다. 의회는 영국 국교를 믿는 제임스 2세의 큰딸 메리와 그 남편 오렌지 공을 떠올렸다. 1688년, 네덜란드에 살고 있던 메리와 오렌지는 의회의 설득으로 런던에 입성했다. 제임스 2세는 스스로 몸을 피해 프랑스 망명길에 올랐다.

군주주권으로부터 의회주권으로의 결정적 혁명이 아무런 유혈사태 없이 이뤄졌기에 이를 '명예로운 혁명'이라 부른다. 왕의 즉위는 의회의 주권을 승인하는 조건 하에 이뤄졌다. 이로부터 '왕은 군림하되 통치하지 않는다'는 헌법 원칙이 수립되었다.

의회는 왕권을 제한하고 의회의 권리를 확고히 할 필요를 느꼈다. 그 목적으로 새로이 즉위한 윌리엄 공, 즉 윌리엄 3세에게 승인을 요구한 것이 1689년의 '권리장전Bill of Rights'이다. 권리장전에는 군주가 보장해야 할 시민들의 헌법적 권리가 열거되어 있고, 그것은 '법의 지배' 원칙의 구체적 조항이 되었다. 그 주요 내용은 다음과 같다.

1. 의회의 동의 없이 왕권에 의해 법률이나 법률 집행을 정지시키는 것은 불법이다.

2. 왕권에 의해 법률이나 법률 집행을 무기력하게 만드는 것은 불법이다.

3. 의회의 승인 없이 돈을 거두어들이는 행위는 불법이다.

4. 의회의 동의 없이 평화시에 국내에서 상비군을 징집하고 유지하는 조치는 불법이다.

5. 의회의 의원을 뽑는 선거는 자유롭게 실시되어야 한다.

6. 의회에서 진행된 발언과 토론이나 절차는 재판소나 의회를 벗어난 곳에서 책임을 묻거나 문제를 삼아서는 안 된다.

7. 지나친 보석금이 요구되어서는 안 될 뿐만 아니라, 지나친 벌금이 부과되어서도 안 되고, 잔혹하고 상식에서 벗어난 형벌이 가해져서도 안 된다.

8. 정당한 자격이 있는 자를 배심원으로 선정하여야 하고, 대역죄로 기소된 자를 심리하는 배심원은 토지의 자유 보유권자이어야 한다.

9. 유죄 판결 이전에 특정인에게 벌금과 몰수를 인정하고 부과하는 것은 불법이며 무효이다.

영국의 의회는 권리장전과 입법을 통해 권력이 반드시 준수해야 할 법과 원칙을 선포했다. 시민의 자유를 선포했고, 시민들의 자유를 보장하기 위한 통치구조의 중요한 내용도 확정했다. 그리고 그 장전은 왕권에 의해서도, 그리고 의회의 입법에 의해서도 폐기될 수 없도록 했다. 군주의 지배가 아닌 법의 지배 원칙이 확립된 것이다.

영국의 법의 지배 원칙은 여러 나라로 전해졌다. 자신의 역사와 정치상황 속에서 나름의 법치주의 원칙을 발전시켰다. 각 나라마다 법치주의 원칙의 구체적인 내용이 완벽하게 일치하지는 않는다. 하지만 그 핵심은 하나의 지점에서 일치한다. 바로 '권력의 자의적인 지배를 배제해 시민들의 자유를 보장한다'라는 원칙이다.

03

독일의 법치국가 원칙

영국에서 발달한 '법의 지배' 원칙은 19세기경 독일에서도 받아들여졌다. 그 이름을 법치국가^{Rechtsstaat} 원칙이라고 했다. 그런데 그 이름만이 아니라 내용도 변질되었다. 그렇게 독일과 독일 시민들의 비극이 시작되었다.

독일에서 발전한 법치국가의 원리는 형식적 개념인 '법'으로 전락했다. 원래 법의 지배 원칙의 핵심인 '시민들의 자유'가 탈락한 것이다. 그래서 법에 의하기만 하면 어떠한 권력도 행사할 수 있고, 어떠한 자유도 제한할 수 있다는 논리로 발전했다. 이는 국민의 자유 보장을 그 정수로 하는 법의 지배 원칙과는 너무도 거리가 먼 생각이었다. 이런 형식적 법치국가 원리에서는 권력자가 법률의 형식을 이용해 무엇이든 합법적으로 할 수 있게 된다.

제1차 세계대전에서 패전한 이후 독일의 황제는 퇴위했다. 이제 공화국이 된 독일에서 새로 구성된 정부는 사회주의자, 가톨릭 정치 세력, 자유주의적 민주주의자들의 연합으로 구성되었다. 이들은 의회민주주의와 자유주의에 입각한 바이마르 헌법을 제정하는 데 성공했다.

바이마르 헌법은 보통선거의 원칙, 시민적 기본권, 사회적 기본권, 의회주의 원칙 등을 규정한 헌법이었다. 이것으로 기존의 황제 군주정 국가는 청산되었으며, 적어도 문서상으로는 자유 민주주의 국가가 설립되었다.

패전의 결과는 참담했다. 독일은 어느 곳에서도 희망의 실마리를 찾을 수 없었다. 어마어마한 전쟁 배상금의 책임은 살인적인 인플레이션과 실업률을 낳았다. 정치적 갈등 상황은 점점 심해질 뿐 조금도 나아질 기미를 보이지 않았다. 극좌의 공산주의 세력과 극우의 전체주의 세력은 폭력적으로 대결하고 있었으며, 중도의 어떤 세력도 사회를 통합시킬 만한 힘을 갖지 못했다. 공무원과 군은 이미 민주 정부의 통제를 벗어나 있었다. 사회는 극도의 혼란을 겪었고, 폭력과 테러가 사회의 진행 방향을 결정했다.

민주주의를 위한 준비가 되지 않았던 것은 법관들도 마찬가지였다. 황제의 법관들이 바이마르 공화국의 법관들로 서류상의 직분 이름은 바뀌었지만 그들의 가치관은 아직 제국 시절에 머물러 있었다. 민주주의 헌법을 받아들이는 모습을 취하고는 있었지만 사실은 국가주의 사상을 신봉하고 있었다.

바이마르의 법관들이 민주주의 헌법과 법치국가 원리를 거부하는 방법은, 법의 문제에 정치가 개입하지 않고, 정치의 문제에 법이 개입하지 않는다는 스스로 만들어낸 명제에 따라 법 논리의 견고한 성을 쌓는 것이었다. 이 논리는 헌법의 가치에 부합하는 정의로운 판단을 회피하는 논리로 사용되었다.

법관들은 법치국가의 원칙을 법률에 의하기만 하면 시민들의 모든 자유를 제한할 수 있다는 형식적인 원칙으로 변질시켰다. 오로지 권력이 법률에 근거하는 형식을 갖추고 있는가를 감시했을 뿐 그 법이 진정으로 자유의 원칙을 준수하는 것인지, 헌법에 실질적으로 부합하는 것인지에 관해서는 묻지 않았다. 사법부가 헌법 판단을 하지 않으니 국가권력과 국가기관들은 헌법으로부터 제약을 받지 않고 권력을 행사할 수 있게 되었고, 민주주의와 시민들은 헌법으로부터 최소한의 보호도 얻지 못하게 되었다.

결정적인 타격은 1920년대 후반 세계를 강타한 경제대공황이었다. 완전한 절망상태에 있던 독일 국민들은 전체주의 정치세력인 국가사회주의당에서 희망의 싹을 보았다. 히틀러가 지배하는 나치는 1932년 선거에서 37.4퍼센트의 지지를 얻었다. 권력의 열쇠를 쥐게 된 것이다.

수상이 된 히틀러는 임명 직후 발생한 의회의사당 방화사건을 빙계로 헌법 정지를 선언한다. '국가의 위난을 제거하기 위한 법'이라는 명칭의 법을 통과시켜 입법권을 포함한 의회의 모든 권한을 행정권에 위임했다. 정부의 입법이 헌법보다 우위의 효력을 갖게 하는 조치였다. 전권위임법은 바이마르 헌법과 법치국가의 원칙을 실질적으로 폐지시키고 말았다.

나치 정권의 통치는 항상 법률에 근거를 마련해 그 기초를 다졌다. 나치의 법이 초래한 참극은 너무나 잘 알려진 사실이다. 독일의 법률가들은 그 법들을 꼼꼼하게 적용하고 집행함으로써 나치의 통치에 든든한 조력자가 되었다. 그들이 그런 선택을 했던 것은, 법은 그 내용의 정당성 여부를 불문하고 항상 정당하다는 잘못된 법치주의 사상에 빠져 있었기 때문이다.

나치 독일이 세계를 상대로 벌였던 제2차 세계대전은 처절한 패전으로 끝났다. 참혹하게 파괴된 나라는 동과 서로 분단되었다. 서독 시민들은 미국, 영국, 프랑스 등 연합국의 지원과 감시 아래 새로운 민주주의 국가를 건립했다.

이제 독일 국민은 형식적인 법치주의 사상이 얼마나 위험한 사상인지 깨닫고 있었다. 독일은 형식적인 법치국가 원칙을 폐기하고 실질적 법치국가 원칙을 수립했다. 이는 자유를 보장하기 위한 원래의 법치주의 원칙으로 복귀한 것을 의미한다. 입법자가 제정하는 법률

은 헌법의 가치를 존중하고 실현할 때에 정당한 법률로서의 효력을
가질 수 있게 되었다. 새로운 헌법의 제정자들은 실질적 법치국가를
보장하는 장치로서 헌법재판제도를 도입했다. 헌법재판을 통해 인간
의 존엄성과 기본권을 침해하는 법률의 효력을 무효화시킬 수 있게
된 것이다.

04
우리 사회의 법치주의 원칙

대한민국 제헌절, 대통령의 연설

일제의 식민지 시절 새로 도입된 근대적 법들은 강압적인 식민통
치의 수단이었다. 해방 이후 권위주의 정권이 지속되는 동안에도 법
의 통치는 강제의 통치를 의미했다. 이런 역사적 배경 속에서 법치주
의 원칙을 '법가의 원칙'으로 이해한 것은 필연적 결과였는지 모른다.

기성세대들이 성장하던 시기 학교 교육에서 법치주의는 법가사
상의 법치, 즉 준법과 순종을 의미하는 것으로 다루어졌다. 법치주
의의 진정한 의미인 '자유'에 대한 교육은 사실상 배제되었다. 우리
기성세대들이 법치주의의 진정한 의미를 모르는 데에는 이해할 만
한 사정이 있는 것이다.

문제는 법치주의 원칙을 보장하고, 운영하고, 집행하는 공직자들
마저 법치주의 원칙을 잘못 이해하고 있다는 점이다. 헌법이 최고법
인 것은 주권자인 시민들의 자유를 확보하기 위한 법치주의 원칙을

선언하는 법이기 때문이다. 그동안 헌법 제정을 기념하는 제헌절의 기념식장에서 가장 높은 권력을 갖고 있는 대통령은 자못 심각한 목소리로 연설하곤 했다.

"법의 엄정한 집행을 통해 법치주의를 수호하겠습니다"

법무부장관이나 검찰총장 등 법 집행기관의 수장도 '법의 날' 기념식장에서 비슷한 연설을 한다. 우리 사회의 권력자들, 정치인과 공직자들의 법치주의 이해는 대략 이 정도 수준이다.

권력이 시민들을 상대로 질서의 법을 강제하기 위한 명분에 골몰하던 중, 마침 최고의 법을 제정한 날을 기념하는 자리가 있으니 법의 강제를 강조하는 언설을 하는 것이다. 권력이 하고 싶은 말일 뿐 법치주의 원칙과는 전혀 관계가 없는 연설이다.

권력을 가지고 법을 집행하는 고위공직자들이 법치주의를 잘못 이해하는 것은 용납할 수 없는 문제다. 법치주의 원칙이란 바로 그들에 대한 명령이며, 그들이 행사하는 권력이 준수해야 하는 조건과 원칙을 말하는 것이기 때문이다. 법치주의 원칙에 대한 이해 없이 이를 준수할 수 없는 것은 당연하다.

권력자들이 법치주의 원칙을 진지하게 받아들이지 않을 때 나타나는 부정적 파급효과 중 하나는 미래 세대의 교육에서 법치주의 원칙을 정확하게 다루지 않게 된다는 점이다. 지금 이 순간에도 학교 현장에서는 질서와 법에 대한 복종을 강조하는 교육과 법치주의 원칙의 내용을 버무려 교육하고 있다. 과연 무엇이 원칙의 본질인지 알 수 없는 법치주의 원칙을 교육하고 있는 상황이다.

대학생과 청소년들에게 법치주의 원칙이 무엇인가라고 질문하면 여전히 '법을 통해 통치하는 것', '법을 잘 준수하는 것'이라는 대답이 나온다. 심지어 정치와 사회 문제를 항상 다루는 언론인들도 법치주의라는 말을 정치인들과 같은 용법으로 사용한다.

우리 정치인들과 공직자들은 법치주의가 어떤 내용의 원칙인지 시민들과 새로운 세대에게 교육하고 알려야 할 책임을 방임하고 있다. 국민들의 오해를 묵인하고 조장하고 있는 셈이다.

지배당하는 국민들, 지배를 거부하는 국민들

우리 사회에 반복적으로 들이닥치는 법치주의 시스템의 총체적 침몰은 권력을 탐하는 몇 사람만의 책임은 아니다. 그들의 힘만으로 초래될 수 있는 위기가 아니다. 구성원 모두의 시각과 가치관이 갖고 있는 문제점을 돌아보아야 한다.

시민들의 자유가 실현되는 사회와 그렇지 못한 사회의 특징은 무엇일까? 공동체 구성원들이 절대로 타락시켜서는 안 될 정치의 핵심 가치, 그 정수는 과연 무엇일까?

존 스튜어트 밀은 1861년 《대의정부론Considerations on Representative Government》이라는 저서를 썼다. 그는 이 책에서 두 가지 유형의 사회를 분석했다. 밀이 보기에 그 핵심은 사람들이 가지고 있는 두 가지 정치적 욕구, 즉 '지배하고 싶어하는 마음'과 '지배당하기 싫어하는 마음'이었다. 어떤 성향의 사람이 많은지가 그 나라의 정치가 결정되는 요인이라는 것이다.

남을 지배하려는 욕구가 강한 사람들, 즉 권력을 욕망하는 사람들은 남을 지배할 수 있는 지위에 오를 가능성만 있다면 자신의 독립성을 쉽게 포기한다. 그래서 그들은 권력의 명령에 모든 것을 맡기고 따르려 한다. 그 보상으로 좋은 지위를 기대하기 때문이다. 그 반대로 독립성을 지키는 성향이 큰 국민들, 즉 자유를 욕망하는 사람들은 남들을 지배하는 기회, 즉 출세의 기회가 있다고 해도 그에 현혹되어 권력자에게 자신을 내맡기지 않는다.

밀은 영국의 국민들이 개별적인 독립성을 지키는 성향이 크다고 평가하면서, 다음과 같이 설명하고 있다.

> 영국 사람들은 상류계급의 지배를 받아들이지만, 그렇다고 높은 사람들에게 개인적으로 굴종한다는 생각은 전혀 하지 않는다. 따라서 권력자들이 일정한 한계를 넘어 자신의 권리를 침해한다 싶으면 가차없이 저항의 깃발을 든다. 그리고 그 지배자들에게 반드시 자신들이 원하는 방식으로 통치하지 않으면 안 된다는 사실을 분명히 주지시킨다.[7]

자기 나라 국민을 좋게 평가하는 그가 반드시 공정한 평가자라고 할 수는 없다. 하지만 오늘날 법치주의와 민주주의의 선진국을 보면 그 국가의 시민들 가운데 개인의 출세나 성공보다 자유에 큰 의미를 부여하는 사람들의 비율이 높다는 것은 분명한 사실로 보인다.

이제, 개인의 자유보다는 출세에 더 큰 의미를 부여하는 나라를 살펴볼 차례다. 다른 이들을 지배하려는 성향이 강한 국민들이 정치를 어떻게 보는지에 관한 밀의 주장을 들어보자.

> 그들의 눈에 정치란 좋은 자리 하나 차지하기 위한 것에 지나지 않는다. 이 과정에서는 평등만 고려되고 자유는 관심 밖으로 밀려난다. 어느 계급 또는 어느 특정 공인이 만사에 간섭하고 끼어드는 권한을 행사할 것인지를 두고 정당들 사이에 경쟁이 벌어진다. 민주주의라는 말은 그저 공직의 문이 소수가 아니라 모든 사람에게

열려있다는 정도로만 이해된다. 정치제도가 민주화될수록 공직의 수도 셀 수 없을 만큼 늘어난다. 전체가 각 개인에게, 그리고 행정부가 그 전체에게 권력을 휘두르는 과잉통제의 폐단도 더 심해진다.[8]

우리나라 사람들처럼 정치에 관심이 많은 사람들도 드물다. 모든 사람들이 정치를 생각하고 이야기한다. 그런데 정치에 대한 관심을 조금 더 깊이 들여다보면 민주주의나 법치주의에 대한 관심이 아니다. 정치에 대한 관심의 가장 본질적인 부분은 출세에 대한 관심이다. 누가, 어느 지역 사람이, 어느 정당 사람이 대통령이 되고, 총리가 되고, 청와대 수석이 되고, 장관, 검찰총장이 되었는가에 관한 관심이다.

공직자들에게도 가장 큰 관심사는 어느 세력의 사람이 요직으로 승진했는가의 문제다. 어떤 사람이 승진하면 그 영향을 다방면으로 분석해 지침으로 삼는다. 누구의 눈에 들어야 하는가, 어떤 내용의 정책을 좋아하는가, 그 사람과 친한 사람은 누구인가, 도대체 나는 어떤 세력에 속해 있어야 하는가.

그래서 그 인사의 원인으로 분석된 사람과 주변세력에는 더욱 많은 사람들이 모이게 된다. 그들 세력 내에서는 서로 협력하는 문화가 자리 잡는다. 그 협력의 목적은 국익이 아니다. 세력을 키우고, 그 세력의 뜻을 실현시키는 데에 있다. 헌법의 원칙에 따른 통제가 이뤄지기 어려운 것은 당연하다.

인사의 문제가 정의와 평등의 문제로 인식되어 투쟁의 대상이 되기도 한다. 어느 누구의 세력에 속한 사람들, 어느 지역 출신의 사람들이 요직을 많이 차지한다면 그 세력에 속하지 않은 사람들은 그 인사가 정의에 반하며, 평등 원칙에도 위반된다고 비판한다. 그리고

헌법을 쓰는 시간

다음 인사에서 바로잡기 위해 다방면의 노력과 세력 간 갈등도 벌어지곤 한다.

지위를 우러러보는 공동체에서는 어떤 것을 주고라도 그것을 얻으려는 사람들을 키워낼 수밖에 없다. 자기 본업의 양심과 권한을 팔아 지위를 거래하는 공무원, 법조인, 언론인, 학자들이 등장한다. 동료들의 성공적 거래를 목격한 사람들은 권력자에게 경쟁적으로 충성의 메시지를 보낸다.

사법연수원생들의 회의

사법시험에 합격한 사람들을 법조인으로 양성하는 사법연수원이라는 기관이 있다. 로스쿨과 변호사 시험 제도의 도입으로 이제 그 운명이 경각에 달했지만, 한때 그 기관은 최고의 명예를 거머쥔 사람들의 집합소였다.

1990년대 말, 나는 사법연수원에서 사법연수원생으로 교육을 받았다. 무언가 공익을 위한 일에 참여하고 싶다는 생각에 편집부라고 하는 동호단체에 가입해 활동했다. 2년간의 사법연수원 교육기간 동안 연수원생들의 생각을 담은 한 권의 책을 만드는 일에 참여한 것이다.

편집부에서는 곧 법조실무에서 활약하게 될 사법연수원생들을 상대로 인권과 법에 관한 설문조사를 준비했다. 수십여 개의 설문 내용 중 가장 민감한 질문은 법치주의 원칙과 관련된 다음의 두 질문이었다.

1. 법원의 재판이 시민의 기본권을 침해하는 경우, 그 재판에 대한

헌법소원은 허용되어야 하는가?

2. 우리의 검찰은 정치적 독립성을 지키고 있는가?

사법연수원은 대법원 산하의 조직이다. 그 교육을 마친 상당수가 판사, 검사로 임용되기 때문에 법원과 검찰에서 파견된 최고 엘리트 법관과 검사들이 교수진을 형성하고 있다. 그런데 설문조사의 질문들은 대법원과 검찰의 가장 민감한 지점을 묻고 있었다.

설문결과는 압도적이었다. 당시 상당수의 사법연수원생들은 법원의 재판에 대한 헌법소원은 허용되어야 한다, 우리의 검찰은 정치적 힘에 대해 독립적이지 않다고 생각하고 있었다.

출판에 임박해 이와 같은 기사가 있다는 사실을 알게 된 교수진은 발칵 뒤집혔다. 사법연수원장은 긴급회의를 열었다. 법원장의 지위를 갖고 있던 사법연수원장은 이 기사가 연수원 선배들의 등에 비수를 꽂는 행위라고 노여워했다. 사법연수원 당국은 그 기사를 삭제하라고 지시했다.

기사는 위법한 내용을 담고 있는 것이 아니었다. 오히려 법치주의 원칙의 중요한 주제를 담고 있었다. 어느 특정인의 일방적 주장이 담긴 것도 아니었다. 모든 사법연수원생들에게 공정한 질문을 했고, 그 객관적인 결과를 정확하게 전달하는 기사였을 뿐이다. 연수원생들의 가치관에 나쁜 영향을 줄 주제나 내용을 담고 있지 않았다. 더군다나 그 기사를 읽을 사람들이 어린이나 청소년도 아니었다. 그들은 바로 몇 개월 후면 판사, 검사, 변호사가 되어 법조인으로 활약할 성인들이었다.

곧 편집부원들의 회의가 열렸다. 심각하고 무거운 분위기였다. 사법연수원생의 신분은 법원공무원으로 되어 있다. 법원의 징계에 의해 해임도 되고 파면도 될 수 있는 신분이다. 문제는 그들에게 그 기사를 삭제하라는 기관장으로부터의 비공식적인 지시가 내려왔다는 것이다. 편집장을 맡고 있었던 동료는 사건의 경위를 설명하고, 회의에서 그 기사 삭제의 지시를 따를 것인지 여부의 결정을 하자고 했다. 기사를 책임졌던 동료가 발언했다.

"우리에게는 상급자의 지시가 있다. 하지만 그 지시보다 훨씬 더 중요한 원칙이 있다. 법조인으로서의 양심과 헌법의 원칙, 표현의 자유, 다른 동료 사법연수원생들과의 약속이다. 불법적인 내용도 아니고 비도덕적인 내용도 아니다. 법조인으로서 고민해야 할 주제를 다룬 것이고, 어느 결론을 홍보한 것이 아니라 설문으로 질문해 젊은 법조인의 생각을 측정했던 것뿐이다. 양심을 지키는 법조인이 될 것인가? 아무런 근거도 이유도 없는 무원칙한 상관의 지시를 따를 것인가?"

스무 명 남짓의 회원들이 거수투표를 했다. 두 명의 반대와 서너 명의 기권을 제외하고는 모두 삭제에 찬성했다. 판사, 검사 임용이 곧 시작되는 시점이었고, 경력에 나쁜 기록이 오르면 임용이 위험해지기 때문에 조심해야 한다는 생각이 투표를 좌우했다. 예상하고 있던 결과였지만, 충격이 적지는 않았다. 가장 충격적이었던 것은 한 동료의 의견이었다.

"원칙과 지시 가운데 무엇이 더 중요하냐고 했는데, 제 생각에는 지시가 훨씬 더 중요합니다. 그것이 공무원의 사명이라고 생각합니다."

자신의 자유도, 다른 사람들과의 약속도, 지켜야 할 헌법의 원칙도 중요하지 않으며, 가장 중요한 것은 윗사람의 지시라고 말한 사람은 곧 판사 또는 검사가 되어 법치주의 원칙을 실현시켜야 할 사람이었다. 좋은 게 좋은 것 아니겠느냐는 타협의 발언이 아니었다. 원칙 자체를 거꾸로 들고 있는 생각이었다.

전도된 생각은 이렇게 전개될 것이다. 반드시 지켜야 할 원칙은 윗사람의 지시다. 지시를 내린 윗사람이 바뀌어 새로운 상급자가 전혀 다른 지시를 하면 잠시 고민하지만 큰 문제는 없다. 중요한 것은 현재 윗사람의 생각이다.

그러나 사실 이런 전도된 생각은 그 동료만의 것이 아니다. 지금까지 우리 사회의 많은 공무원들이 그렇게 생각했으며, 안타깝지만 지금의 현실도 그러하다.

권력을 사랑하는 칼

권력자들이 애용하는 칼이 있다. 검찰이라고 불린다.

검찰은 원래 법치주의 원칙의 칼이다. 권력자들이 공동체의 원칙을 함부로 위반할 때 그들을 직접적으로 처단할 수 있는 공동체의 칼이다.

권력자들은 그들에게 가장 위험한 기관인 검찰의 독립을 허용하지 않는다. '검사 동일체의 원칙'이라는 것을 만들어 하급검사를 상급검사의 지휘 아래 두었다. 모든 검사를 계단식 명령체계에 집어넣었기 때문에 지휘부의 검사들만 권력에 복종시키면 되었다. 그렇게 세월이 흘러 검찰은 권력자의 주머니칼이 되었고, 법치주의와 민주주의의 가장 큰 위협이 되었다.

매번 대통령 교체기가 되면 검찰은 잠시 독립적인 칼이 된다. 하지만 그것은 진정한 의미의 독립이 아니다. 칼의 주인이 바뀌고 있음을 의미하는 것일 뿐이다.

2012년 대통령을 당선시킨 선거에 국가정보원이 불법적으로 개입해 영향력을 행사한 사건이 발생했다. 검찰은 책임자인 국정원장을 기소했다. 그런데 사건을 수사하던 2013년 9월, 검찰총장이 쫓겨나듯 사직했다. 사건의 실무 수사팀에게 자유로운 수사를 허용했던 것이 문제였다. 3년이 지나 검찰총장에서 밀려난 그가 언론과 인터뷰를 했다. 언론은 우리가 검찰에 가장 궁금해 했던 질문을 던졌다. 바로 '검찰이 왜 권력의 말을 잘 듣나'였다. 그의 대답은 다음과 같았다.

"인사권입니다. 말 잘 들으면 승진시키고, 말 안 들으면 물 먹이고 그렇게 하다가 이번 정권 들어와서는 검찰총장까지 탈탈 털어서 몰아냈습니다. 그러면서 바짝 또 엎드리게 되고…… 또 검사들이 평범한 직장인으로 돌아갔기 때문이 아닌가 생각합니다."[9]

명예를 중시하는 것이 검사들의 일반적인 특징이다. 험한 범죄자를 다루며 수시로 야근하는 고된 업무를 마다하지 않는 이유는 그들이 명예를 추구하기 때문이다. 그러나 검찰이 권력에 순치되는 동안 검사의 명예는 어느덧 '출세'라는 의미로 왜곡되고 변질되어버렸다.

그래서 오늘날 검사들은 승진에 가장 민감하다. 승진에서 누락되는 것은 참기 어렵다. 그것으로 명예가 실추되었다고 생각한다. 검사들이 출세를 추구할 때 권력은 가장 다루기 쉬운 검찰을 갖게 된다.

권력에 아부하는 정치검사, 불법적인 지시도 복종하는 검사는 항상 존재해 왔다. 이런 검사들은 앞으로도 존재할 것이다. 그럼에도 불구하고 지켜야 하는 것이 검찰의 독립이다. 검찰의 독립을 어떻게 찾을 것인가?

첫 번째 단추는 검찰을 하나의 도구로 만드는 검사 동일체 원칙의 폐지다. 모든 검사들이 상관의 지시에 따를 것을 명하고 있는 이 원칙은, 검찰의 수뇌부만 장악하면 모든 검찰권을 장악할 수 있는 손쉬운 수단으로 활용된다. 검찰이라고 하는 치명적 권력을 하나의 장치로 작동하게 만드는 이 원칙을 폐지하지 않은 채 검찰의 독립을 달성하기는 불가능하다. 검찰을 손아귀에 넣으려는 권력의 의지는 상상을 초월할 만큼 강하다. 권력의 의지 앞에 한 덩어리 검찰이라는 존재는 너무 탐스럽고 또한 손쉬운 존재이다.

다음으로 중요한 것은 검사들의 인사권 독립이다. 검찰의 독립은 인사권 독립에서 시작해야 한다. 공정한 인사를 위한 독립된 위원회를 구성해 검사들의 평가를 객관적인 지표로 운영하는 인사제도를 만들어야 한다.

최근에는 경찰의 수사권을 독립시켜야 한다는 논의가 구체적으로 진행되고 있다. 경찰도 검찰 못지않은 권력의 도구다. 더 노골적이고 직접적인 도구가 될 위험도 있다. 경찰 수사권을 독립시키는 것이 과연 자유를 위한 일이 될지, 더 무서운 자유의 적을 만드는 길이 될지 확신할 수 없다. 경찰 수사권을 검찰로부터 독립시키는 것이 국민들에게 직접적으로 어떤 이익을 가져다주지는 않는다. 그 제도설계를 지혜롭게 해 경찰뿐 아니라 검찰의 정치적 독립을 확보하는 지렛대로 만들 수 있다면 국민들에게 이익을 가져다주는 제도가 될 수 있다.

그 방향은 검찰과 경찰의 권력을 서로 견제시키는 것이다. 권력의 분리보다 견제가 중요하다. 그리고 견제를 위해서는 양쪽의 권력이 균형을 이루도록 해주어야 한다. 검찰과 경찰이 서로의 권력을 통제해 균형을 이룰 때, 시민들은 자유와 평화를 얻을 수 있다.

지금까지는 제도의 문제를 말했다. 그러나 제도의 문제가 전부일 수 없다. 검찰의 독립을 위해 어떤 제도를 도입한다고 해도 검사들이 여전히 좋은 보직의 인사발령에만 목을 매고 있다면 검찰권의 독립은 요원하다.

이 문제의 해결은 그리 간단하지 않다. 검찰뿐 아니라 우리 사회 전체가 오랜 세월 굳어진 출세문화에 장악되어 있기 때문이다. 높은 자리에 오른 사람에 대한 맹목적 경외, 출세의 길에서 이탈한 사람에 대한 재빠른 경멸은 일상적으로 벌어지는 일이다.

이런 문화 속에서 명예심으로 뭉친 검사들이 출세를 주는 권력의 힘으로부터 자유로운 정신을 갖기란 사실상 불가능하다. 어떤 인사제도로 변경한다고 해도 제도의 변경만으로는 큰 변화를 기대할 수 없다.

최선의 길은 다 같이 만들어갈 수밖에 없다. 진정한 명예만을 명예로 여기고, 정의롭지 않은 출세를 출세로서 인정하지 않으려 노력해야 한다. 쉽지는 않겠지만 이 일을 이뤄내야 법치주의의 원칙에 한 걸음 더 다가설 수 있다.

제4장

대한민국은 민주공화국이다

민주주의 원칙

01

민주주의란 무엇인가?

대한민국은 민주공화국이다

헌법조항 가운데 아는 조항이 무엇이냐고 질문을 하면 대부분 헌법 제1조 제1항을 말한다. "대한민국은 민주공화국이다."

법을 전공하지 않은 이들도 학창시절에 배운 이 조항은 외우고 있다. 대한민국은 주권자인 시민들이 세우고, 그 시민들이 스스로 통치하는 나라임을 선언한 헌법 제1조는 우리에게 그만큼 친숙하다.

일제 식민지로부터 해방되었을 때, 우리 국민들은 군주국을 선택하지 않고 국민들이 주권을 갖는 민주공화국을 택했다. 민주국가에 한 번도 살아보지 못한 백성들에게 민주공화국은 어떤 의미였을까?

조선이 스스로 쇠락하게 된 19세기 말엽 조선의 선각자들은 새로운 통치에 대한 생각을 발전시키고 있었다. 그러나 이때만 해도 군주 제도를 부정하는 데까지 나가지는 못했다. 군주가 제대로 정치를 행하고, 함부로 권력을 남용하지 못하도록 군주도 반드시 지켜야 하는 헌법이라는 최고원칙을 만들어야 한다고 생각했다. 만민공동회와 독립협회운동 등은 바로 입헌군주정이라는 목표를 이루고자 하는 정치적 운동이었다. 지금에야 온건하기 그지없는 이 생각이 당시 권력을 갖고 있던 세력에게는 위험천만한 반역의 사상이었다.

1910년 일본에 국권을 빼앗긴 우리 선조들은 일제로부터의 해방을 꿈꾸었다. 그리고 해방된 이후 우리의 질서는 어떤 모습일지 상상했다. 군주와 양반의 질서를 복원해야 한다는 생각을 하는 이들도 있었다. 하지만 새로운 생각을 받아들인 이들은 군주제를 폐기하고 공화국을 수립해야 한다고 생각했다.

1919년 고종이 사망했다. 일본에 의한 독살설이 장안에 퍼졌다. 고종의 장례를 신호로 삼일운동의 거대한 항거가 시작되었다. 이 시기를 전환점으로 백성들의 마음에 변화가 생겼다. 이제 군주는 존재하지 않았다. 주권을 찾아오기 위해 백성들은 피를 흘렸다. 피를 흘리는 것이 백성이라면 되찾은 주권의 주인도 백성이어야 했다. 그해 4월 중국 상하이에 대한민국 임시정부가 설립되었다. 임시정부는 첫 헌법으로 대한민국 임시헌장을 반포하면서 국호를 '대한민국'으로, 정치체제를 '민주공화제'라고 규정했다.

마침내 1945년, 대한민국은 해방을 맞았다. 하지만 해방은 스스로의 힘에 의한 것이 아니라 밀려오는 외부의 힘에 의해 생겨난 결과였다. 그리고 1948년, 새로운 정부 수립과 더불어 최초의 헌법이 제정되었다. 그 헌법 제1조에 대한민국은 민주공화국이라는 규정이 자리를 잡았다.

여기서 문제는 주권자인 국민들이 나라의 주인으로서 충분한 의식을 갖지 못하고 있었다는 것이다. 민주공화국은 그저 적혀 있는 문자일 뿐, 권력을 복종시키는 힘이 되지는 못했다.

국민들이 주권자가 되지 못하는 사이에 헌법의 의미를 더럽히는 일들이 벌어졌다. 헌법 개정도 여러 차례 이뤄졌다. 대부분 권력자의 권력 연장과 독재를 위한 개정이었다. 하지만 이들도 헌법 제1조의 민주공화국 조항만큼은 개정하지 못했다. 그래서 독재의 시절에도 우리 국민들은 이 조문을 이야기할 수 있었다.

국민들 대부분이 이 조문을 외우고 있으며 그것을 헌법의 가장 중요한 조항으로 여기고 있다는 사실은 국민들의 주권에 기초한 우리 헌법의 정체성을 결정하고 있다. 헌법 제1조 민주공화국 조항은 그렇게, 희미한 등불로나마 우리를 지켜주었다.

민주주의의 여러 의미

민주주의란 주권자인 국민들이 공동체의 중요 결정을 하는 정치 체제를 말한다. 그런데 과연 그 정치체제를 구체적으로 어떻게 구현하는가의 문제에서 민주주의는 한 가지 의미가 아니다.

오늘날 민주주의를 채택하는 대다수의 국가들은 국민들이 대표를 선출하고, 그 선출된 대표가 권력을 행사하는 형태의 대의민주주의를 채택하고 있다. 대의민주주의의 본래 이름은 대의제도다. 영국 의회와 시민들이 군주의 권력을 제한하는 투쟁 과정에서 발전시켰다.

그런데 한번 생각해보자. 선거를 통해 대표로 뽑은 대통령과 국회의원들이 권력을 행사하고 정책을 결정하는 것이 나라의 주인인 백성들이 스스로 결정하는 것과 정말 같은 것인가? 대의민주주의를 진정으로 민주주의라고 할 수 있을까?

대의민주주의의 창안자들은 자신들이 발전시킨 제도를 민주주의와 구분되는 별도의 제도로 이해했다. 이들은 오히려 보통선거와 직접민주주의를 요구했던 당시 '민주주의 사상'을 나라를 혼란에 빠뜨리는 불온한 사상이라고 비난했다.[10]

대의민주주의와 대비되는 정치체제로 직접민주주의라는 것이 있다. 직접민주주의의 사상가들은 공동체의 의사결정을 국민들이 직접 내리는 것만이 민주주의라고 주장한다. '국민들이 모두 한 자리에 참석해 결정하는 방법이 최선이고, 만일 그것이 어렵다면 그와 유사한 효과를 얻을 수 있는 방법을 찾아야 한다'고 주장한다. 과연 어떤 생각이 민주주의 본래의 생각에 충실한 것일까?

썩어빠진 엘리트들은 필요 없다

2016년 가을의 광화문 광장에 눈길을 끄는 주장이 등장했다.

"국민들이 각성했다. 썩어빠진 엘리트들은 필요 없다."

박근혜 정권의 정부실패는 대의민주주의의 한계를 여실히 보여주었다. 권력 엘리트들의 판단력과 양심이 보통의 시민들의 수준에 미치지 못하는 것을 보고 시민들은 경악했다.

사실 우리에게 실망을 안긴 것은 박근혜 정부만이 아니다. 대의민주주의는 우리를 반복적으로 좌절시켰다. 그래서 대의민주주의 원칙은 실현될 수 없는 이상에 불과한 것이라고 실망하는 사람들이

늘고 있다. 적극적인 사람들은 새로운 민주주의 제도를 찾아 나서기도 한다. 하지만 대안 가운데 그다지 신통한 것은 없다.

우리가 실망에 빠져 대의민주주의를 모두 버리기 전에 해야 할 일이 있다. 과연 대의민주주의가 무엇인지 공부하는 것이다. 우리는 대의민주주의가 무엇인지 제대로 공부한 적이 없다. 그러다 보니 우리가 실망한 것이 제도인지 아니면 잘못된 운영인지조차도 구분이 되지 않는다. 제대로 된 대안을 찾기 위해서라도 우리가 실망하고 있는 대의민주주의에 관해 알아볼 필요가 있다.

대의민주주의 원리는 어떻게 작동하는가?

대의민주주의에서 국민들에게 선출된 대표는 임기 동안 권한을 행사하고, 임기가 종료되면 다시 국민들의 심판을 받게 된다.

대의민주주의 의사결정의 본질은 대의기관이 자유로운 의사결정을 할 수 있다는 데에 있다. 그들은 자신이 선출해 준 국민들이 어떤 명령을 했다고 해도 그 의사에 구속되지 않는다. 이것이 과연 어떤 의미를 갖는 것인지 예를 들어 생각해보자.

어떤 회사의 주인이 전무에게 새로 공장을 지으려고 하니 좋은 터를 구입하라고 지시했다. 전무는 주인의 위임장과 도장을 들고 가서 계약을 체결했다. 그런데 그가 계약한 것은 공장을 지을 땅이 아니라, 공장 직원들이 사용할 연수원 건물과 직원통근용 버스였다.

만일 우리가 그 회사의 주인이라면 이 사태를 어떻게 처리할까? 우선, 주인의 지시와 전혀 다른 엉뚱한 일을 한 전무를 해임할 것이다. 그리고 전무가 체결한 계약을 취소하려고 노력할 것이다.

그런데 대의민주주의는 이런 방식으로 작동하지 않는다. 주권자인 국민들에 의해 권력을 위임받은 대표들은 주권자인 국민의 지시를 따를 필요가 없다는 것이 대의제도의 이념이다. 대표들은 유권자들의 판단이 아니라 스스로 내린 최선의 판단에 따라 정책을 결정한다.

주권자들로부터 권력을 위임받은 대표들은 주인인 국민들의 의사에 따라야 하는 것이 정상 아닐까? 대표가 주권자들의 의사와 다른 정책결정을 할 권한을 가진다면 과연 그것을 민주주의 제도라고 할 수 있을 것인지 의문이 든다. 대의민주주의에서 시민들의 권한은 선거를 통해 자신들의 대표, 즉 '정책결정을 하는 사람들'을 선출하고, 다음 선거에서 그들의 업적을 심판하는 데에 국한되어 있다.

학교에서는 오늘날 우리가 대의민주주의를 채택하는 이유를 국가의 영토가 넓고 국민들의 숫자가 많기 때문이라고 가르친다. 하지만 이것은 일면의 진실이다. 더 중대한 이유는 뒤에 감추어져 있다. 대의제도의 사상가들이 직접민주주의를 채택하지 않았던 이유는 보다 더 정치적이다.

이들은 국가의 통치 작용을 맡을 사람들이 높은 수준의 자질을 가지고 있어야 한다고 생각했다. 공동체를 위해 헌신하는 마음, 통치에 필요한 전문지식, 지혜로운 판단력을 가진 사람들이 합리적인 토론과 심의를 하고 결정을 해야 한다고 믿었다. 이들은 보통의 국민들의 능력을 신뢰하지 않았기에, 그들이 직접 정치적인 결정을 내리는 것은 위험하다고 생각했다.

대의민주주의 사상이 국민들을 속이는 제도는 아니다. 의회의 경우를 생각해보자. 국민의 대표가 모여서 심의하는 의회의 의사결정이 신중하고 합리적이기 위해서는 이성적 토론의 원칙이 지켜져야 한다. 토론이 제대로 되기 위해서는 타협과 양보가 필수적이다. 선거구민의 결정에 구속된다면 다양한 견해에 기초한 토론과 타협이 불가능하고, 결국 의회 기능은 마비될 수밖에 없다. 합리적이고 이성적인 토론을 촉진한다는 의미에서 대의민주주의 원리는 나름의 설득력을 가진다.

잊지 말아야 할 것은 대의제도의 본질이다. 국가의 정책을 결정하는 것은 주권자의 의사가 아니고 대의기관의 의사이다. 그것이 국가의 의사결정으로 '되는' 것은 대의기관이 국민에 의해 선출되었고, 그들이 국민을 위해 토론을 했고, 그들의 판단이 국민들의 의사보다 국민들 스스로에게 더 유익할 것이라고 '믿기' 때문이다. 대의민주주의의 뿌리는 모든 시민들에게 정치의 결정 권한을 부여하자는 생각이 아니었다. 오히려 그 반대의 생각에 기초하고 있었던 사상이다.

02
영국의 보통선거 원칙 논쟁의 현장

영국에서는 용기 있는 시민들이 군주의 권력에 대항해 혁명을 일으켰고 승리했다. 그런데 혁명을 주도한 세력은 보통의 시민들에게 통치를 맡기는 것을 원하지 않았다. 다수를 차지하는 보통의 사람들에게 정치적 결정권이 주어지면 기득권을 가진 국민들의 이익을 희생시킬 것이라고 두려워했던 것이다. 그들은 일부 엘리트들에게 지배자의 지위를 부여해 일반 백성들의 정치 결정을 배제하려고 했다. 그것으로 새로운 투쟁이 일어나고 새로운 혁명이 시작되었다.

보통선거 논쟁 - 1647년 영국

민주주의 선거에서 승부를 결정하는 것은 숫자다. 어느 쪽이 진실한가, 지혜로운가, 공정한가와 상관없이 표를 많이 얻는 편이 이기도록 되어 있다. 과연 어느 범위의 사람에게까지 선거의 자격을 부여할 것인지는 선거의 승부를 좌우하는 가장 근본적인 질문이다.

일정한 연령에 달한 국민에 대해서는 제한을 두지 않고 모두 투표의 자격을 주는 선거제도를 보통선거^{universal suffrage}라고 한다. 반대로 일정한 자격을 정해 놓고 그 자격을 갖춘 사람에게만 선거권을 인정하는 제도를 제한선거라고 한다.

제한선거를 통해 주로 배제되었던 사람들은 가난한 자, 여성, 노예 등이었다. 보통선거의 원칙은 쉽게 이뤄지지 않았다. 오늘날 당연하게 느껴지는 보통선거가 선거의 실제 원칙으로 인정된 것은 비교적 최근의 일이다.[11]

역사상 정치질서의 형성을 주도해온 것은 각 시대의 엘리트 계층이었다. 성별, 가문, 재력, 학식, 전문성, 경험, 기술 등 다른 이들에 비해 우월한 지위나 능력을 갖고 있는 이들은 지배자로서 정치적 결정을 좌우했다. 그들은 질문을 던졌다. 어리석은 민중들이 선동과 거짓말에 넘어가 잘못된 결정으로 공동체의 이익에 손상을 가져올 위험이 없는가? 이들은 '아무나' 참여하는 선거가 위험하다고 생각했다. 학식, 경험, 책임감, 공익적 의지를 갖는 이들에게만 선거권을 부여해야 한다고 주장했다.

평등한 민주주의의 신념을 갖는 이들의 주장은 정반대였다. 이들에 따르면 지배에 동의하는 구성원들이 그 공동체의 중요한 문제에 관해 스스로 결정하는 것은 당연한 일이다. 평범한 보통 시민들은 주권자로서 정치질서에 참여하는 과정을 통해 국가의 결정에 관심과 이해를 갖게 되고, 그것이 반복되면 정치적 결정을 내리기 위한 충분한 이해와 경험이 생기며, 그것으로 제한된 일부 엘리트들의 결정보다 훨씬 지혜롭고 정의로운 판단을 내릴 수 있다. '아무도 아닌 사람들'의 집단적 지혜는 공동체를 이롭게 만들기에 충분하다.

수평파 운동

군주에 저항해 전쟁을 치르는 과정 속에서 영국 시민들의 주권의식이 깨어났다. 그리하여 동등한 주권자로서 평등한 투표권을 부여받아야 한다는 주장이 등장했다. 민주주의에 관한 주장을 가장 먼저, 가장 선명하게 드러낸 것은 의회와 국왕의 전쟁 속에서 등장했던 수평파Levellers 운동이었다.

1642년 내전이 시작되었다. 의회는 국왕과 벌이는 전쟁에서 귀족들에게 군대의 지휘를 맡기는 것이 부적당하다는 것을 곧 깨달았다. 의회는 모든 군 조직을 신형군New Model Army으로 개편했다. 지원병으로 구성된 신형군은 런던의 수공업자, 노동자 출신들이 주류를 이루었다. 이들은 재산이 없기 때문에 세금을 낼 수 없었고, 세금을 내지 않는 신분이었기 때문에 선거권을 갖지 못했다. 지원병의 대다수는 청교도 교파의 신자들로서 종교적 믿음에 의해 단결되어 있었다.

신형군의 지휘체계는 평등했다. 귀족이면 당연히 장교가 되는 종전의 군대와 다르게 전투 경험과 공훈을 통해 능력을 증명한 사람이 장교의 직책을 맡게 되었다. 신형군에 소속된 평민들은 능력에 따라 공정하고 평등한 사회의 경험을 갖게 되었고, 전쟁의 승리를 통해 더욱 커다란 자신감을 갖게 되었다. 신형군 조직 속에서 수평파라는 정치운동조직이 만들어졌고, 군대 내에 평등한 민주주의 사상이 급속도로 퍼져나갔다.

퍼트니 토론회

1647년 의회의 독립파는 신형군의 도움으로 권력을 장악했다. 신형군 내부의 수평파 움직임도 활발하게 전개되었다. 수평파는 모든 성인이 선거권을 갖는 보통선거 제도의 도입을 주장했다. 대표들은 자신들의 헌법적 요구사항을 인민협약An Agreement of the People에 담아 지도부에 제출했다. 보통선거의 원칙, 의회주권의 원칙, 의회선거구의 새조정과 법 앞의 평등, 종교와 양심의 자유 보장 등이 그들의 요구사항이었다.

크롬웰을 비롯한 의회 지도부는 수평파의 핵심 세력들과 토론회를 벌여 그들의 논리를 돌파하기로 했다. 이것이 역사적인 퍼트니 토론회Putney Debates이다. 토론회는 1647년 10월 28일, 신형군의 사령부가 주둔하고 있던 퍼트니에 있는 세인트 메리 교회에서 열렸다.

토론회에서 수평파의 지도자들은 자신들의 사상의 핵심을 주장했다.

가장 가난한 사람이라고 해도 가장 위대한 사람들과 동일한 생명을 가지고 있다. 어느 정부의 통치를 받는 사람들은 그 정부의 지배를 받겠다고 스스로 동의할 수 있어야 한다. 가장 가난한 자라 하더라도 자기가 목소리를 전달하지 못한 정부의 결정에 구속당할 이유가 없다.

의회의 지도부는 수평파의 주장에 대한 반대 입장을 명확히 했다.

재산을 가진 사람들만이 실제로 잃을 것이 있기 때문에 왕국 일에 관여할 이유가 있다. 이들만이 영구적으로 고정된 이해관계가 있다. 잉글랜드에 살 자연권은 있어도 투표할 자연권은 없다. 재산이 없는 자들이 권력을 쥐게 되면 재산이 있는 자들의 부를 빼앗기 위해 투표하게 될 것이다.

수평파에게는 당근과 채찍의 대책이 사용되었다. 신형군 병사들의 밀린 임금은 후하게 지불되었고, 정치적 권리에 관한 이들의 주장은 처형과 협박으로 억압되었다. 그것으로 수평파 주장은 좌절되었다.

그로부터 40년이 지나 영국 시민들은 명예혁명에 성공했다. 혁명의 성공에도 불구하고 선거권은 성별, 재산, 연령으로 구분된 극히 일부 시민들에게만 인정됐다. 모든 국민이 통치에 참여한다는 민주주의 사상은 여전히 불온한 사상으로 취급되었다. 명예혁명으로 확립된 것은 모든 국민들이 주권을 갖는 보통사람들의 민주주의가 아니라, 일부 엘리트들이 선출해 구성한 의회가 모든 정책을 결정하는, 이른바 의회주권 통치체제였을 뿐이다.

이후 산업혁명은 노동자 계급을 낳았다. 정치질서에서 배제되고 차별받았던 보통사람들은 노동자들로부터 새로운 동력을 얻게 되었다. 보통사람들과 노동자들은 선거권 쟁취 운동을 전개했고, 점차 그 세력을 넓혀나갔다. 1831년 집권 휘그당은 귀족과 기득권 세력들의 반발을 무릅쓰고 제1차 선거법 개정에 성공한다. 1928년의 제5차 선거법 개정에 이르러 보통선거제도는 완성되었다. 수평파의 주장으로부터 3백 년의 세월이 경과한 이후였다.

03
프랑스대혁명과 두 가지 민주주의의 대립

1789년, 프랑스

백성들이 권력자에게 자신의 주권을 확인시키는 것은 민주주의의 가장 첫 번째 관문이다. 백성들이 주인인 나라는 존재할 수 없다고 생각하던 시대가 있었다. 존재한다고 해도 그것이 유지될 수 없다고 생각했다. 그 모든 것을 단박에 뒤집어놓은 사건이 있었다. 그 사건으로 백성들이 나라의 주인인 것이 세상의 법칙인 시대가 도래했다.

프랑스혁명은 단순한 혁명이 아니라 '대혁명'이라고 부른다. 다른 어떤 혁명도 갖지 못한 이름이다. 1789년에서 1799년까지 진행된 대혁명은 대륙이 갈라지고 새로운 산맥이 생기는 거대한 지각변동이었다.

18세기 프랑스 군주는 어느 나라의 군주도 확보하지 못했던 절대권력을 가졌다. 그러나 그 권력에는 결정적인 함정이 있었다. 권력을 유지하기 위해 천문학적인 비용이 소요된다는 점이다. 통상적인 세입은 이를 감당하기에 턱없이 부족했다. 군주는 부자 상공인 시민들에게 돈을 빌려야 했다.[12]

1788년 프랑스 국왕은 대혁명의 도화선이 될 삼부회를 소집했다. 삼부회는 국민을 구성하는 세 가지 신분들이 각기 대표를 보내 구성되는 회의였다. 세 신분은 각각 자신의 대표를 선출했다. 제1신분은 성직자, 제2신분은 귀족, 제3신분은 평민들이었다.

삼부회가 그 이전에 마지막으로 소집되었던 것은 1614년이었다.

국왕의 부채를 갚기 위한 회의 소집이었다. 프랑스 국왕은 거대한 부채를 지고 있었다. 빚의 이자와 원금을 갚느라 국가 예산의 반을 지출했다.

제3신분

평민인 제3신분의 대표들은 그 수가 가장 많을 뿐 아니라 그 구성도 다양했다. 법률가와 부유한 사업가에서 도시 노동자나 빈농까지, 거의 모든 사람을 포함하고 있었다. 대표들은 지방의회를 통해 간접 선출되었다. 이제 제3신분은 자신의 힘을 충분히 자각하고 있으며, 그 힘을 어떻게 사용하는지 알고 있는 거인이었다. 선거를 통해 선발된 그들은 힘과 정당성을 갖춘 대혁명의 주도세력이 되었다.

1789년 5월 5일 삼부회가 베르사유 궁전에서 개최되었다. 변명과 거짓으로 일관하는 정부에 실망한 제3신분들은 단독으로 회의를 열고 자신들이 프랑스 전체 국민을 대표하는 국민회의임을 선언했다. 이는 주권이 국민에게 있으며, 국민으로부터 권력을 위임받은 주권기관이 바로 국민회의라는 선언이었다. 며칠 후 제1신분회가 국민회의에 합류하기로 의결했다. 제1신분의 국민회의 참여는 국왕의 권력에 대한 치명타가 되었다.

국왕은 국민회의가 열리고 있는 회의장을 폐쇄하도록 명했다. 다음날 국민회의는 회의장을 베르사유 궁전 내의 테니스장으로 옮겨 성문헌법이 제정되고, 그 헌법이 확고하게 자리를 잡을 때까지는 결코 해산하지 않을 것이라고 선언했다. 곧 왕의 군대가 파리를 포위했다. 국민회의의 대표들은 거리로 나가 파리 시민들이 몰살될 위험이 도래했으니 무기를 들고 싸우자고 외쳤다.

7월 12일, 파리 시민들은 총과 대포를 탈취해 무장했고, 파리의 행정과 질서는 시민들에게 접수되었다. 구체제의 상징인 바스티유 감옥만이 단단한 성벽을 보존하고 있었다. 7월 14일, 시민들은 바스티유 감옥으로 몰려가서 성벽을 무너뜨렸다. 프랑스대혁명의 가장 상징적인 장면이 완성된 것이다.

1791년 헌법

1791년, 마침내 프랑스 헌법이 제정되었다. 국민의회가 스스로에게 부여한 헌법 제정의 의무를 완수한 것이다. 1791년 헌법은 최초의 인권선언으로 널리 알려진 프랑스 인권선언과 봉건제도 폐기의 성과들을 나열한 전문 17조, 본문 7장 201조로 구성되었다.

헌법은 국왕에게 행정부 수반의 지위를 인정했다. 행정권을 가진 국왕은 대신들의 임명권을 가지고 있었다. 하지만 국왕은 더 이상 헌법 위에 있는 존재가 아니었다. 의회가 정하는 연봉으로 왕과 왕실의 비용을 충당해야 했으며, 국가를 배신하거나 의회의 허가 없이 나라를 떠나면 지위를 박탈당하는 관리일 뿐이었다.

의회는 국가 최고의 권력기관이 되었다. 의회는 왕의 소집에 의해서가 아니라 의회 자체의 권한에 의해 개원하고, 회기와 회의 장소를 의회 스스로 결정했다. 의회는 내각과 대신에 대한 감독과 감시권, 군 통수권을 가지고 있었다. 왕은 의회 해산권을 갖지 못했으므로, 의회는 행정권에 의한 해산의 위협을 받지 않았다. 의원은 불체포특권, 면책특권을 가지고 있어서 의회의 결의 없이는 기소될 수 없는 특수한 지위를 갖게 되었다.

사법부는 삼권분립의 원칙에 따라 국왕과 내각에서 독립해 있고,

임기와 신분이 보장된 판사들로 구성되었다. 판사는 선거에 의해 선출되었지만, 반드시 일정한 자격이 있어야 그 후보가 될 수 있었다. 모든 재판은 배심원 재판으로 이뤄지게 되었다.

헌법은 의회, 사법부, 지방자치정부를 모두 선거에 의해 구성하도록 규정했다. 문제는 선거의 자격이었다. 국민을 능동시민과 수동시민으로 구분해 능동시민에게만 선거권을 주었다. 일정 액수의 직접세를 납부하지 못하는 국민들에게는 선거권과 피선거권을 주지 않았다. 프랑스 성인 남자 총 7백3십만 명 가운데 약 3백만 명이 선거권을 인정받지 못했다.

능동시민이라고 해도 국민의 대표를 직접 뽑을 수 있는 것이 아니라, 3~4단계의 선거를 거치도록 했다. 즉, 코뮌에서 능동시민에 의해 선출된 선거위원은 군청소재지에 모여서 제2차 선거위원을 선출하고, 제2차 선거위원들은 도청소재지에 모여 제3차 선거위원을 뽑았다. 의회의원, 판사 등은 이들 3차 선거위원들이 모여 선출했다.

가난한 계급에 대한 선거권의 부정과 극단적인 간접선거제도는 정치에서 일반 국민들의 영향력을 최대한 약화시키기 위한 보수적인 결정이었다. 혁명을 주도했던 부르주아들이 가난한 민중의 힘을 두려워하기 시작한 것이다. 이후 혁명은 새로운 전환을 맞고, 선거권을 인정받지 못했던 가난한 노동자, 영세 상인들, 도시빈민들은 혁명의 새로운 주도세력이 된다.

1792년에서 1794년까지, 프랑스혁명 2막

능동시민들이 그 자리를 차지하고 있었던 파리 시의회, 즉 파리 코뮌은 1790년 8월, 노동자들이 중심이 되어 대표를 수동시민으로 교체했다. 1792년 파리코뮌은 급진적인 변화를 주도했다.

의회에 해당하는 입법의회는 파리코뮌의 압력에 의해 자진 해산했고, 1792년 9월에 새로운 국민의 대표기관인 국민공회가 보통선거에 의해 설립되었다. 보통선거에 의해 선출된 국민공회의 의원들은 종전의 대표들에 비해 훨씬 급진적이었다. 이제 혁명의 주도세력은 부르주아가 아니라 파리의 상퀼로트, 즉 민중세력이었다.

1792년 8월, 파리 시민들은 베르사유 궁전을 습격했다. 여기서 왕이 외국의 군주들과 프랑스 침략을 모의했던 편지들이 발견되었다. 왕은 강제퇴위 이후 감옥에 갇혔다. 외국 군주들의 연합군이 본격적인 공세를 시작했고 프랑스군은 계속적으로 패전해 파리로 쫓겨오고 있었다.

파리에는 극도의 공포감이 확산되었다. 시민들은 파리 주변에 참호를 파기 시작했다. 전국 각지에서 모집된 의용병들이 파리를 향해 행진했다. 남프랑스 마르세유의 의용군들도 '마르세유의 노래'를 부르면서 파리로 행진했다. 그 노래가 바로 오늘날 프랑스 국가 '라 마르세예즈'이다.[13]

긴장이 고조되며 파리에는 반혁명의 귀족 죄수들이 적군과 내통하고 있다는 소문이 퍼졌다. 공포에 빠져 있던 급진적 파리 시민들은 이들에 대한 약식재판을 진행하고, 이들을 서둘러 처형했다. 이른바 9월 학살이었다. 이 학살로 약 1,000명의 죄수들이 처형당했다. 비슷한 학살이 지방 곳곳에서도 자행되었다.

1791년 9월 21일. 국민공회는 프랑스가 더 이상 왕정이 아니라 공화정임을 선언했다. 그해 12월, 국왕을 재판에 회부했고 이듬해 1월 그를 처형했다. 그리고 곧 혁명 주도세력의 분열이 시작되었다.[14]

전쟁이 진행되는 과정에서 혁명 주도세력은 빈번하게 교체되었다.

마지막의 승자가 되었던 로베스피에르는 혁명의 위기라는 명분으로 혹독한 공포정치를 시행했다. 1794년 7월 27일, 집권자 로베스피에르는 체포되었고 다음날 바로 처형되고 만다.[15]

급히 만들어진 새로운 통령 정부는 전권을 장악했다. 하지만 통령 정부는 무기력과 무능으로 국민들을 실망시켰다. 혁명과 전쟁에 지친 국민들은 모든 혼란을 종결시키고, 새로운 미래를 약속해줄 강력한 지도자를 갈망하고 있었다.

1799년 1월, 전쟁의 영웅 나폴레옹이 정치의 전면에 등장한다. 나폴레옹은 의회를 해산하고, 새로운 헌법을 제정할 것을 선언했다. 1804년 12월 2일, 파리 노트르담 성당에서 황제의 대관식이 거행된다. 10년에 걸친 프랑스대혁명은 군인 정치가 나폴레옹의 대관식으로 그 마지막 페이지를 마치게 된 것이다.

두 가지 민주주의의 대립

프랑스대혁명의 소용돌이 속에서 직접민주주의와 대의민주주의 가운데 무엇을 택할 것인지 놓고 충돌이 일어났다. 직접민주주의와 대의민주주의의 실체를 살펴볼 수 있는 극적인 실험이 전개된 것이다.

프랑스대혁명의 이론적 바탕을 제공했던 사상적 지도자 장자크 루소는 직접민주주의의 신봉자였다. 그는 국가 존립의 근거가 사회구성원의 사회계약이며, 주권자의 총의가 국가의 의지라고 보았다. 루소는 법률 제정에서 헌법 제정에 이르기까지 모든 정치적 문제에 대해서 주권자인 국민의 직접적인 의사에 따라 결정해야 한다고 생각했다.

물론 루소도 영토의 크기와 인구의 규모에서 볼 때 시민들이 모두 모여 직접 결정하는 민회의 방식이 현실적으로 가능하지 않고, 선거제도가 불가피하다는 점도 인정했다. 하지만 루소의 민주주의 구상은 대의민주주의와 구별된다. 그가 생각해낸 제도 속의 대표들은 자신들을 뽑아준 국민들의 대리인들에 불과한 것이어서 선거인들의 명령을 따라야 한다. 대표들은 스스로 독자적으로 심의하고 결정하는 실질적 결정권자가 되어서는 안 된다고 보았던 것이다.

루소 논리의 결정적인 약점은 권력분립을 통한 권력의 제한을 용납하지 않는다는 점이다. 국민들의 의지는 하나이고, 국민들의 직접적인 뜻에 따라 그것이 결정되었다면 그것이 과연 어떤 다른 힘에 의해 통제될 수 있단 말인가. 기관마다 다른 결정을 하고 그것이 모두 국민들의 의지라고 하는 것은 모순이다. 그러므로 권력끼리 견제하고 균형을 이룬다고 하는 권력분립의 원리와도 어울리지 않는다.

여기서 살펴보아야 할 인물이 있다. 바로 1791년 헌법을 기초한 에마뉘엘-조제프 시에예스Emmanuel-Joseph Sieyès이다. 성직자이면서도 제1신분이 아닌 제3신분의 대표로 삼부회에 참여했던 그는 혁명의 이념을 주도했다. 시에예스는 1789년 1월《제3신분이란 무엇인가Qu'est-ce que le tiers état?》라는 저술을 통해 혁명에 결정적인 영향을 미쳤다. 이책에서 시에예스는 특권계급이 제거된다면 모두가 자유롭고 번성하며, 프랑스가 더 큰 나라가 될 것이라 말했다.

시에예스는 직접민주주의에 강한 불신을 갖고 있었다. 그는 국민의 직접적인 의사로부터 완전히 독립한 대의기관의 의사만이 진정한 국민의 이익을 대변할 수 있다는 확신을 가지고 있었다. 그가 초안한 1791년 헌법은 대의제 원리로 만들어졌다. 이에 따라 선거로 입법의회를 구성하도록 했다. 선출된 대표는 선출한 국민들의 의사에 따르지 않고 독자적으로 정치적 결정을 해야 한다고 규정했다. 선거권을 제한하고, 극도의 간접선거를 규정했던 1791년 헌법은 오래가지 못하고 무너졌다. 혁명의 열정을 담아내기에는 지나치게 보수적이었기 때문이다.

1791년 헌법의 체제가 무너지고 루소의 직접민주주의 시대가 도래했다. 보통선거에 의해 선출된 대표들이 국민공회와 법원을 구성했다. 국민공회는 입법권과 행정권을 모두 아우른 권력을 국민들의 직접적인 권력의지의 이름으로 행사했다. 법원의 판단도 국민들의 이름으로 내려졌다. 권력의 제한도, 권력의 분립도 존재하지 않았으며, 오로지 국민들의 힘에 의해 설립된 정부라는 명분만이 모든 것을 정당화했다.

민중의 이름으로 공포정치를 시행한 국민공회는 몰락했다. 공포정치의 폐해가 직접민주주의 때문이었다고 한다면 직접민주주의로서는 억울한 평가가 될 수 있다. 공포정치를 부른 직접적 원인은 혁명의 위기, 혁명세력들 간의 권력다툼 등이었다. 하지만 국민공회가 권력의 제한장치나 권력의 분립장치를 두지 않았던 것이 직접민주주의의 논리에 따른 것이라는 점은 부인하기 어렵다.

04
정당민주주의

혐오스런 정치인들, 정당들

오늘날 공동체의 중요한 결정을 하는 주역은 국민들의 선거를 통해 대표로 선출된 국민의 대표들, 즉 정치인들이다. 그런데 정치인들의 모습은 대체로 비호감이다. 국민들의 신뢰에 보답하기 위해 발벗고 나서야 할 이들이 오히려 주인들 앞에서 거들먹거리고 있다. 하는 일이라고는 물불 가리지 않고 싸우는 일뿐이다.

싸우는 정치를 혐오하는 시각에서 본다면 최악의 제도는 정당이다. 국민들의 대표로 선출된 이들이 소속 정당의 이익을 위해 싸우는 것은 한심한 일이다.

해마다 나라의 예산에서 몇백억 원의 돈이 정당보조금으로 지급된다. 그 돈이 과연 나라의 정책을 제대로 만들기 위해 쓰이는지는 알 수 없다. 정당의 권력자들이 자신들의 권력을 유지하고 정당 내부의 반대파를 억압하는 데에 쓰고 있다는 풍문도 떠돌고 있다. 정당이란 제도가 왜 필요한 것인지, 거액의 나랏돈을 그들에게 지급해야 하는 이유가 무엇인지 이해할 수 없는 순간이 한두 번이 아니다.

정당은 왜 필요할까?

정당은 국가기관이 아니다. 개인들이 자유롭게 만드는 사적인 단체일 뿐이다. 하지만 헌법은 정당의 설립과 조직과 활동의 자유를 보장하고 있다. 도대체 왜 그래야 하는 것일까?

정당 설립과 활동이 자유롭지 않은 국가를 떠올려보자. 하나의 대표적인 체제가 공산당 일당만 허용하는 공산주의 체제다. 그 밖에 전체주의 국가들이 있다. 정당의 설립이 자유롭지 않은 국가의 공통적인 특징은 민주주의와 자유가 없다는 것이다.

사실 정치인들의 싸움이 꼭 나쁘지만은 않다. 좋은 결정을 해야 한다면 여러 사람이 의논해야 한다. 사정을 봐주지 않는 논쟁과 다툼의 과정에서 최선의 정책을 찾아가게 된다. 최선의 방향으로 결정을 이끌기 위한 논쟁은 바람직한 정치의 모습이다.

개인으로 싸우고 대결할 수도 있다. 하지만 현대의 정치에서 정치인 개인이 효과적인 대결을 하기란 실질적으로 불가능하다.

국민과 공익을 위한 정치를 할 의지와 능력이 있는 한 사람이 정치권에 들어갔다. 하지만 곧 혼자 힘으로 달성할 수 있는 일은 없다는 것을 깨달았다. 그가 현명하다면 같은 뜻을 가지고 있는 사람들과 힘을 합칠 것이다. 현실의 정치에서 공동체를 위한 진지한 의지를 실현시키기 위해서는 정당을 결성해야 한다.

오늘날 정치는 팀 경기이다. 정당은 조직을 통해 정책을 만들고, 정책을 추진한다. 새로운 유능한 인력을 흡수한다. 오늘날의 정치가 결정해야 할 문제는 첨예한 이해관계가 복잡하게 얽힌 전문적인 문제이다. 이런 과제에서 개인적으로 활동하는 정치인과 전문성으로 활동하는 정당 조직의 승부는 상대가 될 수 없다.

우리 정당들

'신성한 주권을 행사하라.' 선거가 가까워지면 투표를 독려하는 공익광고들이 등장한다. 하지만 보통 시민들은 오늘날의 선거가 '주권 행사'라고 하는 생각에 동의하기 어렵다.

선거의 프레임은 이미 정당들이 만든다. 후보자도 정당이 정해 놓고, 그 후보들과 정당이라는 범위 밖의 다른 선택 가능성은 현실적으로 존재하지 않는다. 정당의 의사가 민주적으로 결정된다면 그나마 현실을 인정할 수 있을 것이다. 하지만 우리나라의 정당은 민주적이지 않다. 대부분 과제의 실질적인 결정권자는 정당과 정당 계파의 '수장들'이다.

정당이 공직선거에 후보자를 추천하는 것을 공천이라고 한다. 오늘날 정당의 후보자가 아닌 사람이 선거에서 당선되기란 지극히 어려운 일이다. 지역주의가 힘을 발휘하는 우리나라의 정치상황에서 정당 공천은 더욱 위력적이다.

우리 정당에서 공천을 결정하는 권력은 정당 지도부가 갖고 있다. 그 권력은 정당 지도부가 갖는 모든 권력의 원천이 된다. 그것은 동시에 우리 정치의 여러 악습과 나쁜 관행의 원천이기도 하다. 불투명하고 비민주적인 공천은 정치 불신에 중요한 기여를 한다. 의심스러운 과정을 거쳐 정당의 후보로 결정되고, 그것으로 신거에서 선출된 이들을 국민들은 자신들의 대표라고 생각하지 않는다. 그들은 그저 권력자들일 뿐이다.[16]

우리나라 정당이 갖고 있는 고질적인 문제는 정당의 권력이 수뇌부에게 집중되어 있다는 점이다. 반복되는 민주주의의 실패의 원인으로 지목되는 '권력집중의 문제'가 바로 이곳에서 시작한다. 이 문제가 심각한 이유는 이것이 특정한 어느 정당의 문제가 아니라 우리나라 모든 정당들이 모두 공유하기 때문이다.

이 문제는 법으로 해결할 사항도 아니다. 법이 나서서 나쁜 정당을 좋은 정당으로 만들려 한다면 민주주의의 직접적 침해라는 더 큰 부작용을 만들어내게 된다.

결국 정당의 나쁜 질서를 제거하는 방법은 시민들이 민주주의의 힘을 작동시키는 방법뿐이다. 시민들이 적극적으로 정당의 논의에 참여하고, 진정으로 공익을 위하는 바람직한 의사결정의 구조를 갖고 있는 정당을 선택하는 것이다.

어떻게 하면 더 많은 시민들이 정당의 논의에 참여하게 할 수 있

는가, 더 양질의 논의가 만들어질 수 있는가는 오늘날 민주주의의 성취와 직접적으로 연결된 문제다.[17]

정당민주주의 사용법을 공모합니다

오늘날 정당 없는 민주주의는 상상할 수조차 없다. 어쩔 수 없는 수단이라면 비난만 할 것이 아니라 제대로 이용할 방법을 생각해야 한다.

우리 정당의 가장 큰 문제는 정당에 시민들이 없다는 것이다. 정당에는 출세를 바라는 정치꾼들만 보이기에 시민들의 감시가 제대로 작동하지 않는다. 정당에 시민들이 없는 이유는 무엇일까? 시민들이 정당의 활동에 관심이 없고, 거기에서 희망을 보지 못하기 때문이다. 사실 정당이 제대로 활동을 한 적이 없기 때문에 도대체 정당에 어떤 희망이 가능한지조차 모르고 있다.

이렇게 해보자. 현재 정당들의 모습을 모두 잊어버리자. 그리고 우리가 각자 정당을 만들어 민주주의 정치를 실현하는 모습을 상상해보자. 그렇게 하면 주권자로서 정당에 요구하는 것들이 머릿속에 떠오를지 모른다.

새로운 정당에 대한 나의 상상, 그리고 나의 기대는 이렇다. 정당은 자신들의 시민들과 대화할 다양한 창구를 만들어야 한다. 정치학교를 만들어 현재 정치에서 논의되고 있는 가장 논쟁적인 주제, 가장 시급한 과제를 놓고 토론해야 한다. 그리고 그 토론을 정치에 반영해야 한다. 더 투명한 정치를 위해 보다 넓은 범위의 사람들을 정당에 초대해야 한다.

무엇보다 시급하고도 효과적인 방법은 공무원과 교사들에게 정당 가입을 허용하는 것이다. 사람들은 공무원과 교사들이 정당에 가입하면 공직과 교육의 정치적 중립성을 해칠 것이라고 걱정한다. 자신의 출세를 위해 정당에 가입하는 사람들이 생길 것이라는 걱정도 있다. 그러나 주권자인 시민으로서 정치적 토론에 참여하는 것과 정당의 이익을 공무의 장으로 끌고 오는 것은 전혀 다른 문제다.

교사와 공무원으로서 정당에 가입해 토론하는 사람들은 자신의 공적인 일에 더해 우리 공동체의 미래를 위해 토론하겠다는 사람들일 것이다. 우리 사회에서 가장 강한 사명감을 갖고 있는 사람들이라고 할 수 있다.

우리 민주주의 정당에는 다양한 생각을 갖고 있는 여러 분야의 전문가, 시민들의 제대로 된 토론이 필요하다. 우리 사회의 공익을 위해 고민하는 사람들, 공적인 문제를 자신의 일로 다루고 있어 할 말이 쌓여 있는 사람들, 근무를 마치고 자유로운 여가 시간이 있는 사람들이 그 토론의 적임자들이다. 이들이 정치와 사회의 토론에 참여할 때 그 고민들은 사회적인 자산으로 전환될 수 있다.

그러므로 공무원과 교사들을 배제하는 것은 그들이 우리 사회에 기여할 수 있는 공적인 자산을 낭비하고 버리는 것이다. 그들의 정당 참여는 가장 긴요한 민주주의 과제다.[18]

미국, 영국, 독일 등 민주주의 선진국에는 교사와 공무원들에 대한 정당 가입의 제한이 없다. 교사와 공무원들은 정당에 참여해 자신의 직역에서 얻은 지혜로 민주주의 토론과 정치적 결정에 참여한다. 그리고 그들의 주장과 토론에 공감한 사람들이 그들을 공직 후보자로 투표하고 추천한다. 교사들과 공무원들이 정치를 이용하는 것이 아니라, 국가와 사회가 그들의 경험과 지혜를 활용하는 것이다. 그래서 독일에는 교사 출신 의원들이 많다. 법률가 다음으로 높은 비율을 차지하는 직업군이다. 공무원들의 비율도 낮지 않다. 이들은 휴직 기간 의원으로 활동하고, 의원의 임기를 채운 뒤에는 본래 직업으로 돌아간다.

정당이 해야 할 또 하나의 역할은 다양한 분야에서 다음 세대의 정치 지도자가 될 수 있는 사람들을 발굴하는 일이다. 모든 일에는 투자가 필요하다. 다음 세대의 정치 지도자를 찾기 위해서는 투자가 필요하다.

지금까지 정당은 스스로 투자하겠다고 찾아오는 손님들을 받기에 바빴다. 하지만 그들이 받은 손님은 정당에 투자하려는 사람이 아니다. 자신의 출세에 투자하려는 사람들이고, 공천 자리를 사려는 사람들일 뿐이다.

공익을 위한 정치에 헌신할 준비가 되어 있는 신인들을 발굴하는 것은 선거 후보자를 찾는 문제가 아니다. 우리의 민주주의를 키우는 일이다. 정당의 정치 교육 및 토론 프로그램을 확대하고 이를 통해 정책을 만들고, 그 과정에서 정당의 활동가를 발굴하는 것은 일거양득의 좋은 투자다.

05
우리의 정치체제는 충분히 민주주의적인가?

직접민주주의의 부활
직접민주주의는 국민들이 직접 결정권을 행사하는 정치질서다.

많은 나라에서 직접민주주의가 권력을 강화하는 수단으로 악용되기도 했다.[19]

하지만 직접민주주의 방식이 항상 나쁜 용도로 사용되지는 않는다. 정부가 정책을 추진할 수 있는 동력을 잃었을 때, 의회와 행정부가 대립해 어느 세력도 국정을 이끌어 나갈 힘을 갖고 있지 못할 때 직접민주주의 결정방식은 효과적인 돌파구가 될 수 있다. 의원내각제 국가에서 상시적으로 사용하는 의회의 해산과 총선의 실시는 실질적으로 수상과 정부의 선택을 국민에게 묻는 직접민주주의 제도로 작동하고 있다.

2016년 대의민주주의의 본산인 영국에서 직접민주주의 수단인 국민투표가 온 나라를 뒤흔들어 놓았다. EU에서 탈퇴하는 이른바 브렉시트Brexit에 대한 선택을 국민에게 직접 물은 것이다. 그 결과는 찬성 52퍼센트, 반대 48퍼센트였다.

국민투표의 결과는 새로운 국민투표 요구를 불렀다. 스코틀랜드는 약 2년 전 영국으로부터 독립할 것인지 묻는 국민투표를 시행했다. 당시 주민들은 영국의 일부가 되기를 선택했다. 그런데 브렉시트에 대한 국민투표 결과는 변화된 조건을 만들었다. 스코틀랜드 독립 국민투표 계획은 서서히 진행되고 있다.[20]

국민투표로 중대한 결정을 하는 것은 지혜로운 방법일까? 많은 평론가들은 영국의 브렉시트 결과를 포퓰리즘 정치인들의 탓으로 돌린다. 그들이 자신들의 정치적 이익을 위해 선동했고, 일부 극우세력들이 외국인들에 대한 반감을 자극했다는 것이다. 하지만 그에 반대하는 주장도 만만치 않다. 빈부격차 확대, 복지와 의료예산의 감축, 삶의 질 후퇴에 반대한 국민들이 중대한 변화를 선택했다는 것이다.

물론 국민투표에 직접민주주의의 단점과 위험성이 없지 않다. 2017년 퇴임한 독일의 요하힘 가우크^Joachim Gauck 전임 대통령은 '우리가 바로 그 인민이다^Wir sind das Volk'라는 구호로 동독 민중들의 민주화 운동을 이끌었던 인물이다. 그는 국민투표에 관한 자신의 소견을 밝혔다.

> 정치를 처음 시작했을 때 나는 국민투표의 지지자였다. 하지만 그동안 다양한 경험을 했고, 나의 생각은 바뀌었다. 정치에는 안보, 세금, 통화정책 등 수많은 결정이 기다리고 있고, 이들 결정 가운데에는 '예, 아니오'로 답할 수 없는 것들이 대부분이다. 그 결정들은 쉽지 않은 타협과 협상을 통해 결정되어야 하는데, 국민투표는 그런 과정이 가능하지 않다.

> 21세기 민주주의 시대는 '누가' 결정하는가의 문제로 신뢰가 결정되지 않는다. 직접민주주의나 대의민주주의 어느 쪽도 선과 정의를 보장하지 못한다는 건 우리 모두 알고 있다. 그럼에도 불구하고 시대의 흐름은 중요한 정책에 대해 국민투표를 강하게 요구하고 있다. 이는 대의민주주의의 엘리트들이 불신을 받고 있기 때문이며, 대의민주주의 시스템이 정당의 정치 독점으로 인해 작동하지 않고 있기 때문이다.

공직 추첨제도, 아테네 시민들의 민주주의

최초의 민주주의를 실현한 고대 아테네는 직접민주주의의 결정방식을 채택했다. 도시국가 아테네에서는 시민권을 갖고 있는 사람들이 민회에 모여 중요한 정치적 문제를 직접 결정했다.

당시 아테네에는 민회 이외에도 중요한 정치적, 행정적 기능을 수행하는 다른 기관들이 있었다. 그리고 국가기관들에서 일할 공무원들이 필요했다. 과연 어떤 이들을 어떻게 선발했을까?

아테네 시민들은 선거제도를 사용하지 않았다. 그들이 선거제도를 몰랐기 때문은 아니다. 아테네 시민들은 선거제도란 민주주의를 위협하는 제도라고 생각했다. 선거는 능력을 인정받는 사람들에게 중요한 역할을 부여하는 제도다. 엘리트로 인정받는 사람들이 선거를 통해 중요한 공직을 맡는다. 그런데 이것이 반복되면 그들이 중요한 정치적 결정을 독점하게 된다. 그들은 차츰 공동체의 지배자가 되어 버리고, 일반 시민들은 그들로부터 지배를 받게 된다. 정치적 결정으로부터 소외되는 것이다. 아테네 사람들은 선거를 통해 선발한 공직자들이 마침내 그들이 지배자가 될 것이라고 우려한 것이다.

아테네에서 선거 대신 사용한 제도는 추첨제도다. 행정관 등 주요 공직자들을 시민들 가운데서 추첨을 통해 임명했다. 추첨제도와 민주주의는 어떤 관련이 있을까?

추첨과 민주정의 연결고리는 관직교체[rotation]의 원칙에 있다. 시민들이 '지배받는 사람'의 집단과 '지배하는 사람'의 집단으로 분리되는 순간 민주주의에서 멀어지게 된다. 민주주의가 공동체의 결정권을 보통의 시민들이 갖는 것이라 믿었던 아테네 사람들은 그들이 결정권자가 될 '가능성'을 유지하는 공직 추첨제도가 민주주의의 이상을 실현하는 제도라고 생각했다.

공직 추첨제도는 분명 결점이 많은 제도다. 무책임하고 어리석은 방식이라고 비난하는 사람도 있을 수 있다. 오늘날처럼 복잡하고 전문화된 사회에서 공직 추첨제도를 전면적으로 도입하기란 사실상 불가능하다. 하지만 제도의 도입 가능성보다 중요한 것은 아테네의 추첨제도가 담고 있는 민주주의의 본질이다. 추첨제에 대한 고민은 민주주의에 대한 우리의 생각을 새롭게 할 수 있다.

우리는 민주주의가 선거제도로 운영될 수밖에 없으며, 선거란 더 나은 엘리트를 찾아 권력을 맡기는 제도라고 생각해왔다. 이에 비해 아테네는 민주주의가 평범한 시민들의 공동체에 대한 사랑과 책임의식으로 공동체의 권력을 운영하는 것이라 생각했다. 둘 중 어느 쪽이 더 민주적인가?

배심제도, 현대의 공직추첨 제도

현대 민주주의 국가에도 공직 추첨제도가 운영되고 있다면 놀랄지도 모른다. 그러나 생각해보면 추첨제는 몇 백 년에 걸쳐 운영된 전통이 있고, 오늘날까지 신뢰를 받는 제도이다.

영국과 미국을 비롯한 많은 민주주의 국가의 전통에는 배심제가 있다. 대헌장에서부터 군주가 함부로 침해할 수 없는 자유의 원칙으로 보장되었으며, 명예혁명의 권리장전을 통해 시민들의 자유를 위한 중대한 헌법 원칙으로 확정되었다. 미국을 비롯한 여러 국가의 헌법에도 자유를 보장하기 위한 원칙으로 규정되어 있다.

배심제는 평범한 시민들이 구성하는 배심원단이 법원의 중요한 판결을 내리는 제도다. 추첨에 의해 선정되므로 시민들은 누구나 배심원이 될 수 있다. 배심원으로 선정된 시민들은 공동체에서 부여한 사명을 다하기 위해 자신의 생업을 미루고 배심 업무에 최선을 다한다.

살인 사건에 대한 형사재판이 열렸다. 사건을 담당한 판사는 법을 해석해 유죄판단이 성립하기 위해서 인정되어야 할 사실들을 배심원에게 알려준다. 배심재판의 판단자들은 배심원들이다. 기술적인 측면에서는 판사의 도움을 받지만 실질적인 판단은 스스로 내린다. 판사는 배심원단의 평의 과정에 개입하지 못하며, 그들이 내린 최종 결론도 번복하지 못한다. 유죄 인정을 위해서는 만장일치의 평결을 요구한다. 배심원들이 진실 발견을 위한 토론에서 적당히 타협하지 않도록 하기 위한 장치다. 그렇기에 토론은 더욱 치열하게 이뤄진다. 집에 돌아가지 못한 채 며칠 동안 계속되기도 한다.

전문가들의 지식은 정확한 판단을 내리는 데에 도움이 되는 것이라는 생각이 일반적이다. 그런데 배심제에는 전문가의 영향을 배제하기 위한 장치들을 두고 있다. 법조인이나 의사 등 전문직 종사자들이 배심원으로 선정된 경우, 재판을 주재하는 판사는 그들을 배심원단에서 배제해 집으로 돌려보낸다. 그들이 갖고 있는 전문지식이 배심원들의 판단에 우월한 영향을 미칠 것을 우려하기 때문이다. 보통 사람들에 의한 판단이라는 성격이 변질되지 않도록 하기 위한 안전장치다.

사법민주화라는 과제에 관해 우리 사회가 집중적으로 논의했던 적이 있었다. 그 개혁의 한 주제로 배심원 제도의 도입도 검토되었다. 대법원은 배심제가 민주주의와는 아무런 관계가 없는 제도라고 주장했다. 배심원을 선거로 뽑지 않으므로 대의민주주의도 아니고, 시민들 전부가 재판에 참여하지 않으므로 직접민주주의도 아니라는 것이다. 배심제는 단지 영국과 미국의 고유한 사법전통에 기인한 독특한 제도이며, 그들 국가의 시민들이 높은 시민의식을 갖고 있기 때문에 작동할 수 있을 뿐이라고 했다.

법조인들의 이런 주장에 보통 사람들은 별다른 반박을 하지 못했다. 공장의 조립 라인을 연상시킬 정도로 형식화되어 있는 법원의 재판을 민주화해야 한다는 것이 다수 국민의 여론이었음에도 배심제 도입 논의는 그렇게 중단되고 말았다.[21]

배심제는 고대 아테네의 추첨민주주의의 지혜를 그대로 가져온 제도다. 영미의 시민과 법조인들은 배심제를 사법에서 민주주의를 실현하는 가장 중요한 제도라고 말한다. 그들은 배심제의 가치에 관한 질문을 받으면 "사법판단 가운데에는 판사들이 내리기에는 너무 중요한 판단들이 있다"고 말하곤 한다. 보통 시민들의 지혜에 의해 진실을 발견해야 할 영역이 있으며, 이 영역에서 전문가들이 영향력을 행사해서는 안 된다는 것이다.[22]

권력을 엘리트들에게 독점시킬 때 나타나는 현상이 권력남용, 권위주의, 관료주의 현상이다. 사법도 마찬가지이다. 전문가들이 사법을 독점하면 그 폐단이 나타난다. 관료화된 사법으로 국민들의 불신은 날로 심해지고 있다. 재판의 독립을 유지하는 가운데 사법의 권위주의를 제거할 수 있는 장치가 필요하다. 권위주의를 제거하는 데에 민주주의만 한 것이 없다. 이제 형식적인 도입이 아니라 과감하고 본격적인 배심제 도입을 검토해야 할 때다.

우리 정치과정에는 보통의 시민들이 보이지 않는다. 평범한 시민들이 국정에 참여하는 제도와 방법이 없기 때문이다. 여기에는 여러 이유가 있겠지만, 엘리트들이 그런 제도를 불신한다는 점이 가장 결정적이다. 민주주의의 본질을 생각한다면 평범한 시민들을 주권자로 인정하고, 그들의 능력을 신뢰해야 한다. 정체되어 있는 민주주의의 돌파구를 찾는 작업은 여기에서 시작되어야 한다.

06
민주주의를 부탁해

민주주의는 시민들이 스스로 결정하는 것이다. 시민들이 정치과정에 참여하고 감시하고 토론할 때 민주주의는 발현될 수 있다. 이런 민주주의의 과정은 사랑에 빠졌을 때와 같은 열정이 없이는 불가능하다.

오늘날 세상의 모든 독재는 민주주의의 이름을 달고 있다. 민주주의라는 이름의 독재가 가능한 것은 사악한 의도로 민주주의를 사칭하였거나, 음흉한 세력이 민주주의라는 이름 아래에서 독재를 음모하였기 때문만은 아니다. 사람들의 정치적 열정이 뜨거운 것도 그 한 원인이 된다. 사람들의 열정은 모든 것을 만들어낼 수 있는 생산의 에너지이기도 하지만, 모든 것을 파괴할 수 있는 무서운 파멸의 에너지이기도 하다.

그러나 사랑이 위험하다고 해서 사랑을 포기할 수 없는 것처럼 민주주의의 길에 위험이 도사리고 있다고 해서 민주주의를 포기할 수는 없다. 우리들이 국가 공동체를 만든 이유와 목적이 민주주의에 담겨 있기 때문이다.

민주주의의 실현이 시민들의 역할이라면 민주주의를 지키는 것은 헌법의 역할이다. 헌법은 민주주의를 침범하려는 다양한 음모, 과도한 정열이 초래하는 여러 형태의 파괴로부터 민주주의를 지킨다. 법치주의 원칙, 권력분립 원칙, 과잉금지 원칙, 표현의 자유와 같은 헌법의 원칙들이 있기에 우리는 뜨거운 열정으로 민주주의에 참여할 수 있고, 냉철한 이성으로 그것을 보호할 수 있다.

제5장

권력은 견제와 균형을 이뤄야 한다
권력분립 원칙

01
국왕 살해의 전설

인류학자 조지프 캠벨^{Joseph Campbell}은 저서 《신의 가면^{The Masks of God}》에서 아프리카 수단에 전해오는 신비로운 전설을 소개한다.

아프리카 대륙의 동쪽 끝 지금의 수단과 에티오피아가 위치한 땅에 코르도판이라는 왕국이 있었다. 인근에서 가장 부강한 왕국인 코르도판의 국왕은 무엇이든 명령할 수 있는 절대 권력을 가지고 있었고, 무엇을 해도 부족하지 않을 금은보화를 가지고 있었다. 하지만 그의 인생은 허무하고 비참했다. 비극적인 최후가 언제 닥칠지 몰랐기 때문이다.

왕국에는 옛날부터 내려오는 무서운 법이 하나 있었다. 우주의

질서가 알려주는 날이 도래하면 왕을 살해해야 한다는 것이다. 왕
국의 사제들은 항상 별을 관측하고 성화를 지폈다. 우주의 질서를
주시하며 왕을 살해할 날을 놓치지 않기 위해서였다. 그날이 도래하
면 성스러운 불을 흙으로 덮어 끄고 왕을 살해해야 한다. 새 왕이
임명되면 불을 다시 지피고 별의 관측도 다시 시작된다.

코르도판의 왕이 해야 할 최초의 공식적인 행위는 자신과 죽음
의 길을 동행할 사람을 선택하는 것이다. 그는 왕이 살아 있는 동안
2인자로서 왕과 함께 즐거움을 누리지만, 왕이 살해되는 시간이 오
면 왕과 함께 살해된다.

과거의 왕이 살해되고 새로운 왕이 등극했다. 직전 왕의 조카 아
카프이다. 새로운 왕 아카프는 죽음의 동반자로서 동방의 왕이 선물
로 보낸 '놀라운 이야기꾼' 파르 리 마스를 지명했다. 왕은 그를 지명
하면서 말했다.

"그는 내가 죽을 때까지 나를 즐겁게 해줄 것이며, 죽은 뒤에도 행
  복하게 해줄 것이다."

왕은 어느 날 밤, 자신의 즐거운 나날이 죽음을 향하는 행진임을
깨달았다. 그는 끔찍한 생각을 잊기 위해 파르 리 마스로 하여금 밤
마다 이야기를 하도록 했다. 그의 이야기는 경이로움과 신비로움으
로 가득했다. 왕은 자신의 가족과 친지를 초대해 이야기를 듣게 했
다. 이야기를 듣는 동안 사람들은 숨 쉬는 것조차 잊어버렸다. 이야
기 공연은 매일 밤 계속되었다.

그러던 파르 리 마스에게 비밀이 생겼다. 왕의 누이동생과 사랑에
빠진 것이다. 운명적인 사랑에 빠지게 된 두 사람은 운명에 순응하

지 않을 것을 결의한다. 왕의 누이는 사제들을 도발한다.

"신의 뜻보다 인간의 삶이 위대하다. 그 증거는 파르 리 마스의 이
야기이다."

사제들은 신의 위대함을 증명하기 위해 이야기 공연에 참여했다.
사제들은 매일 밤 자신들의 본분도 잊고 이야기에 빠져들었다. 그리
고 마침내 우주를 주시하는 그들의 업무를 잃어버렸다. 이제 왕을
살해할 날을 발견할 방법이 없어지게 되었고, 왕을 살해하는 관습
도 폐기되었다.

아카프 왕은 늙어서 죽을 때까지 왕의 자리를 지켰다. 그리고 그
가 죽은 뒤에는 파르 리 마스가 왕이 되었다. 파르 리 마스가 왕위
를 계승했을 때 왕국은 번창해 전성기에 도달했으나, 그가 죽자 왕
국은 파괴되고 무너졌다. 왕국의 위대한 과거는 아무것도 남지 않고
사라졌다.

군주정에서 군주는 죽음에 이르기까지 무제한의 권력을 행사한
다. 신화는 우주 질서의 힘으로 그 권력을 유한한 것으로 만들었던
왕국의 이야기를 전하고 있다. 그들은 권력을 제한하는 방법으로
'살해'라는 극단적인 방법을 사용했다. 오랜 관습을 폐기하자 그것으
로 왕국도 멸망했다.

오랜 세월 동안 수많은 사람들의 지혜로 조각된 신화와 전설은
후손들에게 메시지를 전해준다. 이 이야기가 전해주는 메시지는 무
엇일까?

02

국가권력과 그 권력 나누기

통제되어야 하는 권력, 작동해야 하는 권력

코르도판에서 왕을 살해했던 것은 임기가 정해져 있지 않은 왕의 권력을 통제할 다른 방법을 찾지 못했기 때문이다. 오늘날의 선거제도에는 권력통제의 방법이 내포되어 있다. 권력의 기간, 즉 임기를 정해놓는다.

하지만 오로지 임기의 방법으로 행사하는 권력통제는 그다지 효과적인 방법이 아니다. 다음 선거까지 절대권력을 인정하는 셈이 되므로 다음 집권자도, 그다음 집권자도 권력남용을 반복할 수 있다. 더 큰 문제는 선거제도 자체를 파괴하는 권력자가 등장할 수도 있다는 점이다. 선거로부터 다음 선거까지의 시간은 권력질서를 변경하기에 충분한 시간이다.[23]

사람들은 국가권력이 함부로 행사되지 않도록 하는 다양한 통제방법을 생각해냈다.

권력을 나누는 방법

권력은 효율적으로 작동해야 한다. 동시에 그 본질적인 위험성이 지속적으로 통제되어야 한다. 두 가지를 위해서는 권력제한의 설계가 중요하다.

나는 어린 시절 텔레비전 보기를 좋아했다. 특히 인형극을 할 때면 넋이 나가서 주변의 소리도 못 듣곤 했다. 그러던 1970년대의 어느 날, 어린이 방송 인형극에서 깨달음과 충격을 받았다.

두 아이가 맛있는 케이크를 선물로 받았다. 두 아이는 서로 더 많이 먹고 싶어 한다. 나누는 방법을 어떻게 할 것인지 다투다 울고 말았다. 지나가던 선생님이 가장 공평한 방법을 알려준다. 그 방법과 결과에 두 아이는 모두 만족했다. 선생님께 고맙다고 인사하는 것으로 이야기는 끝난다.

많은 사람들이 알고 있는 그 이야기의 답은 이렇다. 두 아이 중에 케이크를 나누는 아이와 고르는 아이를 각각 정한다. 우선 나누는 아이가 케이크를 두 조각으로 나눈다. 고르는 아이가 나뉜 조각들 중에서 자기 몫을 먼저 고른다.

나는 헌법을 공부하면서 어린 시절의 그 이야기를 다시 떠올렸다. 권력분립의 원칙이 바로 이 이야기에 담겨 있는 지혜에 기초하고 있었기 때문이다. 그 이야기의 진정한 지혜는 공평한 분배가 아니라 견제와 균형을 통한 권력 제한이었다.

나누는 권한을 갖고 있는 쪽은 상대방이 어떤 내용으로 권한을 행사할지 알 수 없기 때문에 되도록 공평하게 나누려고 노력한다. 그러지 않으면 자신의 권한이 줄어들 수 있기 때문이다. 상대편이 가지는 권력 때문에 자신의 권력을 자제할 수밖에 없는 것이다. 선택하는 권한을 갖고 있는 쪽도 자신만을 위할 수 없는 것은 마찬가지이다. 그 아이는 이미 내용이 결정된 것들 가운데에서 선택하는 권한만을 갖고 있을 뿐이다. 하지만 그 권력은 위력적이다. 상대방의 권한을 효과적으로 억제시키는 견제의 권력을 가지고 있기 때문이다.

헌법을 쓰는 시간

권력분립의 원칙

여러 주체가 권력을 나누고 서로 견제하고 균형을 이루면, 어느 한쪽도 자신의 권력을 함부로 사용할 수 없게 된다. 이런 원리를 국가권력에 적용한 것이 권력분립의 원칙이다. 권력분립론을 본격적으로 전개한 학자는 프랑스의 몽테스키외다.[24]

몽테스키외는 국가의 정치적 결정을 입법, 집행, 사법의 세 가지로 나누어 그 권력을 각기 다른 기관에 맡겼을 때 서로 균형을 이룰 수 있다고 보았다.

그에 따르면 법을 제정하는 입법권은 선거 또는 추첨에 의해 구성하는 의회에 부여해야 한다. 법을 집행하는 집행의 권력은 군주가 갖는 것으로 상정했다. 그는 법의 집행은 즉시 이루어져야 하는 성질을 갖고 있기 때문에, 회의체보다는 일 인에게 맡기는 것이 적당하다고 설명했다. 재판의 권력은 입법부, 집행부와 구분해 사법부라는 별도의 독립된 권력에게 맡기도록 했다.

그런데 입법, 행정, 사법의 권력이라는 구분이 처음부터 있었을까? 국왕이 나라를 통치하는 군주체제에서는 모든 권력이 한 사람인 군주에게 모두 속해 있었다. 그래서 입법인지 행정인지 사법인지 구분할 필요도, 구분할 수도 없었다. 중요한 정치적 결정은 국왕이 편리한 방식, 자신의 결정이 효과적으로 집행될 수 있는 방식과 내용을 선택하면 그만이었다.

몽테스키외는 서로 하나의 덩어리를 만들어 융합되어 있던 권력을 구분하고, 구분된 권력들을 다른 주체에 맡겨 놓으면 서로 견제해 권력의 제한이라는 결과를 만든다고 생각했다. 권력은 효과적으로 행사될 수 있었고, 서로 견제하는 권력은 자연스럽게 제한되었다.

견제와 균형

몽테스키외가 창안한 권력분립 원칙은 국가기관들에게 권한을 분리해 배분하는 것만을 의미하지 않는다. 오히려 더욱 중요한 것은 각각의 권한을 갖고 있는 다른 기관들이 힘의 균형을 이루어 서로 효과적으로 견제할 수 있도록 하는 것이다. 견제와 균형은 반드시 함께 다닌다. 견제가 없으면 균형이 없고, 균형이 없으면 견제가 불가능하다.

권력분립은 권력을 통제하기 위한 원칙이다. 권력통제가 중요하다고 해서 어느 권력이 작아지는 것을 반가워할 일은 아니다. 한쪽의 권력이 위축되면 권력의 균형이 무너지게 된다. 권력의 견제는 권력의 균형을 통해 달성되는 것이므로, 어느 한쪽의 권력이 기울었다면 권력의 견제도 제대로 이뤄질 수 없다.

03
세 가지 권력 이야기

집행권 이야기

집행권은 권력이 가지고 있는 직접적인 강제력이다. 군주가 가지고 있었던 모든 명령과 집행의 권력이 집행권의 뿌리다. 예를 들어보자.

한 나라의 군주가 이웃나라와 전쟁을 시작하려고 한다. 병사들에게 징집명령을 내리고 부대에서 훈련시킨다. 군대를 만들고 병력을 운영하는 데에는 막대한 돈이 들어간다. 그래서 새로운 세금을 걸기로 했다. 백성들에게 세금을 납부할 것을 명하고, 그 세금을 걷는다. 드디어 이웃나라에 선전포고를 한다. 군사들에게 전쟁을 명령하고 작전을 수행한다. 전쟁에서 거둔 승리로 상대국에서 전쟁배상금을 받아낸다. 병사들에게 임금을 지급하고, 부상당한 병사들과 전사한 병사들의 가족들에게 보상금을 지급한다.

이때 군주의 권력에 대해 도전하는 세력이 생기게 된다. 군대와 경찰에 명해 그들을 진압하고 체포한다. 도둑과 강도들이 발생해 경찰에게 치안을 확보할 것을 명한다. 경찰들은 도둑들이 타인의 재물을 훔치지 못하도록 방범 활동을 한다. 이 모든 권력 활동은 집행권의 행사다.[25]

한편, 군주의 임의적인 통치에 더 이상 견딜 수 없게 된 백성들이 군주의 권력을 통제하기 시작했다. 군주가 갖고 있던 정치적 결정 권한의 가장 중요한 부분이 입법권이라는 이름으로 의회에게 분리됐다.

오늘날 민주주의 국가의 권력분립 원칙을 따를 때에도 집행권은 여전히 강력하다. 국가권력 가운데 직접적 강제 권한을 가지고 있는 권력은 집행권밖에 없기 때문이다.

권력분립 원칙이 적용되는 집행권이 과거 권력분립이 없던 시절 군주의 집행권과 다른 점은 의회가 만든 법을 전제로, 또는 근거로 집행한다는 것이다. 입법자에 의해 제정된 법이 없으면 집행권은 작동할 수 없다. 입법권과 집행권은 서로를 직접적으로 견제한다.

입법권 이야기

앞서 법이란 공동체의 중요한 결정을 일반적이고 추상적인 규범으로 제정해 놓는 것이라고 했다. 입법권이란 바로 그 법을 제정하는 권력이다.

군주가 중요한 결정을 하기 위해서는 미리 법을 만들어 선포해야
한다는 원칙이 수립되었다. 법에 따른 권력행사는 권력자가 그때그
때 자신의 생각대로 권력을 행사하는 것에 비해 여러 가지 장점을
가진다. 무엇보다도 권력자가 자의적으로 권력을 행사하는 위험을
감소시킬 수 있다.

법으로 미리 결정해 놓고, 거기에 따라 권력을 행사하는 방식은
백성들의 생활에 안정을 가져다주었다. 법이 존재하는 것만으로도
백성들은 미래의 생활을 예측할 수 있게 되었고, 그것으로 미래를
계획할 수 있게 되었다.

군주가 만드는 법은 한계가 명백하다. 형평에 어긋나는 법, 사리
사욕을 채우는 법을 만드는 경우가 빈번하다. 드디어 군주의 권력과
백성의 힘이 충돌했다. 자신의 권력을 함부로 사용하던 군주는 귀족
과 평민들의 대표들 앞에서 항복했다.

새로운 세금을 걷거나, 중대한 자유를 제약하는 경우에는 귀족과
평민들의 대표로부터 동의를 받을 것을 약속했다. 다른 나라와 전쟁
을 시작하거나, 전쟁을 중단하는 경우에도 마찬가지이다. 이것으로
서 군주의 권력에 대한 가장 중요하며, 효과적인 통제가 가능해졌다.

군주의 권력행사에 동의하는 방식이 점차 발전해 의회의 입법권
을 형성했다. 영국의 마그나 카르타 선언으로부터 명예혁명에 이르
는 시기까지의 법치주의의 발달과정은 바로 의회 입법권의 형성과
정, 군주의 권력이 의회의 입법권에 의해 제약되는 과정이었다.

오늘날 민주주의 국가에서 의회의 입법권은 집행권을 제약하는
가장 큰 권력이다. 하지만 입법권에는 결정적인 한계가 있다. 의회가
법을 제정한다고 해도 법은 그 자체로 작동하지 않는다. 입법권은

집행권의 집행이 없으면 아무런 효력을 발휘하지 못한다. 이것이 바로 집행권에 의한 입법권의 견제다.

국회가 환경오염을 규제하기 위한 법을 만들어도 행정부가 집행을 하지 않으면 그 법은 무용지물이다. 재벌의 독점을 규제하는 법을 만든다고 해도 공정거래위원회가 제대로 감시하고 제재하지 않으면 그 법은 재벌들의 웃음거리일 뿐이다. 집행권이 입법의 효력을 전면적으로 부정할 때는 사법권에 의한 견제가 필요하다.

국회는 노동자를 보호하기 위해 1953년 근로기준법을 제정했다. 하지만 본격적인 산업화가 진행된 1970년대에도 이 법은 작동하지 않았고, 노동자들 가운데 어느 누구도 이 법의 보호를 받지 못했다. 정부가 이를 존재하지 않는 법으로 취급하고, 국회와 사법부도 이를 수수방관했기 때문이다.[26]

입법권과 집행권은 서로의 힘이 더해져야 실제 효력을 발생시킬 수 있다. 이것이 바로 집행권과 입법권의 상호 견제 관계다.

사법권 이야기

재판하는 권력은 사법이라고 한다. 재판권은 군주의 권한이었다. 오늘날의 재판은 법이 존재하는 것을 전제로 한다. 하지만 원래 재판은 반드시 법을 전제로 하지 않는다. 법이 없는 시절에도 다툼은 있었으며, 다툼을 공정하게 해결하기 위한 재판이 필요했다.

한 백성이 다른 백성을 절벽에서 밀어 중상을 입혔다. 피해 백성의 가족은 가해자를 국왕에게 끌고 갔다. 왕은 가해자와 피해자에게 어떤 일이 벌어진 것인지 이야기를 듣고 재판을 했다. 사람들은 재판기관인 군주 또는 판사가 가장 올바른 상식과 정의로 판단할 것을 기대했다.

고대 이스라엘의 솔로몬 왕에게 현명한 재판을 요청했던 두 여인도 바로 그런 사람들이다. 왕은 서로 자기 아기라고 주장하는 두 여인에게 아기를 둘로 잘라 여인들에게 나누어주라는 판결을 내린다. 물론 그것은 진정한 엄마를 찾기 위한 솔로몬 왕의 선의의 속임수였다. 솔로몬 왕의 명령은 상식, 도덕, 정의 그 모든 것에 반하는 것이었지만 모든 이들은 그 명령대로 집행될 것이라 예상했다. 완벽한 권력을 가지고 있었던 군주는 그 어떤 내용의 재판도 할 수 있었기 때문이다.

군주의 권력 가운데 재판의 권력은 가장 통제할 수 없는 권력이었다. 신하의 비옥한 포도밭이 탐난 군주는 신하의 땅이 자신의 땅이라고 선언한다. 땅을 빼앗긴 신하는 조부가 전쟁에서 공훈을 세워 하사받은 땅이라고 반발한다. 왕은 재판을 열어 신하가 자신의 땅이 아니라고 자백할 때까지 고문한다. 고문을 받다가 사망한다면 그의 땅임이 증명되는 것이고, 그 전에 자신의 땅이 아니라고 자백한다면 그 땅은 왕에게 속하는 것이다.

사법권력은 정치권력이 포기할 수 없는 통치수단이었다. 왕에 복종하지 않는 자와 저항하는 자를 겁주고 제거하기에 가장 편리한 수단이었고, 공정한 권위를 내세우면서도 스스로의 욕심과 의지를 실현할 수 있는 가장 그럴듯한 수단이었기 때문이다. 그렇기 때문에 사법권력을 군주와 귀족의 권력으로부터 분리할 수 있었던 것은 시민혁명이 도래하기까지 기다려야 했다.

국왕의 권력을 무너뜨린 시민들은 선출된 대표로 구성된 의회가 제정한 법을 적용하는, 공정하고 독립적인 법원을 수립했다. 최고의 국가권력이라고 해도 헌법과 법을 위반해 권력을 행사해서는 안 되고, 그런 권력행사는 무효라고 선언한다. 드디어 권력의 잘못을 잘못이라고 판단할 수 있는 기관이 생겼다. 권력으로부터 침해를 받은 백성들이 구제를 호소할 곳이 생긴 것이다.

하지만 사법권은 그 스스로 정의의 사도가 아니다. 입법권이 만든 법을 적용해 판단하기만 할 뿐이다. 결정적으로 중요한 정치적 결정을 내리는 것은 입법권이고, 사법권은 법의 해석과 적용을 통해 입법권의 의사를 실현시키는 것뿐이다. 판단을 집행하는 것도 사법권이 아니라 집행권이 할 수 있는 일이다. 집행권이 판결을 집행하지 않으면 판결은 효력을 발휘할 수 없다.

법학을 처음 공부하는 학생들이 놀라는 것 가운데 하나는 민주주의 체제에서 판사의 역할이 그다지 위대하지 않다는 점이다. 판사의 역할이 이 세상에서 가장 공정한 법을 스스로 발견해 판단하는 존재가 아니라는 사실은 적지 않은 충격이다.

하지만 그다지 중요하지 않아 보이는 사법권은 다른 권력과 결합하면 어느 권력보다도 무서운 권력으로 변하는 특징을 갖고 있다. 그래서 독립된 기관에게 사법권을 맡기고 다른 권력들과 견제하고 균형을 이루도록 하는 것이다.

사법의 독립

사법권은 입법권과 결합되어서는 안 된다. 재판의 권력과 법을 제정하는 권력을 하나의 주체에 맡긴다면 법 없이 하는 재판과 유사한 위험이 발생한다. 재판을 하는 주체가 법도 만들 수 있다면 그들이 갖고 있는 욕심과 편견이 그대로 법으로 만들어져 판단으로 연결된다.

집행권이 사법권과 결합한다면 입법권과 결합한 것보다 훨씬 위험하다. 군주의 집행권으로부터 재판권을 분리하는 것은 권력 통제의 핵심적인 내용이다. 집행권을 갖는 권력자가 재판의 권력까지 갖게 된다면 그 통합된 권력은 무서운 독재 권력으로 변하게 된다. 집행권과 재판권이 군주에게 편입되고 예속되어 있는 경우를 상상해보자.

군주가 싫어하는 신하가 있었다. 그 신하가 반역의 음모를 꾸미고 있다는 상소를 받게 된다. 왕은 즉시 체포해 수사하라는 명령을 내린다. 검찰관은 왕의 명령에 따라 신하를 조사하기로 한다. 우선 신하를 체포하고 그 사무실과 자택을 수색한다. 신하는 아직도 자신의 결백함을 호소하지만 검찰관은 군주의 지시에 따라 신하를 대역죄로 재판에 부친다.

재판이 열렸다. 재판장은 군주다. 군주에게는 신하의 대역죄를 입증할 증거에 대한 판단이 그리 중요하지 않다. 이미 유죄를 확신하고 있고, 평소에 듣기 싫은 말을 하는 그가 맘에 들지 않는다. 군주는 처벌을 통해 다른 신하들에게 공포의 본보기를 만들고 싶다. 군주는 유죄를 선고해 처형한다.

이제 독립된 사법부가 있는 경우를 생각해보자. 사법권의 집행권에 대한 통제는 체포와 수사단계에서부터 최종결론까지 계속된다.

감찰관은 신하의 체포와 자택수색을 하기 전에 영장으로 사법권의 허락을 받아야 한다. 재판이 열리면 독립된 재판부는 문제된 신하가 법에 위반되는 행위를 했는지 증거에 의해 판단한다. 증거가 충분하지 않다고 해서 그 신하의 인상이나 말투를 보고 유죄를 판단할 수 없다. 집행권과 사법권이 분리되고, 사법권이 독립된 지위를 확보하면 재판의 권력은 합리적이고 논리적인 권력으로 변한다.

문제는 사법부가 입법부나 집행부와 비교해 볼 때, 불균형하다고 느낄 정도로 작은 권력이라는 점이다. 사법권은 가장 약한 권력이므로, 다른 두 권력에 의해 위축되고 부당하게 영향 받을 위험에 노출되어 있다. 사법부의 독립을 소홀히 하게 되면 전체 권력구조의 설계에서도 문제가 발생한다.

반면, 사법의 독립을 맹목적으로 중시하다보면 다른 부작용이 생긴다. 권위적인 사법, 독단적인 사법의 문제가 발생한다. 사법권은 권력 가운데 가장 약하지만 개별 시민들에게는 어마어마한 권력이다. 사법이 국민들의 자유를 보장하는 것이 사명이라는 사실을 잊으면 자신들이 사법의 주인이라는 오만한 자세를 갖는다. 그 판단은 궁극적으로 국민들의 자유와 권리를 침해한다. 사법권의 침해가 다른 기관의 침해보다 더욱 중대한 것은, 그것이 최종적인 것이어서 구제받을 곳이 남아 있지 않기 때문이다.

헌법이 사법부의 독립을 엄격하게 보장하는 것은 사법부가 존엄하거나, 사법의 구성원들이 최고의 엘리트이기 때문이 아니다. 사법과 그 구성원들이 국민들의 자유와 헌법의 원칙을 보장하기 위한 수단이기 때문이다. 만일 사법 조직이 이 사실을 잊고 있다면 사법부의 시스템을 새롭게 구성해야 한다. 바로 사법개혁이라고 하는 과제다.

사법 최악의 사건

판사들이 권력에 예속되어 있다면 권력 스스로 재판하는 경우와 다를 바가 없다. 최근의 우리 역사에서 발생한 여러 사법의 비극들은 권력이 판사들을 자신에게 예속시킴으로써 초래한 일들이다. 사법 최악의 사건이었던 인혁당 재건위 사건이 대표적이다.

1964년, 군사 쿠데타로 권력을 장악한 대통령 박정희의 통치는 중요한 분기점을 맞고 있었다. 일본과의 수교 회담을 반대하는 시위가 전국적으로 확대되고 있었고, 군사정권 퇴진 주장으로 나아가고 있었다. 정부는 계엄령을 선포했다. 때맞춰 중앙정보부는 언론인, 학생 등 41명이 북괴의 지령을 받아 인혁당이라는 조직을 만들어 국가변란을 기도했다는 수사결과를 발표했다. 정권수호 차원의 공안 사건 발표였으므로, 당사자들이 중형을 받는 것은 거의 확정적으로 보였다. 그런데 사건은 극적인 반전을 맞았다. 기소를 담당해야 할 검사들이 반발했던 것이다. 증거가 없어 기소할 수 없다고 사표를 제출하는 검사들도 있었다. 결국 권력은 국가보안법의 기소를 포기하고 그보다 가벼운 반공법 위반으로 기소했다. 6명이 징역 1년의 실형을 받았고 나머지는 무죄 판결을 받았다. 권력의 음모는 찻잔 속의 태풍에 그치고 말았다. 진짜 비극은 10년이 지나서 발생했다.

1972년 박정희 정권은 유신헌법을 만들고 독재체제를 수립했다. 1973년부터 유신체제에 대한 저항이 본격화되었고 대통령은 긴급조치라는 무소불위의 초헌법적 입법권을 통해 탄압했다. 1974년 정권은 민청학련 사건 등 일련의 공안 사건을 만들어냈다. 유신에 저항하는 학생과 지식인들을 북한의 지령을 받은 공산주의자들로 조작해 발표한 것이다.

그리고 그해 5월 비상보통군법회의 검찰부는 10년 전 가벼운 처벌로 끝났던 인민혁명당 혐의자들이 재건위원회를 조직하다가 적발되었다고 발표했다. 수사기관은 증거를 조작하고 고문을 했다. 재판을 맡은 군법회의는 검찰부가 요구하는 형을 그대로 선고했다.

1975년 4월 8일, 대법원은 최종심을 선고했다. 서도원, 도예종 등 8명의 피고인에게는 사형 선고가 확정되었다. 정권은 대법원의 판결

다음 날, 사형판결을 받은 이들 모두에 대한 사형을 집행했다.

그리고 30여 년이 지난 2007년 1월 23일, 서울중앙지법 형사합의 23부는 인혁당 재건위 사건에 대한 재심 판결을 내렸다. 재판부는 피고인들의 대통령 긴급조치 위반, 국가보안법 위반, 내란 예비·음모, 반공법 위반 혐의에 대해 모두 무죄를 선고했다.

04
권력분립 원칙을 지키는 새로운 생각들

사람들이 생각해낸 권력통제의 장치들이 제대로 작동하지 않는다면 어떻게 해야 할까? 현실의 권력관계가 변화해 헌법이 고안해낸 권력통제의 원칙이 제대로 작동하지 않는다면 시민들은 어떤 대책을 가지고 있을까?

변화된 권력관계

오늘날 권력분립 원칙의 작동에 치명적인 결함을 만드는 것은 바로 정당제도다. 원래의 권력분립의 원칙은 행정부와 의회의 권력이 서로 분리되어 견제하는 관계를 전제로 한다. 하지만 오늘날 현실은 정반대다. 행정부의 수반은 정당을 통해 행정부와 입법부 두 권력을 모두 장악하고 있는 통합된 권력의 주체다. 권력을 견제할 방법을 찾지 않으면 권력분립과 민주주의 원리가 모두 무위로 돌아가는 심각한 상황이다.

이제 권력분립 원칙을 되살리기 위한 대안이 논의되고 있다. 여러 대안 가운데 기능적 권력통제 원리라고 불리는 대안이 가장 유력하다. 그것은 어떤 한 기관에게 권력의 통제를 기대할 수 없다면 다양한 기관들이 갖는 여러 기능들을 활용해 권력을 견제할 수 있는 구조를 만들어야 한다는 이론이다. 이 이론에 따를 때 의회와 행정부가 합쳐진 통합 권력에 대한 통제는 다양한 독립 기관들에 의해 이뤄져야 한다.

가령 감사원, 공정거래위원회, 중앙선거관리위원회, 방송통신위원회, 공영방송 등은 권력을 통제할 수 있는 중요한 기능을 권한으로 가지고 있다. 따라서 이들 기관을 설계할 때 대통령과 국회의 결합 권력을 제대로 통제할 수 있는 방식으로 설계해야 한다.

방송통신위원회의 구성

방송통신위원회는 우리나라 방송 및 인터넷에 관한 가장 중요한 정책과 문제를 결정하는 기관으로, 특히 중요한 두 가지 권한을 가지고 있다.

우선, 공영방송사들의 사장을 실질적으로 결정한다. 방송통신위원회는 한국방송공사와 문화방송 등의 이사회 이사 임명권을 갖는데, 이들 공영방송들의 이사회는 대통령에게 공영방송 사장을 추천할 권한을 가지고 있다. 방송통신위원회가 이사 임명의 권한을 제대로 행사하기만 한다면 독립적인 인사들로 이사회가 구성이 되고, 그렇게 되면 공영방송들의 사장 추천권이 공정하고 중립적으로 이뤄지게 된다. 하지만 반대의 경우라면 공영방송들은 권력의 힘에 쉽사리 예속되어 버린다.

둘째, 방송통신위원회는 민영방송 등의 방송 허가권을 가지고 있다. 오늘날 민영방송, 종합유선방송들은 공영방송에 못지않은 중요한 기능을 하고 있다. 방송통신위원회는 이들 민영방송사의 생사를 좌우하는 권력을 가지고 있다. 이 권력으로 방송사를 위협한다면 언론기관의 운영 방향과 보도 태도에 영향을 끼칠 수밖에 없다. 한마디로 방송통신위원회는 모든 중요 방송사에 대한 결정적 통제 권한을 한 손에 쥔 중요한 기관이다.

만일 방송통신위원회의 위원을 대통령 또는 여당이 모두 임명해 구성한다면 국민 모두가 반발할 것이다. 대통령과 여당에 의해 임명된 이들은 임명자들의 뜻에 따른 결정을 할 수밖에 없고, 그렇게 되면 우리나라의 방송은 대통령과 여당의 영향력에 예속될 수밖에 없기 때문이다. 현재 방송통신위원회의 구성과 활동은 어떻게 하도록 설계되어 있을까?

현재 법은 방송통신위원회를 5인의 상임위원으로 구성하도록 규정하고 있다. 그리고 방송통신위원회의 결정은 그 5인 위원의 과반수 찬성으로 의결하도록 되어 있다. 그러니 그 5인을 누가 임명하는가가 결정적으로 중요하다. 현행법에 따르면 위원 5인 중 위원장을 포함한 2인은 대통령이 지명하고, 3인은 국회의 추천을 받아 임명한다. 전통적인 권력분립 원칙에서 볼 때, 두 기관이 균형 있게 권력을 분배하고 있다고 볼 수 있다. 하지만 앞서 이야기한 것처럼 오늘날 대통령의 권력과 여당의 권력은 결합되어 있다. 따라서 과연 국회의 몫으로 분배된 3인의 위원이 어떻게 지명되는가를 살펴보아야만 권력분립 원칙이 어떻게 실현되는지 실체를 알 수 있다.

법은 대통령이 소속된 정당에게 1인의 추천권을, 그 이외의 정당들에게 2인의 추천권을 분배하고 있다. 야당에게 2인을 분배한 것은 낮지 않은 비율이고 공평한 분배라고 여길 수도 있다. 그런데 대통령의 임명권 2인에 여당 몫 1인을 더하면 3인이 되고, 이 숫자는 재적위원의 반수를 넘는 숫자다. 방통위가 행사하는 모든 권한의 결정이 가능한 숫자다. 겉으로 보면 국회와 야당에게 많은 지분을 양보한 것으로 보이지만 실상 그렇지 않다. 대통령과 여당이 임명한 위원들이 재적위원 다수결을 결정하게 되고, 결국 이들이 모든 결정을 제한 없이 내릴 수 있다. 이런 구조를 통해 대통령은 우리나라 공영방송의 사장들을 실질적으로 임명하고 있으며, 대통령과 여당의 결합 권력은 우리나라 모든 방송과 인터넷 정책을 좌우하고 있다.

대통령과 여당의 몫의 위원 임명 비율이 이렇게 정해져 있으면 야당의 위원 지명도 그에 따른 영향을 받게 된다. 야당은 자신들의 지분에 따른 위원을 임명할 때 가장 '전투력'이 높은 사람들을 임명하게 된다. 대통령과 여당이 임명한 위원들이 함부로 결정해 버리려고 할 때 책상을 뒤집어엎고, 위원장에게 달려들어 회의 진행을 중단시키는 '전투'가 그들의 자의를 통제할 수 있는 유일한 방법으로 남기 때문이다.

기관의 구성에 관한 설계가 잘못되면 기관의 활동도 망가지고 권력통제도 중단된다. 야당은 반대하는 목소리만 내고, 권력자와 여당은 항상 자신의 뜻대로 결정하는 비상식적인 권력행사가 이루어지고 만다. 중대한 헌법적 기능을 수행하는 기관들의 구성을 통해 권력이 통제되어야 한다는 것이 권력분립의 원칙이다. 그런데 우리의 설계는 이들 기관을 통해 오히려 대통령에 권력을 집중시키고 있다. 정당과 정치인들은 대통령의 권력을 제한해야 한다고 주장하면서도 기관 설계의 문제에는 큰 노력을 기울이지 않는다. 오히려 누구도 예측할 수 없는 변화를 예고하는 내각제로의 전환 등, 권력구조에만 집중하고 있다.

정부형태의 개정에 비하면 기관의 설계를 개정하는 것은 비교적 적은 노력이 든다. 그런데 이런 문제를 외면하는 이유는 왜일까? 현재 중요한 기관들의 구성 방식에 여당이건 야당이건 이익을 발견하고 있기 때문은 아닐까? 대결적 방식으로 기관이 구성이 된다면 모든 정치세력들은 맹목적으로 충성하는 인사들에게 좋은 자리를 줄 수 있다. 만일 독립적인 인사들로 이들 기관을 구성해야 한다면 자신의 정파 구성원을 임명하기가 어려워진다. 어쩌면 여야를 막론하고 모든 정치세력들은 국민들의 위임을 배신하고 자신들의 정파적인 이익을 달성하고 있는지도 모른다.

방송통신위원회의 사례는 하나의 예에 불과하다. 국민들을 위한 임명권 행사의 길로 복귀하기 위해서, 그리고 제대로 된 권력통제를 실현하기 위해서 이들 기관의 위원은 가장 합리적인 임명 방법을 찾아야 한다. 가령 독일의 연방의회는 헌법재판관의 후보자를 선정할 때 여당과 야당이 3분의 2의 찬성비율로 합의한다. 초당적 위원회를 구성하는 이들의 사례는 우리에게 좋은 본보기가 될 것이다.

실제적인 권력통제

대통령과 국회의원, 지방자치단체장의 임기가 다른 것도 좋은 권력분립 장치이다. 대통령이 당선되는 시기의 정치 여론은 대통령이 속한 정당을 선호하게 마련이다. 만일 국회의원 선거를 대통령 선거와 같이 하고, 국회의원들의 임기도 대통령의 임기와 같다면 국회의 다수는 항상 대통령과 같은 정당의 사람이 채우고 있을 가능성이 높다. 이 경우 대통령과 의회 사이에 권력의 견제가 이뤄질 수 없다. 대통령과 국회의원의 임기를 다르게 한다면 각각의 선거를 다른 시기에 하게 되고 대통령과 다른 정당의 사람들이 국회에 진출할 가능성이 높아진다. 그렇게 되면 대통령과 국회의 권력 사이에 긴장과 견제가 생길 수 있다.

대통령과 검찰총장, 감사원장, 대법관, 헌법재판관 등 국가기관들의 임기가 다른 것도 권력분립의 의미가 크다. 전임 대통령이 임명한 이들의 임기를 보장해 계속 권력을 행사하도록 하는 것은 대통령의 권력을 전임 대통령이 임명한 권력이 통제하는 셈이다. 대통령과 다른 정치적 기반 위에 있는 사람들이 권력을 행사하고, 그것으로 대통령의 권력이 통제될 수 있다.[27]

새로운 대안에 따를 때 가장 유력한 권력통제 기관은 야당이다. 야당은 권력분립의 역할에 따르면 원래 국회가 했어야 하는 일을 담당하고 있다. 여당과 대통령의 권력이 하나로 집중되어 국회가 제 역할을 못하니 야당이 그 역할을 떠맡고 있는 것이다. 소수가 힘 있는 다수와 대결하는 방법은 많지 않다. 소수들끼리 협력하거나, 큰소리를 내는 방법이 그나마 효과적이다. 그래서 야당은 항상 요란하게 소리를 친다. 그들의 목소리가 설득력이 있다면 박수로 격려하고, 설득력이 없더라도 관용하는 것이 민주주의를 실현하는 방법이다.

소수파 정당

사극에서는 군주가 다스리던 옛날 사회의 모습을 낭만적으로 그린다. 그러나 그 시대에 살고 싶은 마음은 들지 않는다. 군주와 귀족들이 다스리는 사회의 문제점은 무엇일까?

무엇보다 백성들이 항상 불안하다. 그들의 운명과 자유가 다른 이들에 의해 결정되기 때문이다. 오늘날의 독재정부가 갖고 있는 문제도 본질은 같다. 지배하는 세력이 함부로 결정할 권력을 갖고 있으므로, 독재체제 하에서 지배받는 사람들은 늘 두려움에 떤다.

그렇다면 국민들 다수에 의해 정치적 결정이 내려지는 민주공화국에서는 모든 이들이 스스로의 자유와 운명을 결정하고 있을까?

민주주의 체제라고 해도 불안한 사람들이 있다. 민주주의는 다수의 국민들이 의사결정을 내리는 정치체제다. 다수와 다른 생각, 다른 이익을 가진 이들을 민주주의 사회의 소수자들이라고 한다. 공동체의 결정을 주도하지 못하는 이 소수자들은 다수의 결정에 의해 지배된다. 민주주의의 결정이라 할지라도 그들의 의사에 반하는 결정은 그들의 운명을 침해할 가능성이 있다.

헌법에서 기본적인 자유를 보장하는 것도 바로 이들 소수자들을 보호하기 위한 것이다. 기본권의 역할은 국민들의 대표가 다수결을 통해 법으로 결정한다고 해도, 이들의 자유를 함부로 침해하지 못하게 하는 것이다.

그런데 그것으로는 충분하지 않다. 기본권이 보호하는 것은 자유의 최소한일 뿐이다. 국가의 정책결정 과정에서 정치세력들은 다수의 국민들에게만 유리한 결론을 추구하고, 소수자들의 이익을 소외시킬 수 있다. 대부분의 정당들은 다수의 이익을 우선적으로 고려하게 된다. 더 많은 국민들로부터 지지를 받기 위해 소수 국민들의 권리와 이익을 배려하지 않는 정책을 추진한다.[28]

소수자들의 이익을 대변하는 정당들이 있다. 이런 정당들은 특별한 존재다. 이들이 증진하고자 하는 것은 민주주의 사회에서 희생되기 쉬운 소수자들의 이익이기 때문이다.

야당 중에서도 거대정당이 있다. 하지만 권력을 놓고 여당과 대결하는 정당은 다수의 이해관계를 대변해야 한다는 압박을 받을 수밖에 없다. 그리고 이에 따르지 않는다면 집권을 하기도 어렵다. 따라서 이들 야당은 이해관계의 영역이 여당과 중첩된다.

다수의 시민들은 소수정당의 생각에 동의하지 않는다. 과격하고 위험한 생각을 갖고 있다고 생각한다. 심지어 다수 시민들의 권리를 빼앗아 소수에게 준다고 생각하기도 한다. 때로 이런 생각은 해당 정당을 금지시켜야 한다는 결론에 이르기도 한다. 하지만 그것은 다수가 소수의 권리를 침해하는 전형적인 모습이다.

그들을 금지한다면 다수의 시민들은 영원히 행복하게 살 수 있을까? 소수정당들이 특정한 사람들의 이익을 주장하는 것은 위험해 보일 수도 있다. 하지만 그들의 주장대로 결정되고 실현되기가 쉽지는 않다. 그래서 그들의 실질적 역할은 다른 데에 있다. 소수인 그들의 주장은 다수 토론자들의 이성에 새로운 자극을 준다. 다른 세력들이 채택하지 않았던 관점으로 사태를 보고, 다수의 세력이 무시했던 진실을 발견해 공론의 장에 드러낸다.

거대정당들의 권력 독점에 의해 가장 큰 피해를 보는 이들은 바로 국민 일반, 즉 다수의 시민들이다. 소수정당들의 생각과 주장은 여당과 행정부의 권력 독점을 깨는 데 효과적인 역할을 한다. 거대정당들이 적당히 타협하려고 할 때 견제하는 것도 바로 소수정당들이다. 따라서 소수정당을 살린다면 민주주의의 숨길이 유지되고, 그들을 고사시킨다면 민주주의의 활력도 사라진다. 결국 소수정당 보호는 권력분립 원칙과 민주주의, 궁극적으로는 다수의 국민들을 위한 길이다.

두 나라의 헌법재판소, 두 건의 정당해산 판결

독일은 부끄러운 역사를 가지고 있는 나라다. 그 역사를 다시 반복하지 않기 위해 정치인들은 끊임없이 과거에 대한 반성의 메시지를 발표하고, 자라나는 세대에게 진실과 책임을 교육하기 위해 노력하고 있다.

모든 세력들이 이런 관점과 노력에 동참하지는 않는다. 부끄러운 역사를 인정하지 않으며, 애국주의자들의 정당이라고 자칭하는 극우정당 NPD^{Nationaldemokratische Partei Deutschland}는 나치의 이념을 계승한다. 이 정당은 1964년 창당 시점에 이미 정부와 의회로부터 민주주의 헌법의 기본 가치를 침해하는 정당으로 지목되었으며, 정보당국은 위험을 방지하기 위해 이 정당의 활동을 관찰했다.[29]

2001년 연방상원과 연방하원은 공동의 청구로 헌법재판소에 이 정당에 대한 해산을 제소했다. 하지만 당시 헌법재판소는 정당해산청구를 받아들이지 않았다. 정보기관의 요원과 협력자들이 이 정당의 간부로 활동하는 등 국가의 행위와 정당의 행위를 구분할 수 없기 때문에 정당의 위헌적인 활동 여부를 확정할 수 없다고 판단했다.[30]

최근 독일 헌법재판소는 다시 한 번 이 정당에 대한 위헌심판제소를 받았고, 2017년 1월 17일, 이에 대한 판결을 선고했다. 그리고 그 결론은 종전과 마찬가지로 정당해산청구의 기각이었다. 나치는 다른 민족뿐 아니라 독일의 역사에도 가장 치명적인 해악을 끼친 집단이다. 독일 정부와 국민들은 속죄를 위해 끊임없이 노력하고 있는데, 이런 정당은 그런 노력에 찬물을 끼얹고 있다. 사람들의 생각을 전체주의 위험으로 이끌고, 국가의 이미지에도 나쁜 영향을 주고 있는 이런 정당은 해산시키는 것이 국익에 도움이 될 것이다.

그럼에도 불구하고 독일 헌법재판소는 해산 결정에 반대하는 판단을 했다. 이 정당에 대한 국민들의 지지가 지극히 미미하므로 활동을 계속 허용해도 헌법질서에 아무런 위험이 없기 때문에 정당해산은 불필요하다는 내용이었다. 정당의 주장이 비록 절대 다수가 반대하는 혐오스러운 것이라 해도, 그리고 민주적 헌법질서와 조화되지 않더라도 정당해산은 신중하게 판단해야 한다는 것이다.

헌법 질서에 어긋나는 주장을 하는 정당은 생겨난다. 그 정당을 심판하는 가장 바람직한 방법은 재판이 아니라 시민들의 선거와 토론이다. 독일의 극우정당에 대한 미미한 지지율은 시민들이 그들에게 내리는 심판이며, 시민들의 건강한 민주주의가 작동하고 있다는 사실을 보여준다. 바로 그것이 독일 헌법재판소가 정당해산청구를 기각한 이유다.

2014년 12월 19일, 대한민국 헌법재판소는 통합진보당에 대한 정당해산심판을 결정했다. 그 정당의 공식적인 목표는 진보적 민주주의의 추구였다. 그러나 헌법재판소는 그 정당이 '실질적'으로 추구하는 것은 북한이 제시하는 정치노선이라고 파악했고, 그 전제에 비추어 볼 때 이 정당은 우리 헌법의 민주적 기본질서를 위배하는 정당이라고 판단했다.

과연 그 정당이 북한의 독재방식과 계급혁명을 추구하는 정당인지에 관해서는 논란이 있다. 실제 정당이 그와 같은 목표를 설정하고 활동했다는 증거는 없다. 단지 정당의 간부와 당원 일부가 다른 단체에서 그러한 취지의 발언을 했다는 증거만 있었다.

정당은 자발적인 조직이다. 그 조직에는 많은 사람들이 참여하고, 그 사람들의 생각을 통제하는 장치는 존재할 수 없다. 게다가 정당의 지도부 일부가 북한의 노선에 동조한다고 해도 그 정당에 참여하는 사람들 모두가 같은 의견을 가지고 있을 수는 없다. 이런 생각은 국민들의 민주주의 역량을 지나치게 과소평가하는 생각이다.

따라서 그 정당이 헌법에 위반하는 정당인가 여부는 정당의 의사결정 과정을 거쳐 결정된 활동 목표와 정책들로 판단해야 한다. 정당에 참여하고 있는 일부 당원들의 생각, 일부 간부들의 과거 전력으로 판단할 문제가 아니다. 이는 그 정당을 위해서이기도 하지만, 더 근본적으로는 소수정당이 뿌리내려 우리 민주주의가 건강하게 자라도록 하기 위함이다.

또 다른 문제는 이 정당이 과연 우리 헌법에 실제적인 위험을 초래하고 있었는가의 문제다. 우리 국민들 중에 북한의 노선을 따르는 정당을 지지할 국민이 몇 명이나 될까? 국민들을 먹이지도 못하는 몰락한 체제, 최악의 전체주의 독재를 시행하는 북한정권이 실패한 정권이라는 점에는 대다수 국민들의 공감대가 형성되어 있다.

실제로 당시 이 정당에 대한 해산제소를 했던 정부의 결정에 대해서는 여러 의혹이 제기되었다. 이 정당은 여러 가지 과오로 국민들의 신뢰를 잃었기 때문에 다음 선거에서 국민들의 엄중한 심판이 내려지리라는 것이 일반적인 예측이었다. 그래서 정부의 갑작스런 정당해산제소는 이념 대결로 정국을 주도하려는 정치적 의도가 아니냐는 의심을 받았다.

소수정당은 다수의 관점에서 볼 때 항상 불온하고 위험한 존재이다. 하지만 그 정당들은 거대정당들의 야합을 견제할 수 있는 유일한 세력이므로 오히려 다수에 속한 국민들에게 이익을 가져다줄 존재이고, 권력분립과 민주주의를 위해서 보호해야 할 대상이다. 다수의 권력이 이들을 공격하기란 손바닥 뒤집듯 쉽지만, 그 공격은 자칫 우리 공동체에 회복할 수 없는 해악이 될 수 있다.

헌법의 권력분립 원칙은 권력 스스로 다른 권력을 제한하는 시스템이다. 개별 시민들이 할 수 없는 권력통제를 권력 스스로의 힘으로 해내도록 만든 장치다. 그 덕분에 시민들은 비정상적인 저항과 희생 없이도 권력을 통제할 수 있게 되었다. 하지만 그 장치가 작동하는 데는 하나의 조건이 있다. 시민들이 그 장치의 작동원리를 알고, 제대로 작동하고 있는지 주시해야 한다는 것이다. 그 조건이 지켜지지 않을 때 권력통제의 장치는 언제고 작동을 멈출 수 있다.

물론, 그 장치의 작동이 멈춘다고 해서 종말이 오지는 않는다. 단지 시민들이 직접 권력에 대한 통제의 힘을 작동시켜야 하고, 그 과정에서 비정상적인 희생을 대가로 각오해야 한다는 결과가 있을 뿐이다.

제6장
권력분립 원칙의 설계도, 정부형태

01
정부형태란 무엇인가?

대한민국의 선택

국가권력에 관한 헌법의 설계도를 '정부형태'라고 한다. 국가권력이 제대로 작동하기 위해서는 제대로 된 권력의 설계도가 필요하다.

설계도에 담기게 되는 것은 단순히 누가 어떤 권력을 행사할 것인가의 문제만이 아니다. 권력들 상호간에 어떤 관계를 맺도록 할 것인가, 각 권력에게 다른 권력을 통제하는 어떤 힘을 부여할 것인가의 문제가 담기게 된다.

건축의 설계에는 건축가의 다양한 생각과 아이디어가 그려진다. 하지만 가장 우선으로 생각해야 할 것은 구조의 안정성이라는 기본

원칙이다. 그 원칙은 기초와 지상 건물의 관계, 기둥과 기둥 사이의 관계에 관한 설계 내용을 강제한다. 정부형태의 설계도 마찬가지다. 그 설계 속에는 헌법 제정자의 다양한 의도가 담긴다. 하지만 헌법 제정자도 건드릴 수 없는 것은 권력의 견제와 균형이라는 권력분립의 대원칙이다. 그것이 시민들의 자유와 안전을 보장하기 때문이다.

우리의 정부형태는 대통령제다. 삼권분립에 충실한 고전적이고 원칙적인 대통령제의 모습이 아니라, 대통령의 권한을 증폭시킨 이른바 변형된 대통령제다. 대통령에게 권력이 쏠리다 보니 권력간에 균형이 허물어져 권력의 불안정이 반복된다. 대통령의 임기 초에는 권력에 대한 견제가 제대로 되지 않아 무한적으로 허용되다가, 임기 말이 되면 작은 충격에도 권력이 붕괴되고 만다.

헌법 개정에 대한 논의가 본격화될 것이다. 그 논의의 목표지점은 항상 정해져 있다. 권력구조의 변경이다. 우리 민주주의의 권력구조가 반복적으로 실패하고 있기 때문이다. 대통령 중임 금지 조항에 관한 논의는 좁은 범위의 개정 논의이고, 의원내각제로 변경할 것인가 또는 그 중간 형태의 무엇을 선택할 것인가에 관한 논의는 넓은 범위의 개정 논의이다.

정치인들은 이미 논쟁을 시작했지만 헌법 개정의 최종 결재권자인 국민들은 아직 큰 관심이 없다. 정치인들이 논쟁을 하는 이유가 단지 권력을 얻거나 유지하기 위함이라고 생각하기 때문이다. 그러나 정부형태를 결정하는 문제는 권력의 가장 중요한 밑그림을 결정하고, 그렇기에 주권자들의 자유와 삶에 결정적인 영향을 미친다. 그러므로 그 논의를 남에게 맡겨둘 것이 아니라 지켜보고 있어야 한다. 그러기 위해서는 정부형태가 무엇인지, 헌법 개정의 과정에서 무엇에 관해 주목할 것인지 알고 있어야 한다.

헌법을 쓰는 시간

이성의 시간

오늘날 많은 민주주의 헌법국가에서 미국의 대통령제와 영국의 의원내각제를 정부형태의 표본 유형으로 삼는다. 물론 이 형태들을 정답이라고 할 수는 없다. 정부형태에 관한 정답은 존재하지 않는다. 공동체들은 각자 자신들에게 가장 적합한 형태를 설계해야 한다.

정부형태의 설계에는 항시 위험이 따른다. 제 기능을 하지 못하는 권력을 만들거나 불균형한 권력을 만드는 것이 전형적이다. 그런 결과가 나오지 않기 위해서는 설계 단계에서의 숙고가 필요하다.

유럽의 도시를 관광하다보면 감동하게 된다. 수백 년에 걸쳐 세운 건축을 보면서 그들의 인내에 고개 숙이게 되고, 옛 모습을 간직하고 있는 구시가를 보면서 전통에 대한 사랑에 감탄하게 된다.

세계 곳곳의 식민지를 수탈한 결과일 뿐이라고 생각하는 이들도 있다. 맞는 말이다. 유럽인들 스스로도 조상들의 몹쓸 지배가 만들어 놓은 유산이라는 것을 인정하고 있다. 하지만 과연 돈과 물리적 힘이 전부일까?

오랜 시간 유럽에 살면서, 유럽의 도시와 건축을 공부한 김정후 건축가는 《유럽건축 뒤집어보기》에서 그 성취의 원인을 '이성'이라는 단어로 표현한다. 그리고 스스로 유럽에 정착하는 데 가장 어려웠던 것이 그들의 이성에 적응하는 것이었다고 말한다. 이성이 도시의 건축과 무슨 상관이 있느냐는 질문에 대해 건축가는 두 가지로 설명한다.

첫째, 유럽은 변화에 대한 분명한 기준을 가지고 있다. …… 유럽이 문화유산을 잘 보존하고 지속적으로 개발할 수 있는 이유는 무엇을 바꾸고 무엇은 바꾸지 말아야 하는지에 대한 사회적 합의가 이루어졌기 때문이다. 유럽은 보존에 치중하기 때문에 변화에 익숙지 않다는 판단은 잘못되었다. 문화유산 보존의 이면에는 철저한 개발이 존재한다.

둘째, 유럽은 '희생'과 '양보'에 익숙하다. 인간 중심의 유럽사회를 유지하기 위해서 반드시 요구되는 것이 바로 희생과 양보다. …… 아늑한 주택과 수목이 우거진 건강한 길을 걷기 위하여 좁은 2차선 도로의 불편함은 감수해야 한다. 희생과 양보 없이는 불가능하다.

- 김정후, 《유럽건축 뒤집어보기》, 효형출판, 8~9쪽.

과연 그들의 구 도시 배후에는 항상 현대적인 도시가 있었다. 두 개의 전혀 다른 도시들은 서로 간섭하지 않으면서 각기 자신의 아름다움과 편리함을 제공하고 있었다. 오래된 도시 곳곳에는 놀라울 정도의 불편함이 있었지만, 그것을 받아들이며 묵묵하게 살고 있었다. 그가 보기에 유럽에서 정말로 배워야 할 것은 눈앞의 도시와 건축이 아니라 그 결과물을 만들어낸 공동체의 이성이었다.

마찬가지로 유럽과 미국의 헌법 제정자들이 만들어낸 정부형태의 기본 모델 역시 그들 이성의 결과물이다. 그런데 그들의 설계와 모델을 받아들이고 있는 우리들은 그들의 결과물을 베끼고 있을 뿐, 그것을 만들어낸 이성을 발견하는 데에는 소홀했다.

이제 헌법을 개정하는 시간이다. 이번만큼은 성공하는 모델을 만들어야 한다. 우리의 이성을 발동시켜야 한다. 권력의 모습과 정부형태의 결정에서 우리의 이성은 무엇을 선택해야 할 것인가? 그 선택을 위해 어떤 희생을 각오해야 할 것인가?

헌법을 쓰는 시간

02
대통령제

나라 세우기의 시행착오

최초로 대통령제라는 정부형태를 설계해 실행에 옮긴 나라는 미국이다. 대통령제는 단번의 결단으로 성립한 것이 아니다. 여러 나라로 나뉘어 있던 미국이 하나의 나라로 성립하는 과정에서 여러 단계의 실험을 거쳐 가까스로 성립한 제도다. 대통령제를 제대로 알기 위해서는 대통령제의 성립을 보기 이전에 나라의 성립 과정을 보아야 한다.[31]

미국의 건국 과정에서 건국의 지도자들이 제1차적으로 고민했던 문제는 정부형태를 어떻게 설계할지가 아니었다. 그들의 과제는 '통합된 국가를 만들 것인가'라는 보다 근원적인 고민이었다.

1776년 7월 4일, 제2차 대륙회의에 모인 대표들은 영국의 식민지였던 미국 대륙 내 13개 주의 독립을 선언했다. 13개의 주들은 각기 헌법을 가지고 있는 독립된 개별국가가 된 것이다. 각각의 국가들은 식민지 시절부터 자치정부를 갖고 독립한 통치체제를 갖추어 공동체를 형성하고 있었다. 헌법 제정자들은 과연 이들 개별 국가들을 모두 합쳐 통합된 국가를 만들어야 하는가를 토론했다. 만일 통합된 국가를 만든다면 그 권력 아래에서 사람들의 자유를 보장할 수 있을까?

각국의 대표들은 영국에 공동으로 저항할 것을 결의했다. 각 공화국들이 따로 영국에 대항하는 것은 무모하고 어리석은 전략이다. 세계 최강의 영국군에 의해 차례로 격파당할 것이 뻔했기 때문이다.

모두 단결해 싸우는 것이 승리하기 위한 유일한 방법이었다. 공동의 협력·지도체제를 구축해야 했고, 단일한 외교 주체를 형성해야 했다. 하지만 사람들은 통합된 정부로 나가는 길 위에서 주춤거렸다.

사람들이 대서양을 건너 미지의 세계로 이주해온 이유는 자유를 얻기 위해서였다. 만일 통합된 권력을 가진 하나의 거대정부를 수립한다면 개별 시민들이 통제하기 어려울 것이고, 그 길로 그 정부가 폭정의 권력이 될지도 모른다는 두려움을 갖고 있었다.

대표들은 1777년 연합헌장을 채택하고 연합Confederation을 수립했다. 연합체제는 구조적 결함을 갖고 있었다. 결정적인 것은 행정부를 갖지 못했다는 점이다.

각 주에서 보낸 동일한 숫자의 대표로 구성된 연합회의가 연합정부의 입법기관인 동시에 행정기관의 역할을 했다. 연합회의는 급박한 상황에 신속하게 대응해야 하는 전시 행정부의 역할을 맡기에 여러모로 적합하지 않은 기관이었다. 병사의 모집, 군대 지휘, 자금 조달 등 정부로서 신속하게 결정해야 할 일들이 늦어지고 실행되지 못했다.[32]

첫 번째 정부형태의 설계자들이 선택한 권력분립은 중앙정부와 주 정부 사이의 권력분립이었다. 그런데 균형이 맞지 않는 잘못된 설계였다. 대부분의 실질적 권력은 개별 주에 그대로 남겨 두고, 형식적인 일부만을 중앙정부에 맡긴 것이다.

1783년, 미국은 전쟁에서 승리했다. 하지만 그것이 모든 문제의 해결을 의미하지는 않았다. 공동체의 위기는 계속되고 있었다. 스페인, 프랑스 등 유럽 강대국들과의 영토 갈등이 새로운 전쟁 위기로 발전하고 있었다. 독립을 위해 목숨 바쳐 싸웠으나 봉급을 지급받지 못한 참전 군인들은 더 이상 참지 못하고 무장 반란을 일으켰다. 각

주 사이의 이해관계 갈등도 심각해져 내전으로 전개될 양상마저 보였다. 연합회의는 이 모든 과제들 중 어느 하나도 해결하지 못했다. 무력한 통치기구임이 명확하게 입증된 것이다.

연방헌법 제정 과정의 논의

1787년 필라델피아에서 12개 주로부터 파견된 55명의 대표들의 회의가 개최되었다. 회의의 애초의 목적은 기존의 연합헌장을 개정하기 위한 것이었다. 필라델피아 회의는 스스로 그 회의의 실체를 제헌회의로 전환해 새로운 헌법을 제정하기로 결정했다.

종전의 연합체제가 실제로 작동할 수 없는 통치구조라는 점을 절감한 대표들은 중앙정부에 보다 광범위한 권한을 부여하는 단일한 통치구조로의 헌법 제정에 동의했다. 문제는 과연 어느 정도 강력한 중앙정부를 설계하느냐는 것이었다.

헌법 제정회의에 참여했던 각 주의 대표자들은 탁월한 설계자들이었다. 그들은 이미 긱 주의 헌법을 제정하는 과정에서 권력구조 설계의 경험이 있었고, 그 헌법이 운영되는 모습도 지켜보았다. 한마디로 그들은 헌법설계 전문가들이었다.

여러 가지 헌법안이 제시되었다. 논의의 실질적인 의제를 결정한 것은 제임스 매디슨James Madison이 작성한 버지니아 주의 헌법초안이었다. 이 안은 연방정부의 기본 골격으로 세 개의 권력기관, 즉 입법, 집행, 사법권을 상정했으며, 그 가운데에서 입법부가 가장 강력한 권한을 갖는 것으로 설계했다. 그 안에 따르면 입법부는 입법권과 외교정책의 수행 권한, 대통령의 선출권, 판사를 포함한 주요 공직자 선출권까지 가지고 있었다.

대통령에 관한 논의

새로운 헌법을 통해 탄생한 권력구조의 가장 큰 특징은 대통령이라고 하는 의회로부터 독립한 행정부 수장의 존재였다.

사실 미국 헌법 제정자들의 입장에서 가장 안전한 방식은 영국이 발전시킨 의원내각제를 도입하는 것이었다. 의원내각제는 전제군주제의 폐해를 극복하고 만들어낸 합리적인 제도였다. 영국은 그 정부형태를 통해 세계 최강의 국가로 발전했다. 하지만 제헌회의의 대표들은 이처럼 검증된 민주정부 시스템인 의원내각제의 채택을 거부했다. 그 대신 아무도 가지 않은 대통령제의 길을 선택했다. 그들의 선택은 당시 영국 의회의 문제점과 관련이 있다.

당시 영국 의회는 의회주권라고 하는 절대권력을 행사하고 있었다. 의회는 그 권력으로 미국 식민지 주민들의 자유를 침해했고, 주민들이 의회에 대표를 보낼 권한마저 부정했다. 정의에 반하는 억압을 경험한 제헌회의의 대표들은 의원내각제는 절대권력의 독재를 가능하게 하는 위험한 제도라는 생각을 공유했다. 오로지 새로운 제도를 어떻게 설계할 것인가가 문제였다.

헌법의 제정자들은 대통령이라는 최고 집행권력의 설계를 놓고 어려운 논의를 이어 나갔다. 가장 논란이 되었던 것은 대통령을 누가 선출하는가였다. 버지니아 안은 의회에서 선출하는 방안을 제안했다. 하지만 그렇게 할 경우 의회의 권력이 지나치게 강대해져 입법독재의 길로 갈 것이라는 우려가 있었다.

결국 최종적으로 각 주의 주민들이 주의 선거인단을 선출하고, 그 선거인단들이 모여서 연방대통령을 선출하는 안으로 결정이 되었다. 이로써 의회로부터 독립해 탄생하는, 의회의 권력을 견제하고 균형을 유지할 수 있는 대통령제가 제 모습을 갖추게 되었다.

대통령을 일 인으로 할 것인지, 다수로 할 것인지에 관한 논의도 쉽지 않았다. 복수의 행정수반을 두는 제도를 지지했던 대표적인 인물은 벤저민 프랭클린이다. 그는 한 명의 최고 권력자는 항상 자신의 권력을 강화하는 경향이 있다는 점을 상기시켰다.

델라웨어의 존 디킨슨John Dickinson은 미국을 북부, 중부, 남부 세 지역으로 구분해 지역별로 행정수반을 선출하는 방식을 주장했다. 지역마다 각자 이해관계가 있으므로 이들 각 지역마다 그곳 국민의 이해관계와 의사를 반영하는 최고행정관을 두자는 제안이었다.

복수의 행정수반의 제안은 받아들여지지 않았다. 복수의 권력자들의 의견이 충돌할 경우 조정할 사람이 없다는 점 때문이었다. 만일 전시와 같은 긴급한 사태에서 최고 권력자들 사이에 의견이 충돌한다면 해결 불가능한 위기를 초래할 수도 있었다.

마침내 1인 대통령을 두자는 제안을 주장했던 제임스 윌슨의 제안이 최종적으로 채택되었다. 선택의 가장 중요한 이유는 책임을 확실하게 지우고자 함이었다. 행정수반이 일 인이어야 자신의 직무에 최대한의 열정과 추진력을 쏟을 수 있으며, 그 직무 집행의 책임소재도 분명해진다고 생각했다.

1인 최고 행정관의 발상에 대해 우려했던 것은 군주와 식민지 총독의 폭정을 경험했던 이들의 감성이었다. 다수 최고 행정관의 비효율과 무책임이라는 단점을 예측한 것은 이들의 이성이었다. 결국 이성이 감성의 두려움을 극복했다.

행정부는 의회와 대등한 권력을 보유하게 되었다. 대통령이라고 하는 일 인의 행정부 수반은 국민으로부터 선출되었으므로 의회로부터 독립해 행정부를 이끌고, 의회에 의해 불신임 당하지 않으므로 임기 동안은 자유롭게 행정부를 지휘할 수 있는 지위를 갖게 되었다. 이로써 미국은 대통령제라는 새로운 정치체제의 실험을 하게 되었다.

의회에 관한 논의

오늘날 미국의 연방의회는 헌법 제정 당시의 틀을 그대로 유지하고 있다. 상원과 하원으로 구성되어 있으며, 두 개의 의회는 가장 중요한 권한인 입법에서는 동등한 권한을 갖고 있다. 어느 쪽에서 제안된 법안이건 실제 법이 되기 위해서는 다른 쪽 의회를 통과해야 한다.[33]

이중 하원은 모든 국민들로부터 인구 비례에 따라 직접 선출된 임기 2년의 의원으로 구성된다. 세금과 예산에 관한 법안은 반드시 하원으로부터 발의되고 통과되어야 한다. 세금과 예산의 문제에 관한 한 주권자들의 직접적 대표인 하원의회가 결정해야 한다는 영국의회의 전통에 따른 설계다. 현재 하원의 의석수는 435석이다.

상원은 각 주의 대표로 구성된 의회다. 각 주별로 2명씩 직접선거를 통해 선발된 100명의 상원의원으로 구성된다. 상원의원의 임기는 6년이며 매 2년마다 33명 또는 34명의 의원을 선출한다. 상원은 행정부의 중요 정책과 중요 인사들의 임명에 대한 동의 권한을 갖고 있다. 하원의원에 비해 상대적으로 장기의 임기를 갖고 있기 때문에 양원 가운데 힘의 비중은 상원으로 기울어져 있다.[34]

이제 헌법 제정회의로 돌아가보자. 과연 두 개의 의회를 둔 이유는 무엇이었을까? 그것은 중앙으로의 권력 집중을 견제하려는 또 하나의 장치였다. 중앙 권력을 셋으로 나누고, 나뉜 권력 가운데 입법부인 의회의 권력을 다시 둘로 분립시킴으로써 권력분립을 더욱 강화하고자 한 것이다.

헌법 제정회의에서 가장 큰 쟁점이 되었던 것은 중앙권력인 연방과 주의 권력관계에 관한 것이었다. 각 주들은 인구 수, 영토, 국력과 산업의 현저한 차이로 절대 조화될 수 없는 이해관계와 입장을 가지고 있었다. 인구, 경제력, 정치적 영향력 등 모든 면에서 커다란 국력을 가지고 있는 주가 있었고, 그와는 정반대 상황의 작은 주들도 있었다. 약소국들은 통합 과정에서 정치적 위협을 받았고, 강대국에 의한 지배를 우려하고 있었다. 이러한 약소국들의 관점은 권력이 시민들의 자유를 침해하는 자의적 지배를 우려하는 관점으로 연결되었다.

주정부와 시민들의 자유 보호를 최우선으로 삼는 이들은 주의 권력을 강화하려는 견해에 찬성했다. 반대로 연방정부가 제대로 활동할 수 있도록 권한을 주어야 한다는 이들도 있었다. 이들은 이미 삼권분립의 권력구조를 통해 시민들의 자유를 보장할 수 있다고 주장했다. 각기 다른 입장들은 치열하게 대립하고 토론했다.

하원을 인구에 비례한 의석수에 따라 대표를 선출해 구성한다는 점에는 쉽게 합의에 도달했다. 문제는 상원의 구성 방법이었다. 가장 큰 경제력과 인구수를 가지고 있었던 주들은 하원과 마찬가지로 인구 비례로 구성하자고 제안했다. 하지만 소규모 주들은 이에 강력히 반대했다. 상원을 인구비례로 구성한다면 큰 주들의 이해관계에 따라 중요 정책이 결정될 것이고, 작은 주들의 이익이 침해될 것이라는 우려였다. 작은 주들은 각 주마다 동등한 수의 상원의원을 주장했다. 이 논쟁으로 제헌회의의 모든 작업은 정지되기까지 했다. 결국 큰 주들은 양보할 수밖에 없었다. 각 주별로 동등하게 두 명의 상원의원을 선출해 구성하는 것으로 결정한 것이다.[35]

대통령제가 작동하는 원리

대통령제는 대통령이라는 1인의 집행부 수반에게 군대와 경찰, 각종 권력기관을 포함한 모든 행정부의 지휘권과 인사권이라는 막강한 권력을 부여하고 있다. 게다가 안정적으로 통치할 수 있도록 확정기간의 임기도 부여하고 있다. 그 권력이 막강하기 때문에 그에 대한 견제를 놓치는 순간 대통령의 권력은 독재 권력으로 전환될 위험성에 노출된다.

대통령제 정부형태에서의 권력균형을 한마디로 표현하면 '독립성'이다. 입법부와 집행부를 엄격하게 분리시킴으로써 두 권력 간의 독립적인 관계를 강조한다. 독립성은 두 가지 측면으로 작용한다.

첫째, 권력의 탄생에서의 독립성이다.

의회를 만들어내는 것은 국민들의 선거이며 대통령을 선출하는 것도 국민들의 선거이다. 의회와 정부 상호간에 의존하지 않고 별도의 선거를 통해 독자적으로 조직된다.[36] 대통령제 최고의 권력인 대통령은 의회에 의존하지 않고 탄생하는 권력이기 때문에 의회에 대해 강한 태도를 보일 수 있다.

둘째, 각자의 권한에서의 독립성이다.

의회와 행정부는 각자 입법과 집행이라는 독자적인 권한을 가지고 있다. 국가의 굵은 뼈대와 목표를 설정하는 것은 법이다. 그리고 법 제정은 입법자인 의회의 권한이다. 만들어진 법을 집행하는 것은 행정부의 권한이다. 각자의 권한을 가지고 상대방의 권한 행사를 통제한다.

행정부의 중요한 집행권 행사는 법률의 근거를 갖는 경우에만 이뤄질 수 있다. 대통령이 국회와 야당에게 협조를 구하고, 그것이 뜻대로 되지 않을 경우 불평하고 비판하는 이유가 거기에 있다. 반대

로 국회가 아무리 좋은 법을 만든다고 해도 행정부의 집행에 의해
뒷받침되어야만 실현될 수 있다.

　기본적으로 독립적인 것이 양자의 관계이지만 중요한 권한 행사
에 관해서는 서로의 권력을 견제하는 장치를 마련해 두었다. 서로
상대방의 권한 행사에 효력을 부여하는 권한을 갖고 있는 것이다.

　정부와 의회가 서로 협력해야 효과를 발휘하는 직무들이 있다.
행정부는 다음 해의 예산안을 편성해 국회에 제출한다. 국회는 그
예산안을 심의해 수정함으로써 행정부의 예산권을 통제한다. 의회
는 예산 지출 예정 항목을 삭제하거나 액수를 삭감할 수 있지만, 스
스로 예산안의 내용을 새로 만들거나 예산의 액수를 크게 할 수는
없다.

　대통령이 외국과 체결하고 비준하는 중요한 조약에 대해 의회는
동의권을 갖고 있다. 하지만 그 권한의 한계는 명확하다. 동의를 부
결시킬 수 있지만, 그 내용을 새롭게 결정할 수는 없는 것이다. 대통
령이 대법원장 등 고위직 공무원을 임명할 때 의회가 갖는 동의권도
같은 성격이다. 의회는 그 동의를 거절할 수는 있지만, 새로운 인사
로 바꾸어 정할 수는 없다.

　의회가 동의권을 갖는 경우 의회의 동의를 받지 못한 안건은 효력
을 발휘하지 못한다. 또한 대통령은 의회에서 가결시킨 법률안에 대
해 최종단계에서 거부권을 행사할 수 있다. 대통령에게 의회의 가장
중요한 권한을 통제할 수 있는 힘을 부여하는 것이다. 하지만 대통
령의 거부권은 의회가 가중된 정족수로 다시 의결한다면 무력화된
다. 대통령은 법률에 대한 거부권을 행사할 수 있을 뿐, 법률의 내용
을 바꿀 수는 없다.

대통령은 함부로 몰아내어서는 안 된다

의회와 행정부의 조직과 활동이 각자의 임기 내에서 독립적으로 보장되는 것이 대통령제다. 의원내각제에서와 같이 의회가 집행부를 불신임하거나, 집행부가 의회를 해산하는 권한은 가지고 있지 않다. 입법부와 행정부의 임기가 각각 확정적으로 보장되기 때문에 국가권력의 안정적 운영을 보장할 수 있는 체제라고 할 수 있다. 그런데 국민들로부터 전혀 신뢰받지 못하거나, 무능력한 대통령이 잘못 선출되었을 때 대통령을 어떻게 해야 할 것인가?

대통령을 임기 이전에 제거할 수 있는 방법이 없다는 점은 대통령제 정부형태를 규정하는 특징이다. 대통령이 인기가 없고 신뢰받지 못해도 그를 권력에서 제거하지 못한다는 점이 권력구조의 약점이 될 수 있지만, 그것이 장점이 될 가능성도 얼마든지 있다. 임기가 보장될 때 대통령은 당장의 인기에 연연하지 않고 반드시 필요한 정책을 소신 있게 추진할 수 있다. 이것이 애초 대통령제 정부형태에서 임기를 보장하고 있는 이유다. 대통령에 대한 여론의 불신 또는 나쁜 평가는 현재의 평가일 뿐이다.

물론 중대한 불법이나 범죄의 경우라면 문제가 다르다. 범죄를 저지른 대통령은 탄핵심판에 의해 책임을 물을 수 있다. 탄핵심판의 절차가 작동하는 데에는 매우 엄격한 요건이 필요하다.[37]

대통령의 문제가 정책실패와 국민으로부터 신뢰받지 못하는 것에 그치고 있다면 탄핵을 시도해서는 안 된다. 탄핵결정을 통해 대통령을 임기 중 퇴임시키려는 시도는 파괴적이며 자극적인 정치행위다. 지역감정 자극이라는 저질 행위가 우리 정치의 고질적인 변수로 자리 잡은 것처럼, 탄핵을 둘러싼 갈등이 우리 정치의 변수로 자리 잡게 될 수도 있다. 상대방의 존재를 인정하고 타협하는 정치가 사라지고, 상대방의 존재를 파괴하고 선동하는 정치가 반복된다면 민주주의 권력은 작동할 수 없게 된다.

대통령과 의회 의원들의 임기보장이란 대통령제를 선택한 경우에 지켜야 하는 원칙이다. 신뢰할 수 없는 대통령을 참는 것은 우리가 선택한 원칙을 지키기 위해서 치러야 할 희생이다. 냉정한 이성이 작용해야 하는 영역인 것이다.[38]

대통령의 조약 체결에 대한 의회의 동의권

조약이란 국가 간의 합의를 말한다. 그것이 어떤 명칭이나 형식으로 이뤄진 것이건 국가 간의 합의는 모두 조약이라고 한다. 반드시 서면으로 이뤄질 필요도 없다. 구두로 이뤄진 합의라고 해도 조약이 될 수 있다. 입법, 집행, 사법이라는 세 개의 권력 가운데 조약 체결의 권한을 갖는 것은 어느 권력일까? 헌법은 대통령에게 조약을 체결하고 비준할 권한을 부여하고 있다.

헌법은 중요한 조약의 체결에 대해서는 국회가 동의권을 가지는 것으로 규정하고 있다. 국가와 국민의 운명에 관련되는 중대한 조약에 대해서는 국회가 대통령의 외교권한을 통제할 수 있도록 한 것이다. 국회의 동의 대상이 되는 조약으로 헌법이 열거하고 있는 것은 주권에 관한 조약, 국가나 국민에게 중대한 재정적 부담을 지우는 조약, 입법사항에 관한 조약 등이다. 헌법의 언어는 추상적이기 때문에 어떤 조약이 국회의 동의를 요하는 것인지는 구체적인 사안에서 헌법의 취지를 감안해 대통령과 국회가 판단할 수밖에 없다.[39]

최근 한반도 주변 정세는 미국의 고고도 요격 미사일인 사드THAAD의 배치로 긴장을 더해가고 있다. 배치에 관한 합의를 전면 부인하던 박근혜 정부는 대통령 탄핵에 따른 권한대행 체제 속에서 사드를 전격적으로 배치했다. 여러 가지 논란이 제기되고 있는 중에 가장 심각한 문제는 국민들이 그 무기체계와 배치에 대해 한 번도 제대로 된 정보를 제공받은 적이 없다는 사실이다.[40]

문재인 대통령은 미국과의 사드 시스템 배치 합의에 대해 국회의 동의가 필요하다는 입장을 밝혔다. 문제의 중대성과 파급효과를 생각한다면 합당한 결정이다. 국회에서 토론이 된다면 그 과정에서 국민들은 그 미사일 체계에 관한 진실한 정보를 얻을 수 있고, 찬성 여부에 관한 제대로 된 여론도 형성할 수 있게 될 것이다. 그런데 한 신문의 사설은 국회의 동의를 거치려고 하는 대통령의 의도가 잘못된 것이라는 비판을 했다. 도대체 어떤 주장일까? 중요 부분을 직접 읽어보자.

> 대한민국은 군 장비의 배치에 대해 국회의 동의를 받은 예가 없다. 심지어 주한미군의 전술핵도 국회 동의 대상이 아니었다. 그런데 사드만 국회 동의 대상으로 한다면 그 이유가 분명하게 있어야 한다. 일부에선 트럼프가 사드 비용을 요구하기 때문이라고 하지만 나중에 가져다 붙인 핑계에 불과하다. 이 문제는 미국을 설득해 한·미 간 기존 합의대로 가면 될 일이다. 결국 국회 동의 추진 이유는 단 하나 중국이 반대한다는 것이다. 그렇다면 앞으로도 중국이 반대하면 군 장비 배치를 국회 동의에 부칠 것인가. 군사 주권을 중국에 내주자는 것과 같은 이 발상이 놀라울 뿐이다.
>
> — 조선일보 2017년 5월 18일자 사설

다른 나라와의 중요한 합의가 국익에 비추어 합당한 것인지를 국회에서 검토하는 것은 주권 행사의 가장 기본이다. 국회의 토론과 동의 절차를 거치는 것이 주권을 외국에 내주는 것이 된다는 주장 이야말로 놀라운 발상이다. 과연 그 발상은 어디서 나온 것일까?

국가 간의 모든 합의는 조약이다. 군 장비의 배치에 관한 합의도 마찬가지다. 군 장비의 배치에 관한 합의가 모두 국회의 동의 대상 이라고 할 수 없는 것과 마찬가지로, 군 장비의 배치에 관한 모든 합 의가 항상 국회의 동의 대상이 되지 않는다 할 수 없다. 많은 국민 들의 생명과 안전과 관련되어 있는 무기체계의 배치에 관한 합의라 고 한다면, 더욱이 그것이 외국 군대의 통제 하에 있는 무기체계라 고 한다면 국회에서 논의해 그 합의에 관한 동의 여부를 결정하는 것이 마땅하다.

더욱이 고도의 레이더 장비가 포함되어 있어 중국과의 외교 마찰 을 빚는 문제라면 그것은 이미 단순한 장비의 배치에 관한 문제를 뛰어넘는다. 과거 주한미군에 핵무기를 배치할 때조차 국회의 동의 를 받지 않았던 것이 근거가 될 수는 없다. 그것은 헌법과 민주주의 가 정상적으로 작동하지 않던 시절에 벌어진 일이다.

미국과의 우호관계는 우리 외교의 가장 중요한 축이다. 하지만 우 방국이 원하는 것을 무조건 들어 주어야 한다면 그것은 더 이상 우 방의 관계가 아니다. 대한민국 정부의 판단이라면 대한민국의 국익 과 안전을 중심으로 판단해야 하는 것이고, 정부와 국회는 각기 다 른 관점에서 국익을 검토할 수 있는 것이다.

조약의 내용이 중요하므로 이에 대해 국회의 동의를 받아야 하겠 다는 대통령의 판단은 스스로 자신의 권력을 제약하는 판단이다. 국회의 동의 절차는 대통령의 일방적인 결정보다 합리적이고 민주 적인 결정을 기대할 수 있는 과정이다. 어떤 관점에서 보아도 주권을 다른 나라에 내주는 결정이라고는 볼 수 없다.

권력분립의 민주주의를 지키기 위해 경계해야 할 것은 대통령의 권력만이 아니다. 자신의 주장을 뒷받침하기 위해 헌법의 취지를 왜곡하는 주장은 자의적인 권력만큼이나 심각한 위협이 될 수 있다. 우리들이 헌법을 정확하게 알고 있어야 하고, 헌법을 제대로 지켜야 하는 또 하나의 이유이다.

정부의 법률안 제출권

의원내각제와 대통령제의 대표적인 차이점 중의 하나가 법률안 제출에 관한 권한이다. 의원내각제 정부는 의회에 법률안을 제출할 권한을 갖고 있지만, 대통령제 하에서는 정부의 법률안 제출권이 인정되지 않는 것이 원칙이다. 다만 대통령제의 원형을 수정하고 있는 우리의 대통령제에서는 정부에게 법률안 제출권을 부여하고 있기는 하다.

물론 법률안의 제출은 법률안의 제안일 뿐이다. 그 제출만으로 법이 되지는 않는다. 그 법률안을 법률로 만들 것인지, 수정할 것인지, 폐기할 것인지 여부는 전적으로 의회의 권한에 달려있다. 그 입법에 관한 최종 결정권은 아직도 의회가 쥐고 있는 것이다. 대통령제의 정부형태에서 정부에게 법률안 제출권을 인정하지 않는 이유는 무엇일까?

법률안의 제출이란 법률을 만들기 위한 가장 첫 번째 단계의 작업이다. 다시 말해 그것은 국가의 과제와 의제를 찾고 설정하는 작업이며, 의회가 입법이라는 일을 할 때 일머리를 찾는 작업이다. 법률안을 정부가 마련해 제안한다는 것은 의회가 어떤 것에 관한 고민을 할지, 어떤 주제에 관한 토론을 할지를 정부가 정해 주는 것과 다름없다.

오늘날 정부는 의회에 비해 고도의 전문성을 가지고 있다. 의회와는 비교할 수 없는 광범위한 조직과 인력, 막대한 예산과 정보를 가지고 있다. 세계 각국에 외교공관을 운영하고 있고, 국토 전반에 집행조직을 갖고 있으며, 모든 정책을 실제 운영하고 집행한 행정의 경험과 지식을 쌓아 놓고 있다. 그런 정부가 법률안을 제출하면 의원들의 법안 제출 행위는 정부의 법안 제출 행위에 압도될 수밖에 없다. 행정부에게 법안 제출을 허용하지 않는 것은 두 권력의 견제와 균형에 치명적인 결과를 낳을 것을 우려하기 때문이다.

그래서 미국의 헌법 제정자는 대통령과 행정부에게 법률안 제출권을 허용하지 않았다. 그리고 그 전통은 오늘날까지 준수되고 있다. 만일 정부의 입장에서 행정의 목적을 달성하기 위해 반드시 필요한 법이 있다면 의회 의원을 부탁하고 설득해 그 법률의 제안자 의원을 구해야 한다.

우리 헌법은 정부에게 모든 영역에 관한 법률안 제출권을 부여하고 있다. 제헌헌법으로부터 한 번도 바뀐 적이 없다. 그 결과 오늘의 우리 국회는 입법의 주도권을 정부에게 내주었다. 실제로 국회에서 이뤄지는 입법 가운데 가장 중요한 법률들은 정부가 제출한 것들이다. 정부가 제출한 입법안에 따른 입법이 오히려 정상이 되었고, 의회의원들이 제출한 법률안은 비정상이 된 것이다.[41]

더욱 커다란 문제점은 대통령령과 각 부 장관의 부령 등 수많은 행정입법이 제정되고 있으며, 그들 행정입법이 법률로 다루어야 할 중요한 문제들을 규율하고 있다는 점이다. 공동체의 중요한 문제를 결정하는 경우에는 반드시 국민들의 대표들이 의회에서 결정해야 한다는 것이 법치주의 대원칙이다. 그럼에도 불구하고 국민의 자유, 공동체의 중요 문제를 행정입법으로 결정하는 관행이 광범위하게 진행되고 있다. 대한민국의 의회와 대통령 사이의 견제와 균형은 가장 본질적인 권한인 입법권에서부터 궤도를 이탈해버린 것이다.

03

의원내각제

의회의 기원과 발전

의원내각제는 진화의 산물이다. 그 주인공은 물론 의회이나. 의회의 기원은 유럽 중세 봉건시대로 거슬러 올라간다. 군주는 어떤 이유 때문에 자신의 권력을 빼앗아간 의회라는 기구를 허용했을까? 역사학자 주경철 교수는 중세의 통치질서를 간단하게 설명한다.

유럽이든 일본이든 봉건시대를 이해하는 빠른 길은 오늘날의 깡패 조직을 연상하는 것이다. '보호와 충성의 서약을 한 기사들이 계서제를 이룬 채 지방을 할거하여 분권적인 통치를 한다'는 식의 교과서 기술은 사실 '형님, 동생하며 서로 죽기 살기로 맹세한 칼잡이들이 패거리를 이루어 땅을 갈라먹고 그곳에서 주민들을 갈취하며 살아간다'로 이해하면 편하다.

- 주경철, 《테이레시아스의 역사》, 산처럼, 108쪽.

중세의 군주가 폭력조직의 두목에 비유되는 이유는 전 영토에 자신의 권력을 관철시킬 힘과 조직을 갖추지 못했기 때문이다. 완벽하지 않은 지배력으로 통치하기 위해서는 다른 지배자들의 협조와 동의를 얻어야 한다.

국왕이 의회의 전신인 자문기구를 만든 이유도 쉽게 이해할 수 있다. 군주는 왕국의 주요 지배자들의 동의를 얻는 것이 권력의 유지에 도움이 된다는 사실을 본능적으로 깨닫고 있었다. 그래서 각 지역을 관할하는, 말하자면 소두목인 영주들을 소집하는 정기적인 회의가 필요했다. 모두 불러 잘 먹이고, 달래서 충성을 다짐받았던 이유가 여기에 있다.

영국 의회의 원형은 정복왕 윌리엄 시절의 자문회의에서 찾을 수 있다. 프랑스에서 건너와 영국을 손에 넣은 정복왕은 영국의 통치에 필요한 정보를 얻기 위해 자문회의를 소집했다. 군주가 세력가들의 자문을 듣고 통치에 관한 협의를 하는 것은 통치 질서의 중요한 부분이 되었다. 군주가 자문회의를 제대로 열지 않거나 협의에 불성실할 때면 귀족들의 저항이 일어났다.

군주의 일방적 지배에 대항할 수 있는 힘을 가지고 있는 이들은 귀족들만이 아니었다. 군주와 귀족들이 대립하는 중에 중산층 평민인 젠트리가 성장했다. 군주의 자의적 통치에 저항해 반란을 일으켰던 시몬 드 몽포르Simon de Montfort는 1265년 귀족, 성직자뿐 아니라 유력 평민들의 대표까지 포함시킨 의회를 소집했다. 그리고 돌이킬 수 없는 관행이 되었다. 이로써 의회의 모습이 '지역 두목들의 모임'에서 전 계층의 대표들이 참여하는 의회의 모습으로 한 단계 발전했다.

권력 줄다리기

16세기 영국의 의회는 이미 군주의 권력을 제약할 수 있는 실질적인 권력을 보유하게 되었다. 군주는 재정과 종교 등 중요한 문제에 관한 사항에서 의회의 동의를 받아야 했으며, 의회가 제정한 법을 준수해야 한다는 원칙에 구속되어 있었다. 군주와 의회가 과연 어떤 모습으로 권력 줄다리기를 했는지, 군주는 의회의 압박을 어느 정도까지 인내해야 했는지 엘리자베스 여왕 시절 여왕과 의회 사이 갈등의 한 장면을 엿보기로 한다.

1558년 11월, 엘리자베스 여왕이 자신의 이복 언니 메리 여왕으로부터 왕위를 계승했다. 엘리자베스는 탁월한 정치가로서의 자질을 가지고 있는 타고난 군주였다. 여러 가지 정치적 위기를 극복하고 안정적인 군권을 확립했다. 하지만 영국 군주의 고질병이 그러했듯이 여왕도 항시 돈이 부족했다. 그러므로 전쟁이나, 반란 진압 등 막대한 재정이 들어가는 문제에서 의회의 동의는 불가피했다. 의회는 그 힘을 지렛대로 사용해 군주의 권력을 제한하고 있었다.

이 시기 가장 중요한 정치적 쟁점은 여왕의 결혼이었다. 25세 미혼의 여왕은 즉위 직후 "나는 이미 잉글랜드와 결혼했다"라며 결혼하지 않을 것을 선언했다. 의회는 반대했다. 의회는 엘리자베스 여왕이 신교를 신봉하는 외국의 왕족과 결혼해 새로운 1순위의 왕위 계승자를 출산해야 한다고 요구했다.

사실 왕위 계승자의 생산은 비단 영국 여왕에게만 제기된 요구는 아니다. 후계의 출산 문제는 군주제 국가의 숙명적인 정치적 쟁점이다. 여러 명의 왕자를 출산하는 것이 종묘사직에 대한 책무라고 여겼던 조선왕조 군주들의 예를 보아도 쉽게 이해할 수 있다.

하지만 엘리자베스 여왕에게는 조금 더 복잡한 상황이 있었다.

당시 영국에서는 종교를 둘러싼 심각한 권력투쟁이 벌어지고 있었기 때문이다. 누가 즉위하는가에 따라 학살과 숙청의 피바람이 몰아쳤다.[42] 왕위계승법에 따를 때 엘리자베스 여왕의 승계 1순위가 가톨릭 교도였던 스코틀랜드의 메리 여왕이었기에 신교 세력들의 위기감을 더욱 고조시켰다.[43] 그래서 여왕의 결혼은 단순히 왕위 승계의 문제가 아니었다. 국가 이데올로기의 문제인 동시에 안보의 문제, 동시에 백성들의 생명과 자유의 문제였던 것이다. 여왕과 의회는 이 문제로 지속적으로 갈등할 수밖에 없었다.

1566년 가을, 여왕은 예산을 승인받기 위해 의회를 소집했다. 상원과 하원이 연합해 여왕의 결혼에 대한 청원서를 제출하기로 했다. 이 소식을 전해들은 여왕은 그 문제에 관한 논의를 중지하라고 명령했다. 그러자 의회는 여왕이 왕위계승자 선정을 결정하지 않는 한 왕에게 예산을 승인하지 않겠다고 선언했다. 여왕은 군주의 대권을 침해하는 행위로 받아들여 의원들을 꾸짖었다.

"이곳은 나의 왕국이 아니딘가? 내가 누구를 억압한 적이 있는가? 내가 이 나라를 어떻게 통치했는가? 나를 향한 선망과 질시가 평가의 잣대가 되어 줄 것이다. 나는 결혼하겠다는 언질을 주었고, 나의 명예를 지키기 위해 군주로서 절대 식언을 하지는 않을 것이다. 후계자 선정은 그대들의 군주이자 수장인 나의 몫이다."

- 앨리슨 위어, 《엘리자베스 1세》, 하연희 옮김, 루비박스

하원은 여왕이 요구하는 예산에 관한 표결을 거절했다. 여왕은 선택의 기로에 놓였다. 필요한 자금을 포기하거나, 의회를 해산하거나, 여왕의 결혼에 관해 논의하도록 허용하는 선택 중 하나를 골

라야 했다. 여왕은 결국 의회에 양보했다. 의원들이 왕위 계승에 대해 자유롭게 논의할 것을 허용했다. 그리고 요구했던 예산의 액수를 3분의 2로 감액했다. 의회는 예산안을 통과시키면서 여왕에 대한 결혼 요구를 예산안의 서문에 포함시키려고 했다. 여왕은 다시 진노했다.

결국 양측은 예산안의 서문에 여왕의 왕위 계승자 선정 문제가 조속한 시일 내에 해결되기를 바란다는 희망을 언급하는 것으로 타협했다. 이듬해 1월 여왕은 예산 통과로 목적을 다한 의회를 해산시켰다. 여왕은 의회에 한마디 충고를 잊지 않았다.

"앞으로 군주의 인내심을 시험할 때는 더욱 조심하도록 하라."

영국 의회는 성장하고 발전했다. 물론 군주의 힘이 강할 때는 위축되었다. 하지만 그 위상은 지속적으로 상승하고 있었다. 국왕과의 내전은 결정적이었다. 의회 세력은 군주와의 전쟁에서 승리했고, 군주는 처형당했다. 의회 내의 권력중심도 변화했다. 애초에 귀족들로 구성된 상원이 의회의 중심이었지만 내전을 거치고 나서 무게중심은 선출된 의원으로 구성된 하원으로 넘어갔다.[44]

명예혁명을 거치고 하원이 진정한 최고 권력자 의회로서의 자리를 차지하게 되었다. 이제 군주는 의회의 동의가 없이 법률을 제정하거나 세금을 부과하는 것이 불가능해졌다. 1714년부터 의회는 매년 개회했다. 빅토리아 시대의 법률가 다이시Albert Venn Dicey는 "의회는 어떤 법이든 만들 수 있고, 어떤 법이든 말소시킬 수 있으며, 그러한 의회의 입법권을 거부할 자가 영국 내에는 없다"고 말했다. 의회주권 사상이 확립된 것이다.

의회정치의 새로운 주인공들의 등장

의회주권의 이념이 확립되면서 의원내각제의 틀이 짜이기 시작했다. 수상과 정당이라는 의회정치의 새로운 주인공들도 등장했다. 종전에 국왕이 임명했던 신하가 권력의 새로운 주인공이 되었다. 왕의 한마디로 자리에서 쫓겨나기도 하고 감옥에 갇히기도 하던 재상이 집행부의 수반인 수상의 지위로 격상된 것이다. 군주는 더 이상 수상을 임명하지도 파면하지도 못하게 되었다. 수상은 의회에서 선출되었으며, 오로지 의회의 불신임으로만 파면될 수 있었다. 수상은 왕의 권력에 의해 좌우되지 않으며, 오히려 왕을 압도하는 권력을 갖게 되었다. 군주에게는 상징적이며 의례적인 권한만이 남게 되었다.

최초의 정당은 명예혁명 직전 왕위 승계를 둘러싼 갈등 속에서 등장했다. 당시까지만 해도 정당은 종교의 자유와 왕위 승계라는 특정 주제를 통한 결합이었을 뿐, 정책이나 이념적 결합의 성격을 갖는 현대적인 의미의 정당은 아니었다.[45]

산업혁명은 영국의 사회구조를 완전히 뒤바꾸어 놓았다. 산업화 속에서 도시화도 급속도로 진행되었다. 도시 노농자와 도시 빈민들의 수가 늘었고, 그들의 의식이 강화되었다. 노동자들의 세력이 확대되면서 아무도 살지 않는 곳에 지정된 농촌의 거짓 선거구도 폐지되고 개편되었다. 도시의 선거구가 늘어났으며 선거의 자격이 점차 보통선거의 원칙에 가깝게 확대되었다.

선거권을 갖는 계층이 도시서민과 노동자로 확대되면서 정당제도도 변화했다. 각 정당들은 기존의 지지층을 강화하고 새로운 지지층을 확보할 필요를 느꼈다. 정당이 더 큰 힘을 발휘하기 위해서 조직을 강화하고 정책과 이념도 체계화되어 강한 결합력을 갖게 되었다. 정당의 지도자는 소속 의원들에 더욱 강력한 통제력과 영향력을 행사하게 되었다.

20세기 초반에는 종래의 토리당(보수당)과 휘그당(자유당)에 이어 노동당이 창당되었다. 이제 정당은 본격적인 이념과 정책정당으로 변신하게 되었으며, 의회활동의 주체로서의 정체성을 갖게 되었다. 종전의 의회정치가 유명한 정치인 중심으로 진행되었다면 이제 특정한 정치이념을 표방하는 정당이 그 중심을 차지하게 되었다.

정당 당수의 역할은 더욱 중요해졌다. 정당이 상대 정당과의 권력투쟁에서 승리하기 위해서는 정당 지도자에게 정당 내의 권력을 부여할 필요가 생겼다. 정당 소속 의원들에 대한 통제력과 지도력을 발휘해야 했기 때문이다. 때문에 정당 지도자의 지위는 정당 내에서 확고해졌다. 정당과 정당 리더가 중요한 의미를 갖게 되면서 수상을 의회에서 선출하던 관행이 다수정당의 지도자가 수상으로 임명되는 관행으로 바뀌게 되었나.

선거의 의미도 바뀌게 되었다. 각 지역에서 의원을 선출하는 것에 불과했던 선거에는 이제 여당을 선택하는 의미, 수상을 선택하는 의미가 추가로 부여되었다. 선거를 통해 의회의 다수를 차지한 정당, 즉 여당은 국민들로부터 통치권을 부여받은 정치세력이라는 지위를 갖게 되었다. 국민들로부터 직접 권력을 부여받은 국민의 대표자로서 지위를 갖게 된 수상은 스스로 각료를 임명해 내각을 구성하는 권력을 확보하게 되었다.

의회와 수상 내각의 상호간 견제

의원내각제의 특징은 의회와 내각이 서로에게 생명을 의존하고 있다는 것이다. 의원내각제에서의 내각이란 수상과 각 부 장관들(각료들)로 구성된 행정권을 담당하는 합의체를 말한다. 이 내각을 만들어내는 것은 의회이다. 하지만 의회의 신뢰를 잃으면 내각은 존재하지 못한다. 의회도 내각으로부터 버림을 받으면 존립할 수 없다.

우선, 내각은 의회를 해산할 수 있다. 의회가 해산되면 새로운 총선거가 실시된다. 선거를 통해 새로운 의원들로 구성된 새로운 의회가 들어서게 된다. 의회 해산만으로 내각이 자동적으로 해체되지는 않는다. 의회가 해산되어도 내각은 계속 유지된다. 만일 새로운 의회에서 종전의 정당이 아닌 다른 정당이 다수당을 차지하면 새로운 수상이 등장하고 새로운 내각이 구성된다.

의회도 내각을 불신임할 수 있다.[46] 내각에 대한 불신임 결의기 의회에서 통과되면 내각은 총사퇴한다. 이때 내각은 의회를 해산하는 공격 방법을 사용할 수 있다. 만일 내각이 의회를 해산한다면 새로운 총선거가 실시되지만, 내각만 사퇴한 경우라면 기존의 다수당은 서둘러 새로운 내각을 구성해야 한다. 만일 다수당이 새로운 수상을 선출하고 내각을 구성하는 데에 실패한다면 의회는 자동적으로 해산된다. 새로운 총선거를 실시해야 하는 것이다.

내각불신임과 의회해산이라는 상호간의 공격 방법은 각자 스스로의 생존을 걸고서 하는 최후의 공격방법이다. 이 방법을 사용하고 나면 판이 바뀌어 전혀 새로운 정치의 구도가 형성되는 것이다.

오늘날 내각의 의회해산권은 '수상의 신임에 대한 국민투표를 요구하는 제도'로서의 성격을 갖게 되었다. 수상은 내각의 정책에 대한 여론의 지지를 새롭게 확인받는 차원에서 의회해산권을 행사할 수 있다. 총선거의 결과로 수상이 속한 정당이 승리하는 경우, 그것은 내각이 국민들로부터 신임을 새로이 받는 것이다. 그렇게 되면 수상은 논란이 된 정책의 집행에 대한 강력한 추진력을 얻을 수 있게 된다. 야당과의 관계에서도 종전보다 더욱 우월적인 지위를 차지하게 되는 것이다.

2017년, 테레사 메이 총리의 의회해산결정

영국의 테레사 메이 총리는 2017년 4월 돌연 의회해산 계획을 발표했다. 영국이 EU로부터 탈퇴하는 이른바 브렉시트 국민투표 결과에 따라 메이 행정부는 EU 국가들과 탈퇴협상을 진행하던 중이었다. 그런데 야당의 반대로 강경한 브렉시트 협상이 순조롭지 않게 되자 국민들로부터 직접적인 신임을 받겠다는 선택을 한 것이다.

브렉시트 국민투표 결과 이후에 영국 사회는 더욱 보수화되었다. 여론 조사에 따르면 보수당의 지지율이 노동당에 비해 2배 정도까지 높아졌나. 수상으로서는 총선거의 승리를 자신할 수 있는 상황에서 던진 승부수였다.

2017년 5월 3일, 영국 하원은 해산했다. 이로써 새로운 총선거가 치러지는 6월 8일까지 영국 의회는 존재하지 않는 상태가 되었다. 하지만 수상과 내각은 그대로 존속했다. 총선거의 결과가 보수당의 승리라면 내각은 그대로 유지될 것이고, 보수당의 패배로 나온다면 수상과 내각은 새로이 구성되어야 했다.

영국의 노동당은 브렉시트 국민투표의 패배로 인해 커다란 패배를 겪었다. 만일 새로운 총선거에서도 그 패배를 돌이키지 못한다면 제레미 코빈 당수는 리더의 자리를 잃게 될 상황이었다. 내각과 야당이 국민들의 신뢰를 놓고 경쟁하는 새로운 국민투표가 시작된 것이었다.

2017년 6월 9일 나온 선거결과는 놀라웠다. 보수당의 후퇴, 노동당의 약진이라는 예상하지 못한 결과였다. 총원 650명의 과반수를 달성하기 위해서는 326석이 필요한데, 보수당이 얻은 의석은 318석이었다. 과반수의 의석을 잃은 보수당은 다른 정당과 연합하지 못하면 정부를 구성할 수 없는 상황이 되었다.

의회해산과 총선거의 실시라는 자충수를 둔 메이 총리는 정치적으로 커다란 위기를 맞게 되었다. 소수정당과 연합해 정부를 구성하고 총리직을 사임하지 않겠다는 의사를 명확히 했지만, 과연 그녀의 뜻대로 될 것인지는 더 두고 볼 일이다. 강경한 브렉시트를 주장했던 보수당 지지에 커다란 균열이 생겼기 때문에 EU 국가들과의 탈퇴 협상 전략에도 변화가 불가피하게 되었다.

의원내각제 의회의 토론

의원내각제 의회는 토론과 표결로 활동한다. 법안, 정부의 중요 정책, 국회에 대한 청원, 국가와 사회의 현안에 대한 모든 토론은 그 안건 토의를 발안하는 의원의 제안으로 개시되고, 찬반의 토론을 통해 전개되며, 표결로 종결된다.

의원내각제에서는 수상과 내각이 의회에 출석할 의무가 있다. 의원들과 함께 토의하고 의원의 질문에 답해야 한다. 의회는 이들에 대한 질문을 통해 국정이 잘 운영되고 있는지 감시한다. 수상과 내각은 정책 제안, 질문에 대한 답변을 통해 의회와 국민들에게 정책을 설명하고 설득할 수 있는 기회를 갖게 된다.

의원내각제에서 정부에 대한 의회의 통제로서 가장 효과적인 장치는 야당 의원들의 질문이다. 야당 의원들은 '질문시간Parliament Question Time'과 서면 질의를 통해 수상과 내각의 정책을 견제할 수 있고, 그것으로 권력을 통제할 수 있다.

특히 질문시간은 영국의 민주주의를 상징하는 제도다. 질문시간은 회기 중 월요일부터 목요일까지 진행된다. 수상과 장관에게 질문하려고 하는 의원들은 최소한 3일 전에 질문지를 제출해야 한다. 사전에 제출한 질문에 대한 답을 들은 의원은 한 번의 추가 질문 기회를 가진다. 다른 의원들도 의장의 허락을 받고 추가 질문을 할 수 있다.[47]

질문시간의 하이라이트는 수상에 대한 질문시간이다. 수상에 대한 질문은 주로 제1야당의 리더Opposition Leader에게 맡겨진다. 매주 수요일 정오, 수상과 야당 당수가 일대일로 주고받는 이 질문시간은 매회 정치적 희비를 가르는 치열한 토론으로 유명하다. 생방송으로 중계되고 주요 시청 시간대에 녹화되어 여러 차례 방송된다. 야당 리더의 질문은 수상에게 미리 제출되지 않기 때문에 수상이 답변으로 방어해야 할 영역은 국정전반이라고 해도 과언이 아니다.

수상에 대한 질문은 야당 리더에게도 중요한 시험대이다. 구체적이지 않은, 막연하고 상투적인 공격은 아무런 의미가 없다. 내각의 실정이 있음에도 효과적으로 공격하지 못해 아무런 소득을 얻어내지 못할 때는 야당 리더로서의 신뢰를 잃게 된다. 수상으로서도 중요한 시간이다. 수상이 구체적이고 설득력 있는 답변을 해낸다면 내각의 정책은 국민들로부터의 지지라는 동력을 얻게 된다. 양쪽 모두에게 중요한 토론이기 때문에 철저한 준비를 거쳐 예리한 질문과 답변을 주고받는다.[48]

토론은 단순한 말싸움이 아니다. 정리된 생각의 경쟁이다. 정치적 리더들의 토론은 그들 생각의 수준과 실력을 보여준다. 우리 제도에도 국회의 대정부질문 제도가 있고, 그것으로 행정부 각료와 의원들 사이에 토론이 벌어진다. 하지만 영국 의회의 토론과는 그 광경이 많이 다르다. 무엇보다도 다른 것은 누가 질문하고 토론하는가이다.

영국 의회에서 수상에게 질문하는 것은 야당의 리더다. 다음 수상 자리를 놓고 겨루는 야당의 리더가 수상과 전면전을 펼치는 셈이다. 그런데 우리의 국회에서 토론을 하는 것은 주로 초선 또는 재선의원들이다. 정치적 비중이 높아질수록 직접적 토론에 나서는 모습을 보기 어렵다. 정당의 리더들이 일방적인 연설을 하는 경우는 있지만 의회의 질문과 토론의 공방에 직접 나서는 일은 거의 없다.

질문하는 의원들은 구체적이지 않은 내용으로 목소리만 높인다. 토론에 나서는 사람들은 모두들 누군가에게 잘 보이고, 흠 잡히지 않기 위한 형식적인 토론을 진행하고 있을 뿐이다. 그러다 보니 심지어 국회의원들 스스로 조차도 관심이 없다. 의원들이 총리와 장관에게 질문하고 있는 회의장의 의석은 대부분 비어 있다.

수상과 야당의 리더가 직접 토론을 하는 영국 의회의 토론장에는 의석이 부족하다. 의원들의 고정 좌석이 없는 의회이기 때문에 자리가 없는 의원들은 서서 토론을 지켜보아야 한다. 빈틈없이 가득 찬 토론장, 그 미저도 부족해 많은 의원들이 서서 시겨보는 토론장에서 리더들은 토론을 통해 구체적인 정책을 질문하고 공격한다. 이들의 토론을 지켜보면서 의원들은 자기 당과 상대정당의 정책을 파악하고, 문제를 발견하며, 자기의 생각을 결정한다.

우리의 의회에서도 정치세력의 지도자들이 직접 토론의 중심에 나서는 모습을 보고 싶다. 그렇게 한다면 각 정당들, 그리고 정부 각 장관들의 능력과 활동이 눈앞에 구체적으로 드러날 것이다. 토론에 직접 나서기 위해서는 문제를 구체적으로 파악해야 한다. 정당의 리더들이 정책에 대해 구체적으로 질문하는 토론회라면 장관들도 그 질문에 대해 신중하게 준비하지 않을 수 없다. 그렇게 되면 의회의 토론은 형식만이 가득한 지루한 토론이 아니라 서로의 생각을 주고 받는 실질의 토론으로 전환되지 않을까?

한정식 식당의 뒷방에서 밀담만 나누는 정치인들은 이제 리더의 자리에서 퇴장하기를 권한다. 그들에게는 후원하고 조언하는 원로의 역할이 훨씬 더 어울린다. 의회의 토론장에서 직접 질문하고 토론하는 사람이 리더인 의회를 보고 싶다.[49]

적과의 동침

수상은 정부의 수반으로서 집행권도 지배하지만, 의회의 다수당의 리더로서 의회의 활동도 주도한다. 내각의 각료들은 대통령제 정부와 달리 법률안 제출권을 갖고 있다. 각료들은 스스로 의원이기 때문에 의회 의원들을 직접 설득할 수 있고, 내각과 한 몸인 다수당을 통해 입법에 결정적인 영향력을 행사할 수 있다.

의원내각제의 가장 강력한 권력 견제장치는 야당에 의한 권력통제다. 그 방식이 서로를 섞어 견제하는 방식이어서 특이하다. 어느 정당이 다수당으로서 정부를 구성할 수 있는 것은 과반수 의원을 당선시켰을 때이다. 선거에 승리한 정당이라고 해도 과반 의석을 넘지 못한다면 내각을 구성하지 못한다. 이 경우 정치세력들 간의 협력은 숙명이다. 다른 정당과 협력해 과반수를 만들어낼 수 있다면 수상과 내각을 구성할 수 있게 된다. 이것을 연정이라고 한다. 만일 정당들이 정부를 구성하는 합의에서 실패한다면 정부 구성에 실패하는 것이고 결국 새로운 총선거를 실시해야 한다.

연정을 위해서는 다수정당이 중요 각료 자리의 일부를 상대방 정당에게 넘겨주어야 한다. 상대방 정당이 그것에 쉽게 동의해줄 이유가 없다. 서로 합의하기 위해서는 타 정당 각료에게 독립적인 정책실행권을 인정해 주어야 하고, 타 정당의 정책에 대한 영향력을 인정해 주어야 한다.

정책과 이념이 다른 정당들이 협력해 함께 내각을 구성하는 것은 한 몸이 되어 집행부를 구성하는 것이다. 서로를 존중하고 신뢰할 수 있어야 가능하다. 서로의 신뢰가 깨지면 협력이 깨지고, 그 순간 정부는 해체된다. 연정이 필요한 상황은 의원내각제에서 상시적으로 발생하는 것이며, 이 위기를 극복하기 위해서는 이성적인 대화의 정치능력이 요구된다.

의원내각제 최대의 아킬레스건은 정치과정이 불안정해질 수 있다는 점이다. 운영주체들의 정치력이 부족하거나 그들이 극단적으로 대립한다면 의회해산과 내각 불신임 그리고 연정의 파괴와 내각 구성 실패를 반복하는 최악의 정치 불안정이 초래될 수밖에 없다.

의원내각제 국가에서는 정국의 불안정이란 위험을 회피하기 위한 최소한의 장치와 제도를 준비하고 있다. 그 중의 하나가 영국의 그림자 내각shadow cabinet이라는 제노다. 의원내각제에서는 언제든지 의회가 해산될 가능성이 있고, 그에 따른 총선으로 다수당이 바뀔 가능성이 있다. 새로운 다수당 리더는 수상이 되고, 그 정당 소속 의원들이 각료가 된다. 안정적인 정권의 교체와 국정의 순항을 위해서 야당의 리더와 주요 각료 후보들은 항시 정권의 인수를 준비하고 있어야 한다. 그래서 영국의 의회에서는 제1야당으로 하여금 집권을 준비하도록 하는데, 그것을 그림자 내각이라고 부른다.

그림자 내각에는 각 부처의 장관에 상응하는 장관후보들이 있다. 이들은 스스로의 수권 능력을 위해 자신의 부처의 정책을 연구하고 분석한다. 그것을 자료로 현직 장관들의 정책을 비판하고 대안을 만든다. 정부는 그림자 내각의 각료들을 유지하고 운영하기 위한 비용을 예산으로 배정한다.

의원내각제 정국의 불안정이란 위험을 회피하기 위한 다른 하나의 제도는 '건설적 불신임 제도'이다. 독일과 스페인 등의 국가에서 운영하고 있다. 의회가 총리를 불신임하기 위해서는 재적의원 과반수의 찬성으로 후임 총리를 선출해 놓아야 한다. 만일 후임 총리 선출에 실패하는 경우에는 현재의 총리를 불신임할 수 없다. 다음 정부를 구성할 수 없는 상태에서는 내각을 불신임하지 못하므로 수상과 내각의 지위가 안정적이다. 대통령제에서 대통령의 임기를 보장하는 것과 유사한 효과를 가져 온다.[50]

04
대한민국의 헌법 개정 논의

대통령의 중임금지 조항

헌법 개정에 관한 문제가 논의될 때 가장 자주 거론되는 것은 대통령의 중임금지에 관한 조항이다. 우리 헌법은 대통령의 임기는 5년으로 하고, 중임할 수 없다고 규정하고 있다. 중임할 수 없다는 의미는 임기를 마친 대통령은 다시 대통령이 될 수 없다는 의미이다.

우리 현대사에서 대통령의 권력은 자주 장기집권의 유혹에 빠졌다. 박정희 대통령의 유신독재가 그러했고, 그 전의 이승만 대통령도 마찬가지였다. 여러 차례 무리한 개헌을 통해 권력을 연장했고, 최후에는 비극적으로 몰락했다.

막강한 권력을 갖고 있는 대통령이 임기를 마친 이후에 다시 대통령이 될 수 있다면 그 권력은 몇 배의 힘을 받는다. 대통령 재임의 길은 장기독재를 허용하는 길이었고, 그래서 등장한 것이 대통령의 중임금지 조항이다.

하지만 이 조항은 많은 부작용을 초래했다. 집권 초기에는 지나치게 막강했던 대통령의 권력이 집권 말기에 들어가면 급속하게 해체된다. 중임의 가능성이 없는 대통령은 국정에 대한 아무런 통제력을 갖지 못하고 추락하는 운명에 처한다.

전임 대통령의 운명은 후인들에게 학습효과를 낳았다. 대통령들은 자신에게 주어진 시간이 실질적으로 2~3년에 불과하다는 것을 알고, 국정을 채 파악하지 못한 상태로 불도저처럼 자신의 정책을 추진한다. 하지만 대부분의 경우 미처 그 정책이 실현되기 전에 기간이 경과하고 만다. 다음 대통령도 마찬가지이다. 전임자의 정책을 미처 파악할 시간도 없다. 전임자의 정책을 백지화하고 새로이 자신의 정책을 실행에 옮긴다. 반복되는 정치현상 속에서 많은 혼란과 낭비가 초래되었다. 무언가 합리적인 방식으로 변화가 필요하다는 목소리가 점차 높아지고 있다.

외국의 경우는 어떨까. 예를 들어 미국은 대통령의 임기를 4년으로 정하고 있다. 헌법조항은 누구도 2회를 초과해 대통령직에 선출되지 못한다고 규정하고 있다. 재임은 가능하나 세 번째 출마는 금지된다. 미국 대통령의 4년 임기는 우리의 대통령의 5년 임기에 비해 짧은 기간이지만, 다시 선출되어 집권이 가능하기 때문에 긴 호흡의 정책수립이 가능하다. 국민들은 정책실현에 시간과 인내가 필요하다는 것을 이해하고 있다. 그 정책의 방향과 정부의 노력에 설득력이 있다면 그 정부에게 다시 기회를 주어서 그들이 하려던 일을 계속 수행할 수 있게 할 것이다. 설득력이 없다면 한 번의 임기가 끝난 다음에 신임을 거둘 것이다.

국민들은 두 번째 선거를 통해 대통령이 임기 중 했던 일, 수립하고 수행했던 정책을 심판할 수 있는 기회를 갖게 된다. 대의민주주의에서 주권자의 힘은 대표자의 선출에서만 나오는 것이 아니다. 대표가 한 일을 심판할 수 있는 권한에서도 중요한 힘이 나온다. 심판의 사례는 다음의 권력들에게 좋은 교훈이 된다. 성공과 실패 사례들을 통해 자신들의 권력행사 방향을 결정하게 된다. 권력행사와 그에 대한 심판의 선례를 통해 권력통제가 이뤄지는 것이다.

만일 우리 헌법상 중임금지 조항을 미국과 같이 개정한다면 여러 가지 장점을 얻을 가능성이 있다. 하지만 이 조항을 개정하는 것에는 아직도 반대 입장이 만만치 않다. 그 이유는 아직도 '위험하다'는 것이다. 대통령 권력의 전횡과 그를 둘러싼 비리가 그치지 않는 것은 아직도 대통령의 권력이 위험물이라는 것을 보여준다.

가장 바람직한 해결책은 대통령의 집중된 권력을 축소하면서 대통령의 중임을 허용하는 것이다. 권력이 집중되지 않고, 권력들 상호간의 통제가 활발하고, 언론과 시민들의 감시의 눈이 생생하게 살아있다면 중임이 허용된다고 해도 부작용을 걱정할 필요가 없다. 문제는 대통령의 권력을 어떻게 축소할 것인가이다.

정부형태 자체의 개헌 논의

일부 정당들이 정부형태를 의원내각제로 변경하는 안, 대통령제와 의원내각제의 혼합형인 이원집정부제에 찬성하고 있는 것으로 알려지고 있다.

의원내각제의 도입을 주장하는 정치인들은 '공화와 협치의 정치 문화'를 의원내각제의 장점으로 들고 있다. 의원내각제로의 개헌을 통해 적과의 타협을 숙명으로 받아들이는 정치문화로 바뀐다면 그 동안 진행되어왔던 정치권의 극한적 대결도 줄어들 것이고, 그것으로 우리의 정치문화가 새로운 전기를 맞이할 수도 있을 것이다.

문제는 서로에 대한 불신이 큰 우리의 정치 문화에서 다른 정당과 중요 안건에 대한 협상을 이루고 통치를 함께 한다는 것이 가능할 것인가 하는 점이다. 부정적으로 판단하는 것은 성급한 예측일 수 있다. 하지만 불안정과 혼란을 가져올 가능성을 배제해서는 안 된다.

민주주의 선진국에서 내각제가 제대로 작동할 수 있는 이유는 정당 내부에서 활발한 의사소통이 이뤄지기 때문이다. 정당의 일반 당원들과 의원들, 의원들과 정당 간부들은 서로 스스럼없는 질문과 비판을 주고받는다. 같은 편 내부에서 이뤄지는 합리적인 비판과 질문은 이성에 기반을 둔 정책을 만드는 기초가 되고, 이성과 논리에 기초한 정책은 다른 정치세력과 감정적 충돌을 사전에 방지하는 장치가 된다.

우리의 정치 문화는 의사소통이 자유롭지 않다는 단점을 가지고 있다. 사실 그것은 정치뿐 아니라 우리 사회의 모든 분야에서 발견된다. 이런 문화에서 자신의 소신을 함부로 말하는 것은 위험한 행동이다. 지위가 높은 사람들은 자신의 생각에 반대하는 솔직한 의견을 마치 자신을 공격하는 불손한 행동으로 보고 그를 못마땅하게 생각하기 때문이다. 그래서 넘쳐나는 말은 지위가 높은 자의 생각을 찬양하는 발언들과 뒷자리에서의 험담이다.

정치 문화의 변화 없이 의원내각제로의 개헌은 불행을 초래하는 선택이 될 수 있다. 의원내각제는 의회와 행정부가 한 몸인 정치이 므로 국가권력 모두를 극단적인 투쟁 속으로 끌고 들어가는 돌이킬 수 없는 선택이 될 수도 있기 때문이다.

개헌 논의의 진정한 목적

헌법 개정을 통해 대통령제의 권력구조를 변경해야 한다는 주장 은 대통령의 권력이 지나치게 강하다는 이유에 기초하고 있다. 실제 로 현재 대통령의 권력은 지나치게 비대하다. 그렇다면 대통령의 권 력을 어떻게 제한하고 견제할 것인가의 논의부터 시작하는 것이 합 리적이다. 대통령의 권력을 축소하기 위해서 정부형태를 바꾸는 개 헌 논의는 호미로 막을 일을 가래로 막는 일이 될 수 있다.

정부형태를 바꾸는 것은 간단한 문제가 아니다. 그 운영방법이 간 단하지 않은 새로운 형태의 정부구조는 더 큰 권력집중과 혼란을 야기할 가능성이 있다. 대통령제 자체가 잘못되었던 것인지, 혹은 그 운영이 잘못된 것인지에 관한 평가도 아직 제대로 이뤄지지 않았다. 국민들이 정부형태를 바꾸는 개헌에 적극 공감하지 못하는 것도 바 로 이런 이유 때문이다.

대통령 권한의 축소 논의는 항상 의원내각제, 이원집정부제 등 정 부형태를 변경하는 문제로 시작된다. 그러다 개헌이 여의치 않은 상 황에 이르면 개헌 문제는 물론 대통령의 권력집중에 대한 논의도 슬 그머니 수면 아래로 가라앉는다. 개헌 논의는 대개 대통령 선거에 즈음하여 나오는데, 새로운 대통령이 선출되고 나면 그 논의의 프레 임이 바뀌게 된다.

대통령의 권한을 축소해야 한다는 주장이 진정으로 나라를 위한 의도에서 나온 것이라면 정부형태를 바꾸는 문제와는 별개로 그것에 관해 집중적으로 논의해야 한다. 의원내각제 등 다른 정부형태에도 권력집중의 문제는 있기 때문에 개헌 여부와 상관없이 논의할 수 있는 중요한 문제이다.

바보야, 문제는 인사권이야!

우리의 대통령제에서 대통령에게 권력이 집중되는 가장 큰 이유가 무엇인지 솔직하게 따져보자. 그것은 다름 아닌 대통령이 갖고 있는 인사권이다.[51]

출세 지향의 한국 사회에서 인사권은 마법과 같은 힘을 부여하는 특별한 권력이다. 현재 공직사회의 인사권의 정점은 대통령이 갖고 있다. 주요 헌법기관 수장과 구성원, 장관의 임명권뿐 아니라 모든 고위공무원의 인사권을 가지고 있다. 그리고 공무원에 대한 지휘권과 인사권을 매개로 해 공영방송사, 주요 공공기관, 공사의 사장들에 대한 임명권도 보유하고 있다. 모든 사람들이 꿈꾸는 보물들을 한 주머니에 갖고 있는 것과 다름없다. 당연히 충성 경쟁과 눈 밖에 나지 않기 위한 처신이 모든 공무와 정책결정을 지배할 수밖에 없다.

공무원에게 신분과 연금을 보장하고 있는 이유는 인사권자의 부당한 압력이나 지휘에 영향 받지 않고 소신으로 직무를 처리하도록 하기 위함이다. 하지만 공무원이 출세를 목적으로 삼으면 아무리 신분을 보장한다고 해도 소신과 중립화는 무너질 수밖에 없다. 이것은 특히 고위직 공무원들의 문제이지만 이런 정서는 관행이 되어 윗물에서 시작해 아랫물로 흘러 내려간다.

대통령의 권한을 통제하기 위해 무엇보다도 효과적인 방법은 공직

사회에서 공정한 인사 제도를 만들어내는 것이다. 대통령에게는 장관과 차관의 인사를 허용하고, 그 이하의 직급에 대해서는 대통령이라 해도 함부로 좌우할 수 없는 공정한 인사 시스템을 만들어야 한다.

개별 공무원들의 고유한 권한 영역을 보장해 주는 것도 중요하다. 지위가 높은 사람의 명령이 모든 하급자의 권한을 한방에 관통할 수 있는 구조에서 대통령의 권력은 통제되지 않는다. 각 공무원들에게 대통령이라 해도 뚫고 들어갈 수 없는 그들만의 고유 권한을 보장해야 한다. 그렇게 해야만 공직사회에서 진정한 토론이 일어날 수 있다.

좋은 제도를 만들어 놓는 것은 매우 중요하다. 하지만 그것을 운영하는 사람들의 마음이 이를 거부하고 있다면 그 제도는 무용지물이다. 때문에 궁극적으로 바뀌어야 할 것은 사람들의 마음이다. 경쟁과 출세가 모든 가치의 중심인 우리들의 마음이 바뀌지 않는다면 권력집중의 근본적인 문제는 바뀔 수 없다. 정권이 교체되고, 대통령이 바뀌고, 심지어 헌법을 개정한다고 해도 마찬가지이다.

우리의 마음과 문화를 바꾸려면 무엇을 해야 할까? 개선할 것들은 많지만, 가장 시급한 것이 지나치게 긴 노동시간이다. 세계에서 노동시간이 가장 긴 우리나라 사람들에게는 노동과 직장 이외에는 개인적 삶이 없다. 삶의 대부분의 것들이 직장에서 채워진다. 그렇기 때문에 그곳에서 인정받고, 성공하는 것이 인생에서 성공하는 것을 의미한다. 노동과 직장을 제외하고도 자신의 존재가 있어야 비로소 다른 인생의 성공이 눈에 들어올 수 있다. 노동시간의 단축 문제는 주권자들의 주권 회복과도 관련된다. 정치와 공공의 문제에 정당한 관심을 갖기 위해서 여가 시간이 필요하다. 모든 에너지를 노동에 사용하도록 하는 시스템 속에서 정치와 공공의 문제에 관한 관심과 토론을 기대할 수는 없다.

헌법의 개정이 모든 문제를 해결하지는 않는다. 대통령의 권력집중 문제는 헌법에서 비롯된 것이 아니다. 근본적으로는 우리들의 공직 문화와 노동 문화에서 비롯된 것이다. 헌법 개정을 주장하는 정치인들이 진정으로 원하는 것이 권력이 합리적으로 제한되는 민주주의라고 한다면, 합리적인 공직 인사 제도의 수립, 그리고 노동시간의 단축이라는 근본적인 문제를 돌아보아야 한다.

권력을 제한하는 또 하나의 방법

대통령의 권력을 줄여야만 대통령의 권력집중 문제를 해결할 수 있다는 것은 일면만 바라본 생각이다. 권력분립 원칙은 견제와 균형의 원리다. 대통령을 견제할 수 있는 다른 권력들의 권한을 확대하고 독립시킨다면 대통령의 권력은 상대적으로 작아지고 견제된다. 이 방법은 대통령 권력에 대한 효과적인 제한이 된다. 사실 대통령의 제왕적 권력은 대통령을 견제할 수 있는 기관들에게 독립성을 부여하지 않았기 때문에 생겼다.

대통령의 권한을 통제할 수 있는 다른 기관들을 제대로 독립시키고, 그들의 권한을 강화하는 것이 한 방법이다. 특히 독립성을 갖고 활동해야 하는 법원, 헌법재판소, 검찰, 공정거래위원회, 방송통신위원회, 감사원, 공영방송사가 그런 기관들이다. 이들 기관의 독립을 제대로 보장한다면 권력을 제한하는 효과적인 장치가 될 수 있다. 그리고 그 독립의 가장 중요한 열쇠는 역시 그 기관의 구성, 즉 그 기관을 움직이는 사람들을 누가, 어떻게 임명하는가의 문제이다.

사법권의 독립을 보장하고 강화하는 것은 대통령의 권력을 제한하는 것과 직접적으로 닿아 있다. 특히, 최고법원인 헌법재판소와 대법원을 어떤 사람들로 채울 것인가, 그들의 임기를 어떻게 할 것인가의 문제가 중요하다. 이 문제에 관해서는 뒤에서 살펴볼 예정이다.

공영방송사 사장의 임명 문제

권력이 언론을 갖고 싶어 하는 마음은 시대와 동서를 불문하고 동일하다. 하지만 권력의 마음이 아무리 간절해도 그것을 허용하지 않는 것이 민주주의와 법치주의의 원칙이다.

공영방송사의 존재는 어느 나라를 막론하고 항상 논란의 대상이 된다. 국가권력의 자금과 힘으로 설립되고 운영되는 방송사이기 때문이다. 국가권력이 언론기관을 운영하는 제도는 검열제도 이상으로 위험한 제도이다. 독재권력은 자신의 통치를 정당화하는 선전에 항상 국공영 언론기관을 앞세웠다. 멀리 다른 나라를 찾을 필요도 없다. 기억에도 생생한 최근의 우리 현대사에서 얼마든지 찾을 수 있다.

공중파 방송으로서 가장 방대한 조직과 규모를 가지고 있는 공영방송사의 힘은 언론기관 중에서도 단연 최고다. 공영방송사가 권력을 견제하고 제한한다면 그것은 상당히 위력적인 견제장치가 된다. 하지만 권력에 예속된다면 그것은 민주주의의 가장 큰 위협이 된다.

스스로 권력을 추구하거나 권력에 아부하기 위해 공정성을 외면하는 공영방송사는 최악의 폐단을 가져올 수 있다. 그런 공영방송사라면 차라리 폐지하는 것이 민주주의와 시민들의 자유에 도움이 된다. 단순히 국민들의 세금이나 방송수신료를 낭비하는 문제가 아니다. 국가라는 가장 거대한 자금 줄을 가지고 있는 공영방송은 마음만 먹는다면 언제든지 여론을 지배할 수 있다. 공영방송을 권력자의 통치에 사용한다면 시민들의 민주주의와 자유는 심각한 위험에

처하게 된다. 그래서 공영방송사 존재의 가장 중요한 전제조건은 권력으로부터 독립하는 것이다.[52]

앞서 '권력분립 원칙'의 장에서 방송통신위원회의 문제에 관해 함께 살펴보았다. 대통령이 여당과 함께 방송통신위원회 위원의 과반수를 임명해 방송통신정책을 좌우할 수 있다는 내용이었다. 그런데 그 문제는 곧바로 대통령의 공영방송사 장악으로 이어진다. 방송통신위원회에서 방송사 이사회의 이사들을 선임하고, 그 이사들이 방송사 사장의 임명을 대통령에게 추천하는 방식이다. 대통령이 실질적으로 공영방송사 사장을 임명할 수 있는 제도는 세계 공영방송사에서 유례를 찾아볼 수 없는 최악의 설계다.

최근의 사례를 보면 공영방송사 사장으로 새로 임명되는 인사들은 대개 편파적인 보도를 일삼았던 언론계 인사들이다. 임명 단계부터 커다란 갈등을 안고 시작한 이들은 자신을 반대하거나 지시에 따르지 않는 방송인들을 징계하거나 해직하는 방식으로 조직을 장악한다. 공영방송사에서 자유언론을 주장하는 언론인들의 해직 문제가 수시로 발생하는 것은 애초부터 예정되었던 설계인 것이다. 우리나라 공영방송사의 언론인들은 권력으로부터 압력을 받는 것에 더해 권력의 직접적 영향권에 있는 경영진의 압력이라는 이중의 압력에 놓이게 된다.

공영방송사의 사장 임명권을 대통령으로부터 배제해 중립적인 위원회에 부여하는 문제, 그리하여 공영방송의 공정성과 독립성을 회복하는 문제는 헌법의 개정보다도 중요한, 가장 시급하게 다루어야 할 헌법적 과제이다. 공영방송사 사장의 임명은 대통령이나 정치인들이 아닌 누구도 그 독립성을 의심할 수 없는 독립적인 위원회에게 맡겨야 한다.

2부 미주

1. 이번 헌법재판소의 탄핵심판 결정은 법치주의 원칙 스스로의 작동으로 만들어진 것이 아니었다. 불법적인 권력에 대해 저항한 시민들의 항거가 작동하지 않고 있던 법치주의 원칙을 흔들어 깨운 것이다. 시민들의 열망은 법치주의의 수단을 통해 더 커다란 민주주의를 만들어낸 것이다.

2. 예를 들어 sensible이란 단어가 그렇다. 이 단어는 영어에서는'실용적'이라는 뜻을 갖고 있지만, 독일어(sensibel)에서는 '민감한'이라는 전혀 다른 뜻을 갖고 있다.

3. 기원전 213년 진시황은 분서(焚書)의 법령을 공포했다. 그 법으로의약 등 실용의 책을 제외하고는 모든 책과 사상을 불태우도록 명했다. 그리고 이 법을 어기는 자에 대한 형으로 얼굴에 먹줄을 뜨는 묵형, 장성을 쌓는 노역형, 참수형까지 다양하면서도 엄중한 형을 규정해 놓았다. 분서령이 내려진 다음해 진시황은 4백여 명의 유학자들을 산 채로 묻으라는 갱유(坑儒)의 명령을 내린다.

4. 물론 법치주의 국가의 시민들은 법을 준수해야 한다. 반드시 준수해야 하는 것으로 정해 놓은 법을 준수하지 않을 경우에는 국가권력이 그것을 강제하게 된다. 하지만 그것은 법의 속성일 뿐, 법치주의 원칙인 것이 아니다. 법치주의 원칙은 그와 다른 차원에 존재한다.

5. 의회 소집의 권한을 군주가 갖고 있었기 때문에 의회의 작동은 군주의 의회 소집에 달려 있었다. 오랜 세월 동안 의회가 열리지 않았던 역사적 경험을 교훈삼아 의회는 '최소한 3년에 한 번은 열려야 한다'는 법을 제정했다. 1640년 소집된 의회는 1653년에야 폐회되는 '장기의회(Long Parliament)'가 되었다.

6. 오늘날 영국 의회에서 가장 장대하고 엄숙한 행사다. 해마다 의회 회기가 개시하는 첫날, 또는 총선거가 끝나 새로운 의회가 개원한 첫날에 의회개원식이 개최된다. 개원식은 영국 헌정의 모든 주체, 즉 군주와 상원, 수상과 내각, 그리고 하원이 모두 한자리에 모여 국정을 논의하는 유일한 행사이기 때문에 그 상징적인 중요성이 크다.

의회개원식은 마치 축제 같다. 행사를 중계방송하기 위해 방송 차량이 출동하고, 많은 시민과 관광객들이 의사당 주변에 모여든다. 여왕은 황금마차를 타고 의회의사당에 도착한다. 왕실경호대와 시종들이 여왕을 호위한다. 흰색 드레스에 붉은 로브를 걸친 여왕이 상원 회의실에 입장하는 순간 모든 상원의원들이 일어나서 경의를 표한다.

영국의 군주는 하원에 출입할 수 없다. 그래서 여왕은 하원에서 연설하지 못하고, 상원에서 연설한다. 찰스 1세의 의회 침탈 이후 350년간 내려오는 헌법 원칙이다. 여왕은 상원에 입장해 하원의원들이 오기를 기다려야 한다.

여왕이 상원에 정좌하고 있는 그 시간, 하원은 상원의 관리가 도착하기를 기다리고 있다. 여왕의 메시지를 가지고 오는 상원의 관리가 하원의 회의실 문 앞에 도착한다. 열려 있던 회의실 출입문이 그의 코앞에서 쾅 하고 닫힌다. 관리는 입장 허가를 받기 위해 문을 세 번 노크한다. 입장이 허가되면 회의실 문이 열린다. 상원의 관리는 하원에 경의를 표하고 회의실 중앙에 당도한다. 그리고 하원의장에게 "여왕께서는 이 영예로운 하원에게 상원 회의실에서 열릴 여왕의 연설에 참석해줄 것을 요청하였습니다"라며 메시지를 전한다.

하원의원들은 소풍을 가는 어린이들처럼 시끌벅적 떠들면서 회의실을 나선다. 상원 회의실에 하원의원들이 당도한다. 하원의원들은 여왕이 앉아 있는 좌석 반대편에 웅성거리면서 선다. 여왕이 연설을 시작한다. 하원의장과 수상은 의원들의 맨 앞에 서서 연설을 지켜본다.

여왕이 연설을 시작하자 모두 정숙하게 연설을 경청한다. 연설의 내용은 건조하기 짝이 없다. 회기 동안 통과되기를 희망하는 수많은 법안의 제목이 열거될 뿐이다. 사실 이 연설문을 작성한 것은 정부, 즉 수상과 내각이다. 여왕은 주어진 연설문을 읽기만 한다.

여왕은 '여러분들의 토의에 신의 가호가 내리기를'이라는 마지막 문장으로 연설을 마친다. 여왕이 퇴장하면 하원의원들은 모두 하원 회의실로 퇴장해 여왕의 시정연설에서 제안한 의제를 토의한다.

7. 존 스튜어트 밀, 《대의정부론》, 서병훈 옮김, 아카넷, 88쪽.

8. 같은 책, 87쪽.

9. 〈채동욱, "눈치 없어 법대로 하다 잘렸다"〉, 《한겨레》, 2016년 11월 2일자.

10. 대의제도에 기초한 최초의 성문헌법인 미국 헌법의 제정자들도 제헌회의의 토론과정에서 민주주의에 대한 거부감을 표시했다. 민주주의라는 용어가 불온한 사상이라는 오명을 벗고 권력의 전면에 등장할 수 있었던 것은 프랑스혁명의 시점까지 기다려야 했다.

11. 여권운동가였던 수전 앤서니는 1872년 11월 미국 뉴욕에서 투표했다. 52세의 성인이었음에도 유권자 등록을 하고 투표를 했다는 이유로 체포되어 형사재판을 받아야 했다. 변호사는 그녀의 재판에서 그녀를 상대로 증인신문을 하려 했지만, 여자는 증언능력이 없다는 당시의 법 때문에 자신의 행위에 대한 증언조차 할 수 없었다. 수전을 재판한 판사는 그녀에게 징역형이나 벌금형을 부과하면 사건에 대해 연방대법원까지 상고할 수 있고, 연방대법원의 판단 결과는 여성에게 투표권을 인정할 수 있다는 우려 때문에 실제 처벌은 하지 않는 상징적 의미의 유죄판단을 내렸다. 미국에서 여성의 투표권이 인정된 것은 1920년 여성의 참정권을 인정하는 수정헌법 제19조가 통과되고 난 이후이다.

12. 군주와 귀족들은 절대권력의 상징인 파리 근교의 베르사유 궁전에서 화려한 삶을 살고 있었다. 당시 프랑스는 유럽 경제의 중심이라고 할 만큼 강력한 농업 생산력을 가지고 있었다. 하지만 프랑스혁명이 임박한 시점에 연이은 자연재해와 흉작이 프랑스 농촌을 강타했다. 흉작의 영향으로 농촌경제가 붕괴되었다. 더욱 큰 타격을 받았던 것은 도시 서민들의 삶이었다. 살기 위해서는 빵을 먹어야 한다. 1788년 프랑스의 가정은 수입의 반을, 그 다음 해인 1789년에는 80퍼센트 이상을 오로지 빵을 사는 데 소비해야 했다. 실업자가 대량으로 발생했다. 대부분의 프랑스 도시지역 실업률은 50퍼센트가 넘었다. 파리의 부녀자들이 굶주림을 호소하기 위해 베르사유 궁전으로 행진했을 때 왕비 마리 앙투아네트가 '빵이 없으면 과자를 먹으면 될 텐데.'라고 했다는 말은 유명하다.

13. 애국심으로 무장하고 있었던 프랑스 공화국 군대는 놀라운 힘을 발휘하며 군주 국가들의 연합군의 공격을 막아내었다. 1794년에는 역습에 나서 네덜란드 지역과 독일, 스위스, 사보이, 스페인의 일부 등을 차지했다. 1796년에는 이탈리아의 핵심지역을 점령함으로써 프랑스에 대항해 형성된 국제동맹을 무너뜨리고 말았다. 혁명군이 전쟁을 성공적으로 수행하면서 민주주의 혁명 사상이 유럽 전역에 퍼져나갔다.

14. 정치세력의 분열과 대립은 경제 및 사회정책에 관한 이념 대립에 기초하고 있었다. 온건한 변화를 추구하는 세력은 지롱드파였다. 그들의 혁명 이념은 경제적 자유와 사유재산권의 절대적 보장을 비롯한 시민적 자유의 보장에 있었다. 이에 대해 당통과 로베스피에르의 산악파는 강경한 변화를 추구했다. 시민적 자유와 함께 그 자유의 조건이 될 경제적 수단을 중시했다. 무산자들에게 최소한의 생산수단과 재산을 부여해야 한다는 것이 그들의 생각이었다.

15. 로베스피에르는 청렴하고 정직한 덕성을 갖고 있었다. 일반적으로 알려진 것처럼 과격하고 잔인한 지도자는 아니었다. 하지만 그가 권력을 장악한 시기는 피를 말리는 권력투쟁의 시기였다. 먼저 공격하지 않고 머뭇거린 세력은 다음 날 형장에서 처형되는 과정이 반복되었다. 혁명을 다시 원점으로 돌리려고 하는 왕당파와 왕의 처형에 반대하는 지롱드파의 지속적인 반란과 암살의 위협은 그치지 않았다. 그 과정에서 권력자 로베스피에르는 과격해졌다. 그의 권력을 통제할 아무런 다른 세력이 없는 상태에서 모든 국민의 이름으로 공포정치를 펼친다. 집권 후 몰락할 때까지 45일간 1,285명을 처형했다.

16. 국민들을 배신하는 또 다른 정치행태는 '계파'이다. 이것도 역시 공천권과 연결되어 있다. 계파 소속의 의원들은 공천이라는 이익을 쥐고 있는 계파 보스에 대하여 맹목적으로 충성한다. 그를 권력투쟁에서 계속 승리시켜야 자신의 공천도 점점 확실해지는 것이다. 계파의 보스들도 권위를 계속 확보하기 위하여 공천권을 양보하지 않는다. 더 많은 수의 공천 자리를 확보하기 위한 계파 보스들 간의 치열한 권력투쟁이 벌어진다.

17. 민주주의 작동에 성공한 국가들의 정당은 민주주의의 원리에 의해 만들어지고 통제되고 있다. 기성 정당과 신생 정당 등이 서로 어울려 경쟁하고, 협력한다. 정당 내부에서 경쟁을 통한 승부가 벌어져 권력이 머물러있지 않고 변화한다. 정당 수뇌부가 낙점을 해 후보자를 추천하는 일, 선거에서 후보자 추천을 해주고 돈을 받는 일 따위는 발생하지 않는다. 후보자를 선출하는 권력, 당의 지도부를 결정하는 권력은 당의 지도부가 갖고 있는 것이 아니라 일반 당원이 갖고 있는 권력이기 때문이다. 정당 내에 소그룹이라는 것이 존재해도 그것은 같은 생각을 중심으로 모인 그룹이다. 이들 그룹은 정당 내에서 힘 있는 토론을 만들어내고, 경쟁과 견제를 일으켜 정당을 건강한 조직으로 만든다. 특정 지도자를 따르는 계파, 그로부터 어떤 이익을 얻을 수 있을 것인가, 어떤 은혜를 입었는가라는 사적인 이해관계를 중심으로 모인 우리 정치의 계파와는 완전히 다른 것이다.

18. 헌법에서 공무원의 정치적 중립성과 교육의 정치적 중립성을 규정하고 있는 것은 그들이 담당하고 있는 일이 우리 공동체에 중요한 업무이기 때문이다. 자신의 업무에서는 당연히 정치적 중립성을 지켜야 한다. 업무를 마친 다음의 문제에 관해 이야기하는 것이다. 이들이 중요한 업무를 통해 얻은 지혜와 경험을 사장시켜야 할까? 이들을 제외하고 정당에서 어떤 토론을 기대할 수 있을까? 이들에게 정당 가입의 자유를 부여하고, 우리 공동체에 경험과 지혜를 전해줄 것을 당부하고 부탁해야 하지 않을까?

19. 오늘날 직접민주주의를 완벽하게 구현하고 있는 나라는 없다. 오로지 스위스가 국민투표 등 직접민주주의 의사결정 방식을 적극적으로 활용하고 있을 뿐이다.

20. 2017년 3월 28일 스코틀랜드 의회는 2019년에 제2차 독립 국민투표를 치르는 안건을 찬성 69표 대 반대 58표로 통과시켰다.

21. 그리고 국민참여재판이라고 하는 절충적 제도가 도입되었다. 배심원은 판사와 함께 토의하면서 의견을 밝힐 뿐이고, 이들의 평결은 권고적 효력만 있을 뿐이다. 판사들은 배심원들의 결정을 언제든

지 뒤집을 수 있다. 이 제도는 전문가들에게 판단의 주도권을 주고, 보통 사람들에게 독자적인 판단권한을 인정하지 않는 제도로서 배심제도가 갖고 있는 민주주의의 성격을 제대로 받아들이고 있지 않는 제도이다.

22. 배심제도가 올바르고 정의로운 판단을 보장하지는 않는다. 움직일 수 없을 만큼 확실한 살인증거가 있음에도 무죄의 선고를 받은 O. J. 심슨 사건의 판단처럼 돈이 많아 유능한 변호인을 고용할 수 있는 피고인에게 유리한 제도라는 비난을 받기도 한다.

23. 선거제도가 적절한 권력통제를 하기에 충분하지 않은 수단이라고 한다면 국민들이 직접 결정하고 권력을 행사하는 직접민주주의 체제는 어떨까? 하지만 그것은 오히려 더욱 위험한 권력이다. 그 권력은 통합되어 있는 경우에 특히 위험하며, 국민들의 직접적 통치라는 정당성은 권력을 통합하는 가장 그럴듯한 명분이기 때문이다. 국민들의 직접적인 권력위임을 내세웠던 프랑스혁명정부는 수많은 생명을 단두대의 제물로 바쳤고, 백성들을 두려움에 떨게 만들었다. 어떤 정치체제 하에서도 권력은 위험한 것이다. 그 권력이 누구의 이름을 갖고 있는가와 상관없는 문제이다.

24. 몽테스키외는 국가권력을 입법, 집행, 사법의 권력으로 구분했다. 그는 전제군주의 권력이 갖는 모순을 느끼고 그 속에서 대안을 사색했다. 영국을 1년간 여행했는데, 명예혁명의 결과로서 최고의 권력을 갖고 있었던 당시 영국의 의회와 의회의 견제를 받는 군주의 모습은 그의 권력분립 사상에 커다란 영향을 주었다. 스스로 구체제의 귀족 신분을 가지고 있었던 그는 왕의 권력을 제거한다거나, 백성들에게 주권을 인정해야 한다는 급진적인 사상으로까지 나가지는 못했다. 집행권을 군주에게 맡기는 권력구조를 상정했던 것은 바로 그 이유 때문이다. 하지만 그의 권력분립의 원리는 전제군주제가 사라진 오늘날에도 민주주의의 권력의 통제 원리로서 살아 작동하고 있다.

25. 그 밖에도 관공서의 청사를 건설하고, 공립학교를 설립하고, 공무원을 채용하고 교사를 모집하는 것, 흉년이 들었을 때 식량을 배급하는 것, 가족이 없고 노쇠한 백성들에게 보호를 제공하는 것 등 국가권력의 수많은 정치적 결정과 명령은 대부분 집행권 행사이다.

26. 근로기준법이 지켜지도록 하기 위해 다양한 시도로 노력했던 평화시장 미싱사 전태일은 모든 시도가 수포로 돌아가자 마침내 1970년 11월 13일 자신의 몸에 불을 붙였다. 그가 마지막 외친 것이 '근로기준법을 지켜라!'라는 외마디였다.

27. 직업공무원 제도도 훌륭한 권력통제 제도가 될 수 있다. 직업 공무원의 신분은 보장된다. 잘못이 있지 않은 이상 대통령이라고 해도 함부로 해임하거나 파면할 수 없다. 공무원들이 소신을 갖고 자신들의 생각과 양심에 따라 직무를 수행하도록 하기 위해서는 합리적이고 공정한 인사 제도도 마련되어야 한다.

28. 과연 무엇이 다수이고, 소수인가를 일반적으로 정의하기는 쉽지 않다. 일반적으로 장애인, 외국인, 노동자, 여성, 성소수자, 노년층, 청년 실업자, 비정규직 노동자, 소수종파의 종교인 등을 소수자들이라고 한다. 하지만 소수자가 어느 계층의 사람들로 한정되지는 않는다. 사안에 따라서 다수와 소수에 속하는 사람들의 구성이 달라질 수 있다. 가령, 장애인 보호의 문제라고 한다면 장애인과 장애인의 가족들이 소수이고, 장애를 갖지 않은 사람들이 다수일 것이다. 하지만 아이를 혼자 키우는 싱글맘을 지원하는 문제의 결정에서는 다수와 소수는 전혀 다른 구성으로 바뀌게 된다. 다수에 속한 사람들도 사안에 따라 바뀌기 때문에 다수의 사람들의 경계도 불분명하다. 하지만 거의 항상 다수에 속하는 사람들도 있다. 미디어, 권력, 거대 경제력의 힘을 갖고 있는 사람들이다. 이들은 자신들의 도구를 이용해 다수 국민들의 생각을 움직일 수 있는 영향력을 가지고 있기 때문이다. 이들의 이익을 대변하는 정당은 대정당의 위치를 갖게 된다.

29. 독일의 정보기관 중에는 헌법보호청이라는 기관이 있다. 이 기관은 주로 헌법을 침해하는 활동을 하고, 국가의 안전에 위협이 되는 집단을 감시하는 활동을 한다. 감시 대상으로 가장 대표적인 것이 극우 나치 단체, 테러를 자행하는 극렬 종교 단체 등이다. NPD는 당연히 헌법보호청의 주요 감시대상이

었다.

30. 헌법재판소의 정당해산심판과정에서 이 정당의 간부 중 상당수가 정보기관의 요원과 협력자들이었다. 심지어 이 정당의 2인자를 지낸 간부도 정보기관의 협력자인 것으로 드러났다. 더 큰 문제는 정보기관이 도대체 어느 범위까지 정보요원들의 활동이었는지를 명확하게 밝히기를 거절한 것이다. 결국 독일 헌법재판소는 어느 것이 국가기관의 영향력에 의한 것인지를 구분해 밝힐 수 없는 상태에서 정당활동이 위헌적인지 판단할 수 없다는 이유로 정당해산심판청구를 기각했다.

31. 미국 연방헌법 제정회의의 논의에 관해서는 조지형 교수의 두 권의 저서 《헌법에 비친 역사》, 《미국헌법의 탄생》로부터 도움을 받았다.

32. 연합정부가 갖는 또 다른 결정적인 약점은 스스로의 예산과 과세권을 갖지 못했다는 점이었다. 각 주들은 연합정부가 개별 시민들에게 과세권을 행사하는 것을 인정하지 않았다. 연합회의는 예산을 각 주에 할당해 요구할 수 있을 뿐이었고, 주 정부가 그 요청에 응하지 않을 때 그것을 강제할 방법을 갖지 못했다.

33. 법안은 상원과 하원을 모두 통과해야 의회를 통과한 것이 된다. 상원 또는 하원이 법안을 통과시키면 다른 원이 그 법안을 교차 심의하게 된다. 법안이 상하 양원을 모두 통과하면 법안의 공포를 위해 대통령에게 보내진다.

34. 각 주의 대표자들이 모인 의회이기 때문에 통합된 국가가 내리는 중대한 결정을 승인하고 관여하는 권한을 가지고 있다. 미국이 다른 나라와 맺는 조약에 대한 승인, 군대의 파병에 대한 승인, 외교관, 연방대법관, 연방법관, 여러 독립 위원회의 고위 관료의 임명에 대한 동의권, 대통령을 비롯한 고위공무원의 탄핵심판권 등이 대표적인 예이다.

35. 제헌 헌법에 따르면 상원의원은 각 주의 의회에서 선출했다. 그런데 20세기 초반 헌법 개정으로 각 주의 국민들이 직접 선출하는 것으로 바뀌었다. 직접 선출로 바뀌면서 주 의회와 정부의 권한이 축소되었으며, 결과적으로 연방정부의 권한이 확대되었다.

36. 미국의 경우에는 대통령을 직접 선거로 선출하지는 않는다. 헌법 제정 당시의 전통을 유지하고 대통령선거인단의 선거를 통해 간접적으로 대통령을 선출한다. 국민들의 직접선거에 선출된 대통령선거인들은 어떤 후보를 위해 투표할 것인가를 자신의 공약으로 내세우고 선거인단 선거에 임하고, 선거인으로 당선되었을 때에는 그 공약을 지켜야 할 법적 의무를 부담한다. 자신의 자유로운 의사로 대통령 선출을 하는 것이 아니라, 자신들을 선출해준 국민들의 의사에 반드시 따라야 하기 때문에 직접선거로서의 성격이 강하다.

37. 우선 대통령에 대한 탄핵소추안이 발의되는 데에만도 국회 재적의원 과반수라고 하는 매우 어려운 요건을 넘어야 하며, 그 안이 의회에서 의결되기 위해서는 재적의원 3분의 2라는 더욱 어려운 가결 요건을 통과해야 한다. 국회에서 의결되어 헌법재판소의 심판절차가 개시되었다고 해도 헌법재판관의 9인 중 6인의 찬성이라고 하는 높은 장벽을 넘어야 한다.

38. 이런 관행이 생긴다면 대통령을 탄핵이라는 방법으로 공격하고 퇴임시키려는 정치가 우리 정치의 지배적 변수로 자리 잡을 수 있다. 임기 동안은 자신의 정책을 실현하도록 하는 것이 대통령제의 이상이다. 그 기간 동안 자신의 실력을 발휘할 수 있는 기회를 주지 않으려고 하는 정치, 상대방의 파괴만을 목적으로 하는 정치가 반복된다면 대통령제의 민주주의는 더 이상 작동할 수 없게 된다. 탄핵을 정치적 공격수단으로 사용했던 대표적인 사례가 고 노무현 전 대통령에 대한 탄핵소추 사례이다. 2004년 3월 12일에 국회는 당시 대통령 노무현에 대한 탄핵소추안을 통과시켰다. 대통령이 자신의 소속 정당이 선거에서 선전하기를 바라는 희망을 표시했다는 것이 그 탄핵소추의 명목상 가장 큰 이유였는데, 그것은 충분한 탄핵사유라고 볼 수 없었다. 만일 헌법재판소가 그 탄핵심판청구를 인용했다면 그것으로 민주주의 정치의 커다란 불안 요소가 되었을 것이다. 2004년 5월 14일 헌법재판소는

대통령이 헌법과 법률을 일부 위반했으나 그 위반 정도가 탄핵의 사유가 될 정도로 중대하지는 않다고 판단하고 소추안을 기각 결정했다.

39. 대통령과 국회의 의견이 다를 경우 어려운 문제가 발생한다. 양 기관은 서로 상대방의 권한을 존중하는 바탕 위에 헌법의 취지에 따른 판단을 해야 한다. 끝까지 의견 대립이 해소되지 않을 때는 권한쟁의심판의 형태로 헌법재판소가 판단하는 수밖에 없다.

40. 사드 미사일체계가 배치된 2017년 5월 현재의 시점에도 그에 관한 정보는 단편적이고, 대립적이다. 한편에서는 북한의 핵·미사일 위협에 효과적으로 대응할 수 있는 최고의 방어 무기라고 주장하고, 다른 한편에서는 미군의 주둔지역을 방어하는 효과만 있을 뿐 한반도를 방어할 수 없는 시스템이라고 한다. 북한의 핵 위협에 대한 방어가 아니라 중국에 대한 정보 탐지와 전략적 견제를 목적으로 하는 시스템이라는 주장도 있다. 배치를 주도했던 국방부의 고위관료들조차 그 무기체계의 진정한 목적과 실제 효과에 관한 정확한 지식을 갖고 있는지 의문인 상태이다.

41. 입법의 주도권을 누가 갖고 있는가의 문제를 제안 건수의 숫자로 평가하는 것은 쉽지 않다. 국회의원들의 의정 평가에서 좋은 성적을 받고 싶어 하는 의원들이 신중한 검토 없이 입법안 발의를 남발하는 관행, 행정부가 행정부 내부의 어려운 입법절차를 거치는 것보다는 의원들에게 청탁해 쉽게 입법안을 제안하는 관행이 있기 때문이다. 의원입법안은 제16대 국회(2000~2004년)부터 급증(1,912건)했고, 17대 국회에서 3.5배(6,387건), 18대 국회에서 다시 2배 증가(12,220건)했다. 지성우 교수는 2013년 한국입법학회의 학술대회에서 "의원입법안이 급증하고 있는 원인은 정부안에 비해 발의요건이 비교적 단순하고 법안발의 이전에 거쳐야 하는 필수절차가 없다는 점, 국회의원이 특정 계층이나 업무를 대표하고 이익을 관철하는 점 때문이다. 양적 증가에도 불구하고 의원발의 입법안의 가결률은 16대 국회 27%, 17대 국회 21%, 18대 국회 13.6% 등으로 정부안에 비해 현저히 낮다. 내용과 형식면에서 부실한 법안이 다수 제출되고 있다는 비판이 꾸준히 제기돼왔다"고 지적했다. 참고로 정부 법안의 제출건수와 가결 비율은 16대에서는 431건, 72%, 17대에서는 563건, 51%이었다.

42. 엘리자베스 1세의 아버지 헨리 8세는 왕비 캐서린과 이혼하면서 영국의 교회를 교황으로부터 독립시켜 왕의 지휘 아래 두는 수장령을 발표했다. 이것으로 영국 국교회가 성립되었다. 헨리 8세가 사망하고 왕위에 오르게 된 딸 메리는 영국을 다시 가톨릭 국가로 복귀시켰고, 반대하는 세력을 철저하게 진압했다. 스페인의 공주로서 가톨릭 신도였던 자신의 어머니를 버리고, 자신과 어머니의 만남마저도 차단시킨 아버지에 대한 원망 등이 작용해 신교를 사악한 종교로 생각하는 확고한 신념을 가지고 있었던 그녀는 이단처벌법을 부활시켜 국교회 주교를 포함해 300여 명을 이단이라는 명분으로 화형시켰다. 이로 인해 그녀는 오랜 동안 '피투성이 메리(bloody Merry)'라고 불렸다. 1558년 11월 17일 메리 1세가 사망했고, 이복동생 엘리자베스가 왕위를 계승했다.

43. 결혼하지 않고 세상을 떠난 엘리자베스 여왕의 뒤를 이었던 것은 스코틀랜드 왕이었던 제임스 1세였다. 하지만 그가 처음부터 승계 1순위였던 것이 아니라 그의 모친 메리가 승계 1순위였다. 하지만 메리는 외국의 가톨릭 세력들을 끌어들여 스코틀랜드를 가톨릭 국가로 전환하려고 시도하다가 신하들로부터 축출당했으며, 영국으로 탈출해 엘리자베스 여왕의 보호를 받던 중 여왕에게 반역을 꾀해 처형당했다. 모친 비극을 보고 자란 제임스 1세는 가톨릭을 신봉하지는 않았다. 하지만 왕권신수설을 신봉하고 절대왕권을 꿈꾸었다.

44. 의회 세력의 저항이 못마땅했던 국왕이 하원을 탄압했고 양측 모두 서로를 굴복시키기 위해 군사를 일으켰다. 1642년 발발한 영국의 내전이다. 하원의 세력이 전쟁에서 승리했고 국왕 찰스 1세는 처형당한다. 왕의 처형이 바로 의회의 통치권 확보로 이어지지는 않는다. 지도자인 올리버 크롬웰은 의회의 기능을 정지시키고 스스로 호국경에 올라 절대권력을 행사했다. 의회의 지도자들은 올리버 크롬웰이 죽은 이후에 다시 왕정을 복구했다. 새로이 옹립된 국왕 찰스 2세와 그 뒤를 이은 제임스 2세는 의회세력을 몰아내고 폭군이 되려 했다. 의회의 지도자들은 윌리엄공과 메리 부부를 공동 군주로 추대했다. 이들은 국왕도 역시 국법에 복종한다는 약속을 했다. 1688년의 명예혁명이었다.

45. 가톨릭을 신봉했던 찰스 2세가 제임스 2세에게 왕위를 물려주려고 할 때, 가톨릭 신자들과 귀족들을 중심으로 하는 종래의 왕당파 세력들은 토리당(Tories)의 이름으로 결집해 국왕을 지지했고, 젠트리들과 신교세력, 가난한 평민들은 휘그당(Whigs)의 이름으로 결집해 제임스 2세의 왕위승계를 거부했다.

46. 영국의 하원의회가 내각을 불신임하는 방법은 다양하다. 가장 전형적인 방법은 의원들이 "우리 하원은 여왕의 정부를 신뢰하지 않습니다."라는 내각 불신임안을 제출함으로써 개시되는 것이다. 내각 불신임안이라는 명시적인 방법에 의하지 않고 정부가 추진하는 주요 법안 또는 예산안을 부결시키는 방법으로 내각 불신임안을 통과시키기도 한다.

47. 영국 하원의 질문 시간은 회기 중 한 주에 나흘, 월요일에서 목요일까지 하루 1시간씩 진행된다. 질문시간의 절차와 방식에 대한 상세한 소개는 다음 링크를 참조하라. http://www.parliament.uk/about/how/business/questions/

48. 인터넷 Youtube 채널에 'Prime Minister's Question Time'으로 검색하면 과거의 수상들로부터 오늘의 수상까지 여러 수상들이 당시의 야당 리더와 일대일 토론을 하는 영상을 볼 수 있다.

49. 원래 의회와 대통령이 각자 독립적으로 일한다고 하는 대통령제의 원리와는 조화되지 않는 제도이지만 의원내각제의 모습을 일부 받아들이고 있는 우리 헌법에서는 대통령과 내각의 의회 출석의 근거를 마련하고 있고, 이 제도는 그 헌법에 기초한 제도이다.

50. 이 제도는 안정적인 정부의 운영을 위해 의회의 수상 권력통제를 제한하는 제도이다. 제1차 세계대전의 패전 이후 수립된 독일 최초의 민주공화국인 바이마르 공화국은 수상과 내각이 불신임되고 나서 새로운 정부를 구성하지 못하는 상태가 수시로 발생했고, 정국의 지속적인 불안정은 결국 나치의 집권을 불러오게 되었다. 안정적인 정부구성과 운영은 민주주의를 위해 반드시 필요한 것이라는 교훈을 통해서 반늘어진 제도이다.

51. 만일 인사권이 권력집중 문제의 핵심이라고 한다면 정부구조를 바꾸어 권력을 통제하겠다는 개헌논의는 방향을 잘못 잡은 것이다. 내각제로 변경한다고 해도 수상이 현재 대통령이 행사하는 것과 같은 인사권을 행사하면 마찬가지로 권력을 집중시키게 될 것이기 때문이다.

52. 최근 우리나라 공영방송사의 상황은 최악이다. 공영방송사의 독립성과 신뢰성 지수는 거의 바닥에 이르고 있고, 그들의 뉴스의 시청률도 형편없는 수준이다. 공영방송사들이 이렇게 된 데에는 대통령이 이들 공영방송사의 사장을 임명할 수 있는 권한과 무관하지 않다. 최근 십 여 년 간 권력이 공영방송사 사장을 임명할 때마다 사내 노조의 반대운동이 일어나곤 했다. 많은 후보자 가운데 하필 자격이 미달되거나, 언론인으로서 심각한 불공정 행위를 한 경력을 갖고 있는 사람이 사장으로 임명되었기 때문이다. 공영방송사의 최고경영자 사장을 선정하는 데에 정부와 대통령에게 충성할 사람이라는 기준이 최우선적으로 작용했던 것이다. 노조와 기자들의 반발 속에 임명된 사장은 보도국장 등 중요 간부들의 자리를 자신의 지시에 순순하게 따를 인사들로 채운다. 사장은 사장대로, 보도국장 등 간부들은 그들대로 각각 자신을 임명해준 사람에 대해 충성하기 위해 최선의 노력을 다한다. 사장 한 사람에 대한 인사로 방송사에 대한 장악이 간단하게 끝나는 것이다. 비상식적인 제도를 개정해 공영방송이 원래의 권력에 대한 견제와 비판기능을 회복하도록 해야 한다.

제3부

자유의 원칙들

제7장

자유는 어디까지 보장되는 것인가?
헌법 제37조 제2항의 원칙들

01
기본권의 조항과 헌법 제37조 제2항

헌법의 기본권 조항들

헌법의 전문가들은 민주주의 실현을 위해, 그리고 스스로의 자유를 보장하기 위해 시민들이 헌법의 기본권을 아는 것이 매우 중요하다면서 헌법의 기본권 조문을 읽어보라고 권한다. 실제로 헌법은 제10조부터 제37조까지의 조항들에서 양심의 자유, 신체의 자유, 종교의 자유, 학문과 예술의 자유 등 여러 가지 기본권을 보장하고 있다. 각 조항들은 '모든 국민은 이러한 자유를 가진다', '국민들은 이러한 자유를 침해받지 아니한다'라는 형식으로 되어 있다.

헌법의 내용은 거기에서 그친다. 이 기본권들은 도대체 구체적으로 어떤 내용을 갖고, 그 권리는 어디까지 보장되며, 어떤 힘을 갖고 있는지에 관해 설명하고 있지 않다. 이것을 읽어보는 것만으로 기본권이 어떻게 작용하는지, 그것이 어떤 힘을 갖는지 어떻게 이해할 수 있단 말인가. 기본권 목록을 읽어보는 것만으로 기본권을 이해할 수 있다는 말은 거짓말이다.

게다가 헌법 제37조 제1항에는 헌법에 기본권으로 규정되어 있지 않은 자유라도 보장해야 한다는 규정을 두고 있다. 헌법에 열거되어 있는 자유만이 헌법상의 자유로서 보장되는 것이 아니고, 조문에 적힌 것 말고도 중요한 기본권이 얼마든지 있을 수 있다는 의미다. 누군가 국가권력에 의해 '어떤 중요한 것'을 침해당했다면, 헌법에 문자 그대로 맞아 떨어지는 자유가 없는 경우에도 해석에 의한 새로운 헌법상 자유의 인정이 가능하다는 것이다.

예를 들어 그렇게 인정될 수 있는 자유로 개인정보의 자유가 있다. 오늘날 개인정보는 매우 중요하다. 그 비밀은 존중되어야 하고 함부로 침해해서는 안 된다. 만일 정부가 법을 만들어 개인의 민감한 정보를 함부로 수집하고, 개인의 동의 없이 공개하기로 했다고 생각해보자. 오늘날 개인정보가 우리 생활에서 차지하는 비중을 생각해본다면 그것은 재산권의 침해나 사생활의 침해 못지않게 중요한 자유의 침해다. 비록 헌법에 '개인정보'의 비밀을 보호한다는 규정은 없지만, 개인정보의 여러 특성에 비춰 볼 때 헌법상 보호되는 사생활의 자유의 한 모습으로 해석해 인정할 수 있다.

기본권을 이해하기 위해 어떤 기본권이 헌법에 규정되어 있는지 아는 것보다 중요한 게 있다. 바로 국가권력이 내 자유의 영역에 개입할 수 있는가, 개입할 때는 어떤 조건 하에 허용되는가, 어느 정도까지 허용되는가, 그 허용 조건을 누가 결정하는가, 그 조건을 어긴 국가권력을 어떻게 할 것인가의 문제를 이해하는 것이다.

얼치기 법학도

학부생 시절 헌법학 과목을 수강했다. 아직 헌법이 아무런 기능을 하지 못하고 있었던 시절이었기에 젊은이가 보는 헌법학은 한심할 수밖에 없었다. 도대체 헌법이란 무엇인가. 결국 독재자의 권력행사를 정당화하는 역할만 하지 않았던가? 헌법과 헌법 교과서에 나오는 인간의 존엄과 가치, 민주주의, 법치주의, 기본권 등 헌법의 중심 개념과 원칙들은 위선으로 가득 찬 단어들로 보였다. 심지어 헌법 제37조 제2항은 그런 위선도 없이, 대놓고 국민의 자유를 제한할 수 있다고 선언하고 있었다.

어느 날 밤 중앙도서관 앞에서 친구를 우연히 만났다. 그 친구는 모의헌법재판의 대본을 쓰고 있다고 했다. 그 당시 학생들의 관심사란 요즘의 학생들에 비해 단순했다. 민주주의라는 한 곳으로 관심이 집중되어 있었다. 거리에서 저항하는 학생들은 그들대로, 도서관에서 공부하는 학생들은 그들대로, 주점에서 술잔을 기울이는 이들은 그들대로 민주주의가 이뤄질 수 있는 방법이 무엇일까 고민했다.

법학을 전공하는 학생들은 독일의 예를 따라 헌법재판소 제도가 도입되기를 희망했다. 수많은 악법들을 목격하면서 자유와 이성의 판단으로 그들의 악법을 심판하는 세상이 도래하기를 갈망했다. 몇몇 법과대학에서는 헌법재판소가 설립된 것을 가정해 연극 형식으로 모의헌법재판을 공연하기도 했다. 도서관 앞에서 만난 친구는 그 공연의 대본을 준비하고 있었던 것이다.

나는 친구에게 이야기가 어떻게 구성되느냐고 물었다. 친구는 집회시위에 관한 법률 중 일부 조항이 위헌인지를 판단하는 내용이라고 대답했다. 그리고 대본 작성중인 결정문의 대략의 논리를 설명해 주었다. 결론은 위헌이라고 했다. 그 이유를 설명하는 중에 헌법 제37조 제2항에 따르면 국민의 자유는 제한될 수 있다는 언급을 했다. 맞장구를 친답시고 이야기했다.

"진짜 어이없는 조항이지? 어떻게 헌법에서 국민들의 기본권을 제한한다고 규정할 수 있을까? 아무리 독재의 헌법이라도 대놓고 그런 조항을 두다니!"

그 친구는 잠깐 침묵을 지키다가 조심스럽게 내게 물었다.

"그런데 헌법 37조 2항이 어떤 조항인지 알고 있는 거야?"

사실 독재시절의 헌법이 다 그러려니 하며 제대로 공부한 적이 없었다. 그 순간의 부끄러움과 당황스러움은 지금도 가슴을 쪼그라들게 한다. 그 후 세월이 흘러 나는 가까스로 법조인이 되었고, 헌법 재판소에서 사건을 연구하게 되었다. 그리고 시민들이 자신의 자유를 보장받기 위해 알아야 할, 가장 중요한 헌법 조항이 헌법 제37조 제2항이라는 사실을 알게 되었다.

헌법 제37조 제2항의 원칙들

법조문을 읽는 것은 딱딱하고 머리 아픈 일이다. 하지만 중요한 조문이라면 머리가 아파도 조문을 읽어내야 한다. 그래야 그 안에 부여되어 있는 힘을 최대한 이용할 수 있기 때문이다. 전문가가 거짓 설명을 할 때 꼼짝하지 못할 질문을 할 수 있는 것도 조문의 힘이다. 특히 헌법 제37조 제2항은 워낙 중요한 조문이어서 읽어 볼 만한 가치가 있다.

> **헌법 제37조 제2항**
>
> 국민의 모든 자유와 권리는 국가안전보장·질서유지 또는 공공복리
> 를 위하여 필요한 경우에 한하여 법률로써 제한할 수 있으며, 제한
> 하는 경우에도 자유와 권리의 본질적인 내용을 침해할 수 없다.

헌법 제37조 제2항의 규정은 국민의 모든 자유와 권리는 제한될 수 있다는 내용으로 시작한다. 그런데 그 주체가 규정되어 있지 않다. 과연 누가 국민들의 모든 자유와 권리를 적법하게 제한할 수 있는 것일까? 결론부터 말하자면 국가권력이다. 자유를 제한당하는 시민들이 동의하지 않았음에도, 국가권력은 헌법에 따라 자유를 적법하게 제한할 수 있는 주체다.

사실 우리는 일상에서 누구나 자유가 제한되는 경험을 한다. 이를테면 회사에서도 직원에게 몇 시까지 출근하라는 지시, 그동안 일하던 지역과 부서에서 일하지 말고 전혀 다른 지역과 부서에서 일하라는 지시, 근무하는 동안에는 어떤 유니폼을 입어야 한다는 지시를 한다. 모두 개인의 자유를 제한하는 지시다. 하지만 이 제한에는 회사와 회사에서 일하는 사람들의 노동계약, 즉 노동자의 동의라는 전제가 있다. 직원이 회사에서 일하지 않겠다는 통보를 하면 회사는 더 이상 직원의 자유를 제한하는 지시를 할 수 없게 되고, 직원도 그 지시를 따를 필요가 없다.

하지만 국가는 개별 국민들에게 동의를 받지 않고 명령할 수 있다. 세금을 부과해 돈을 내라고 하는 명령을 내릴 수 있고, 동물 전염병이 퍼지는 지역의 가축들에 대한 살처분 명령을 내릴 수 있으며, 그 지역에는 들어가지 못하게 하는 이동금지명령을 내릴 수 있다. 도박을 금지할 수 있으며, 자신의 돈을 주고 산 약품이라고 해도

마약 성분이 있는 약품은 투여를 금지할 수 있다. 금지에서 그치지 않고 무거운 처벌까지 부과할 수 있다. 이처럼 국가권력에게 시민들의 자유를 제한할 수 있는 힘을 준 이유는 무엇일까?

종교의 자유를 예로 들어보자. 많은 종교들의 의식에는 희생의 제의가 있었다. 원시종교에서는 사람을 제물로 삼기도 했지만 차츰 동물로 바뀌었고, 오늘날 대다수의 종교에서는 생명을 희생시키는 대신에 그것을 상징하는 의식으로 대체되었다. 하지만 오늘날도 가끔 신흥종교와 광신의 집단에서는 사람의 생명을 희생 제물로 바치는 의식을 벌여서 큰 뉴스거리가 되기도 한다. 물론 종교와 믿음의 문제를 세속적 사회의 논리로 재단하는 것은 곤란하다. 하지만 아무리 신앙의 문제라고 해도 사람의 생명을 제물로 바치는 자유는 허용될 수 없다. 희생자가 되는 사람이 그에 대해 허락한 경우에도 마찬가지이다. 희생자의 생명을 보호하기 위해서도 그렇고, 공동체의 질서를 위해서도 반드시 금지되어야 한다.

자유란 참으로 중요하다. 하지만 사람들이 하나의 공동체를 만들어 함께 살아가고 있는 이상 자유가 제한될 가능성을 부정할 수는 없다. 공동체에는 다양한 생각을 가진 사람들이 있으므로, 그 모든 이의 자유를 절대적으로 보장한다면 서로 충돌하여 결국 모두가 다 자유롭지 못하게 될 수 있기 때문이다. 헌법 제37조 제2항에서 국민의 모든 자유와 권리가 제한될 수 있다고 규정하고 있는 것은 바로 그 때문이다.

그렇다면 헌법 제37조 제2항은 국가에게 시민들의 자유와 기본권을 마음대로 처분할 권한을 넘겨주는 조항일까? 물론 그렇지 않다. 권력에게 자유의 제한을 무조건적으로 허용해서는 안 되며, 실제로 우리가 살펴보고 있는 헌법 제37조 제2항의 핵심적인 가치도 시민

들의 자유를 제한하는 엄격한 조건을 정하는 데에 있다. 국가가 시
민들의 자유를 제한할 때 반드시 지켜야 하는 원칙이 있다. 그 원칙
을 위반하는 자유의 제한은 국가의 행위라도 범죄자의 행위와 다를
바 없는 불법이다. 바로 그 원칙을 선언하고 있는 것이 헌법 제37조
제2항이다. 이제 헌법 제37조 제2항으로 돌아가 그 조건과 원칙들
을 살펴보자. 이 조항은 매우 중요한 내용을 아주 간략하게 규정해
놓았다.

"국민의 모든 자유와 권리는 국가안전보장·질서유지 또는 공공복
리를 위하여……"

아무리 국가라고 해도 국민의 자유를 함부로 제한할 수 없다. 오
로지 헌법에 열거한 목적을 달성하기 위해서만 제한할 수 있다. 모
든 국민의 자유와 권리는 국가안전보장, 질서유지 또는 공공복리라
는 세 가지·목적만을 위해 제한할 수 있는 것이다.

"……필요한 경우에 한하여……"

반드시 필요한 경우에 한하여, 필요한 범위 내에서만 제한할 수
있다. 필요하지 않거나, 필요한 범위를 넘어서 제한하는 것은 허용될
수 없다. '필요한 경우에 한하여'라는 문구로부터 과잉금지원칙이 도
출된다.

"……법률로써 제한할 수 있으며……"

'법률로써' 제한할 수 있다. 국민의 자유 제한은 반드시 법률의 형식으로 이뤄져야 한다. '법률로써'라는 문구로부터 법률유보 원칙이 도출된다.

> "……제한하는 경우에도 자유와 권리의 본질적인 내용을 침해할 수 없다."

위의 모든 조건을 다 갖추어 자유를 제한한다고 해도 만일 그 제한이 자유와 권리의 본질적인 내용을 침해하는 경우라면 허용될 수 없다.

이제 헌법 제37조 제2항에서 도출되는 원칙들을 하나씩 자세히 살펴보자. 법조문의 해석은 쉽지 않다. 더욱 쉽지 않은 것은 그 조문의 뒤에 적혀 있는 정신을 발견하는 것이다. 헌법의 원칙들은 오랜 시간 쌓이고 굳어 형성되었다. 제대로 소화시키기 위해서는 천천히, 그리고 치밀하게 생각해야만 한다.

법률유보 원칙

국민들의 자유를 제한하는 국가의 조치는 반드시 국민들의 대표로 구성된 의회가 결정해야 하며, 그 형식은 법률로 해야 한다는 원칙이 법률유보의 원칙이다. 시민들의 자유를 제한하는 문제를 국회에게 맡긴 이유가 있다. 오늘날 국회는 국민들이 선거에 의해 선출된 의원들로 구성되는 기관이며, 국민들은 제대로 일하지 않는 의원에 대해 다음 선거에서 책임을 물을 수도 있다.

물론 직접적인 국민의 투표로 선출되고 선거에 의해 책임을 지는 대통령도 국민의 대표이므로 국회와 마찬가지로 국민들의 자유를 제한하는 결정을 내릴 수 있는 것이라 생각할 수도 있다. 하지만 시민들의 자유를 제한하는 법률을 제정하는 것은 한 사람의 대통령이 결정할 것이 아니라, 다양한 관점을 갖는 수백 명의 대표들이 공정하게 토의해 결정해야 할 문제다. 의회에게 자유를 제한하는 법률의 제정권을 부여한 것은 동등한 권한을 가진 다수의 의원으로 구성된 기관이므로 그 논의에 적합하기 때문이다.

그런데 우리 국회는 여러 방면에서 국민들에게 실망을 주는 기관이다. 우리 국회가 의회주의 원칙의 이상에 부합하게 제대로 작동하지 못하는 데에는 여러 가지 이유가 있다. 우선 선거의 민주주의 심판기능이 제대로 작동하지 않고 있어 선출된 의원들의 자질이 시민들의 수준을 만족시키지 못한다. 앞서 말했듯 정당민주주의의 여러 문제점으로 인해 대통령이 의회에도 지배권을 행사하고 있다. 정당민주주의가 뿌리내리지 못해 정당 수뇌부가 정치의 많은 문제를 결정하고 있다. 그리하여 의원들은 국민들을 바라보기보다는 자신이 소속한 정당 지도부의 눈치를 보고 표정을 살핀다.[1]

미덥지 못한 국회에게 국민의 자유를 제한하는 법률에 대한 제정권을 부여하는 것이 선뜻 내키지는 않는다. 행정부와 결합되어 있어 시민들의 자유를 제한하는 법률에 대한 심의를 제대로 하지 않을 뿐 아니라, 자유를 제한하는 권한을 통째로 행정부에게 넘겨주기까지 한다. 이런 국회의 권력에게 국민의 자유를 제한할 권한을 맡겨놓은 채 아무런 감시를 하지 않는 것은 위험하다. 그래서 그들의 권력을 통제하는 새로운 장치가 마련되고 있다.

헌법에는 시민들의 자유를 보장하기 위한 여러 원칙들을 규정해놓았다. 의회는 법률을 제정하면서 이러한 헌법의 원칙을 지켜야 한다. 그런데 의회가 지키지 않는다면 어떻게 해야 할까? 의회와 다른 국가권력들이 시민들의 자유를 제한하면서 헌법의 원칙과 조건들을 지키지 않았을 때 이를 확인해 그 법률과 권력행사를 무효로 만들어야 한다. 그것이 바로 헌법재판제도다.

의회가 만든 법이 지켜야 할 조건, 명확성의 원칙

법률유보 원칙은 기본권을 최대한 보장하기 위한 조건이 되는 원칙이다. 그런데 자유의 제한을 법률로 정한다고 해서 모두 그 조건을 통과할 수는 없다. 즉, 의회에서 제정한 법률이라고 해서 시민들의 자유를 제한하는 것이 항상 허용되는 것이 아니다. 법률로 정해야 한다는 것 이외에도 여러 가지 조건을 충족시켜야 한다. 법률의 규정내용이 명확해야 한다는 것은 그 첫 번째 조건이다.

이 세상에서 가장 무섭고 가혹한 법은 어떤 법일까? 단지 목숨을 끊는 사형 정도로는 가혹한 법의 축에 들지도 못한다. 중국 역사에는 거열형이라는 것이 있었다. 말이나 소에 사람의 사지를 묶어 각 방향으로 달리게 해 온 몸을 찢는 가혹한 형벌이었다. 무섭고 가혹한 형벌은 동양만의 특성이 아니었다. 미셸 푸코의 《감시와 처벌》에는 비교적 근세인 1772년 프랑스에서 한 하녀가 여주인을 살해한 죄로 받은 형이 소개되어 있다.

광장에서 오물을 수거하는 데 사용하는 마차에 실어 형장에 데려갈 것. 사형수를 희생된 여주인이 살해될 당시에 앉아있던 안락의자에 앉도록 할 것. 사형수의 오른 손목을 잘라내어 불 속에 던져 넣을 것. 사형수가 범죄에 사용한 단도를 네 번 휘둘러 머리를 찌

르고, 왼 손과 가슴을 잘라낼 것. 교수대에 매달고 교수하여 죽음을 기다릴 것. 2시간 후 그 시체를 끌어내린 후 같은 단도로 목을 잘라낼 것.[2]

그런데 이 세상에는 이런 잔인한 형벌을 규정한 법보다 더 무서운 법이 있다. 바로 명확하지 않은 법률이다. 명확하지 않은 법은 애매하고 모호해 도대체 무엇이 금지되고 무엇이 허용되는지 알 수 없다. 처벌을 무서워하는 시민들은 아무런 말도, 아무런 행위도 할 수 없다. 과거의 행위 가운데 법을 위반한 것은 없을지 걱정하며 공포에 떨게 된다. 경찰을 보면 먼 길로 돌아가고, 누군가 집 문을 두드리면 온 가족의 얼굴이 하얗게 질리기 일쑤다. 반면, 법을 집행하는 자에게는 이처럼 편리한 법이 없다. 누구든지 나쁜 짓을 했을 것 같은 심증이 있는 사람은 손쉽게 처벌할 수 있다. 법이 애매하기 때문에 귀에 걸면 귀걸이고, 코에 걸면 코걸이다. 무엇이든 걸기만 하면 걸리니 마음대로 적용하고 마음대로 처벌할 수 있다. 권력자의 입장에서 무엇보다도 편리한 것은 겁에 질려 있는 시민들이다. 명확하지 않은 법률로 인해 권력을 두려워하게 된 시민들은 순한 양처럼 어떤 통치도 받아들이게 된다.

프랑스대혁명의 시기는 공포정치가 시행되었던 어두운 역사의 시기이기도 하다. 공포정치의 가장 유용한 도구로 사용되었던 것이 바로 불명확한 법률이었다. 당시 사람들을 두려움에 떨게 했던 반혁명혐의자법에서는 이런 규정을 두고 있었다.

혁명에 열의를 보이지 않는 자, 선량한 시민이라는 증명서를 얻지 못한 자, 자유의 적으로서의 태도를 드러낸 자는 반혁명혐의자로 처벌

헌법을 쓰는 시간

한다.

혁명에 열의를 보이지 않는다는 것이 도대체 어떤 태도를 말하는 것인지, 선량한 시민이란 어떤 시민을 의미하는 것인지 애매하기 짝이 없다. 사람마다 그 판단이 달라지므로 누가 판단자인가에 따라 그 법의 적용 여부가 달라진다. 같은 판단자라도 언제 판단하는가, 누구를 판단하는가에 따라 그 판단이 달라질 수 있다. 그가 그렇다고 판단하면 그런 것이고, 그렇지 않다고 판단하면 그렇지 않은 것이다. 이 법 위반으로 1793년 12월 초부터 다음 해 2월 초까지 리용시에서는 약 1,600명이 총살형에 처해졌다. 같은 기간 낭트시에서는 최소 2,000명이 처형되었다. 공포정치의 대미를 장식했던 로베스피에르는 더욱 불명확한 법을 선포했다. 로베스피에르 일파가 권력을 장악하고 그의 독재가 몰락할 때까지 45일 사이에 모두 1,285명이 처형되었다.

다음의 자들은 모두 혁명의 적이다.
- 애국자를 박해하고 중상하여 프랑스 적의 계획을 도운 자
- 사기를 떨어뜨리고 풍속을 타락케 하고, 혁명 원칙의 순수성과 힘을 부패시키려 한 자
- 어떤 방법을 통하여 또는 어떠한 외관의 그늘 밑에 숨어서 공화국의 자유와 통일과 안전을 손상시키고 공화국의 굳건한 건설을 방해하려고 한 자

불명확한 법률을 독재의 도구로 사용했던 역사는 우리에게도 있다. 1972년 선포된 유신헌법은 진정한 의미의 헌법이 아니라 독재의

허가장이었다. 유신헌법 최고의 독소조항은 제53조에 규정된 대통령의 긴급조치권이었다. 그 조항에 의하면 대통령은 '필요하다고 판단하면' 국민들의 자유와 권리를 제한하는 법률인 '긴급조치'를 제정할 수 있었다. 대통령에게 시민들의 모든 자유를 제한하는 권한을 부여한 것이다. 그래서 1970년대의 대한민국은 민주공화국이 아니라 '긴급조치 공화국'이었다. 대통령의 긴급조치의 권한은 반복적으로 발동되었고, 그것으로 국민들의 정치생활뿐 아니라 일상생활까지 극도의 공포로 몰아넣었다.

1975년 5월 13일에 발표된 대통령 긴급조치 9호는 악법 중에서도 가장 악성의 것이었다. 그 내용에는 유신헌법에 반대하거나 그 개정 또는 폐지를 주장하고 청원하는 행위를 처벌한다는 규정이 들어 있었다. 헌법의 제정자이며 주권자인 국민에게 헌법에 대한 반대 의사를 표시하지 못하도록 했다는 것 지체가 이미 구제불능인 법이다. 그러나 더욱 심각한 점은 그 불명확성이다. 이 법의 규정으로는 도대체 어느 행위까지 금지되는지 알 수 없다. 헌법의 개정에 관한 제안도 금지되는지, 헌법이 갖고 있는 문제점을 학문적으로 논의하는 것도 금지되는지, 그 판단을 누구도 확정적으로 내릴 수 없다. 누가 이야기하는가, 누가 판단하는가에 따라 달라질 수밖에 없다.

2007년 진실·화해를 위한 과거사정리위원회는 유신정권 아래서 긴급조치 위반으로 유죄 판결이 확정된 법원의 판결문을 분석해 발표했다. 그에 따르면 긴급조치 유죄 589건의 재판 중 90퍼센트 이상이 긴급조치 9호 위반 사건이었다. 약 절반에 해당하는 282건이 술을 마시면서 나눈 대화 또는 학교의 강의나 토론 내용 때문에 처벌된 경우였다. 2013년 3월 21일 헌법재판소는 긴급조치 9호 등이 헌법에 위반되는 것이었다는 판단을 했다. 긴급조치가 발령된 지 40년

헌법을 쓰는 시간

만의 결정이었다.[3]

불명확한 법의 실제 목표는 정치적 반대세력과 시민들을 위협해 자유로운 대화와 활동을 위축시키는 것이었다. 그 전략은 제대로 맞아떨어졌다. 긴급조치 시대의 시민들이 처벌을 피하기 위해 선택한 최선의 방법은 눈, 귀, 입을 가리고 사는 것이었다. 사람들은 유신의 통치에 반대할 것으로 예상되는 사람과 만나는 것을 피했고, 일상 사회생활 속에서 언행을 극도로 조심했다. 심지어 자신은 유신 체제에 온순하게 복종하는 사람이라는 것을 기회 있을 때마다 표현했다. 권력이 바라던 일이 그대로 실현된 것이다.

02
과잉금지 원칙

장군과 병사

국가권력이 한 사람에게 생명을 내놓으라고 한다. 그 사람은 동의하지 않는다. 생명을 바치라고 할 때 순순하게 받아들일 사람은 없다. 생명은 개인에게 너무나 큰 권리이고 이익이기 때문이다. 그렇다면 개인의 생명을 침해하는 국가권력의 행사는 언제나 지나친 것일까? 국가권력이 한 사람에게 돈 천 원을 내놓으라고 한다. 그 사람은 국가가 요구하는데 바치지 않는다면 후환이 두렵고, 그 정도 액수라면 낼 수 있는 정도라고 생각해 순순히 내놓는다. 이 경우 그 국가권력의 행사는 헌법상 자유를 침해하지 않는 것일까? 여기서는 국가가 시민의 자유를 제한할 때 그것이 지나친 것인지 여부가 어디에 달려있는지 고찰하고자 한다.

존 로크는 대표적인 저서 《통치론Two Treatises of Government》에서 장군과 병사의 비유로 국가권력과 시민의 자유의 관계를 설명했다.

> 어느 사병에게 대포의 포구를 향해 진격하라고 또는 거의 전사할 것이 확실한 공격에 맞서라고 명령을 내릴 수 있는 상사라고 할지라도 그 사병에게 그의 수중에 있는 단 한푼의 돈이라도 내 놓으라고 명령할 수는 없다. (중략) 왜냐하면 그러한 맹목적인 복종은 그 사령관이 권력을 가진 목적 즉 다른 사람들의 생명을 보존하기 위하여 필요한 것이지만, 그 사병의 재물을 처분하는 것은 그것과 아무런 상관이 없기 때문이다.
>
> - 존 로그, 《통치론》, 강정인, 문지영 옮김, 까치, 135쪽.

로크의 설명처럼 국가권력 행사의 정당성은 그 권력행사의 양으로 결정되지 않는다. 그 목적이 공동체의 이익을 목적으로 하는 정당한 것이어야 한다. 같은 근거로 군인, 경찰, 소방대원은 죽음의 위험이 있는 작전에 투입된다. 생명은 가장 소중하지만, 나라를 지키고 더 많은 생명을 지켜야 한다는 목적 때문에 이 명령은 정당화된다.

거기에서 그치지 않는다. 국가권력의 목적이 정당하다고 해도 자유 제약이 무제한적으로 허용되는 것은 아니다. 목적을 달성하는 것에 필요한 수단과 정도의 제한만이 허용된다. 국가권력이 달성하려는 목적과 그 수단이 적절한 균형 관계를 맺고 있어야 한다. 이를테면 국가안보라는 목적을 위해 군인들의 자유를 제한할 수는 있다. 전시라면 위험한 전투에 참여하라는 명령이 필요한 조치이다. 하지

헌법을 쓰는 시간

만 전시가 아닌 평시에 실탄을 장전해 교전훈련을 하는 것은 용납할 수 없다. 아무리 정당한 목적이라고 해도 그 수단이 달성하려는 목적에 비해 과하고 지나친 것이라면 허용될 수 없다. 국가권력의 행사에서 그 목적과 수단의 관계를 통해 잘못된 국가권력의 행사를 통제하는 원칙이 바로 '과잉금지의 원칙'이다.

과잉금지의 원칙은 헌법재판소가 국가권력의 위헌 여부를 통제하는 데에 가장 유용한 도구로 사용하는 헌법재판의 대원칙이다. 사실 이 원칙은 우리의 헌법재판소가 단독으로 사용하는 원칙이 아니다. 독일의 헌법재판소, 유럽의 인권재판소 등 대다수의 민주국가의 헌법재판소가 사용하고 있는 원칙이다. 이 원칙의 본질은 국가의 공익과 개인의 자유가 충돌할 때 정당한 균형점을 찾기 위한 것이다. 헌법재판소에서 가장 많이 사용하는 판단 원칙이지만 같은 답을 찾아야 하는 법원의 판단, 행정부의 권력집행의 판단에서도 유용한 도구가 된다.

과잉금지 원칙의 판단

과잉금지의 원칙은 공동체의 이익과 질서를 고려하면서 자유와 기본권을 보장하는 원칙이기에 자유만 일방적으로 강조하는 방법이 아니라 공동체의 공익도 역시 공정하게 저울질하는 원칙이다. 과잉금지의 원칙은 여러 단계의 판단으로 이뤄진다.

첫째 단계, 목적 첫째 단계는 권력행사의 목적이 정당한가의 문제를 검토한다. 국민의 자유를 제한하기 위한 국가의 권력행사는 정당한 입법목적을 가지고 있어야 한다. 헌법 제37조 제2항에서는 그 정당한 목적을 열거하고 있다. 바로 국가안전보장, 질서유지, 공공복리다.

　국가안전보장은 자유를 제한하기 위한 국가의 목적으로서 정당하다. 국가의 안전이 없다면 개인의 자유도 물거품이 된다. 때문에 국가안전보장이라는 목적이 개인의 자유를 제한하는 데에 정당한 목적이라는 점에는 의문이 없다.

　질서유지 역시 자유를 제한하기 위한 정당한 목적이 될 수 있다. 국가의 법과 법집행을 통해 범죄로부터 개인을 보호하고 범죄행위를 금지할 수 있다. 만연한 범죄와 혼탁한 질서 속에서 자유는 의미가 없다.

　국민들에게 이로움을 가져다주는 것을 공공복리라고 한다. 경제적 성장, 과학기술의 발전도 이에 해당하지만 사회적으로 소외된 사람이 없도록 구성원들을 돌보는 것, 경제적으로 더 공정하고 정의로운 사회를 실현하는 것 역시 공공복리에 해당한다. 공공복리는 궁극적으로 시민들을 더욱 자유롭게 만들어주므로 이 목적을 위해 자유를 제한하는 것도 정당하다고 인정할 수 있다.

　조심해야 할 것은 이 열거된 목적들이 여러 경우에 쉽게 걸쳐질 수 있는 광범위한 의미를 갖고 있다는 점이다. 권력을 행사하는 국가의 입장에서는 권력의 행사와 이들 정당한 목적을 연결시키는 것이 그다지 어려운 일은 아니다. 그러므로 자유를 제한당하는 시민의 입장에서 이를 엄격하게 살펴볼 필요가 있다.

　과연 권력이 내세우고 있는 목적이 진정한 목적인 것인지, 표면적으로만 거짓 목적을 내세운 것은 아닌지 잘 살펴보아야 한다. 그 목적이 전체 공동체의 목적으로 승인할 수 있는 것인지, 일부 사람들에게만 중요한 이익으로 받아들여지는 가치는 아닌지도 유의해 판단해 보아야 한다.

둘째 단계, 적절성 둘째 단계는 권력이 선택한 수단이 목적을 달성하기에 적절한지 묻는 적절성의 원칙이다. 국가권력이 자유를 제한하고 있는 경우, 그 제한은 설정한 목적을 달성하기 위한 적절한 방법이어야 한다. 만일 그 방법을 사용해 자유를 제한한들, 국가가 달성하려는 공익에 아무런 영향이 없다고 한다면 그러한 자유 제한은 허용될 수 없다.

셋째 단계, 최소 침해성 셋째 단계는 최소 침해성의 원칙이다. 국가권력이 선택한 시민들의 자유를 제한하는 방법은 목적을 달성하기 위한 가장 최소한의 수단이어야 한다. 목적을 실현할 수 있는 여러 가지 수단 가운데 자유를 덜 제한하는 수단이 있다면 그 수단을 사용해야 한다. 만일 자유를 덜 제한하는 다른 방법이 있는데도 그것을 사용하지 않고 자유를 더 많이 제한하는 방법을 사용했다면 그 권력행사는 헌법에 위배되는 것이 된다.

넷째 단계, 균형성 이 단계에서는 목적을 통해 달성되는 공익과 제한되는 자유와 권리의 이익이 적절하게 균형을 이루고 있는지 판단한다. 국가가 시민들의 중대한 자유를 제한하고 있는데, 그것을 통해 얻는 공익이 크지 않다고 한다면 이 네 번째 원칙에 의해 그 제한이 허용되지 않게 된다.

과잉금지의 원칙이 작동하는 방식은 국가목적의 크기, 권력행사의 양, 자유가 제한된 분량만을 저울질하는 단순한 방법을 사용하지 않는다. 제한되는 자유의 가치와 자유를 제한해 얻으려는 공익의 중요성과 그 절박성 등을 모두 함께 가치로서 계량하는 방법이다. 그렇기 때문에 그것은 양적인 저울질이 아니라 질적인 저울질, 즉 헌법적 가치에 따른 저울질이라고 부를 수 있다. 이렇게 공동체의 가치를 충분히 고려한 질적인 저울질이기 때문에 공동체의 다양한 위기 속에서도 계속적으로 국민의 자유를 방어할 수 있는 지속 가능한 방어 방법이 될 수 있다.

아킬레스 건

과잉금지의 원칙이 자유를 지키기 위한 효과적인 도구이지만 역시 한계가 있다. 과잉금지의 원칙은 다양한 판단요소를 사용하는 원칙이며, 판단자의 주관적인 판단 여지가 넓은 원칙이다. 부정적으로 표현한다면 판단자의 편견이 작용할 수 있는 판단 방법이다. 그 질문에 대한 정답이 하나로 정해져 있지 않다는 것은 과잉금지의 원칙이 갖는 장점인 동시에 단점이 된다.

헌법재판소가 설립되기 이전의 1970년대와 1980년대에 우리의 헌법과 기본권은 작동하지 않았다. 당시는 우리나라 역사상 최고 악법의 시대였다. 유신과 신군부의 세력이 집권해 수많은 악법들이 제정되고 집행되었던 독재시절이었다. 당시에는 법률이 헌법에 위반되는지에 관한 헌법재판을 헌법위원회라는 기관에게 맡기고 있었다. 하지만 이 기관은 단 한 차례도 위헌 판단을 하지 않았다. 심판기관인 헌법위원회와 제청기관인 대법원이 과잉금지의 원칙을 제대로 판단하지 않았기 때문이다.[4]

과잉금지의 원칙에는 항시 그런 위험이 있다. 판단자의 재량이 많은 판단기준이기 때문에 판단자의 생각 속에 있는 심사의 강도에 따라 전혀 다른 결론이 나올 수 있다. 그래서 결론이 무엇인가에 따라 다른 심사기준을 적용한다는 비판도 가능하다.

집을 지어 놓았지만, 문단속을 맡은 이가 문을 열고, 창문을 열어 놓으면 늑대는 손쉽게 집에 들어올 수 있다. 애써서 바람을 불어 집을 무너뜨릴 필요도 없는 것이다. 국민의 자유와 기본권을 지키기 위해 엄격한 눈을 부릅뜨고 과잉금지의 원칙이 준수되고 있는지 감시를 해야 할 문지기들이 권력에게 대문을 활짝 열어준다면 시민들의 자유가 헌법의 이름으로 권력자에게 넘어간다.

국민의 입장에서 잊기 쉬운 것은 헌법재판소와 법원이 가지고 있는 헌법재판의 권한도 역시 국가권력의 일종이라는 사실이다. 모든 국가권력은 남용의 가능성이 있다. 민주주의 사회에서 권력을 바라보는 기본 시각이 '의심하고 확인하는 것'이라면 이들이 갖는 권력에 대해서도 그 원칙은 적용되어야 한다.

그래도 과잉금지의 원칙, 그래서 토론

만일 우리에게 과잉금지 원칙의 판단이 없다고 할 경우에 국가권력의 행사가 헌법에 위반되는지 판단의 기준으로 어떤 방법이 사용되었을까? 무엇보다 직관은 일상생활에서 자주 사용되는 판단도구이다. 깊이 생각하거나 복잡하게 생각할 필요가 없이 자신이 평소 단련시켜온 '감'에 맡기면 된다. 편리한 수단이기도 하거니와 타당한 결론을 찾는 경우도 많기 때문에 자주 이용된다.

하지만 직관의 방법에는 여러 단점이 있다. 우선 그 결론을 뒷받침하는 타당한 이유를 설명하는 것이 어렵다. 그리고 경험해 보지 못한 어려운 문제를 만났을 때 그 판단의 방향을 잃고 주저앉게 된다. 결정적인 단점은 편견이라는 신뢰할 수 없는 불공정한 판단요소에 전면적으로 노출되어 있다는 점이다.

우리가 갖는 대표적인 편견 가운데 하나가 외국인에 대한 편견이다. 잘 사는 나라에서 온 사람들은 지적 수준이 높고, 신뢰할 수 있고, 행실도 바를 것이라고 생각하는 경향이 있다. 가난한 나라에서 온 사람들, 또는 그런 나라에서 온 것으로 보이는 피부색을 갖고 있는 사람들에 대해서는 정반대의 편견을 보여준다. 스스로도 외국에서 인종 차별이나 국적 차별로 인한 불쾌한 느낌을 받은 경험이 있으면서도 자신이 칼자루를 쥔 상황이 되면 억울한 외국 사람들에 대해 편견에 따른 결정을 쉽게 내린다. 편견은 그렇게 무섭다. 일상생활의 유용한 도구인 직관에는 편견이 섞여 있고 서로 구별되지 않는다. 그래서 편견에 따른 판단은 우리들의 일상생활 대부분의 영역에서 등장한다. 그것이 우리 판단의 자화상이다.

우리는 줄곧 국가권력의 자유 침해를 이야기했다. 그러나 권력의 자리에 앉아 국민들의 자유를 침해하는 것이 미지의 괴물인 것은 아니다. 오늘날 민주주의 사회에서 많은 경우 그 권력의 자리에 앉아 자유를 침해하고 있는 것은 엄밀히 말하면 '다수를 차지하는 사람들의 편견'이다.

우리들은 자신의 사익만 생각하는 정치인들을 비난한다. 하지만 많은 경우 그것은 누워서 침을 뱉는 격이다. 소신도 없이 자기의 이익만을 생각하는 정치인들은 대부분 다수의 국민들이 생각하는 편견에 고분고분 순응하는 정치인들이다. 오늘날 보수와 진보를 막론하고 국민들의 인기에 편승하는 정치세력들이 유력한 지위를 얻고 있다. 그들은 다수가 생각하는 편견에 따라서 판단하기 때문에 안전하고, 그것으로 민주주의의 대표자로 생색을 낼 수도 있다.

정당이나 정치인이 소신을 발휘해 소수 사람들의 자유와 진정한 공익의 문제를 따지며 문제제기를 하기란 쉽지 않다. 자신들의 이익

헌법을 쓰는 시간

에도 도움이 되지 않고, 다수 국민들의 공감과 지지를 받지 못해 다음 선거에서 패배할 가능성이 높기 때문이다. 편견과 선입관으로 국민들의 자유를 침해하는 사람들은 게으른 정치인이나 괴물 독재자가 아니라 편견과 직관에 따라 쉽게 판단하는 다수 국민들인 셈이다. 그래서 우리는 민주주의의 의회를 말할 때도, 헌법을 지키는 헌법재판소를 말할 때도 다양한 관점에서 이뤄지는 토론의 중요성에 관해 이야기한다. 공정한 판단자로서 필요한 덕목으로 다양한 관점의 토론을 필요로 하는 이유를 짚어보자.

우리 모두는 편견을 갖고 있다. 누구도 여기에서 자유롭지 못하다. 만일 다양한 편견을 갖고 있는 사람들이 모여서 토론을 하고, 그 과정에서 서로의 편견과 기준이 혼합되고 교차된다면 보다 지혜롭고 공정한 심사가 이뤄질 것을 기대할 수 있다. 편견이 없고 공정한 판단 능력을 가진 전지자를 기대하는 것보다는, 서로의 편견을 벗기는 질문을 던지는 공정한 토론이 훨씬 현실적이며 지혜로운 것이다. 그러므로 과잉금지 원칙의 판단 과정은 한마디로 편견을 제거하는 과정이다. 국가권력에게 계속 질문한다. 왜 그러한 제한이 필요한가, 그 목적이 과연 정당한가, 그것이 과연 목적달성을 위해 필요한 만큼의 조치인가, 다른 방법은 없는가. 질문이 계속되면서 편견이 하나씩 벗겨져 나간다. 과잉금지 원칙의 최대의 성과는 편견과 관행으로 쉽고 편리하게 판단하고자 하는 권력에 대해 끈질기게 묻는 질문의 양식을 만들어냈다는 것이다.

그런데 과잉금지의 원칙을 묻는 엄격함 역시도 편견에 영향을 받게 된다. 판단자마다 각자 자신의 편견의 작용으로 사안마다 다른 엄격한 기준과 관대한 기준의 심사가 이뤄지고, 그 기준은 일관되지 않고 엇갈리게 된다. 그래서 시민들의 토론과 시민들에 대한 공개가 필요한 것이다. 과잉금지의 원칙은 편견을 제거하기 위한 수단이지만 여전히 편견에 노출되어 있는 수단이다. 따라서 과잉금지 원칙의 적용과정에는 토론이 필요하고, 더 많은 사람들의 토론이 필요하다. 국회와 헌법재판소는 그 토론의 핵심 쟁점을 모든 사람들이 알 수 있도록 공개해야 한다. 단순한 공개가 아니라 일반 시민들이 그 핵심을 빠르고 쉽게 이해할 수 있도록 초점을 맞추어 공개해야 한다. 공개성과 투명성은 시민들의 권리와 자유를 제한하는 법률을 다루는 국회의 토론, 헌법재판소의 토론이 갖추어야 할 필수적인 조건이다.

03
과잉금지 원칙의 적용, 하나:
위험으로 자기를 표현하는 사람들

줄 위에 선 사람

1974년 8월 6일 밤, 필립 프티와 친구들은 뉴욕의 월드 트레이드 센터에 숨어 들어간다. 그리고 경비원의 감시가 소홀한 틈에 두 타워의 옥상 사이에 강철선을 설치한다. 그리고 다음 날 아침 7시 5분, 줄타기 예술가 필립 프티는 8미터의 균형봉 하나에 의지해 지름 2센티미터의 외줄을 타고 두 건물 사이를 여덟 차례 왕복한다. 심지어 강철선 위에 눕는 장면을 연출하기도 한다.

건물 아래에서 이 장면을 처음 발견한 시민들은 경악했다. 잠시 후 사람들이 구름같이 몰려들어 그의 도전을 지켜본다. 사람들 모두가 한마음이 되어 그를 응원한다. 필립은 성공적으로 줄타기를 마치고 관객들은 환호했다. 필립이 건너편 건물에 성공적으로 건너가자 기다리고 있던 경찰들이 그를 체포했다. 건물에 무단침입했다는 이유였다.

프티의 무역센터 줄타기 도전은 2008년에 〈맨 온 와이어Man on wire〉라는 제목의 다큐멘터리로 제작되어 사람들의 영감을 자극했다. 그리고 다시 2016년에는 〈하늘을 걷는 남자The Walk〉라는 제목의 헐리우드 영화로 제작되어 스크린에 선보였다. 그의 도전은 40년의 세월을 넘어 지금도 사람들의 가슴을 떨게 한다.

세계무역센터 빌딩의 높이는 417미터였다. 그 높은 곳에는 바람도 있고, 구름도 있고, 온갖 예상할 수 없는 위험이 도사리고 있었다. 두 개의 건물 사이를 줄타기로 건너는 것이 도대체 어떤 의미가 있었을까? 그 위험천만한 도전을 위해 필립은 자신의 인생과 생명을 걸었다. 그것이 자신의 가슴을 뛰게 하는 일이라는 이유였다. 가슴 뛰는 일을 하며 행복할 수 있는 것, 그것이 바로 자유의 정수이다.

줄을 타면서 행복한 사람 필립의 도전에 어떤 이들은 고개를 갸웃거린다. 하지만 또 다른 많은 이들은 경탄하고 열광한다. 위험한 일과 위험하지 않은 일, 가치가 있는 일과 가치가 없는 일이라는 판단은 사람마다 너무나 다르다. 그 판단은 다른 사람의 판단으로 대체할 수 없다. 만일 그 판단을 국가가 대신 내리고 그것으로 행위를 금지하고 허용하는 사회가 있다면 그곳이 바로 자유를 억압하는 사회다.

관광객 실험

영국의 BBC 방송이 재미있는 실험을 했던 적이 있다. 방송국은 영국과 독일, 일본의 패키지 해외관광 그룹을 선정했다. 그리고 각 그룹에 그 나라 사람으로 한 명의 협력자를 참여시켜 놓았다. 그들의 임무는 적절한 타이밍에 주어진 임무를 수행해 같은 그룹 사람들을 당황시키는 것이었다. 협력자들은 그룹의 관광객들이 여객선의 수영장에서 수영을 하는 동안 그 옆에서 벌거벗고 샤워를 했다. 그런 행동을 했을 때 나타나는 사람들의 반응을 통해 그 사람들의 공동체 문화를 발견하기 위한 것이었다.

가장 싱거운 반응은 독일의 관광객들이었다. 남자와 여자들이 함께 즐기는 사우나 문화를 갖고 있는 독일에서 벌거벗는 것은 그렇게 놀라운 행동이 아니었다. 독일 사람들은 어떤 반응도 보이지 않았다. 이에 반해 영국 그룹의 반응은 재미있었다. 영국 사람들은 스스로 튀는 행동을 하지는 못하지만 다른 사람이 튀는 행동을 하는 것은 매우 즐거워하는 특징을 가지고 있다. 그룹의 사람들은 벌거벗고 샤워한 방송 협력자를 매우 재미있는 사람이라고 생각했다. 사람들은 그에게 앞으로 어떤 행동을 할 계획인지 등의 질문을 했다. 그는 친구를 많이 사귀게 되었다.

반면 일본 그룹의 반응은 매우 심각했다. 사람들은 그를 전체 일본인의 수치로 생각했다. 아무도 그와 이야기하거나 사귀려 하지 않았다. 그는 그룹 내에서 완벽하게 따돌림을 당하는 왕따가 된 것이다. 우리나라의 관광객에게 같은 실험을 한다면 어떤 결과가 나올까? 아마 우리도 일본과 유사한 결과가 나왔을 것이라는 생각이 든다. 나조차도 그런 상황을 상상하면 어딘가 부끄럽고 수치스러운 느낌마저 드니 말이다.

우리의 사회적 규율은 엄격하다. 우리는 어린 시절부터 늘 다른 사람의 눈을 의식하고, 공동체의 규율을 준수해야 하며, 어떤 의미 있는 목적을 위해서 살아야 한다고 배우고 자랐다. 사람들의 행동 방식은 정상과 비정상의 기준으로 나뉘어져 있으며, 정상의 기준을 따르지 않을 경우에는 사회적인 제재가 따른다. 다른 이들이 사는 방식을 판단하고 사회적인 압박으로 교정하려는 시도는 일상적으로 벌어진다.

문신의 문제

불량한 삶의 대표적인 상징이 문신이다. 공중목욕탕에 가면 가끔 온몸에 용이나 호랑이 문신을 한 사람을 발견하게 된다. 대개 그런 사람을 보면 멀리 피하게 된다. 그런 대문짝만 한 문신은 주로 조직폭력배들이 하는 것으로 알려져 있기 때문이다. 한 유명 연예인은 개성과 자신만의 아름다움을 추구하는 수단으로 팔목에 문신을 했다. 그는 방송사로부터 방송 직전에 긴팔 옷을 입어 문신을 가려줄 것을 요구받았다. 그 연예인은 결국 팔에 테이프를 감은 채로 춤을 추고 노래를 불렀다. 그 때문에 방송에서 연예인의 문신을 가려야 하는지에 대한 사회적 논란이 일기도 했다.

문신 시술을 하는 곳은 병원이 아니라 타투샵이다. 타투샵에서 문신 시술을 하는 건 세계 어느 나라에서도 마찬가지다. 문제는 우리나라의 타투샵에서 행해지는 문신이 불법이라는 점이다. 우리나라 의료법은 "의료인이 아니면 누구든지 의료행위를 할 수 없으며 의료인도 면허된 이외의 의료행위를 할 수 없다"고 규정하고, 이를 위반한 경우에는 형사처벌하도록 규정하고 있다. 의사 아닌 사람이 의사인 것처럼 환자를 치료하다가 환자의 건강을 침해해서는 안 되므로 이는 정당한 법률조항이다.

문제는 그 조항의 해석이다. 대법원은 의료행위의 범위에 질병의 예방 또는 치료행위 외에 "의사가 하지 아니하면 보건위생상 위해가 생길 우려가 있는 행위"도 포함된다고 해석하면서 문신 시술도 이에 포함시켜 해석하고 있다. 결국 우리나라에서는 오로지 의사면허를 가진 사람만이 문신 시술을 할 수 있고, 그렇지 않은 사람들이 문신 시술을 하면 형사처벌을 받게 된다. 헌법재판소의 법정의견도 이와 같은 대법원의 해석에 대해 별다른 문제제기를 하지 않은 채 해당 법률조항에 대한 합헌 판결을 했다.

실제로 문신은 건강의 위험을 초래할 수 있다. 바늘을 사람의 피부 속 진피까지 침투시키는 방법으로 시술하므로 훈련받지 않은 사람이 하거나, 위생에 문제가 있는 방식으로 시술할 경우에는 시술받는 사람의 건강을 해치게 된다. 하지만 의사의 자격을 갖기 위해서는 의대교육을 받아야 하고, 의사자격시험에 합격해야 한다. 타투 샵을 열고 문신 시술을 하기 위해서 어려운 의대 입시를 거쳐 비싼 등록금을 내고 최소한 6년의 의대 교육 과정을 거쳐야 한다는 말인가? 아름다움을 추구하는 수단인 문신 시술을 하기 위해서 이런 과정을 거치려는 이가 몇이나 있을까? 또 실제로 할 수 있는 사람은 얼마나 될까?

과잉금지의 원칙으로 질문해보자. 국민의 건강을 보호하기 위한 목적에서 문신 시술을 규제하는 것이 정당하다고 인정한다고 해보자. 과연 그것이 목적을 달성하기 위해 필요한 최소한의 제한인가? 같은 목적을 달성할 수 있는 덜 제한적인 수단은 없는가? 국민의 건강에 위험을 초래하지 않기 위해서라면 다른 방식도 가능하다. 예를 들면 엄격한 자격증 제도를 마련해 적절한 의료와 위생교육을 받고 충분한 실습 훈련을 받은 사람들만이 문신 시술을 하도록 할 수 있다. 또한 영업장의 위생 문제도 충분히 덜 제한적인 대안을 생각할 수 있다. 위생 조건을 제시해 그 조건을 갖춘 영업장소에서의 문신 시술만을 허가하도록 하고, 그 영업장에서 위생 조건을 준수하는지 수시로 영업 감독을 하는 규제를 마련할 수 있기 때문이다. 의사 자격이 있는 사람에게만 문신 시술을 허용하는 것은 공익적 목적을 달성하기 위한 필요 최소한의 제한이라고 할 수 없다. 최소침해성의 원칙에 위반되는 것이다.

여기서 조금 더 근본적인 질문을 해보자. 문신에 대한 규제는 문신 시술을 받는 시민들의 건강의 위험성을 방지하기 위한 목적만이 있는 것일까? 문신을 사회적으로 바람직하지 않은 행위로 보고 있는 선입관이나 또는 편견이 작용하고 있는 것은 아닐까? 이런 질문을 하게 되는 것은 문신 시술을 위해 의사 자격을 요구하는 것이 상식적으로 이해가 되지 않기 때문이다. 그러한 규제는 입법자와 법해석자들의 목적이 건강한 문신 시술이 아니라 문신 시술을 최대한 금지하고 억제하고자 하는 것이라고 할 때 설명이 된다. 만일 그 법이 노리는 목적이 그러하다면 이는 더 이상 국민들의 건강과 보건을 목적으로 한다고 볼 수 없다. 그 법이 규제하려는 것은 문신 시술과 문신 그 자체인 것이다. 그렇게 본다면 이 규제의 배경을 이해할 수 있다.

그럼 다시 과잉금지 원칙의 질문을 해야 한다. 이러한 문신과 문신 시술의 규제는 정당한 목적을 달성하기 위한 것인가? 우리 사회의 다수는 문신을 불온한 것으로 보고 있다. 하지만 그것만으로 정당한 목적이 될 수 없다. 문신을 금지하는 이유로서 국가안보, 질서

유지, 공공복리라는 어떤 목적도 연결되지 않는다. 그 법은 단지 문신에 대한 우리 사회 다수의 편견을 반영해 자유를 침해하고 있는 법일 뿐이다. 목적이 정당하지 않다면 그 다음 단계의 심사로 나아가는 것은 더 이상 불가능하다.

의사에게만 문신 시술을 허용하는 우리의 법체계 속에서 문신은 실질적으로 금지되고 있다. 그렇다면 문신을 하는 사람들은 과연 문신 시술을 어떻게 받고 있을까? 권력이 시장에 지나치게 과도한 규제를 할 때 불법적인 암시장은 자연스럽게 나타난다. 지금도 전국 수백 개의 타투샵에서 다양한 경력의 문신사들이 문신 시술을 하고 있다. 법으로 허용되는 영업이 아니므로 그 자격이나, 위생에 대해 아무런 감독을 받고 있지 않다. 단지 단속권한을 가진 경찰과 공무원들에게 정기적인 상납이 이뤄지고 있을 뿐이다. 과도한 자격을 요구하는 우리의 제도는 입법사나 해석사가 겉으로 표명한 '국민 보건의 보호'라는 목적과 반대의 결과를 낳았다. 적절한 정도의 자격을 요구하면 될 것을 지나치게 과도한 요구를 함으로써 시민들은 훨씬 높은 수준의 위험에 노출되어 있다.

문신은 몸에 평생 동안 지워지지 않는 흔적을 남긴다. 순간의 판단으로 몸에 새기는 문신은 후회할 일이 될 수 있다. 자신의 몸에 평생 지워지지 않는 액세서리를 그리는 것은 쉽게 생각할 문제가 아니다. 어느 날 잘못된 일이었다는 생각이 들었을 때 이미 돌이킬 수 없는 상태라면 그것은 무서운 선택이다. 그래서 아직도 많은 사람들이 선불리 문신을 새기지 않는 것이다. 하지만 바로 거기에 문신의 독특한 매력이 있다. 돌이키기 어려운, 쉽지 않은 행위이기 때문에 어떤 사람들에게 문신은 자신만만한 표현으로 받아들여지고 있는 것이다.

깎아지른 절벽과 절벽 사이에 외줄을 걸어놓고 그 위를 오가는 줄타기는 누구에게는 더없이 어리석은 일이지만, 다른 누구에게는 자유의 결단이며 하나뿐인 인생을 만끽하는 행위다. 그들에게 그것이 아름답고, 그것이 자유의 표현이 될 수 있는 것은 위험이 존재하기 때문이다. 자신의 몸에 문신을 해 평생 지울 수 없는 상징을 남기는 것을 통해 자신의 개성을 표현하는 것에는 돌이키기 어렵다는 위험이 따른다. 그 위험이 존재하기 때문에 그 메시지는 더욱 강하게 표현된다. 자신을 위험이 가득한 방식으로 표현하고자 하는 욕구, 그 욕구를 표현하는 것도 역시 자유다. 사회의 다수가 비이성적인 치기로 본다고 해서, 다시 말해 다른 이들의 편견에 의해서 그들의 자유가 축소되어서는 안 된다.

어린 시절부터 사회적 규율이 몸에 배도록 교육받은 이들은 과연 자신이 살고 있는 방식이 어떻게 결정된 것인지 알지 못한 채 산다. 그래서 어느 순간 자신이 진정으로 자유로운지, 아니면 인생에 책임을 지려고 노력하는 것인지, 그것도 아니면 사회의 다수가 정해놓은 룰과 선입관에 맞춰 살려고 발버둥치는 것인지 혼란스러워하게 된다. 그래서 어쩌면 어느 날 팔 뒤쪽에 문신을 하기 위해 타투 샵 주소를 찾고 있을지 모른다. 자유를 향한 그들의 수줍은 첫걸음을 격려해야 하지 않을까?

참, 월드 트레이드 센터에 불법으로 침입하고, 러시아워 시간대의 뉴욕 맨하튼의 교통을 여러 시간 동안 먹통으로 만들었던 줄타기 예술가 필립 프티는 어떤 처벌을 받았을까? 법원이 그에게 내린 처벌은 다음과 같다.

"센트럴 파크에서 어린이들을 위한 무료 공연을 할 것."

04

과잉금지 원칙의 적용, 둘:
외로운 사람들

시네마 천국

〈시네마 천국〉이라는 아름다운 영화가 있다. 시칠리아의 한 작은 마을에 홀어머니와 함께 사는 가난한 아이 토토가 살고 있다. 그 마을 사람들에게 영화는 큰 기쁨이다. 사람들은 마을 한가운데 있는 극장에서 저녁마다 영화를 본다. 영화와 함께 깊은 한숨을 쉬고, 환호하고, 사랑에 빠진다.

이 마을에는 신앙심이 깊은 신부가 있다. 그 신부는 영화를 좋아하지만 영화의 마력으로 마을 사람들이 타락할까봐 노심초사한다. 그래서 사용하는 수단이 가위질이다. 마을에서 상영되는 영화는 상영되기 전에 신부님의 가위질을 거쳐야 한다. 주인공 소년 토토가 처음 영화를 접한 것은 신부님의 검열 작업을 돕는 일이었다.

마을에서 영화를 틀어주는 영사기사 알프레도는 어린 토토를 가여워하며 아버지처럼 돌봐준다. 세월이 제법 흐른 뒤 토토는 어느덧 청년이 되었고, 갑작스런 화재로 눈을 잃은 알프레도를 대신해 마을의 영사기사가 되었다. 신부는 노령으로 은퇴했다. 마을 영화관에 더 이상 신부님의 검열은 없다.

어느 무더운 여름 밤. 마을에 최초의 컬러영화가 들어왔다. 모든 마을 사람들이 시원한 밤바람이 부는 바닷가에 모여서 함께 영화를 본다. 영화에서는 비키니를 입은 젊고 아름다운 여인이 누워서 일광욕하는 장면이 나온다. 카메라는 그 여인에게 점점 다가가 벗은 육체를 클로즈업한다. 젊은이들은 흥분해 소리치고, 모든 관객들은 침을 삼키면서 긴장한다. 이때 노인이 된 영화광 신부가 일어나서 크게 외친다.

"이건 외설이야!"

신부의 외침소리를 듣고 영화 속의 영화 관객들이 웃음을 터뜨린다. 스크린 밖의 관객들도 웃는다. 영화 속의 젊은이들은 나이 든 신부가 귀엽다는 듯 머리를 안고 쓰다듬어 준다. 신부는 어리둥절해하며 사람들의 웃음이 이해가 되지 않는다는 표정이다. 스크린 밖의 관객들은 미소를 띠고 있다. 영화 속의 관객들과 영화 밖의 관객들이 모두 함께 웃었던 이유는 무엇일까?

신부가 갖고 있던 외설의 기준이 너무나 오래전의 것이라 사람들에게 우스꽝스럽고 어이없게 느껴졌던 것이다. 하지만 만일 아직도 신부가 가위질의 권한을 갖고 있었다면 그 신부만이 갖고 있는 주관적 기준으로, 수많은 사람들의 비웃음을 살 기준으로 그 영화에 가위질을 가했을 것이다. 그리고 자신은 마을의 도덕과 윤리를 수호하는 일을 하고 있다고 자부했을 것이다.

영화의 압권은 맨 마지막 장면이다. 마을을 떠난 토토는 유명한 영화감독이 되었다. 어느 날 토토는 알프레도의 부음을 듣는다. 토토에게 알프레도는 영화에 눈을 뜨게 해준 은인이었다. 토토는 장례식이 끝나고 고인이 그에게 남긴 영화 필름을 전해 받는다. 토토는 그 영화를 홀로 영사실에 앉아서 틀어본다. 그 필름은 신부의 지시로 잘려나간 필름들, 토토가 어린 시절 그렇게 가지고 싶어 했던 수많은 영화들의 키스 장면을 이어붙인 것이었다.

신부에게 외설스럽고 음란했던 장면들은 이어져서 아름다운 한 편의 영화가 되었다. 배경음악과 함께 펼쳐지는 다양한 키스 장면, 그리고 그 영상을 보면서 알프레도 아저씨에 대한 고마움과 그리움에 눈물 흘리는 어른 토토의 모습은 영화사에 길이 남을 명장면으로 꼽히고 있다.

외설의 금지

외설 또는 음란이란 그 공동체가 감당할 수 없을 정도의 노골적인 성적 표현을 의미한다. 사회에서 음란한 표현을 금지하는 것은 그것으로 사회의 도덕과 윤리가 심하게 타락할 수 있으며, 공동체의 도덕적인 타락은 그 공동체의 몰락과 개인들의 파멸을 초래할 수 있다고 보기 때문이다. 이러한 외설과 음란에 내한 기준은 개인의 주관에 따라 다양할 수 있다. 시대와 사회 환경의 변화에 따라 바뀌어 갈 수 있다. 1950년대 우리나라 대법원은 스페인 화가 프란시스 고야Francisco de Goya의 〈옷 벗은 마야The Naked Maja〉라는 그림을 성냥갑에 인쇄한 것을 음란죄로 판결했던 적도 있다. 오늘날 그런 판결이 나온다면 영화 속 신부의 외침처럼 많은 사람들의 웃음을 살 것이다.

오늘날은 과거의 기준으로 보았을 때 상상할 수 없을 만큼 음란한 시대다. 각종 영상매체에서 벗은 몸이나, 성애의 장면이 나오는 것은 더 이상 놀라운 일이 아니다. 아름답고 예술적인 표현으로 받아들여지기도 하며, 꼭 그렇지 않더라도 자연스러운 장면으로 받아들이는 시대다. 그런데도 법을 집행하는 당국이 스스로 엄격한 도덕 기준으로 시대에 맞지 않는 기준을 자신의 주관대로 적용한다면 사회의 행복과 아름다움을 앗아갈 수 있다. 그리고 그러한 법의 집

헌법을 쓰는 시간

행은 공동체 구성원들의 조소를 받게 된다. 사회를 타락시키는 것이 아니라 법질서에 대한 불신을 자초해, 궁극에는 법질서 스스로의 추락을 가져올 수도 있다.

헌법재판소나 대법원은 음란의 개념을 엄격하게 해석하고 있다. 그래서 오늘날에는 단순히 저속한 표현 정도로는 음란하다는 평가를 할 수 없다. 인간의 나체가 드러났다는 이유만으로 무조건 금지하는 도덕주의적 관념은 더 이상 법의 금지 기준으로서 받아들여질 수 없다. 그 정도를 훨씬 뛰어넘어 인간의 존엄성을 해치는 정도의 표현이어야 음란하다는 법적 평가를 받게 된다. 인간을 오로지 성의 도구로 취급하고, 성기에 대한 집착적 관심만을 표시하는 영상의 경우 문제가 된다. 가령 아동을 성적 행위의 대상으로 삼는다거나, 인간을 폭력적으로 학대하면서 성적인 쾌감을 느끼는 표현을 담은 영상 등은 음란물로서 그 제작과 판매가 금지된다. 이러한 영상을 금지하는 것은 도덕과 질서를 보호하기 위한 것이 아니라 인간으로서의 존엄성을 보존하기 위한 것이다. 그것은 우리 사회가 정립할 수 있는 최소한의 기준이고 이런 금지는 정당하다고 판단할 수 있다.

자위는 아직도 우리 시대의 터부다. 이성간의 성적 행위, 더 나아가 동성 간의 성적 행위에 대한 표현도 표현물에서 등장하곤 한다. 그럼에도 자위행위에 대한 묘사를 하는 영화나 드라마는 드물다. 자위행위에 관한 서술과 표현은 아직도 어두운 골방에 갇혀 있는 듯하다. 그래도 과거의 어두움을 많이 벗은 것이 사실이다. 자위를 죄악이라고 하는 도덕적, 종교적 관념은 사라졌다. 청소년들을 대상으로 한 성교육에서도 자위를 하는 것 자체를 해로운 행위로 보거나, 더러운 행위로 보는 시각을 극복시키려고 노력하고 있다.

해외여행의 자유가 허용된 1990년대 초반에 배낭여행을 떠났던

적이 있었다. 첫 도착지였던 홍콩에 도착해 공항을 벗어나 거리를 걷던 순간은 지금도 가슴을 저릿하게 한다. 처음 걸어보는 외국의 거리는 신기한 경험의 연속이었다. 거리에서 발견한 가장 놀라운 장면은 휴대폰으로 통화하는 사람들의 모습이었다. 이동통신이라고는 삐삐와 고급차에 부착시킨 카폰 정도를 보다가, 아령만 한 휴대폰을 들고 다니며 통화하는 사람들의 모습을 보면서 이유를 알 수 없는 웃음이 자꾸 터져 나왔다. 그러다 홍콩의 한 뒷골목에서 신기한 장면을 발견했다. 그 골목에는 노점상과 점포들이 많았는데, 하나같이 남성의 성기를 닮은 플라스틱 물건을 진열해놓고 있었다. 무언가 알 것 같기도 하면서도 이해할 수가 없었다. 그것들이 여성용 자위기구라는 사실을 알게 된 것은 한참 뒤의 일이다.

그후 외국을 다니면서 그와 비슷한 점포를 종종 발견하게 되었다. 오스트리아 빈의 공항에서 시간을 보내며 상점들을 기웃거리던 중에는 의식하지도 못한 채 그런 점포에 들어간 적도 있었다. 경고 문구는커녕 출입문조차도 없는 개방형 점포였다. 신기한 물건들을 팔고 있었다. 요즈음은 우리나라에도 성 관련 물건을 파는 점포가 제법 눈에 띈다. 그런데 우리나라의 점포들은 폐쇄적이다. 주로 어두침침하고 후미진 거리에 있고, 창문과 출입구를 모두 밀폐하고 있다. 입구에는 성인업소라는 대문짝만 한 문구와 '19금' 표지가 붙어 있다. 마치 총기나 폭탄 또는 마약을 파는 곳 같은 위험성과 불온성이 느껴진다.

2010년 12월, 성인용품판매점을 운영하는 한 시민이 경찰에 적발되었다. 자신이 운영하는 점포에서 여성의 성기를 그대로 닮은 남성용 자위기구를 판매했다는 것이 그의 죄목이었다. 경찰의 시각에서 이 자위기구는 성 보조기구가 아니라 음란한 영상과 다를 바 없는 음란한 물건이었던 것이다. 검찰도 같은 판단을 해 그를 기소했다. 대법원은 남성용 자위기구의 형태나 색상 등이 여성의 몸을 지나치게 닮았다면 음란한 물건에 해당한다고 판단했다. 헌법재판소의 법정의견도 이와 같은 대법원의 해석에 대해 별다른 문제제기를 하지 않은 채 해당 법률조항에 대한 합헌 판결을 했다.

문제가 된 자위기구의 판매를 금지하는 것을 과연 자유와 기본권의 측면에서 어떻게 보아야 할까? 과잉금지의 원칙으로 질문해보자. 자위기구의 판매를 금지하는 것은 과연 어떤 자유를 제한하는 문제일까? 우선, 물건을 파는 사람의 직업의 자유가 문제된다. 하지만 이 사안에서 더욱 중요한 문제는 그 물건을 사서 사용하고자 하는 사람들의 자유다. 인간이 성적인 본능을 갖는 것은 너무나 자연스럽다. 그리고 건강한 성적 본능을 자유롭게 실현하는 것은 인간의 행복과 깊은 관련을 갖고 있다. 사람들은 모두 성적인 문제에서 자기결정권을 가진다. 자기가 원하는 상대방과 서로의 동의하에 성적인 관계를 갖는 것, 자기가 원하지 않는 성적인 관계를 갖지 않는 것은 자유다.

그런데 이런 자유의 이면에는 그늘이 있다. 성적인 행위의 기쁨을 나누는 자유를 실현할 기회를 갖지 못하는 이들이 있는 것이다. 물론 자위기구를 필요로 하는 이유는 다양할 수 있다. 중요한 사실은 누군가에게 이런 성 보조기구는 행복을 추구하는 권리와 자유로서의 가치를 가진다는 점이다. 사회에는 다양한 사람들이 있다. 그리고 그 가운데에는 다양한 원인에 기인해 성적인 파트너를 갖지 못하는 이들, 갖기를 원하지 않는 이들이 존재한다. 사회경제적인 이유, 연령, 신체적 장애, 사회적 편견, 부부 관계에서의 트러블 등 수많은 이유가 존재한다. 특히 장애인들의 문제는 심각하다. 출입조차 자유롭지 않은 중증 장애인들의 경우는 성적인 관계의 결핍이 중요한 인권 문제로까지 부각되고 있다. 자위기구는 어떤 이유에서건 성적인 관계를 결여하고 있는 이들의 본성을 위로해줄 수 있는 도구다.

자위기구 사용이라는 영역은 지극히 사적인 영역이다. 인간이기에 갖는 당연하고 건강한 성적인 본능을 실현하는 수단으로서 자위행위라는 수단을 선택한 것이고, 이는 다른 누구와 관계를 맺지 않는 개인적인 영역의 행위이다. 이 영역에서 이루어지는 행위에 대해 국가가 당신은 왜 성행위를 선택하지 않고 다른 수단을 선택했는지 묻는다든지, 자위행위를 선택하지 말고 건전한 운동이나 음악감상을 하라는 등의 간섭은 허용될 수 없는 것이다. 때문에 국가가 자위기구를 금지하는 것은 사생활 영역에서 각자 누려야 할 행복을 실현하는 방법의 자유를 제한하고 있는 것이다. 물론 이런 자유도 공익을 위해 필요한 경우라면 적절한 정도에서 제한할 수 있을 것이다. 사안의 경우에 과연 그와 같은 과잉금지의 원칙을 준수하고 있는 것일까?

우선, 입법목적의 정당성을 살펴보자. 과연 그와 같은 규제가 정당한 목적을 달성하기 위한 것이라고 할 수 있을까? 음란물 판매를 금지하는 법률조항은 건전한 성도덕을 보호하기 위한 것으로 판단할 수 있다. 그렇다면 자위기구의 판매 금지가 건전한 성도덕 보호를 위해 적절한 수단인지에 대한 의문이 남는다. 그런데 자위기구를 사용하는 사람들의 다양한 사정은 평범하고 일반적이다. 또한 성적으로 소외되어 있는 사람들이 사람으로부터 받을 수 없는 위로를 혼자서 느껴보고자 하는 것은 어느 누구의 자유도 침해하지 않는다. 성도덕의 타락과도 연결될 수 없다. 엄격한 원리주의 종교국가라면 모를까, 개인이 혼자 스스로를 만족시켜 성의 기쁨을 느끼는 것이 사회의 도덕을 타락시킨다는 판단은 독단적이고 위선적이다. 자위기구를 사용하는 것은 어디서 봐도 개인의 자유의 문제다. 그것이 자유라면 자유를 행사하는 데에 하늘의 별을 닮은 물건을 사용하건, 달을 닮은 물건을 사용하건 개인의 자유에 맡겨 놓아야 할 문제다. 인간의 신체를 닮게 제작한 자위기구를 금지하는 것과 사회의 성도덕의 타락을 방지하는 문제는 합리적으로 연결되어 있지 않다.

다만 자위기구가 상품으로서의 적합성을 갖추어야 할 여러 가지 품질 조건이 있다. 가령 자위기구가 신체를 침해할 위험이 있어서는 안 될 것이며, 이 부분에 관해서는 국가가 개입할 필요가 있다. 국민의 건강을 지켜야 할 책임이 있기 때문이다. 하지만 그 밖의 내용에 관해서는 그 사용자의 사용 목적에 따라 수요자와 공급자가 결정할 문제이다. 그 기구의 형상과 색상, 질감의 문제는 그것을 사용하는 이들의 선호의 문제이며, 이는 소비자의 수요와 생산자의 공급이라는 시장원리에 의해 결정될 것이다.

사람들은 각자 쉽지 않은 자신의 인생의 바다에 살고 있다. 자신의 바다를 자신의 규율에 따라서 자신만의 기쁨과 슬픔을 느끼며 항해하고 있는 것이다. 타인이 인생을 사는 방식을 비난할 자격은 어느 누구에게도 없다. 그것은 그들의 자유이고, 우리 모두는 다 같은 인생 항해자일 뿐이기 때문이다. 자신의 방식으로 자신의 행복을 느끼는 것은 그의 취향이고, 그의 자유다. 신의 축복이란 바로 그런 것이 아닐까?

05

과잉금지 원칙의 적용, 셋:
두려워하는 사람들

고문 금지 원칙

고문 금지라는 헌법 원칙이 있다. 고문은 금지되어야 마땅하다. 고문은 인간을 인간으로 취급하지 않기 때문이다. 우리 헌법도 고문 금지의 원칙을 규정하고 있지만, 이것은 국제법의 대원칙이다. 고문이라는 행위를 한 사람은 세계 어느 나라의 사람이건, 어느 곳에서 저지른 일이건, 어느 나라에서 체포되었는지 상관없이, 모든 나라의 재판정에서 유죄의 판단을 할 수 있다. 단순한 범죄자가 아니라 인류의 적으로 취급받는 것이다. 한마디로 고문 금지의 원칙은 절대적인 원칙이다. 법 원칙 가운데 절대적 원칙이란 매우 드물다. '예외 없는 법칙은 없다'는 법언처럼 거의 모든 법 원칙은 그것이 적용되지 않는 예외의 조건들을 만들어 놓고 있다.

예를 들어 시민들의 자유를 지켜야 한다는 것은 매우 중요한 원칙이다. 하지만 헌법은 그 원칙을 절대적인 것으로 선언하지 않고 그 원칙을 양보하는 예외의 조건들을 만들었다. 그것이 바로 과잉금지의 원칙이다. 자유 가운데 가장 중요한 자유로서 반드시 보장되어야 할 지위를 갖는 표현의 자유와 양심의 자유의 경우에도 과잉금지의 원칙에 의해 그 제한이 인정될 수 있는 것이다. 이처럼 중요한 원칙이라고 해도 절대적인 원칙으로 선언하지는 않는 이유는 원칙들은 대개 더 큰 공익을 위해 스스로를 양보하지 않으면 안 될 사태를 맞을 수밖에 없기 때문이다.

그럼에도 불구하고 고문만큼은 절대적으로 허용되지 않는다. 이 것은 어떤 공익이 있는 경우에도 고문을 해서는 안 된다는 의미다. 아무리 위험한 자라고 해도, 그래서 사회 구성원 모두가 그를 혐오 하고 증오하고 있다고 해도 고문은 허용되어서는 안 된다. 가령 연 쇄살인범의 혐의자이고, 자칫 증거가 없어 무죄 방면해야 할 위험이 있을지라도 그에 대해 고문을 가해 자백을 받아내려고 해서는 안 된 다. 나쁜 범죄를 저지른 범죄자 또는 저지른 것으로 보이는 범죄 혐 의자의 존엄성을 지켜주는 것이 왜 그렇게 중요한 것인지 의문이 들 수 있다. 고문을 금지해야 하는 이유는 인간으로서 최소한의 존엄을 보장하기 위함이다. 하지만 다른 사람들의 존엄성을 함부로 해치는 사람들, 다른 사람들의 생명을 빼앗는 극도로 위험스러운 범죄 혐 의자의 존엄성도 보장해주어야 하는 것일까? 그들에게 고문을 가해 범죄를 자백 받을 수 있다면 범죄로부터 사회의 안전을 지킬 수 있 는 것이 아닐까? 이런 의문은 고문이 인권침해라는 문제가 있기는 하지만, 진실을 발견하는 데에 효과적인 수단이라는 생각에서 시작 된다.

봉건시대 일본 막부의 한 장군이 손님들을 초대했다. 구하기 어 려운 감귤을 한 상자 구해 모든 친구들과 나누어 시식하기 위해서 였다. 손님을 접대하던 중 감귤이 3개 없어진 사실을 발견했다. 장 군은 대노해 범인을 색출할 것을 지시했다. 우선 감귤을 지키는 역 할을 맡았던 하인이 용의자로 붙잡혀 왔다. 처음에는 절대로 결백 하다고 주장했다. 매질이 시작되었다. 매를 맞던 하인이 드디어 눈물 을 흘리면서 자백을 했다. 감귤이 하도 탐스러워 의식하지도 못하는 사이에 자신의 손이 감귤에 닿아 먹게 되었다고 생생하게 진술했다. 그리고 주인의 신뢰를 배신한 자신을 제발 죽여 달라고 눈물의 반성을 했다. 장군은 손님들이 모두 돌아간 이후에 처벌하기로 하고 그 하인을 묶어서 헛간에 가두어두라고 지시했다. 다시 손님들의 방으로 돌아가던 중 손자를 만났다. 손자는 장군에게 감귤이 얼마나 맛있는지를 이야기하기 시작했다. 없어진 감귤은 하인이 아니라 아무 생각이 없었던 어린 손자가 먹었던 것이다. 장군은 하인을 불러 눈물로 사죄하고, 그 이후 다시는 자백을 받기 위해 고문을 가하지 않았다고 한다.

고문은 무고한 사람을 범죄인으로 만들어 내는 데에 효과적인 수단이 될 수 있을 뿐 진실을 발견하는 데에 효과적인 수단은 아니다. 어떤 사실이라도 자백하게 만드는 고문은 오히려 진실을 발견하기 어렵게 만들어버린다. 진실을 발견해 범죄로부터 공동체를 안전하게 지킨다는 주장은 허구에 불과한 것이다. 고문에 의해 증진되는 공익은 존재하지 않는다. 오히려 공익은 고문에 의해 최악의 침해를 받게 된다. 고문은 사람의 모든 것을 파괴하는 악마와도 같은 힘을 가지고 있다. 사람들은 악마와 눈을 마주치기 싫어한다. 그래서 권력에 도전하는 생각은 꿈에도 품지 못하게 된다. 권력자가 싫어할지도 모르는 어떤 행위도, 자유도 행사하려고 하지 않는다.

권위주의 시절 우리나라의 각종 수사기관들이 고문을 행하고 있다는 것은 비밀이 아니었다. 누구나 알고 있었던 공공연한 사실이었다. 고문 기술자들은 자신들이 음지에서 공익을 증진시킨다고 주장하고 싶어 한다. 하지만 이들이 하는 일은 인간의 영혼을 파괴하는 일이었을 뿐이다. 그 시절 부모들이 가장 걱정하는 자식은 바른 말을 잘 하는 자식이었다. 밖에 나가서 올바르고 정의로운 주장을 하는 것은 사람들의 눈에 띄는 일이다. 가장 걱정스러운 어떤 일을 당하고, 그것으로 파괴되어 돌아올지 모르는 자식들을 위해 부모들은 제발 사람들 많이 모인 곳에 가지 말고, 남들 앞에 나서서 이야기 하지 말라고 신신당부를 했다.

권력자들이 고문을 사용하는 가장 근본적인 이유는 사람들이 두 려워하기 때문이다. 겁먹은 사람들은 질문하지 못하고 침묵한다. 권 력자는 고문이라는 수단으로 모든 권력행사를 정당화하고, 모든 문 제제기를 침묵시킨다. 때문에 고문이란 자유의 본질적 내용을 침해 하는, 절대로 허용될 수 없는 권력행사다. 공동체의 정당한 공익의 목적과도 연결되지 않으며, 우리가 지키고자 하는 모든 헌법적 가치 를 파괴할 수 있는 무서운 수단이다.

9·11 테러 이후 미국은 극도의 안보 불안에 시달렸다. 미국 시민 들로서는 법치주의의 신념에 대한 시험대가 되는 순간이었다. 아쉽 게도 미국 시민들은 테러리즘의 공포와 분노 속에 그동안 굳건하게 지켜왔던 법치주의 원칙의 중요한 기둥들을 양보하고 무너뜨렸다. 그 중 하나가 테러 용의자에 대한 고문의 허용이었다. 미국 법무성 이 주도해 만들어낸 논리에 따르면 테러조직인 알카에다의 구성원 인 포로는 적국의 포로가 아닌 범죄단체의 전투원에 불과하기 때문 에 비엔나 협약의 적용을 받지 않고 고문이 가능했다. 실제로 미군 과 미국 정부는 테러와의 전쟁 과정에서 알카에다 전투원 및 그 용 의자들을 상대로 고문을 가해 신문했다.

미국의 법학계에서도 논쟁이 벌어졌다. 하버드 로스쿨의 한 교수 는 이른바 '시한폭탄 시나리오'를 만들어냈다. 만일 대규모 테러가 임박해 있고, 한 용의자가 그 폭탄의 설치 위치를 알고 있으며, 그 자의 자백으로 안전을 확보할 수 있다는 조건이 갖추어진다면 고문 을 허용할 수 있다는 논리였다. 유명한 연방항소법원의 판사도 그 논리에 동조했고, 일부 법조인들이 그 시나리오에 지지를 표명했다.

많은 인권법 전문가들은 그 논리의 허구성과 위험성을 비판했다. 대다수의 시민들은 혼란스러워 했다.

그런데 그 조건을 갖출 수 있는 경우가 있을까? 영화 속의 테러리스트들은 태생적인 악마이다. 폭탄을 설치해 놓고 체포된 범죄인은 수사관에게 이죽거리면서 "2시간 후에는 폭탄이 터져 수많은 어린이들이 죽게 된다." 라고 말한다. 이런 대사는 영화 속에서만 가능한 가상의 이야기일 뿐이다. 현실에는 그런 조건을 갖춘 용의자가 존재하지 않는다.

2003년 워싱턴 D.C.에서 '테러리즘에 대응한 사법의 국제적 협력'이라는 주제로 국제사법회의가 열렸다. 각국의 최고법관, 교수, 법조인들이 참여해 발표하고 토론을 벌였다. 회의 마지막 날 패널들의 발표가 끝나고 일반 참여자의 질문 순서가 되었다. 자신을 스웨덴의 대법관이라고 밝힌 노부인이 가녀린 목소리로 질문했다.

"미국은 그동안 많은 국가들의 법치주의, 민주주의 발전의 훌륭한 모델이었습니다. 이제 미국이 과거로 후퇴한다면 미국의 모델을 따라서 바람직한 법치주의 모델을 만들려는 많은 나라들에게 얼마나 나쁜 영향을 미칠 것인지 심히 걱정스럽습니다. 한때 미국은 인류의 법치주의 수준을 고양시켰지만, 이제 후퇴시키고 있습니다."

순간 300명 이상이 모여 있던 회의장은 조용해졌다. 질문을 받았던 군 법무관 경력의 미국 연방판사는 질문의 취지와 전혀 동떨어진 공허한 대답만 했다.

미국 중앙정보국(CIA)은 실제로 테러 용의자 수사에 물고문을 사용해왔다. 버락 오바마 대통령은 2009년 취임 직후 행정명령을 통해 물고문 시행을 금지했고, 2015년에는 법으로도 금지됐다. 오늘날 미국 사회에는 '시한폭탄 시나리오'를 주장하는 학자는 더 이상 존재하지 않는다. 테러리스트에게 고문을 가하는 것이 허용되어야 한다는 주장을 하는 학자도 이제는 없다. 오히려 한때 공황상태에서 고문을 했던 것, 그런 논의를 했다는 것 자체를 부끄러워하고 있다. 그런데 그것으로 끝일까?

도널드 트럼프 대통령은 2017년 1월 26일, ABC 방송과의 인터뷰에서 놀라운 언급을 했다. 이슬람 테러세력과 싸우기 위해서는 동등한 수단을 사용해야 하며, 그 수단으로 물고문을 사용하는 것을 고려하고 있다는 것이다. 그리고 "고문은 절대적으로 효과가 있다"고 말했다.

고문은 오래전의 이야기가 아니다. 권력은 절대로 고문을 포기하지 않는다. 특히 스스로의 능력에 대한 과신과 오만에 빠진 권력은 공통적으로 자신들이 할 수 있는 일과 해서는 안 될 일을 구분하지 못한다. 이들은 용의자들을 끝없이 사악하고 영악한 존재라고, 하지만 자신의 주먹 한 방에 비굴하게 눈물을 흘리며 용서를 비는 존재일 것이라고 상상한다. 그리고 모든 사람들을 대신해 복수해주어야 한다는 환상 속에 살고 있다.

이 문제가 더욱 현실적인 위협이 되는 건 권력만이 이런 유혹에 빠지는 것이 아니기 때문이다. 학자, 법조인, 언론마저도 쉽사리 편견과 선입견의 인질이 되곤 한다. 사람의 육체와 영혼을 파괴하는 수단이 공동체와 공동체의 자유를 지키는 보장이 되기란 불가능하다. 공동체의 적으로부터 우리를 지킬 수 있는 것은 영혼을 파괴하는 폭력이 아니라, 모든 것이 파괴될 것 같은 공포의 순간에도 우리들의 이성을 포기하지 않는 진정한 자유의 결단이다.

과잉금지 원칙의 적용, 넷:
어둠의 자식들

시골버스와 할머니

강원도 전방의 한적한 시골길 정거장에 버스가 정차했다. 한 할머니가 봇짐을 들고 버스에 탄다. 버스비를 계산하고 버스 자리를 둘러보신다. 마침 버스에 타고 있는 승객들은 모두 군복을 입은 군인들이었다. 앞자리부터 뒷자리까지 한번 훑어보신 후 할머니가 하시는 말씀.

"아이고, 버스에 사람이 하나도 없네!"

1990년대 유행하던 이 농담에 당시 군대를 가야 하는 또래의 젊은이들은 서로 등짝을 쳐가면서 웃었다.

군인들이 지배하던 시대가 있었다. 시민들은 힘으로 저항하는 대신 마음속으로 경멸했다. 병역의 의무를 다하기 위해 입대하는 사람들은 지배하는 군인이 아니라 지배받는 군인이었다. 그들은 지배하는 군인도 되지 못했으므로 더욱 쉽게 놀림을 받았다. 지배당하는 군인들은 입대하는 순간부터 모든 자유와 권리를 박탈당했다. 인간임을 부정당하는 많은 일들이 발생했다. 농담 속 할머니의 말씀에 그런 조롱의 뜻이 있지 않다는 것을 알고 있었지만 젊은 사람들은 그 이야기에 자신들의 마음을 담아서 웃었다. 자조의 웃음이었고, 군에 입대 후 겪을 일들에 대한 두려움의 웃음이었다.

'군인도 사람인가'라는 자조적인 농담은 어디까지 진실일까? 군인들은 정말 모든 헌법의 자유를 박탈당해야 하는 신분인가? 제2차 세계대전까지의 낡은 이론에 따르면 군인, 공무원, 수형자, 학생들은 특수한 지위에 있는 신분이었다. 그래서 이들에게는 보통의 시민이 갖는 자유와 기본권이 인정되지 않았다. 법이 부여하는 별도의 특별한 지위가 있을 뿐이라고 보았다. 그래서 이들에게는 헌법상의 자유도, 법률에 의한 기본권 제한의 원칙이 존중될 필요도 없다고 보았다. 하지만 오늘날은 다르다. 수형자, 군인, 공무원, 학생에게도 다른 시민들과 동일한 자유의 원칙, 법치주의의 원칙이 적용되어야 한다. 학계와 판례로서도 다른 견해가 없을 뿐 아니라 일반 시민들의 생각과 상식에서도 이는 당연하다.

만일 누군가가 교도소 수형자에게는 아무런 자유가 인정될 필요가 없고, 이들의 자유를 교도소장이 자유롭게 박탈할 수 있다고 주장한다면 시대착오적인 정신 나간 사람이라고 생각할 것이다. 범죄를 저질러서 격리되어 있는 사람들에게도 인간으로서의 존엄성은 보장되어야 하는 것이고, 수형자로서 누릴 수 있는 자유라는 것도 존재하므로 그들 자유의 본질적 부분이 박탈되는 일은 발생하지 말아야 한다. 국회는 수형자의 권리와 법적 지위를 상세하게 규정한 법을 제정했으며, 집행부는 그 법을 실제 수형자의 지위에 적용하고 있다.

그렇다면 군인들의 자유는 어떨까? 군인들은 범죄를 저지른 국민이 아니다. 그들은 충분한 대가도 받지 않고 공동체를 위해 자신의 인생과 자유를 헌신하는 국민들이다. 오늘날에도 군인들이 아무런 자유를 갖지 못하는 주체라고 생각한다면, 이는 낡은 군국주의 사고에 갇혀 있는 꼴이다. 범죄를 저지른 국민들에 대해서도 상세한 법으로 자유와 권리를 보장하고 있다면, 군인들에게도 당연히 그에 상응하는 법이 제정되어야 한다. 우리나라의 입법자들은 2015년 그를 위한 법을 제정하였지만 내용이 없는 공허한 법이었을 뿐이다. 현재까지 군인들의 신분과 자유를 제대로 보장하는 법은 제정되지 않고 있다.

그렇다면 우리 공동체가 군인들의 자유에 대해 인색한 이유는 무엇일까? 그것은 군대의 기능을 우려하기 때문이다. 군대란 국가의 존립과 국민의 안전을 위해 자신의 생명도 바쳐야 하는 특수한 조직이다. 게다가 남북한이 군사적으로 첨예하게 대립하고 있는 상황이기 때문에 군인들에게 더욱 엄격한 규율과 복종을 요구한다. 그들에게 자유 같은 것을 보장하기 시작하면 물렁한 군대가 될 것이라고 걱정한다. 하지만 바로 이런 이유 때문에 군인들의 자유에 대한 시급한 조치가 요청된다. 상명하복의 엄격한 명령체계에서는 자유가 더 쉽게 박탈되고, 부당한 침해가 있을 때 기댈 수 있는 구제장치도 제 기능을 하지 못한다. 군인들의 자유가 멋대로 처분되어도 이를 제대로 감시하거나 보장하기 어려운 것이다.[5]

군인과 헌법 제37조 제2항의 원칙들

군대의 기능과 안보를 버리고, 군대의 명령체계를 버리는 것이 군인들의 자유를 보장하는 유일한 방법은 아니다. 두 가지를 조화시킬 수 있는 방법이 있다. 바로 헌법 제37조 제2항에서 도출한 과잉금지의 원칙이다.

국가안보는 자유를 제한하기 위한 정당한 목적이다. 국가안보를 위해 군대조직이 필요하고, 군대가 제대로 기능하기 위해서 군인들의 자유를 제한할 수밖에 없다. 다시 말해 군인의 자유를 제한하는 것은 크게는 안보라는 목적을 위해, 작게는 군대가 제대로 기능해야 한다는 목적을 달성하기 위한 것이다. 그러니 군인들의 자유가 보통 시민들의 자유에 비해 더 제한될 수 있다는 것은 긍정할 수 있다.

문제는 자유를 어느 정도까지 제한할 수 있는가이다. 즉, 자유 제한의 마지막 한계선이다. 자유의 제한은 그 목적 달성을 위해 필요한 정도만큼만 제한해야 한다. 이는 과잉금지의 원칙에 따른 것이기도 하지만, 헌법상의 의무를 성실하게 수행하고 있는 국민들에 대한 최소한의 예우로서 국가권력이 해야 할 일이기도 하다.

이를 위해 국회는 군인들이 갖는 자유와 그 제한, 군인의 권리와 의무, 법적인 지위를 법으로, 그리고 구체적으로 정해야 한다. 그 법률의 내용은 헌법의 원칙, 특히 과잉금지의 원칙과 명확성의 원칙에 부합해야 한다. 헌법재판소와 대법원은 권력의 행사가 헌법과 법률을 위반하지 않도록 사법판단으로 감시해야 한다.

우리 병사들의 법적 지위

우리 병사들의 법적 지위는 어떤 상황인가? 얼마 전까지만 해도 국회는 그들의 자유와 법적 지위에 관한 아무런 법률을 제정하지 않고 있었다. 관련해서는 1960년대에 제정된 군인사법에 오로지 한 조항이 있었다. 그런데 그 조항의 내용을 보면 웃음이 나올 지경이다.

군인사법 제47조의2(복무규율)

군인의 복무에 관하여는 이 법에 규정한 것을 제외하고는 따로 대통령령이 정하는 바에 의한다.

법률에서는 스스로 아무것도 정하지 않고 군인들의 자유, 법적 지위에 관한 모든 사항을 대통령에게 맡기고 있었다.[6] 1960년대 만들어진 이후 강산이 다섯 번 바뀌는 동안 의회는 이 조항에서 '각령'을 '대통령령'으로 고치는 데 그쳤다. 사실상 단 한 번의 개선도 하지 않은 것이다. 그것만으로도 60만 국민들의 자유와 권리를 방치하는 국회의 직무유기라고 하지 않을 수 없다. 그런데 이보다 더 큰 문제가 있다. 이 법조항은 헌법을 위반한다는 사실이다.

우선, 이 법은 앞서 본 헌법 제37조 제2항의 법률유보 원칙에 위반한다. 국민의 자유를 제한하는 법률조항인데, 국회가 정하지 않고 대통령이 정하도록 하고 있다. 물론 법률유보 원칙에는 예외가 있기는 하다. 오늘날 국가가 담당하는 업무의 영역이 방대해 의회가 모든 법을 제정하는 데에는 한계가 있다. 때문에 행정부에게도 대통령령, 부령 등의 형식으로 법을 제정할 수 있는 권한을 부여하고 있다. 하지만 이것은 어디까지나 예외이다. 법률을 제정하는 것은 의회의 권한이고, 행정부는 의회가 만든 법을 집행하는 것이 원칙이다. 그래서 헌법에서는 행정부가 입법권을 행사하기 위해서는 의회가 구체적으로 범위를 정해 위임한 경우에만 할 수 있다고 하는 엄격한 조건을 정하고 있다. 그것을 포괄위임입법 금지의 원칙이라고 한다.[7]

그런데 우리 의회는 군인들의 자유와 법적 지위에 관한 모든 것을 '군인의 복무에 관한 사항'이라고 뭉뚱그려서 행정권에게 넘겨주고 있었다. 입법의 권한을 그야말로 포괄적, 추상적으로 행정부에게 위임했던 것이다. 포괄위임입법 금지의 원칙을 위반한 위임이기 때문에 그 위임을 적법한 것으로 인정할 수 없다. 결국, 이 법은 예외에 의해서도 법률유보 원칙의 문제가 치유될 수 없으므로 위헌적인 법률 조항이었다.

정신적 자유와 불온서적 금지 사건

우리 헌법은 모든 국민들에게 정신적 자유를 부여한다. 누구든지 자유롭게 생각할 수 있으며, 그 생각을 자유롭게 표현할 수 있다. 그리고 스스로 진지하게 자신의 양심, 종교를 결정하고 실현할 수 있다. 이런 자유들을 정신적 자유라고 한다. 정신적 자유는 인간으로서의 정체성을 결정하는 자유로서 모든 자유의 어머니라고 할 만큼 그 가치가 중대하다. 그러니 군인의 신분을 가진 국민이라고 해서 정신적 자유가 없다는 말은 성립할 수 없다. 인간에게 정신적 자유를 부정한다는 것은 인간임을 부정하는 것이다. 따라서 정신적 자유 보장이라는 문제는 국가권력이 선택할 수 있는 것이 아니다. 군인들은 인간이고, 국민이다. 더욱이 공동체를 위해 자신의 인생을 헌신하고 있는 고마운 국민들이다.

군인인 국민들에게 일반 시민들과 동일한 정도의 완벽한 자유를 보장하기는 어렵다. 전시와 같은 특수상황에서는 평시보다 더욱 중대한 제한도 용인하지 않을 수 없다. 하지만 군대 조직의 사명과 특수성에 배치되지 않는 한에서는 정신적 자유를 보장해야 한다. 또한 아무리 군인이라고 해도 인간 존엄성의 핵심에 해당하는 정신적 자유에는 손댈 수 없다. 입법자는 정신적 자유를 제한할 수 있는 그 명확한 한계를 법으로 설정해야 하며, 그 법률은 명확한 법률이어야 한다. 또한 필요한 정도를 넘어 제한하는 과잉금지의 원칙에 위반되는 법률이 아니어야 한다.

2008년 7월, 국방부는 서점에서 시판되고 있는 책 가운데 23종을 불온서적으로 지정했다. 그리고 이 도서들이 군대에 반입되지 못하도록 부대 출입구에서는 외출자와 휴가 복귀자의 소지품을 검사하고, 부대 내의 각 내무반에서 수시로 장병들의 소지품 검사를 해 불온도서를 적발할 것을 지시했다. 이 정책은 시민들로부터 거센 비난을 받았다. 무엇보다도 불온도서로 지정된 도서들의 면면을 보았을 때 그 지정 작업이 신중하고 엄격하게 진행되지 않았음이 드러났다. 이들 도서들 가운데 일부는 세계적인 석학의 저서였으며, 다수는 대한민국 학술원 등 학술단체, 언론기관, 심지어 문화관광부 등 정부부처 등으로부터 우수도서로 선정된 도서들이었다.

시민들은 국방부의 정책을 조롱했다. 전체주의와 독재의 권력자들은 항상 금서목록을 만들어 책을 금지했다. 하지만 책을 금지했던 권력자는 항상 스스로 붕괴했다. 그 역사를 반복하는 국방부의 어리석음에 많은 국민들이 조소를 보냈다. 시민들은 어리석은 권력의 정책에 책을 사는 것으로 항의했다. 불온도서로 지정된 서적들은 불온도서 선정 이후 판매량이 몇십 배까지 올랐다.

국방부장관이 불온도서 목록을 지정한 것은 바로 내통령령의 규정에 근거하고 있었다.[8] '군인복무규율'이라는 그 대통령령 규정을 보면 "군인은 불온 도서를 소지, 운반, 전파, 취득해서는 안 된다"라는 규정이 있는데, 그것이 바로 명령의 근거조항이었다.

여러 명의 군 법무관들이 국방부의 불온서적 지정과 그 근거가 된 대통령령 규정이 헌법에 위반된다면서 헌법소원을 제기했다. 도서의 내용과 사상적 경향을 이유로 블랙리스트를 만들어 시행한 것은 군인들의 정신적 자유를 침해한다는 주장이었다.

책을 읽을 자유는 중요한 정신적 자유로서 개인적으로는 인간으로서의 정체성을, 공동체로서는 다원적 민주주의를 지탱하는 중요한 요소가 된다. 이런 중요한 자유를 제한하기 위해서는 법치주의 원칙, 더 구체적으로는 법률유보 원칙, 명확성 원칙, 과잉금지의 원칙을 준수해야 한다. 한편 국방부장관의 명령의 근거는 위에서 본 대통령령 조항이다. 군인들의 책 읽을 자유라는 중요한 정신적 자유를 제한하기 위해서는 의회에서 제정한 법률로 제한하라고 하는 것이 앞에서 본 헌법 제37조 제2항의 법률유보 원칙이다. 그런데 위 대통령령 조항은 법률이 아니라 대통령령에 불과하다. 따라서 이 조항은 법률유보 원칙에 위반되는 조항이다.

만일 법률에서 그 내용을 구체적으로 위임하고 있다면 문제는 달라진다. 하지만 군인의 자유와 법적 지위에 관한 근거가 되는 법률이라고는 당시 군인사법에 단 한 조항이 있을 뿐이었고, 그 조항이 포괄위임 금지 원칙에 위반된다는 것은 앞서 살펴보았다. 이 사건에서 대통령령의 규정은 법률유보 원칙에도 위반되고, 포괄위임 금지 원칙에도 위반되는 것이기에 합헌적인 법령이 될 수 없다.

한편 이 대통령령 조항은 명확성 원칙에도 반하는 조항이다. '불온'이란 '온당하지 않다'고 하는 의미만 담고 있는 매우 추상적이고 불명확한 개념이다. 그래서 해석하는 사람의 생각에 따라 크게 달라질 수밖에 없는 단어다. 어떤 사람에게는 '성적으로 저속한 내용'이 될 수도 있고, 또 다른 사람에게는 '잔혹한 범죄를 묘사하는 것'이 될 수도 있다. 또 다른 사람에게는 '전쟁을 긍정적으로 묘사하는 것'이 될 수도 있고, 정반대로 '전쟁을 부정적으로 묘사하는 것'이 될 수도 있다. 정치적 또는 사상적인 불온성을 의미하는 것이라고 내용을 제한해 해석하는 경우에도 여전히 불확실하다. 과연 그것이 북한을 찬양하는 정도에 이르러야 하는 것인지, 정부 비판적인 내용이면 불온한 것인지, 노동자의 입장을 옹호하면 또는 진보적인 정치관을 가지면 불온한 것인지 전혀 특정할 수 없다.

결과적으로 군인들의 자유는 매우 높은 자의적 집행의 가능성에 노출되게 된다. 자유의 한계선을 행정권이 제정한 법령으로 정하는 것에서 한 걸음 더 나아가, 개인의 즉흥적 판단에 따라 집행하게 하는 위험을 초래하고 있는 법령인 것이다. 군인들의 정신적 자유를 침해하는 권력자에게 집행을 완전히 위임하는 꼴이다.

이 조항은 또 다른 측면에서 위헌적인 조항이다. 과잉금지의 원칙에도 위반하는 조항이었음은 물론이다. 위 조항의 목적은 국가안보라는 정당한 목적을 추구하고 있다. 하지만 그 수단이 적절하지 않고, 제한에 대한 최소한의 원칙도 지키고 있지 않기 때문에 어떻게 보아도 과잉금지의 원칙을 준수하지 않고 있다.

먼저 수단의 적절성 측면을 보자. 이 조항의 목적과 수단은 '군 장병들이 불온도서에 접근하는 것을 차단하여 군의 정신전력을 유지, 강화하고자 하는 것'이다. 그러나 군인들의 정신전력을 정보의 차단이라는 방법으로 확보하겠다는 생각은 지나치게 고답적인 사고다. 군인인 국민들의 정신 능력을 터무니없이 과소평가하는 사고이기도 하다.'

다양한 정보를 폭넓게 접하도록 하고, 사회 현상을 비판적으로 분석할 수 있는 능력을 키우는 것이 진정한 정신전력이다. 스스로 비판하고 분석하면서 민주주의 체제의 우위를 직접 체득하는 군인이 진정으로 강한 정신전력의 군인이다. 때문에 불온도서를 금지하는 위 대통령령 조항은 입법목적을 달성하기에 적절한 방법이라고 보기 어렵다.

이제 최소한 제한의 원칙 위반에 관하여 보도록 하자. 물론 우리나라의 특수한 안보상황 속에서 군인이 읽어서는 안 될 도서를 지정하는 것이 반드시 필요하다는 생각이 존재할 수 있다. 만일 그런 규제가 절실하게 필요하다면 규제 대상이 되는 도서의 기준을 명확하고 엄격하게 정하고, 중립적인 전문가들로 구성된 위원회를 구성하여 공정한 기준과 절차에 따라 구체적인 책을 지정해야 할 것이다.

그런데 위 대통령령 조항은 어떤 공정한 절차도 거치지 않고 집행권자가 독자적으로 불온도서를 선정할 수 있게 하고 있다. 어떤 책이 불온한지를 몇몇 사람이 판정한다면, 이는 사상통제의 수단으로 악용될 위험성이 높다. 이런 식의 규제는 군인의 자유라는 관점에서도 문제지만 군의 정치적 중립성이라는 측면에서도 커다란 위험성이 있다. 정부의 정책을 비판하는 책이라고 모든 군인들에게 그 도서를 금지한다면 그 군대를 정치적으로 중립적인 군대라고 볼 수 없다. 특정인이나 특정집단의 선호 내지 사상적 편향성에 의해 자의적으로 판단되지 아니하도록 객관적이고 합리적인 기준이 마련되어야 하고, 그 심의사유가 공개되는 등 사후적인 통제장치가 마련되어 있어야 한다.

종합하면 위 대통령령 조항은 도서의 범위를 엄격하게 한정하거나 객관적 심사절차를 규정하는 등 자유를 덜 제한하는 수단이 가능했다. 하지만 그와 같은 수단을 채택하지 않았기 때문에 과잉금지의 원칙을 위반한 것이다.

헌법재판소의 결정

헌법재판소는 위 대통령령 조항에 대해 합헌을 선언했다. 논리적인 설명이 가능하지도 않을 뿐 아니라 기존의 헌법재판소의 판례 경향과도 배치되는 충격적인 결정이었다.[10]

2008년 2월, 이명박 대통령이 취임했다. 보수세력으로서는 10년 만의 집권이었다. 여당과 정부는 앞선 진보세력 정부가 집권했던 기간을 '잃어버린 10년'으로 규정했다. 때문에 불온서적 지정 조치는 지난 정부를 친북정부로 몰고, 자신들이야말로 자유민주주의를 지키는 정치세력이라는 이미지를 선전하기 위한 정책이라는 혐의가 짙었다. 헌법재판소의 결정도 행정부의 의도에 비견될 만큼 정치적이었던 것은 아닐까?

사상과 생각을 이유로 금지하고 처벌하고 차별하는 것은 헌법이 금지하고 있음에도 이런 조치는 지속적으로 시행되었다. 그리고 박근혜 전 대통령의 임기에는 '문화계 블랙 리스트'라는 사건으로 폭발했다. 그 탄핵 결정을 보면서 '과연 그만의 잘못이었을까'라는 의문을 느꼈다. 그동안 대통령의 권력을 통제하는 기관들이 헌법의 견제 원칙에 따라 제대로 작동했다면 과연 그런 일을 저지를 수 있었을까, 아무리 제왕적 권한을 갖는 대통령이라고 해도 꿈이나 꿀 수 있었을까 하는 의문이었다.

비록 최종적인 탄핵결정을 내려 사태의 종지부를 찍은 것이 헌법재판소였지만, 헌법재판소 역시 종전 정부의 위헌적 행위를 방치한 책임으로부터 자유롭지 않다고 생각한다. 그런 혐의를 두게 되는 중요한 근거 중 하나가 바로 이 '불온서적' 결정이다.

제8장
가장 혐오스런 표현이 누릴 수 있는 자유
표현의 자유

01
표현의 자유란 무엇인가?

다산 정약용과 이계심

다산 정약용은 조선 영조 38년인 1762년 태어났다. 다산은 정조 13년, 28세의 나이에 과거의 최종시험인 전시에 수석으로 급제했다. 36세가 되던 해에는 황해도 곡산 도호부사로 발령을 받았다. 다산이 부임하기 직전 곡산에는 심상치 않은 변고가 발생했다. 풍문에 따르면 곡산의 백성들이 수령을 몰매주고, 들것에 담아 객사 앞에 버렸다. 임지로 떠나기 전 하직 인사를 하는 다산에게 조정 대신들은 주동자를 처형해 국법을 세우라고 권고했다. 하지만 사건의 진실은 이러했다. 전임수령과 곡산의 아전들이 백성들에게 탐학을 저질렀다.

군포대금의 명목으로 거두어야 할 세금의 몇배를 강제로 거두었다.

곡산의 백성 중에 이계심이라는 사람이 있었다. 그는 의협심이 강해 어려운 백성들을 대신해 호소를 잘하는 사람이었다. 이계심이 관아에 호소하러 간다는 이야기가 전해지자 약 천여 명의 백성들이 그를 따라 함께 관아에 와서 항의했다. 수령이 이계심을 체포해 형벌을 내리라고 명령하니 함께 온 백성들이 서로 자신이 대신 매 맞기를 청했다. 아전과 포졸, 관노들이 몽둥이로 백성들을 마구 때리자 모두 흩어져 달아났다. 수령이 이 사건을 감사에게 보고하자 이계심에 대한 체포 명령이 전국 오영에 내려졌다.

다산이 곡산 땅에 들어서니 누군가 부임행차를 가로막고 호소하는 글을 올렸다. 바로 이계심이었다. 다산은 이계심에게 행차를 따라오라고 했다. 아전들이 법에 따라 포승으로 결박하고 칼을 씌워 뒤따르게 해야 한나고 조언했다. 하지만 사실을 조사한 다산은 이계심에 대한 재판을 열어 무죄를 선고했다. 그리고 무죄의 이유를 다음과 같이 밝혔다.

"관장이 밝게 일을 처리하지 못하는 까닭은 백성들이 자기 몸을 위해서만 교활해져 다른 백성들이 당하는 패악을 보고도 관장에게 항의하지 않기 때문이다. 형벌이나 죽음을 두려워하지 않고 만백성을 위해 그들의 원통함을 폈으니, 너 같은 사람은 관에서 마땅히 천 냥의 돈을 주고라도 사야 할 사람이다."

- 박석무, 《다산 정약용 평전》, 민음사, 232쪽.

다산은 곡산 수령이 되기 3년 전인 33세 당시 경기도의 암행어사로 임무를 수행한 적이 있었다. 수령들을 엄정하게 처벌하던 암행어

사 정약용은 근본적인 절망을 느꼈다. 탐관오리들의 패악과 헐벗고 굶주린 백성들의 고초는 한두 사람 관리나 아전을 처벌해 해결할 수 있는 문제가 아니었다. 이런 일은 거의 모든 고을에서 벌어지고 있었으며, 그 부정의 뿌리가 중앙의 고위 관리들과도 연결되어 있었기 때문이다. 다산은 지방관들의 권력남용에 대한 가장 효과적인 대책이 백성들의 항의와 고발이라고 보았다. 하지만 백성들은 쉽사리 항의하지 못했다. 항의와 고발을 했다가 오히려 더 큰 불행을 당할 것을 염려했기 때문이다. 다른 이들이 자신과 가족의 안전을 생각해 침묵할 때 그 걱정을 이기고 고발을 한 이계심은 범죄인이 아니라 나라와 백성들을 구한 영웅이라는 것이 다산의 생각이었다.

모든 권력은 남용되는 본성을 가지고 있다. 힘을 남용하는 권력이 가장 두려워하는 것은 진실이다. 진실이 알려지면 그것을 제재하는 힘이 작용하기 때문이다. 그것이 정의의 법칙이고 자연의 법칙이다. 나쁜 권력자들이 국민들의 목소리를 잠재워 진실을 가리기 위해 다양한 수단을 동원하는 것도 바로 그 이유다.

민주주의 헌법도 없는 시대에 다산은 표현의 자유의 핵심을 꿰뚫는 재판을 내렸다. 표현의 자유는 서구 문화 또는 민주주의의 산물이 아니다. 그것은 공동체를 건강하게 보존하기 위한 지혜로운 장치이고 남용하는 권력에 대항하는 시민들이 가진 최후의 무기이다.

표현의 자유란 무엇인가?

사람들의 생각은 자유다. 자유로운 생각을 자유롭게 표현하는 자유가 표현의 자유다. 모든 사람은 자유로이 자신의 의사를 표현하고 전파할 권리를 가지고 있다. 다산의 시대에도 지혜로운 사람들은 표현의 자유를 보장해야 한다는 생각을 하고 있었다. 그로부터 세월이 흘렀고, 인류는 시행착오의 경험 속에 더욱 견고한 표현의 자유 보장 장치를 마련했다. 그렇다면 오늘날의 표현의 자유는 어떤 내용의 자유일까? 다산의 시대로부터 얼마나 구체화되었을까?

오늘날 민주주의 국가들은 표현의 자유를 유사한 내용으로 보장한다. 구체적인 사건의 재판내용은 각 나라마다 다소 차이가 있지만, 표현의 자유 보호에 관한 커다란 얼개는 대략 동일하다. 우리 헌법은 제21조에서 표현의 자유를 보장하고 있다. 그런데 그 내용이 그다지 친절하지는 않다. 무엇이 표현의 자유이고, 그 범위에 무엇이 포함되는 것인지 자상하게 규정하고 있지 않다.

헌법 제21조

모든 국민은 언론·출판의 자유와 집회·결사의 사유를 가진다.

언론·출판에 대한 허가나 검열과 집회·결사에 대한 허가는 인정되지 아니한다.

표현의 자유를 자상하게 규정하고 있는 헌법은 독일 헌법이다. 독일 헌법의 이름은 기본법이라고 한다. 독일 기본법은 제5조와 제8조에서 표현의 자유를 보장하면서, 표현의 자유의 구체적인 내용을 규정하고 있다. 의사표현의 자유, 알 권리, 언론의 자유, 검열 금지 원칙, 집회의 자유가 바로 그것이다.

독일 기본법 제5조

모든 사람은 각자 말이나 글, 그림으로써 자유로이 자신의 의사를 표현하고 전파할 권리를 가진다.

일반적으로 접근할 수 있는 정보원으로부터 방해받지 않고 정보를 얻을 권리를 가진다.

신문의 자유와 방송 및 영상을 통한 보도의 자유가 보장된다.

검열은 금지된다.

독일 기본법 제8조

모든 독일인은 신고나 허가 없이 평온하게 그리고 무기를 휴대하지 않고 집회할 권리를 가진다.

표현의 자유에 포함된 다섯 가지 자유들

표현의 자유가 보장하는 것들이 어떤 것인지 그 개략적인 내용을 살펴보기로 하자. 표현의 자유는 서로 긴밀하게 연결된 다섯 개의 덩어리로 나누어볼 수 있다. 이로써 전체의 그림을 조망할 수 있을 것이다.

우선 의사표현의 자유다. 사람들은 말이나 글, 그림으로 자유로이 자신의 의사를 자유롭게 표현할 수 있다. 메시지를 적은 종이판을 들고 서 있는 행위, 국기 또는 단체의 깃발을 들고 있는 행위, 노란색 리본을 가슴에 달고 있는 것도 의사표현에 포함된다. 의사표현에는 책과 잡지, 영화와 음반 같이 많은 사람들에게 의사를 전달할 수 있는 수단을 사용하는 표현도 포함된다.

둘째는 검열의 금지다. 검열이란 국가권력이 사람들의 의사표현 내용을 확인해 그 발표를 허락할지 결정하는 강제 제도이다. 사람들이 큰 소리로 외치거나 펜으로 종이에 적는 것과 같은 의사표현을 국가가 모두 검열하기란 사실상 불가능하다. 그러나 사람들은 자기의 생각을 보다 더 효과적으로 알리기 위해 신문과 방송, 책, 영화와 음반 등 매체를 활용한다. 이렇게 매체를 사용하면 국가권력에 의한 획일적 통제가 가능하다. 국가에 의한 검열은 표현의 자유에 대한 가장 심각한 침해이고, 따라서 엄격하게 금지되어야 한다.

셋째는 신문과 방송의 자유다. 오늘날 신문과 방송 등 언론기관은 세상에서 발생하고 있는 일들에 대한 정보와 다양한 생각을 전달하는 가장 영향력 있는 매체다. 언론기관의 독립과 자유 보장은 민주주의 보호와 직결되는, 표현의 자유의 가장 중요한 쟁점이다.

넷째는 집회와 시위의 자유다. 사람들이 모여서 함께 의사표현을 하는 것을 집회라고 한다. 그리고 모여서 의사표현을 하되 움직이면서 하는 것을 시위라고 한다. 집회와 시위는 중요한 의사표현의 수단이며 민주주의의 수단이다. 집회와 시위는 폭력적으로 행하지 않는 한 자유이다. 개별적 의사표현에 대한 가장 심각한 통제가 검열이라고 하면, 집단적 의사표현인 집회와 시위에 대한 가장 심각한 통제는 허가제도이다. 우리 헌법은 집회의 허가제는 허용되지 않는다고 규정하고 있다. 독일 헌법은 집회의 허가제뿐 아니라 신고제도 허용되지 않는다고 규정하고 있다.

마지막으로 알권리다. 사람들이 자기의 생각을 표현하기 위해서는 공정하고 올바른 정보를 가지고 자신의 생각을 형성해야 한다. 정확한 정보, 구하고자 하는 정보를 얻지 못할 때는 아무리 표현의 자유가 잘 보장되어 있다고 해도 그 의미가 반감된다. 필요한 정보가 없다면 적절하고 정확한 판단을 할 수 없고, 결국 진정으로 하려고 하는 표현도 할 수 없기 때문이다. 국가와 공공기관, 그리고 신문이나 방송과 같이 모든 사람들이 쉽게 접근할 수 있는 매체로부터 정보를 구할 자유를 알 권리라고 한다.

02
나쁜 표현들

르완다의 라디오 방송

아프리카 르완다에는 혈통으로 구분되지는 않지만 문화와 역사로 구분되는 두 개의 종족이 있다. 인구 중 약 90퍼센트에 해당하는 후투족과 나머지를 차지하는 투치족이 그들이다. 전통적으로 유목생활을 하던 후투족은 정착해 농경생활을 하며 정치와 지배 방식을 발달시켰던 투치족에게 노동과 경제를 착취당했던 이픈 역사가 있다.

이런 르완다는 20세기 초반 벨기에의 식민지배를 받게 되었다. 식민당국은 투치족을 식민 통치세력의 도구로 사용했다. 역사적으로 지배 종족이었던 투치족은 식민지 시절에도 식민당국의 하수인이 되어 후투족을 착취했던 것이다. 식민지배로부터 해방된 이후 다수의 후투족이 정권을 장악했다. 후투족은 복수심에 가득 차 투치족을 공격했고, 투치족은 무장하고 저항했다.

1994년 아프리카 르완다에서 발생한 종족 간 유혈 분쟁은 대학살 양상으로 발전했다. 정권을 잡고 있던 후투족 지도자들이 투치족의 존재를 소멸시키는 인종청소를 거론하기 시작했다. 드디어 살육이 시작되었다. 약 100일 동안 최소한 50만 명이 살해당했다. 이 기간 동안 발생한 고아는 약 40만 명에 달한다.

학살 기간 가장 사악한 활동을 했던 것은 라디오 방송이었다. 라디오 방송은 인종청소의 선동과 세뇌, 학살 작전 지시 등 각종 반인류적 범죄를 조직하고 지시했다. 구체적인 살해의 메시지가 라디오 전파를 통해 흘러나왔다. 지금도 생존자들은 라디오 스피커에서 들려오던 '투치족은 바퀴벌레들이다. 모두 박멸해야 한다'라는 외침을 치를 떨며 기억하고 있다.

나쁜 표현들은 존재한다

모든 표현은 좋다는 생각은 환상이다. 나쁜 표현은 분명히 존재한다. 르완다의 라디오 방송처럼 잔혹한 범죄를 선동하는 표현이 나쁜 표현임은 두말할 필요도 없다.

다른 사람의 이익을 직접적으로 침해하는 표현도 있다. 거짓으로 사람을 속여 돈과 재물을 취하는 사기 행위, 자신보다 낮은 지위에 있는 사람을 성적으로 괴롭히는 성희롱 행위, 조직폭력배를 동원한 협박 행위 등은 범죄에 해당하는 나쁜 표현들이다. 이런 표현들은 법원에서 과연 그것이 범죄인지를 판단하는 방식으로 규제된다.

공동체의 정치와 공적인 문제에 대한 표현은 가장 넓은 자유가 인정되어야 하는 표현이다. 하지만 이 영역의 표현 가운데에서도 개인의 인격을 침해하고 공동체의 평화를 교란시키는 표현이 있다. 다른 사람의 평화로운 삶과 명예를 침해하는 표현, 거짓으로 비난하는 표현, 가난하고 약한 사람들을 괴롭히는 표현, 소외된 집단을 공격하도록 부추기는 표현 등이 이런 표현에 해당한다. 사실 이런 표현들을 어떻게 취급해야 할 것인가는 민감하고 어려운 문제이다.

공동체를 이루고 사는 인간 사회에서 절대적이고 완벽한 자유란 있을 수 없다. 누군가의 절대적 자유는 다른 누군가에게 절대적인 속박이 될 수 있기 때문이다. 표현의 자유도 마찬가지다. 만약 표현의 자유가 제한되어야 한다면 과연 어떤 기준으로 제한할 수 있을까?

민주주의 작동의 기초 원리는 사상의 자유 시장이다. 최선의 진

헌법을 쓰는 시간

실을 발견하기 위해 다른 사람의 생각과 진실을 관용해야 하고, 나쁜 표현이라고 해도 참고 허용해야 한다는 것이 사상의 자유 시장의 원리인 것이다. 나와 다른 생각, 참기 어려운 혐오스러운 표현을 관용하는 것은 쉽지 않다. 하지만 쉽지 않아도 관용해야 한다. 그것이 공동체와 민주주의를 지키는 유일한 길이기 때문이다.

표현을 금지하고 처벌한다면 그것은 단지 그 사람의 자유를 제재하는 데 그치지 않는다. 모든 시민들의 자유를 위축시키는 결과로 돌아온다. 표현을 처벌한다면, 특히 그 표현이 공적인 사안에 대한 것이었다면 반드시 간직해야 할 진실 발견의 장치, 권력견제 장치를 파괴하는 것을 의미한다. 모든 시민들의 표현이 위축되지 않고 자유로울 때에 비로소 권력이 시민들의 표현을 두려워하게 된다.

권력이 반드시 지켜야 하는 표현의 자유 보장의 원칙들을 살펴보려 한다. 생각의 옳고, 옳지 않음을 강요하지 않는 원칙, 위축효과의 법리, 검열금지의 원칙이 그 원칙들이다. 차례대로 보자.

03
생각의 옳고, 옳지 않음을 판단하고 강요하지 않는 원칙

세일럼의 마녀재판

사람들이 마녀를 두려워했던 시대가 있었다. 마을에 전염병이 돌거나, 흉년이 들거나, 가축들이 알지 못할 이유로 죽으면, 사람들은 마녀의 힘을 떠올렸다.

1692년 미국 보스턴 근교 세일럼이라는 식민도시에서 기이한 사건이 발생했다. 마을의 어린 처녀들이 연쇄적으로 미친 사람처럼 소리를 지르고 뛰어다니는 기이한 발작을 일으킨 것이다.[11] 같은 증상을 나타내는 소녀들의 수는 점점 늘어났다. 소녀들은 자기들에게 악마의 병을 가져온 사람들을 지목하기 시작했다. 지목받은 사람들은 고문 속에 새로운 마녀를 지목했다.

그러는 와중에 마녀를 고발하는 증언 방식으로 전혀 새로운 방식이 허용되었다. 사악한 병에 걸린 사람들이 어떤 사람 앞에서 고통을 느낀다는 증언을 하면, 그 지목받은 사람은 마녀로 인정하는 황당한 방식이었다. 병자의 증언을 마녀로 인정하는 증거로 허용하면서 마을은 점점 더 광기에 사로잡혔다. 병에 걸렸다고 주장하는 새로운 사람들이 등장해 사람들을 마녀로 지목했다.[12] 보스턴의 총독은 뒤늦게 무당식 증인을 허용하지 않도록 결정했다. 신기하게도 그 결정 이후에 더 이상 마녀의 병에 걸린 이들이 발생하지 않았고, 고발하는 이들도 더 이상 나오지 않았다.

두려움은 거짓 판결을 낳았고, 거짓 판결은 새로운 공포를 낳았다. 불과 6개월 동안 거의 200명에 가까운 사람들이 마녀로 재판을 받았고, 그 가운데 20명이 처형당했다. 공포에 빠진 사람들은 권력에게 모든 것을 허용했다. 권력은 좋은 표현과 나쁜 표현을 스스로 결정했다. 마녀를 고발하는 사람들은 좋은 사람들이고, 그들이 마녀를 고발하는 증언은 믿을 수 있는 좋은 표현이었다. 그래서 그것을 체포와 고문과 사형선고라고 하는 권력 발동의 도구로 사용했다. 마녀재판에 의문을 제기하고, 진실을 찾는 방법이 잘못되었음을 비판하고, 증언자를 비난하는 표현은 악마를 편드는 사악한 표현으로 판단했고, 그것을 이유로 처벌했다.

좋은 생각과 나쁜 생각의 판단을 국가권력이 내린다는 것은 국가가 선과 악을 판단하고, 진리를 결정하게 된다는 것을 의미한다. 권력이 선악을 결정하는 순간 자유는 소멸한다. 그리고 그 자리를 채우는 것은 침묵이다. 침묵이 공공의 영토를 지배하고 있는 공동체는 붕괴하게 되어 있다.

고등학생의 질문

헌법재판소 헌법연구관으로 근무하던 2005년 5월경 양산의 한 고등학교에 강의를 하러 갔다. 강당에는 1, 2학년 학생들이 모두 모여 있었다. 강의가 끝나고 질문이 있는지 물었다. 한 여학생이 조심스럽게 손을 들어 질문했다.

"미국에서도 자기 나라 국기를 불태우는 것이 표현의 자유이기 때문에 처벌받지 않는다고 들었습니다. 그런데 왜 우리나라에서는 미국 국기를 불태우면 죄가 되나요?"

정치적인 주제에 관한 질문을 가지고 많은 학생들이 모인 자리에서 손을 들고 일어서는 것도 쉽지 않았을 텐데, 학생은 당당하고 조리 있게 질문했다. 당시는 미국에 반대하는 정치적 시위가 전국적으로 많이 발생하고 있었던 시기였다. 그런데 부산에서 발생한 시위 도중 한 시위자가 성조기를 태우는 사건이 발생했다. 그 화면이 TV와 일간지에 보도되자 공안당국에서는 불법시위를 엄단할 것이며, 사진과 화면을 분석해 그 행위자를 반드시 체포하겠다고 발표했다.

학생의 질문으로 돌아가보자. 어디에선가 이런 목소리가 들리는 듯하다.

'미국 국기를 불태우는 것을 자유라고 생각하다니 참 생각이 없다. 그 학생은 좌파들에게 의식화되었나보다. 고등학생이 공부나 하지 왜 쓸데없는 데에 신경을 쓰나, 싹수가 노랗다.'

그러나 이해하지 못하는 것을 질문하는 것은 오히려 학생으로서 바람직한 자세 아닐까? 수학 문제를 물으면 착한 학생이고, 사회 문제를 질문하면 위험한 학생이라는 생각을 하는 것은 마음속에 선악을 판별하는 기계가 작동하기 때문이다.

자기 나라 국기인데도 성조기를 불태우는 것이 아무런 처벌의 대상이 되지 않는 나라가 미국이다. 우리나라에서는 그 미국 국기를 불태우는 일이 벌어지면 언론기관들은 나라에 커다란 재앙이 일어난 것처럼 보도하고, 사정당국은 모든 역량을 동원해 체포하겠다고 공언한다. 쉽게 이해가 가지 않는 게 당연하지 않을까?

국기에 대한 사랑

사랑하는 대상을 모욕하는 것은 참기 어려운 일이다. 어린 시절 가장 화나는 일은 부모님을 모욕하는 말이다. 부모님을 가장 사랑하기 때문이다.

종교가 가장 존엄한 지위를 차지했던 시대에는 신에 대한 믿음과 사랑이 가장 중심이었다. 신에 대한 믿음을 부정하거나, 다른 신이나 악마를 숭배하는 표현, 신을 모욕하는 표현은 가장 혐오스러운 표현으로 비난받았다. 정치와 종교가 분리되고 권력이 세속화된 오늘날의 국가에서 종교적 상징물에 대한 모욕적 표현은 더 이상 금지의 대상이 아니다. 누군가 길에서 '신은 죽었다'고 외치며 십자가를 불태운다고 해도 사람들은 그를 딱한 눈으로 쳐다볼 뿐 분노하지 않는다.

신과 종교가 차지했던 그 높은 단상을 이제는 애국심과 국기가 차지하고 있다. 사람들은 자신의 고향과 나라를 사랑한다. 특히 고향과 조국을 떠나온 사람들은 더욱 그러하다.

1866년 발표된 이탈리아의 동화 《쿠오레Cuore》는 우리나라에서도 사랑받는 감동적인 이야기들을 담고 있다. 이 동화에는 애국심과 국기에 관한 이야기가 자주 등장한다. 이를테면 이런 장면이다. 새 학기가 시작되었을 무렵 주인공 엔리꼬 반에 한 학생이 전학 온다. 담임선생님은 전학 온 학생이 고향에서 멀리 떨어진 곳으로 왔다며, 그 사실을 잊어버리고 지낼 수 있게 해주라고 당부한다. 다른 고장에서 왔다고 모욕했다가는 이탈리아 국기를 쳐다볼 자격도 없다면서 말이다. 여러 소국으로 분리되어 갈등하고 있던 나라를 하나로 통일한 이탈리아에서 가장 시급한 문제는 국민들을 하나로 통합하는 것이었다. 학교 이야기를 담고 있는 이 동화에서 국기에 관한 사랑을 강조하는 것은 우연의 결과가 아닌 것이다.

국기는 국가에 대한 자부심과 애국심을 고취시키며, 국민들을 하나로 통합시킨다. 열사와 영웅들은 국기를 지키기 위해 목숨을 던졌다. 하지만 국기에 대한 숭배는 위험한 결과를 낳기도 했다. 전체주의와 군국주의 국가에서 국기는 민족과 국가의 우월성을 선전하는 선전도구가 되었다. 내부 구성원의 다양성과 자유를 억압했을 뿐 아니라 외국에 대한 침략을 선동하고 이방인들에 대한 공격과 범죄를 정당화하는 장치로 이용되었다.

사람들은 종교의 믿음이 국가권력에 의해 강제되었을 때 얼마나 큰 비극이 일어나는 것인지를 경험하고 국가권력은 종교의 문제에 대한 선악의 판단을 하지 않는다는 정교분리의 원칙을 수립하게 되었다. 그런데 국가와 민족의 문제를 종교의 단계로 끌어 올린 것이 군국주의와 전체주의 국가들이었다. 국기와 애국심에 대한 강제 역시 종교에 대한 강제에 못지않은 위험성을 갖고 있고, 실제로 그에 못지않은 비극을 초래했다.

어떤 생각이 정통적이라고 국가가 결정하는 순간 불완전한 인간과 그 공동체들은 비극을 빚어낸다. 그것만이 유일하게 옳다는 사람들의 좁은 마음, 그 마음을 이용하는 권력은 위험하다. 다원주의 민주주의 국가에서는 어떤 생각이 옳다고 결정할 수 없다. 국가권력이 나라에 충성하고 국기를 존경하는 문제에 관한 선악의 판단을 중지해야 하는 이유는 국가가 종교의 문제에서 선악판단을 중지해야 하는 이유와 같다.

국기를 불태우며 표현할 자유?

미국은 전쟁을 통해 독립하고 내전의 희생을 치르면서 통일을 유지한 나라다. 나라의 독립과 단일성은 성조기로서 표상된다. 수많은 시민들이 성조기를 들고 위험 속을 행진했다. 그들의 죽음을 위로하기 위해 그들의 시신을 덮어 주었던 상징도 역시 성조기였다. 미국의 여러 주에서는 성조기의 가치를 보호하고 보존하기 위해 법률을 제정했다. 성조기를 고의로 파손하고 훼손하는 사람들을 처벌하는 형벌 조항을 제정한 것이다. 텍사스주 형법도 그 가운데 하나였다. 텍사스 형법은 일반인들에게 심각하게 불쾌감을 일으키게 하는 방법으로 국기를 훼손하는 행위를 하면 벌금과 징역형을 부과하도록 규정하고 있었다.

1984년 미국 텍사스주의 댈러스 시에서 공화당 전당대회가 열렸다. 당시 집권당인 공화당 소속의 레이건 대통령은 미국의 힘을 과시하는 외교정책을 채택해 강한 지지와 반대를 동시에 얻었다. 공화당과 정부의 정책에 반대하는 시위가 댈러스 시내에서 열렸다. 그런데 존슨이라고 하는 한 시위참가자는 시위 말미에 정부 반대 구호를 외치면서 성조기에 불을 붙여 태웠다. 존슨은 국기를 보호하는 법률의 위반으로 기소되어 주법원에서 유죄판결을 받았다. 피고인 존슨은 항소했고, 주 하급법원으로부터 연방항소법원에 이르는 여러 단계의 재판에서 각기 엇갈린 판단이 나왔다. 마침내 최고법원인 연방대법원이 최종적인 결론을 내려주어야 하는 상황이 되었다. 연방대법원은 1989년 텍사스 대 존슨 사건에서 정치적 항의의 수단으로서 국기를 파괴한 행위를 처벌하는 법률조항은 위헌이라고 판단했다.

생각을 표현하는 한 수단으로 국기를 훼손하는 행위를 처벌하는 것은 헌법에 위반된다, 즉 그것은 표현의 자유의 행사이므로 처벌할 수 없다고 하는 판단이었다. 5명 연방대법관이 찬성해 결론의 의견을 형성했다. 나머지 4명의 대법관은 그 결론에 반대했다. 브렌넌 대법관은 다음과 같이 법정의견을 집필했다.

공동체가 어떤 표현행위를 불쾌하다고 여기거나 동의하지 않는다고 해서 그 표현행위를 금지할 수 없다는 것이 우리 헌법의 원칙이다. 우리 대법원의 많은 선례에서는 국기가 문제된 경우에도 예외를 인정하지 않았다.

비록 국기를 훼손하는 것이 불쾌한 표현이고, 동의할 수 없는 표현이지만 그것은 정부의 정책에 대한 반대를 표현하는 의사표시의 방법이므로 표현의 자유로서 허용되어야 한다는 판단이었다. 브렌넌 대법관은 판결문에서, 성조기를 보호하고자 하는 목적은 잘못되지 않았고, 단지 성조기 보호를 위해 표현행위에 대한 처벌이라는 수단을 사용하는 것이 헌법에 위반되는 것이라고 강조했다.

> 우리가 반대하는 것은 정부의 목적이 아니라 수단이다. 우리나라에 국기를 위한 특별한 자리가 마련되어 있는 것은 당연하고, 정부가 국기를 국가의 순수한 상징으로서 보존하려고 노력하는 것이 정당하다는 점에 관해 아무런 의문이 없다. (중략) 우리의 국기가 우리 공동체 내에서 마땅히 누려야 할 사랑받는 위치는 오늘 우리의 판결로 하여 그 기반이 약해지는 것이 아니라 오히려 더욱 강화된다. 오늘 우리의 판결은 우리 국기가 상징하고 있는 자유와 관용의 원칙을 선언하는 판결이다. 심지어 국기를 불태우는 방식으로 비판행위를 하는 것에 대해서도 관용하는 우리의 확신은 우리 힘의 원천이며 징표이다. 우리 국기가 상징하는 것은 완고함이 아니라 불굴의 회복력이다.

국기를 불태우는 표현행위도 자유에 속한다고 하는 연방대법원의 판단은 미국 사회로서도 충격적인 판결이었다. 연방의회는 법원의 판결을 비난했다. 정치인들은 연방대법원의 판결을 비난하면서 헌법 개정을 해서라도 성조기를 보호하겠다고 발표했다.[13]

세월이 흘러 사람들의 감정이 가라앉고 이성이 돌아왔다. 그리고 판결의 진정한 취지를 이해하기 시작했다. 이제 이 판결은 미국 헌법의 확고한 일부가 되었고, 미국 표현의 자유 법리가 가장 자랑스러워하는 판례가 되었다. 이 판결을 통해 미국의 국기에는 그 국기를 불태우면서 표현하는 자유의 가치마저 담기게 된 것이다.

미국의 언론인 앤서니 루이스는 미국에 표현의 자유 보장이 뿌리

내린 결정적인 기반으로 법원의 역할을 지목한다.

> 만일 소심하고 상상력이 부족한 판사들만 있었다면 미국이 표현이
> 자유로운 나라로 되지는 못했을 것이다.
>
> - 앤서니 루이스, 《우리가 싫어하는 생각을 위한 자유》, 박지웅 등 옮김, 간장, 18쪽.

과연 연방대법관들은 어떤 사회를 상상한 것일까? 그들이 상상한 것은 국기를 불태우는 자유가 허용되는 사회, 하지만 시민들 스스로 국기를 존중하는 사회였던 것은 아닐까? 그들의 용기 있는 상상은 그대로 현실의 모습으로 실현되었다.

모두가 선한 생각을 하는 이상 사회는 이 세상에 존재하지 않는다. 권력이 강제로 만들 수 있는 것이 아니다. 모든 시민들이, 모든 것들에 대해 표현할 수 있는 자유를 가질 때, 그 자유가 만들어내는 사회는 권력이 만들고자 하는 이상 사회의 모습보다 훨씬 아름다울 수 있다. 표현의 자유의 힘이 여기에 있다.

04
위축효과의 법리

보통 사람들

정약용의 지혜로운 판결로 무죄 방면되었던 이계심을 떠올려보자. 그가 아전들의 농간으로 고통받는 이웃들을 보았을 때, 그래서

관아에 항의하러 간다고 결심했을 때 그의 마음과 생각을 상상해 보자. 백성을 위하는 길이므로 조금의 불법도, 불충도 아니라고 생각했을까? 혹은 아무런 문제도 생기지 않을 것이라고 생각했을까? 그렇지 않았을 것이다. 근심과 걱정으로 가득했고, 꼭 그 일을 해야 할 것인지 갈등했을 것이다. 근거가 분명한 합리적인 두려움이다. 다산과 같은 특별한 원님이 부임했기에 망정이지, 당시의 보통 관료가 원님으로 부임해 왔다면 이계심은 처형을 면치 못했을 것이기 때문이다.

정치적으로 민감한 문제, 권력자가 말하기 싫어하는 문제에 관해 표현한다는 것은 쉬운 일이 아니다. 표현의 자유가 보장되어 있는 사회라고 해도 마찬가지다. 현실의 사법절차는 고통스러운 과정을 수반하는 것이며, 그 결과를 완벽하게 예측하는 것이 불가능하다. 우선 검사가 불법이라고 판단한다면 구속될 수도 있다. 구속되지 않더라도 재판을 받는 과정에서 어떤 불리한 증거가 나오고 그것이 유죄판결로 이어질지 알 수 없다. 게다가 재판을 받으러 법정에 오가는 것은 생계에 큰 지장이 된다. 재판을 받는다는 소식이 주변에 알려지면 사회적으로도 큰 불명예를 받게 된다. 재판이 최종적으로 확정되는 여러 해 동안 불완전한 사법절차 속에서 고통 받게 된다. 다행히 무죄 판단을 받는다고 해도 그 과정에서 겪은 고통은 온전히 자신의 희생일 뿐이다.

언론사의 기자로 일하는 친구들로부터 다급한 연락을 받는 경우가 있다. 자신이 쓴 기사가 문제되어 민사소송에 걸렸다는 것이다. 많이 속상해하고 불안해한다. 상담을 해 주었던 사례들은 중대하지 않은 사건들이었다. 완벽하지는 않지만 상식적이고 합리적인 수준의 사실 확인을 거친 기사였다. 민사소송 사건이었고, 판례에 비추어

헌법을 쓰는 시간

볼 때 소송에서 패소할 가능성이 적은 사례였다. 그럼에도 불구하고 그 기사를 쓰지 말았어야 했다며 후회하는 내색을 비쳤다. 만일 민사재판이 아닌 형사재판에 부쳐졌다면 얼마나 불안했을까?

그래서 평범한 용기를 갖는 보통 사람들은 위험을 감수하느니 침묵을 택한다. 자신의 표현이 현실에서 보호될 수 있을지 확신하지 못해 두렵기 때문이다. 표현의 자유를 행사하는 사람이 그로써 얻을 수 있는 직접적인 이익은 없다. 그렇기 때문에 위험의 한계선 부근까지 나아가서 자유를 행사할 이유가 없다. 더욱이 힘을 갖고 있는 상대방을 향한 표현이라면 더욱 그러하다.

회사 직원이 회장님과 이야기할 때 굳이 그가 싫어하는 이야기를 할 필요는 없다. 자신에게 아무런 이익이 생기지 않고 오히려 화만 부를 뿐이기 때문이다. 만일 꼭 해야 한다면 무슨 이야기인지 알아들을 수 없을 정도로 최대한 추상적으로 이야기한다. 우리들의 슬픈 일상이다.

금지의 경계선을 후퇴시켜라

시민들이 공동체의 문제에 관해 침묵한다면 우리 사회는 고인 물처럼 썩어가기 시작한다. 공동체가 건강하게 생존하기 위해서는 평범한 용기를 갖고 있는 사람들도 두려워하지 않고 표현할 수 있도록 해야 한다. 이렇게 시민들이 두려움 없이 표현의 자유를 행사할 수 있는 안전하고 넓은 공간을 확보해 주는 헌법의 원칙을 위축효과의 법리라고 한다.

표현의 자유 행사가 사회적 논란의 문제가 된다면 그것은 대부분 그 자유 보장과 금지의 경계선에 서 있는 문제들이다. 어떤 표현이 자유의 한계를 넘어섰는지 문제가 되었을 때 그 자유를 제한할 것인지 심사를 한다. 심사는 자유 제한의 일반원칙인 과잉금지의 원칙을 따른다. 위축효과의 법리는 과잉금지 원칙의 적용 속으로 들어가서 원칙을 더욱 강화하는 방향으로 작동한다.

국가권력이 과잉금지 원칙의 적용을 통해 자유의 한계선을 도출했다. 다른 자유의 경우에는 이 선에서부터 국가권력에 의한 자유의 금지가 시작된다. 그런데 위축효과의 법리란 표현의 자유와 관련해서는 그 한계선을 뒤로 후퇴시키라고 명령한다. 표현의 자유는 공동체에 결정적으로 기여하는 중요한 자유이지만 작은 제재에도 민감하게 도망가는, 다른 자유에 비해 겁이 많은 자유이다. 그런데 만일 다른 자유의 제한과 같은 한계선에서 표현을 제재하고 처벌한다면 표현의 자유들은 지키려고 했던 선보다 훨씬 먼 곳까지 물러나게 된다. 표현의 자유의 저울질을 지혜롭게 하지 않는다면 공동체의 숲에서 표현이라는 생명이 모두 사라져 버릴 것이다.

표현의 자유를 특별히 보호한다는 것이 자유를 더 많이 보장한다는 좋은 측면만 있지는 않다. 표현을 통해 손상되는 이익과 가치가 있는 경우에도 그것을 참아야 한다는 고통의 결단이 포함되어 있다. 침해되는 이익이 국가안보나 공공의 질서인 경우에도 더 많이 인내해야 하는 것이고, 침해되는 이익이 개인의 사생활과 명예인 경우에도 더 많이 참아야 한다는 헌법의 결단이다. 가령, 권력자에 대한 비판 표현은 대표적인 공적 사안에 관한 표현이다. 공동체를 위해 가장 중요한 표현이지만, 가장 쉽게 위축되는 민감한 표현이다. 그래서 더욱 보호되어야 하는 것이다.

무례한 표현으로 인해 권력자의 감정이 상하고, 부정한 공직자의 이미지로 명예가 훼손되고 정치적 타격을 받았다. 만일 다른 자유의 영역 같으면 이런 부당한 공격이 허용될 수 없다. 표현의 자유 영역은 다르다. 비록 공직자에게 부당한 결과가 된다 해도 구체적인 악의를 갖고 터무니없는 사실을 표현하지 않은 이상 표현이 금지되어서는 안 된다. 공적인 사안에 관한 표현의 자유는 위축 없이 행사되어야 하기 때문이다.[14]

표현의 위축을 노리는 검찰의 기소, 법원의 판단

이제부터 공적인 문제에 관한 표현에 대한 우리나라 검찰과 법원의 판단에 대해 이야기하려고 한다. 우리나라 검찰은 표현의 자유 행사에 대해 쉽게 수사하고, 쉽게 형사기소한다. 그래서 표현의 자유를 둘러싼 판단이 민사소송의 손해배상으로 다뤄지는 다른 나라와 달리 우리나라에서는 범죄 여부의 판단으로 다뤄지게 된다. 표현의 자유 행사에 대해 쉽사리 범죄로 수사하고, 쉽사리 형사재판에 부친다는 것 자체가 이미 표현의 자유를 침해하는 헌법위반의 관행이다.

표현의 자유를 보는 검찰의 기본 시각은 아직도 '자유'가 아닌 '공안범죄'이다. 어떻게 그 표현을 잠재움으로써 세상을 조용하게 할 것인가, 나아가 권력이 의도대로 통치할 수 있도록 할 것인가. 공공의 주제에 관한 시민들의 표현을 범죄의 색안경으로 보고 있는 검찰의 시각은 전면적인 교정이 필요한 심각한 문제다. 물론 검사의 판단이 최종적이지는 않다. 검사의 기소 판단은 형사재판을 개시하는 판단에 불과하다. 하지만 검사가 기소하면 그 사람이 범죄를 저질렀으리라는 사회적 편견이 생긴다. 그리고 재판과정을 밟는 시간 동안 유죄 판단을 받을 것에 대한 두려움을 안고 살아가게 된다.

최근 십여 년 동안 검찰은 중요한 정치적 쟁점 사건에서 표현의 행사에 대해 무리한 기소를 했다. 쇠고기 협상과 관련된 〈MBC 피디수첩〉 사건, 아래에서 볼 구럼비 퍼포먼스 사건, 미네르바 사건 등은 그와 같은 무리한 기소의 대표적인 사례들이다. 정치적으로 민감한 사안에 대한 표현의 자유 행사를 위축시키는 이런 기소는 위헌적인 공권력의 행사다.

표현이 허용되는 것인지에 대한 최종 판단은 법원이 내리게 된다. 법원이 범죄에 해당한다고 판단하면 그 표현은 금지되는 것이고 무죄라고 판단하면 자유의 범위로 선언된다. 표현의 자유를 보는 법원의 시각은 과거 판례에 비해서 많이 달라졌다. 하지만 가장 중요한 자유를 다루면서 형법의 틀에 욱여넣으려는 관점, 표현의 자유를 분명히 선언하지 못하고 적당한 수준에서 타협하려는 어정쩡한 태도는 여전한 고질병이다. 법원은 다루고 있는 쟁점이 표현의 자유에 관한 문제임을 분명하게 인식해야 한다. 표현의 자유는 헌법의 자유이고, 형법보다 우위의 효력을 갖고 있는 것이다. 만일 표현의 자유로서 보장되어야 하는 사안이라면 형법은 후퇴해야 한다.

구럼비 바위 퍼포먼스

2012년 3월 19일, 환경운동가 6명이 서울 서초구 삼성물산 빌딩 앞에서 퍼포먼스를 벌였다. 당시 커다란 사회 정치적 쟁점이 되고 있었던 제주 강정마을 해군기지 건설에 항의하는 퍼포먼스였다.

제주의 해군기지 건설은 무리한 방식으로 진행되었다. 여론 수렴을 충분히 했는지, 희귀한 자연유산을 파괴하는 것은 아닌지에 관한 문제가 지속적으로 제기되고 있는 상태였지만 정부와 해군, 시공사들은 신속히 진행하려는 입장만을 고집했다. 제주도민의 다수 여론과 지방자치단체는 이에 반대하는 입장이었고, 시민단체와 지역주민들은 현장에서 공사를 진행하려는 측과 대치중이었다.

퍼포먼스를 계획한 이들은 자신들의 몸에 붉은 페인트를 뿌리는 퍼포먼스를 진행하려고 했다. 희귀한 자연유산인 구럼비 바위를 파괴하는 행위를 상징하는 표현이었다. 장소를 삼성물산 빌딩 앞으로 정한 것은 삼성물산이 건설의 시공을 맡은 시공회사였기 때문이다. 업무방해나 건조물침입 등의 위법시비가 생기지 않도록 삼성물산 직원들의 점심시간에 건물 밖의 야외에서 퍼포먼스를 벌이기로 했다. 정오가 되자 환경운동가들이 계획했던 퍼포먼스를 시작했다. 바로 그 순간 삼성물산 경비원들이 달려와 이들을 제압했다. 끌려 나가지 않기 위해 누워서 버티는 등 저항했지만 역부족이었다. 불과 1~2분 만에 이들은 모두 삼성물산의 경계 밖으로 끌려나오게 되었다. 도로에서 대기 중이던 경찰은 이들을 현행범으로 연행했다.

이들의 행위로 어떤 침해 결과가 발생했을까. 이들이 하려고 했던 것은 붉은 페인트를 자신들의 몸에 끼얹는 퍼포먼스였다. 그래서 이들을 끌어내는 과정에서 경비원들의 옷과 바닥 석재에 붉은 페인트가 묻었다. 이들이 사용한 것이 수성페인트이기는 하지만 의복의 재질에 손상을 주고, 바닥 석재에 흔적이 남았을 가능성이 있다. 손해배상을 받기 위한 민사소송의 대상이 될 정도의 사건을 검찰에서는 형사재판에 붙였다. 업무방해, 공동주거침입, 공동재물손괴, 집회 및 시위에 관한 법률 위반이라는 4가지 혐의로 기소한 것이다.

대법원의 최종 확정판결이 나오기까지 3년여의 시간이 흘렀다. 대법원은 검찰이 기소한 혐의 중 재물손괴의 일부와 집회 및 시위에 관한 법률 위반죄를 인정함으로써 일부 유죄판결을 했다. 벌금으로

50만원을 선고했다. 검사가 4개의 혐의로 기소했는데 그 중에 2개에 대해서만 유죄를 인정하고 작은 액수의 벌금형을 선고했다면 표현의 자유를 보장하는 관대한 판단이라고 할 수 있을까?

온 국민이 관심을 갖고 있는 해군기지의 건설공사라면 국민들의 논쟁의 대상이 되는 것은 당연하다. 다양한 주체들이 그에 대한 표현을 할 때 정부의 발표만으로는 알지 못했던 다양한 문제점이 드러나게 된다. 시민들의 문제제기가 있을 때 정부는 더 완벽한 해결책을 준비할 수 있다. 공공의 문제에 대해 용기 있는 표현을 하는 이들은 다산이 이계심을 두고 말했듯 '천금을 주고 사도 사기 어려운 이들'인 것이다.

법원은 직접 징역형의 처벌을 하지 않는 것으로 표현의 자유를 보호했다고 인식하는 듯하다. 그러나 충분하지 않다. 벌금형이거나 집행유예의 판결이라고 해도 유죄 판결이다. 공공의 문제에 관한 의견을 행사한 것으로 범죄자가 되고 전과자가 된다면 표현의 자유를 행사한 이들의 인격에 심각한 침해를 주게 된다. 더 큰 문제는 위축효과다. 표현에 대한 처벌로 발생하는 위축으로 인해 우리 공동체는 공적 문제에 대한 상당한 표현을 잃게 된다.

미네르바

직업이 없는 한 젊은이가 독학으로 경제학을 공부했다. 그는 2008년 미네르바라는 필명으로 인터넷 경제토론방에 글을 게시했다.

그는 우리의 경제를 어두운 시각으로 분석했다. 공교롭게도 우리의 경제가 암흑의 시기에 접어들고 있었던 상황이었다. 미국의 서브프라임 모기지 사태가 우리 경제에도 치명타가 될 것이라는 글, 미

헌법을 쓰는 시간

국 리먼 브라더스사의 부도를 예측하는 글 등은 마치 예언자의 글과도 같이 현실에 그대로 실현되었다. 그 밖에도 환율, 주가지수 등에 관한 100여 편의 글은 뛰어난 적중률을 보였다. 이제 내로라하는 경제전문가들, 증권전문가들도 모두 그의 글을 읽으며 경제를 예상하고 대비하기 시작했다. 그의 글은 하나의 현상이었다.

갈팡질팡하는 정부의 비전문가적인 처방에 실망하고 있던 사람들은 명확한 진단을 쏟아내는 미네르바를 진정한 경제전문가라고 칭송했다. 심지어 대한민국 '경제대통령'이라고 떠받들기도 했다. 이 와중에 경제위기는 점차 강도를 더해갔다. 정부는 경제위기 속에서 정부정책을 작아보이게 만드는 그의 존재를 부담스러워 했다. 미네르바는 그해 말 정부가 주요 금융기관과 수출입 관련 주요 기업에 달러 매수를 금지한다는 긴급공문을 보냈으며, 우리나라의 외환보유고가 고갈되어 외화예산 환전 업무가 중단되었다는 글을 작성했다. 기획재정부는 그것이 사실이 아니라는 보도자료를 배포했고, 검찰은 수사에 착수했다.

그를 체포하는 것은 그다지 어려운 일은 아니었다. 문제는 과연 어떤 법률조항으로 처벌할 것인가의 문제였다. 검찰은 고민에 빠졌다. 거짓말을 하는 것이 도덕적으로 옳지 않은 일임은 분명하지만, 거짓말 자체는 법을 위반한 것은 아니다. 만일 거짓말을 했다는 것만으로 범죄가 된다면 우리나라 국민들 모두 여러 번씩 교도소 신세를 지게 될 것이다. 거짓말 자체가 아니라 거짓말을 통해 다른 중대한 이익에 피해를 주어야 하고, 그것을 처벌하는 법률조항이 있어야 범죄가 된다. 경제상황을 예측하는 글은 의견에 불과하므로 거짓말 자체가 성립할 수 없다. 정부가 실제로 하지도 않은 일, 가령 금융기관에 달러 매수 금지의 공문을 보냈다고 한 부분은 거짓말이라고 할 수 있었다. 하지만 그것으로 누구의 이익을 직접적으로 침해한 것인지 그래서 어떤 법을 어긴 것인지 분명하지 않았다. 다음과 같은 규정이 있었을 뿐이다.

전기통신기본법 제47조
공익을 해할 목적으로 전기통신설비에 의하여 공연히 허위의 통신을 한 자는 5년 이하의 징역 또는 5천만 원 이하의 벌금에 처한다.

그런데 이 법이 처음 제정된 것은 1961년이었다. 1961년 이 법을 제정한 입법자들이 아직 발명되지도 않은 인터넷을 규율하려고 이 법을 만들지는 않았을 것이다. 도대체 입법자들은 어떤 행위를 처벌하려고 했던 것일까? 이 법이 처벌하려고 했던 행위는 '허위 명의의 통신'이었다. 다른 사람의 이름으로 전보를 보내고, 다른 사람 이름으로 전화를 하는 행위를 처벌하려고 한 법이었던 것이다. 그 청년이 허위 명의의 통신을 하지 않은 것은 분명했다. 그럼에도 검찰은 그 법을 적용했다. 제정된 이후 50년 동안 단 한 번도 적용되지 않았던 법을 최초로 적용한 사례였다.

검찰이 무리한 기소를 하고 있다는 점, 무죄 판단이 내려질 가능성이 높다는 점은 처음부터 명백했다. 검찰의 목적은 무죄에 있지 않았다. 그들의 목적은 구속이었다. 공적인 문제에 관한 그의 표현을 중단시키는 것에 검찰의 진정한 의도가 있었던 것이다.

사건의 해결은 헌법재판소에서 나왔다. 헌법재판소가 이 법률조항이 명확성 원칙에 위반해 헌법에 위반된다고 판단한 것이다. 이 조항의 내용 중 '공익을 해할 목적'이라고 하는 부분은 법률가가 보아도 도대체 어떤 행위를 처벌하는 조항인지 알 수 없을 만큼 불명확

해 헌법에 위반되는 조항이라고 판단했다. 헌법재판소의 위헌 판단
으로 미네르바는 무죄 판단을 받았다.

진실과 거짓, 그리고 표현

헌재는 '공익을 해할 목적'이라는 부분의 명확성을 문제 삼았다.
하지만 이 조항의 다른 부분도 심각한 불명확성의 문제가 있었다.
'허위의 통신' 부분이었다. 전화를 통해 대화할 때, 또는 인터넷에
글을 올릴 때 거짓말을 하면 그것이 범죄가 되어야 하는 것일까? 진
실하지 않은 표현을 처벌하는 조항이 있을 때 그것이 헌법에 위반
되는 것인지 논란이 되었다. 헌법재판소 9인의 재판관 중 5인의 재
판관은 별도의 의견을 내, 진실이 아닌 표현이라는 이유로 처벌하는
법률은 헌법에 위반되는 것이라고 판단했다.

어떤 주장이 진실인지 아닌지를 판가름하는 것은 좀처럼 쉽게 결
론 내리기 어려운 문제이다. 대다수의 사람들이 진실이라고 믿었던
것이 시간이 지난 후에 거짓으로 바뀌었던 사례들은 얼마든지 찾을
수 있다. 정치적으로 민감한 문제, 권력이 감추고 싶어 했던 문제에
관해서는 더욱 그렇다. 공인된 진실과 실제의 진실이 일치하지 않는
경우가 비일비재하다. 진실을 알려고 하는 것이 위험한 시도일 경우
도 적지 않다. 정부가 발표한 공인된 진실이 현재로서는 진실이지만,
궁극적으로는 무엇이 '진정한 진실'인지 알 수 없는 경우도 많다. 진
실과 허위의 경계가 이렇게 모호한 것이라면 허위사실을 표현했다
는 이유로 처벌하는 법률은 매우 위험하다.

공적인 사안에 관해 표현을 하는 경우에 그 주장이 허위라는 이
유로 처벌하는 조항이 있다고 하자. 이 경우 사회에는 어떤 일이 발

생하게 될까? 어느 모로 보나 완벽한 진실이라는 확신이 있지 않는다면 누구도 말할 수 없게 된다. 어쩌면 진실이라는 확신이 있지 않다면 말해서는 안 되는 것인지도 모른다. 표현한 사람은 진실이라고 생각했지만 국가권력이 진실이 아니라고 확정한다면 그것으로 처벌받게 될 것이기 때문이다.

오로지 진실만을 표현해야 하고, 진실이 아닌 표현은 금지한다면 사상의 자유 시장은 작동을 멈추게 되고, 공동체는 진실을 잃어버리게 된다. 비록 현재는 옳지 않아 보이는 표현도 나중에 진실이 될 가능성을 갖고 있다. 가령 진실이 아니라고 해도 논의의 다양성과 다원성에 기여하는 것이고, 더욱 활발한 토론의 광장을 만들어 진실을 발견하는 데에 기여하게 된다.

대통령에 관한 은밀한 소문

법원의 무죄 판단에는 검사가 기소 권력을 잘못 사용한 것에 대한 부정적 판단이 포함되어 있다. 그래서 검사들이 일반 형사 사건을 처리할 때 가장 경계하는 것이 무죄판단을 받는 것이다. 단순히 자신의 일이 무위로 돌아간 문제가 아니라 억울한 시민을 처벌할 뻔했다는 최악의 성적표인 것이다.

그런데 검찰은 표현의 자유 사건에서는 무죄 판단을 두려워하지 않는다. 그것은 '시범케이스' 전략이다. 군대에서 빈번히 사용하는 '시범 케이스' 처벌은 풀어진 사람, 항의하는 사람 중 한두 사람 골라서 혼내주는 처벌이다. 다른 사람들이 겁먹고 조용히 하도록 되도록 심하게 처벌한다. 시민들이 겁을 집어먹게 하려는 시범 케이스 기소는 표현이 위축되지 않도록 다른 자유보다 더 보호해야 할 권력이 오히려 다른 자유보다 더 위축되도록 권력을 행사하는 것이다. 그 자체로 위헌적인 공권력의 행사이다.

2014년 8월, 검찰은 가토 다쓰야《산케이 신문》지국장을 기소했다. 가토 지국장은《산케이 신문》에 〈박근혜 대통령이 여객선 침몰 당일, 행방불명…… 누구와 만났을까?〉라는 제목의 칼럼을 썼다. 세월호 침몰 당시 박근혜 대통령의 행적에 관한 증권가와 세간의 추측들을 거론하며 의혹에 대해 쓰고 있는 칼럼이었다. 점잖은 글은 아니었다. 대통령이 누군가와 은밀한 관계를 맺고 있으며, 그날도 그를 만났던 것이라는 소문을 다루고 있는 글이었다.《산케이 신문》은 일본의 우익지로서 대한민국에 관해서는 좋지 않은 소식을 과장해 보도하는 경향을 보이는 신문이다.

하지만 사안은 대통령이 세월호 참사가 벌어지는 동안 제대로 책임을 다했는지에 대한 문제였으므로 전형적인 공적 사안에 관한 표현이었다. 또한 실제로 세간에 그런 소문이 돌고 있었고, 이미 다른 유력 일간지에 그와 같은 소문이 게재되었다. 게다가 기자가 작성한 기사는 이런 '사실'이 있다는 내용이 아니라 '이런 의혹이 있다'는 내용을 담고 있었다. 의혹이 있었던 것은 분명한 사실이므로 위 기사가 허위의 글이 아니었던 것은 처음부터 명백했다.

그럼에도 검찰은 지국장을 기소했다. 기사가 대통령의 명예를 훼손했다는 이유로 외국 언론사의 특파원을 형사기소한 것이다. 더욱이 검찰은 그의 출국을 정지시켜 자기 나라로 돌아가는 길마저 막았다. 검찰은 징역 1년 6개월이라는 중형을 구형했다.[15]

검찰은 정권의 도구가 아니다. 헌법과 법률을 지키고 국민의 기본권을 보장하는 도구다. 그러므로 표현의 자유를 위축시키지 않고 최대한 보장하는 것이 검찰의 사명이다.

검열금지의 원칙

검열금지의 헌법조항

헌법재판소의 결정 가운데에는 시민들의 자유와 민주주의의 새로운 전기를 만들어낸 것들이 많이 있다. 헌법재판소가 30년에 가까운 세월을 보내면서 판단한 결정 가운데 가장 빛나는 결정을 꼽으라면 어떤 것이 있을까? 호주제 위헌결정, 군제대자 가산점 위헌결정 등 사람에 따라, 생각에 따라 그 판단은 달라질 것이다. 내가 최고의 결정이라고 생각하는 것은 영화의 사전검열에 대한 위헌결정이다.

> 헌법 제21조 제2항
>
> 언론·출판에 대한 허가나 검열과 집회·결사에 대한 허가는 인정되지
> 아니한다.

우리 헌법은 위에서 볼 수 있듯 검열금지의 규정을 두고 있다. 검열 또는 사전검열이란 국가권력이 언론이 발표할 내용을 미리 검사해 발표를 금지하는 제도다. 헌법재판소는 1996년 10월 공연윤리위원회에 의한 영화 사전심의제도를 규정한 구 영화법 제12조 등이 헌법상의 검열금지의 원칙에 위반된다며 위헌으로 결정했다. 언론 검열을 금지하는 헌법조항에 기한 최초의 위헌결정이었다.

당시로서는 결정이 어떤 방향으로 나올지 예상하기 쉽지 않았다. 만일 신문이나 방송을 검열하는 제도였다면 위헌이라는 결론을 쉽게 예상하고, 시민들도 그에 전적으로 동의했을 것이다. 영화의 사전

심의에 대한 인식은 조금 달랐다. 영화 등 대중문화를 낮추어 보던 여론은 영화의 사전심의가 그다지 큰 문제라고 생각하지 않았다. 영화가 사상을 전달하는 심오한 예술이거나 진지한 창작이라고 생각하지 않았다. 더욱이 영화는 대중의 취향에 맞추어 저속한 내용을 상업적으로 이용하므로 사회의 풍속을 어지럽힐 수 있다는 생각이 일반적이었다. 정치적인 이유로 이뤄지는 가위질도 있었지만, 사람들은 보고도 못 본 척했다. 어차피 항상 있어왔던 일이라고 생각했던 것이다.

가장 어려운 문제는 그 제도 속에서 검열의 실체를 파악하는 것이었다. 당시의 영화 사진심의 제도는 위헌 논란을 피하기 위해 나름 합헌적인 모습으로 변신한 상태였다. 공연윤리심의위원회라는 별도의 기관을 설립해 심의를 담당하도록 했고, 문화예술인을 그 위원장으로 임명했으며, 심의위원 가운데 몇 사람을 영화인들로 임명해 심의에 함께 참여하도록 했다. 국가권력에 의한 검열이 아니라 영화계 스스로 자율적인 심의를 하는 것처럼 겉모양을 갖추게 한 것이다. 영화 심의에서 권력의 색깔을 숨이고 자율의 색살을 섞어넣으니 그 실체가 애매해 위헌이라고 판단하기가 애매해졌다.

헌법재판소는 헌법 제21조 제2항의 '언론 및 출판에 대한 검열 금지' 조항이 적용되기 위한 구체적인 조건들을 만들어냈다. 우선, 영화는 국가권력의 검열로부터 보호해야 할 언론이라고 결정했다. 그리고 검열기관이 정부의 권력인지는 실질적으로 판단해야 하는데, 만일 행정부의 권력이 그 검열 절차를 만들고, 그 예산을 투입하며, 그 심의위원의 임명권을 가지고 있다면 그것은 실질적으로 행정부 권력에 의한 검열이라고 판단했다. 그렇게 실질을 파악하는 해석을 하지 않는다면 행정부의 권력이 검열기관의 얼굴만 살짝 바꾸어 놓는 방법으로 얼마든지 헌법위반의 판단을 피해갈 수 있게 될 것이기 때문이다.

사전검열의 절대적 금지

헌법재판소는 이 결정에서 언론과 출판에 대한 검열은 절대적으로 금지되는 것이라는 절대적 금지 원칙을 선언했다. '절대'라는 말은 쉬운 말이 아니다. 아무리 중요한 자유라고 해도 절대적 보장과 완벽한 보호란 쉽지 않은 것이기 때문이다.[16] 사전검열을 절대적으로 금지한다는 것은 적어도 국가기관이 언론을 사전적으로 금지하는 영역에서는 시민들의 자유를 제한할 수 없다는 의미이다. 표현을 하는 시민들의 입장에서 보면 적어도 이 영역에서의 자유는 절대적으로 보호되는 자유라는 의미이다.

사전검열을 절대적으로 금지해야 하는 이유는 무엇일까? 바로 사전검열을 통한 제한이 언론의 자유에 대한 가장 중대하며 심각한 침해이기 때문이다. 사전검열이란 발표되기 전의 언론, 그래서 아무도 모르고, 아무도 보지 못했을 때의 언론을 권력이 함부로 규제하고 금지하는 장치이다. 정부의 판단에 따라 어떤 보도와 진실은 세상의 빛을 볼 수 없게 된다. 국민들이 보지 않는 곳에서 조용히 소멸시키는 제도이기 때문에 그만큼 멋대로 판단하고 멋대로 집행할 수 있다. 단 한 차례의 방송과 신문보도로 무도하고 부패한 권력이 종말을 맞이했던 사례들은 얼마든지 발견할 수 있다. 단 한 번의 보도로 권력의 벌거벗은 모습을 적나라하게 드러낼 수 있는 것이 언론의 힘이다. 그래서 권력에게는 검열 받지 않는 언론이 항상 위험하고 불편한 존재인 것이고, 시민들에게 그 자유가 그렇게 소중한 것이다.

헌법을 쓰는 시간

신문과 방송이 어떤 기사를 보도한 후에 그 보도 내용을 이유로 그 기사를 쓴 기자와 보도한 앵커를 감옥에 보내고 처벌한다면 그것은 언론에 대한 중대한 침해가 된다. 하지만 사전검열에 비하면 그것은 가벼운 제한이다. 세상에 발표된 후에는 그 언론의 내용이 정당한지, 그 언론을 처벌하려고 하는 정부가 잘못하고 있는 것인지에 대해 국민들이 판단할 수 있다. 그 언론 내용이 정당한 것이라고 믿는다면 시민들이 그 언론을 지지하고 한편에 서게 된다. 그 단계에 이르면 권력은 그 언론을 함부로 하지 못한다. 반면 아무도 모르는 발표 전의 기사를 제거하는 검열에 대해서는 국민들이 항의할 수도 없고, 언론을 지지힐 수도 없다. 국민들은 언론 내용이 어떤 것이었는지는 물론이고 언론 침해가 있었는지조차도 알 수 없기 때문이다.

권력이 언론을 함부로 하지 못하는 것, 권력이 언론을 무서워하게 되는 것은 발표가 자유롭기 때문이다. 헌법이 사전검열에 대해 금지를 규정하고 헌법재판소가 그것을 절대적인 금지로 해석하는 것은 그것이 허용될 경우 우리 공동체에 미칠 해악이 그만큼 중대하기 때문이다. 만일 권력이 국가안보 등 그 어떤 것을 명분으로 해서라도 검열을 시작한다면 그 다음부터 언론과 민주주의는 권력에게 손쉬운 사냥감이 된다. 검열로 인해 사회가 입게 되는 손실은 단지 그 표현물을 향유하지 못하는 것에서 그치지 않는다. 검열이 있으면 언론인들의 비판의식이 위축된다. 예술가들의 창의적인 정신이 손상된다. 새로운 생각과 시도로 부딪혀 시대정신을 표현해야 할 지식인들이 권력의 눈치를 보게 된다. 검열관의 시각이라는 틀에 갇히게 되는 것이다. 가장 자유로워야 할 그들의 정신이 막혀 있으면 국민의 정신도 틀에 갇힌다.

헌법재판소의 사전심의 제도에 대한 위헌결정이 내려지고 나서 한국영화와 가요는 전성기를 맞이했다. 달라진 모습의 한국의 대중문화는 젊은이들의 마음을 사로잡았다. 국가권력에 의한 윤리수호를 명분으로 사전심의 제도가 작동하던 1970년대와 80년대 한국영화는 주로 배우의 노출을 통해서 성공했다. 그 심의제도가 폐지된 1990년대 이후 한국영화는 작품성과 예술성으로 성공하고 있다. 검열제도 폐지를 계기로 생긴 한국 대중예술의 변화는 표현의 자유의 가치를 웅변으로 보여준다. 1980년대까지 헐리우드 영화와 미국의 팝 음악이 누리던 대중들의 인기와 사랑이 1990년대 들어 한국영화와 가요로 옮겨 왔다. 검열제도에 대한 위헌결정이 내려진 이후 한국 대중문화의 발전은 눈부시다.

06
언론기관의 자유

오늘날 신문, 방송 등 언론기관을 제외하고 공공의 문제에 관한 표현과 토론을 말하는 것은 큰 의미가 없다. 언론기관은 공공의 문제를 발견하고, 토론을 제안하고 주도하며, 새로운 토론의 주제와 방향을 제시한다.

언론기관은 현재의 권력질서를 감시하고 비판하는 가장 효과적인 수단이지만, 일단 권력의 수중에 장악되면 가장 효과적인 여론 조작 수단으로 작용한다. 그래서 권력을 장악하려는 세력들은 무엇보다도 언론기관을 먼저 확보하려고 한다. 힘으로 자유를 억압하는 통치자들은 언론기관을 통제하는 것으로 권위적 통치를 시작하는 것이다. 그렇기 때문에 신문과 방송의 자유를 침해하는 것은 다른 자유의 침해와 성격이 다르다. 그것은 공동체의 민주주의 자체를 공격하는 성격을 가진다.

검열된 언론, 거세된 언론

비상계엄은 전쟁과 같은 국가안보의 비상사태에 발령하는 대통령의 명령이다. 비상계엄이 선포되면 군인들이 치안을 확보할 뿐 아니라 행정부의 기능, 국민의 자유를 지키는 사법부의 중요한 권한들도 군에게 이관된다. 신문과 방송도 군인들의 사전검열을 받게 된다. 검열된 언론은 어떤 모습일까? 무섭고 엄격한 명령으로 가득한 지면일까? 어린이의 눈으로 경험했던 1980년 비상계엄 당시의 검열된 신문은 그렇지 않았다. 지극히 정상적이고 일상적이다. 신문 속의 세상은 평화로움으로 가득하다. 예를 들면 이런 식이다.

경제가 잘 돌아가서 수출도 잘 된다. 우리의 문화에 대해 세계 각국에서 놀랍다는 평가이다. 이제 곧 선진국 대열에 설 것이다. 정치, 사회, 경제, 문화 등 모든 분야에 걸쳐 대체로 아무런 문제가 없고, 불온한 세력들의 선동 때문에 작은 문제들이 생겼지만 엘리트 관료들과 충성스러운 군인들이 적절하게 해결하고 있다.

기사를 본 어린이는 세상을 평화롭다고 믿는다. 하지만 어른들은 그렇지 않다. 기자들이 행간에 숨겨놓은 진실, 삭제된 기사 속의 진짜 사건을 찾아내려고 상상력을 동원한다. 겉으로 보이는 세상은 조화롭지만, 그것은 가식의 세상일 뿐이라는 것을 알고 있기 때문이다. 언론기관 보도의 사전검열이란 비상계엄 시기에만 가능하다. 그러면 비상시가 아닌 평시에는 검열이란 없어야 하는 것이다. 하지만 언론 스스로 권력에게 순종하기로 결심한다면, 그래서 자체적으로 검열한다면 어떤 결과가 나올까?

우리나라 마지막 권위주의 정부를 장식했던 전두환 전 대통령의 5공화국 정부는 교묘한 방식으로 언론을 통제했다. 5공화국의 청와대는 문화공보부 내 홍보조정실을 창구로 해 매일 각 신문사와 방송사로 이른바 보도지침을 하달했다. 당시의 보도지침을 보면 마치 편집장이 편집부 소속 기자들에게 편집의 방침을 지시하는 것과도 같이 세심하고 친절하다. 당시 세상을 뒤집어 놓았던 보도지침의 내용을 몇 가지를 발췌해 살펴보기로 한다.

1985년 12월 2일
예산안 변칙통과 책임은 야당에 있다. 국회 여당 단독으로 예산안 통과 관련 다음과 같은 방향으로 제작 바람. 여당은 정치의안과 예산안을 일괄타결하려 했으나 야측, 특히 김대중의 반대로 결렬됐음. '변칙 날치기통과'라고 하지 말고 '여 단독처리 강행' 식으로 할 것.

1985년 12월 19일
김근태 첫 공판 스케치 기사나 사진 쓰지 말고 공판사실만 1단으로 할 것. 국회폐회 후 정국 전망중 제목으로 '장외대결' 등 표현 쓰지 말 것.

1986년 3월 31일

고대 교수들 개헌지지 성명 사회면 1단으로. 정동성 민정당 의원 국회 질의중 '광주 개헌현판식 사태 신민당이 군중 선동, 김영삼 김대중 야욕 버려야' 발언은 눈에 띄게.

1986년 4월 28일

금일부터 KBS 시청료 거부 관계 기사 및 KBS라는 표현도 일체 쓰지 말 것. 야권 지도자 회의 사진 싣지 말고 1면 톱으로 처리하지 말 것.

1986년 7월 17일

성고문사건 검찰 조사결과 발표 내용만 쓰고 시중에 나도는 반체제측 고소장 내용 일체 보도하지 말 것. 발표 이외 독자적 취재는 불가.

군사 쿠데타와 광주민주화항쟁을 무력으로 진압해 권력을 장악한 5공화국 정부는 권력의 운영도 폭력적이었다. 그럼에도 언론들이 정부를 비판하거나 정권에 불리한 사실을 보도하는 것에 소극적이었다. 그래서 사람들은 언론의 보도에 압력이 있을 것이라고 추측하고 있었다. 그러나 현실은 훨씬 더 참혹했다. 당시 《한국일보》 김주언 기자의 용기 있는 고발로 세상에 공개된 보도지침의 내용은 누구의 예상도 뛰어넘는 놀라운 것이었다.

언론보도지침은 법제도에 따른 명령이 아니었다. 만일 언론사들이 이 내용을 따르지 않는다 해도 법을 위반한 것은 아니었다. 하지만 모든 언론기관들은 보도지침을 순순히 따르고 있었다. 당시는 정보기관의 요원들이 언론사 편집실에 상주하다시피 하던 엄혹한 시절이었다. 그 지시를 거부했다면 다른 것을 명분으로 삼아 언론인을 처벌하건, 언론기관에 타격을 가하건 했을 것이다.

하지만 그 지시의 내용을 그대로 따른다는 것은 언론사가 정부홍보기관으로 전락하는 것과 같은 정도의 심각한 내용이었다. 모든 수단과 방법을 동원해 저항하고 거부했어야 할 내용이었다. 모든 언론사들이 뜻을 함께 해 대응했다면 지시를 벗어날 수 있었을지 모른다. 그러나 그런 일은 발생하지 않았다. 언론사의 편집장들은 일선 기자들에게 비밀로 한 채 은밀하게 그 지시를 따르고 있었다.

벌거숭이 언론인들

언론기관들이 권력으로부터 독립을 유지하는 것은 모든 시대의 과제다. 권력의 사전검열도, 노골적인 보도지침도 없는 오늘날의 언론기관들에게는 또 다른 측면에서의 어려운 문제가 있다. 민영언론은 민간기업이다. 민간기업은 이익을 확보하기 위해 광고주, 기업들과 흥정하고 타협한다. 광고주의 압력은 경영주를 통해 편집자와 기자들에게 전달된다. 언론인들이 경영진의 압력으로부터 독립하는 것은 쉽지 않은 과제다.

술수에 능한 권력은 언론기관에 대해 양면작전을 동원한다. 자신에게 비판적인 매체들에 대해서는 다양한 경제적 압박을 가하고, 권력에 우호적인 언론기관과 언론인들에게 특혜를 부여한다. 영악한 언론인들은 권력과 기업의 욕구를 스스로 알아서 발견하고 채워준다. 스스로의 목소리를 검열하고, 권력자의 행진을 위해 방해물을 제거한다. 그들은 더 이상 언론인이 아니라 길들여진 시종이고 검열관이다.

최근의 드라마와 영화에서 부쩍 눈에 띄는 소재는 권력의 카르텔이다. 주로 재벌, 정치인, 법조인, 언론인이 결합한다. 때로는 사학재단과 예술계로도 그 범위를 넓힌다. 권력의 네트워크 참여자들은 각자 갖고 있는 힘으로 서로를 돕고, 이용한다.

우민호 감독의 2015년 영화 〈내부자들〉은 그 권력의 카르텔을 정면으로 다룬다. 재벌, 검사, 언론인이 벌거숭이가 되어 술을 마시고 있다. 그들의 주변에는 수십 명의 젊은 여인들이 벌거숭이가 되어 그들의 시중을 대기하고 있다. 벌거숭이 모임은 서로의 이익을 위해서 모든 도덕과 법 원칙을 벗어버리겠다는 서약을 상징한다. 이들은 헌법이 자신들에게 부여한 역할을 배신해 모든 권력의 견제장치를 해제한다. 그리고 서로는 서로의 이익을 위한 도구로 통합한다.

벌거벗은 사연으로 유명한 또 다른 이야기로는 한스 안데르센의 동화 《벌거벗은 임금님》이 있다.[17] 이 이야기에서 권력의 부끄러운 진실을 밝힌 것은 진실을 담은 한 어린이의 외침이었다. 진실을 찾는 원칙은 항상 동일하다. 용기 있게 말 하는 것. 표현할 자유를 허용해야 하는 것은 바로 그 이유 때문이다.

언론기관의 자유와 법원의 역할

도널드 트럼프 미국 대통령은 취임 직후인 2017년 1월 27일, 중동과 아프리카 이슬람 7개국 국민에 대한 미국 입국과 비자 발급을 90일 동안 중단하는 것을 내용으로 하는 행정명령을 내렸다. 많은 사람들이 경악했다. 비자를 들고 입국하려던 많은 사람들이 고국으로 가는 비행기에 실려 돌아가야 했다. 가족들이 헤어져 눈물을 흘렸고, 부모와 떨어진 아이들이 두려움에 떨었다. 많은 사람들이 거리로 나가서 이민자의 국가인 미국의 가치를 훼손한 대통령을 비난하는 시위에 참여했다.

워싱턴과 미네소타주 정부가 연방정부를 상대로 소송을 제기했다. 대통령의 행정명령에 대한 집행정지를 구하는 소송을 제기한 것이다. 소송을 제기한 지 나흘 만에 연방법원의 결정이 나왔다. 대통령의 행정명령의 효력을 정지하는 결정이었다. 대통령의 행정명령은 연방법원의 결정으로 시행 일주일 만에 중단됐다. 멋대로 전횡하던 대통령의 자의적 권력 행사에 재갈을 물린 것은 사법부의 힘이었다. 법원의 판단이 효과를 볼 수 있었던 것은 오랜 시간이 걸리는 정식 재판이 아니라 신속한 결정이 가능한 집행정지 재판이었기 때문이다.[18]

만일 연방법원이 사건의 본안을 심리하고 최종결정을 할 때까지 집행정지를 하지 않고 그대로 두었다면 최종의 결정은 어떤 결론이라고 해도 아무런 실효성이 없는 재판이 되었을 것이다. 어차피 대통령의 명령은 90일간의 효력만 있는 것이었고, 그 재판이 모두 종료되어 확정되기 위해서는 몇 년의 세월이 필요했을 것이기 때문이다. 권력의 한계를 일깨워주는 사법부의 적절한 브레이크는 더 큰 헌법침해, 더 큰 과오로 나아가는 것을 막아주었다. 권력을 견제하는 법원의 역할은 이렇게 수행하는 것이다.

대통령 권력의 한국방송공사 장악의 역사 가운데 가장 노골적인 침해는 이명박 정부 시절에 발생했다. 공영방송의 독립과 자유를 위한 기초적인 장치로 방송사 사장의 임기가 정해져 있다. 임기를 정한 것은 정권이 교체되는 경우에도 종전의 사장에게 그 직위를 유지시킴으로써 방송의 공정성을 유지하고, 정치세력에 대한 견제가 유지되도록 하기 위함이다.

이명박 대통령 취임 초반, 검찰은 한국방송공사 사장을 배임죄로 기소했다. KBS에 대한 법인세 부과를 다룬 행정소송 중 끝까지 다투지 않고 항소심에서 재판부가 제한한 조정에 응했다는 것이 기소 이유였다. 법원이 제안한 중재안에 따라 조정에 응한 것이 범죄가 된다는 것은 누가 보아도 상식에 반한다. 권력의 의도는 한국방송공사 사장을 파면하고 자신의 의도에 맞는 새로운 인물을 그 자리에 앉히는 것이었다. 검찰의 기소가 있고 나서 한국방송공사 이사회, 검찰, 감사원 등이 모두 동원되어 그의 해임을 정당화하는 논리를 만들어내었다. 대통령은 한국방송공사 이사회의 의견에 따르는 형식을 취해 임기가 남은 사장을 해임했다. 전임사장은 해임이 잘못되었음을 다투기 위한 소송을 제기했다. 해임이라는 권력행사가 소송이 끝날 때까지 효력이 없도록, 즉 KBS 사장의 직위를 계속 유지할 수 있도록 해임처분의 집행정지도 신청했다.

권력의 의도를 저지하기 위해서는 집행을 정지시켜야 했다. 해임의 효력을 즉시 정지해야만 종전의 사장이 그 직무를 계속 유지할 수 있고, 권력이 새로운 사장을 임명할 수 없었기 때문이다. 하지만 법원은 그 요청을 거부했다. 대통령은 사장을 해임시킨 후 새로운 사장을 임명해 그 해임을 기정사실화했다. 애초부터 그렇게 하려고 하는 권력의 의도가 선명했던 사건이었다. 사건의 본질은 구미에 맞는 사장을 새로 임명해 방송을 장악하려는 것이었다.

몇 년이 지나 법원은 사장에 대한 해임이 위법한 것이었음을 확인하는 판단을 내렸다. 1심부터 3심까지 모두 동일한 판단이었다. 검찰의 배임죄 기소에 대해서도 모두 무죄 판단이 내려졌다. 전임 사장의 개인적인 억울함과 불명예는 구제되었다. 하지만 한국방송공사의 공정성은 돌아올 수 없었다. 사건의 핵심은 억울하게 직장을 잃은 사람을 구제해주는 문제가 아니었다. 권력으로부터 공영방송사의 독립을 지키는 것에 관한 문제였다. 가장 효과적인 통제방법은 집행정지 재판이었다. 통상적인 소송에서 가장 중요한 본안재판은 이 상황에서는 부수적이었다.

대통령은 새로운 사장으로 대통령의 뜻을 잘 아는 사람을 임명했다. 신임 사장이 어떻게 직무를 수행했는지는 물어보지 말기로 하자. 언론의 독립을 위한 법원의 역할이 결정적이었던 사건이었음에도 법원은 아무런 버팀목이 되지 못했다. 국민들의 공영방송이 권력에 장악되는 것은 그렇게 한 순간이었다. 법원의 역할이 얼마나 중요한지, 법원은 언론 자유를 위해 어떤 용기를 갖고 있어야 하는지를 보여준 상징적인 사건이었다.

07
알 권리

정보를 얻을 자유를 금지하는 것은 사람들의 생각의 형성을 금지하는 것을 의미한다. 생각의 형성을 허용하지 않으면서 생각을 표현할 자유를 보장한다는 것은 이율배반이다. 그래서 오늘날 표현의 자유에는 필요한 정보를 구해 자유롭게 생각을 형성하는 자유, 즉 '알 권리'가 포함되어 있다.

알 권리는 모든 사람이 일반적으로 접근할 수 있는 정보원으로부터 방해받지 않고 정보를 얻을 권리를 말한다. 일반적으로 접근할 수 있는 정보원이란 신문, 방송, 잡지, 도서, 인터넷과 같이 사람들이 쉽게 구하고 접근할 수 있는 정보매체를 말한다. 정부와 공공기관, 공공도서관도 알 권리의 정보원천에 해당된다.

알 권리 역시 헌법상의 자유로서 모든 시민들에게 허용되어야 한다. 다른 이유로 자유가 제약되는 사람이라고 해서 알 권리가 함부로 제약되어서는 안 된다. 가령, 범죄를 저지르고 교도소에 갇힌 사람들이라고 해도 특별한 이유 없이 정보를 얻을 자유를 함부로 통제해서는 안 된다.

권력의 정보, 정보의 권력

오늘날 정부와 공공기관이 하는 일은 거의 무제한이다. 안보와 공공질서, 경제활동의 규제, 시민들의 안전과 일상생활에 이르기까지 모든 영역에 걸쳐 있다. 그렇기 때문에 이들이 갖고 있는 정보창고는 질과 양의 모든 측면에서 단연 최고이다. 정부가 갖고 있는 정보를 요구해 얻어내는 것은 국민이 갖는 당연한 자유다.

정보는 권력이다. 권력을 갖고 있는 이들은 정보를 갖고 있고, 정보는 권력을 가져온다. 권력을 독점하고자 하는 세력은 정보를 독점하고 정보를 공개하지 않으려고 한다. 정부는 시민들에 대한 많은 정보도 가지고 있다. 시민들로서는 도대체 정부가 자신에 관한 어떤 정보를 알고 있는지조차 모를 지경이다. 권력이 나에 대한 어떤 정보를 갖고 있는지 모를 때 권력은 두려움의 대상이다. 부패와 부정한 결탁이 일어나는 것도 정보의 비공개로부터 시작된다. 민주주의의 질서는 정보공개와 투명한 행정이 전제되어야 형성될 수 있다. 우리 정부와 공공기관들은 정보비공개의 나쁜 습관에 빠져 있다. 정보공개의 법률을 제정해 시행하고 있음에도 그 습관은 바뀌지 않고 있다.

메르스라는 신종 전염병이 창궐했을 당시 우리나라 최고의 대기업이 운영하는 대형병원이 전염병의 전파 원천이 되었다. 정부는 시민들과 지방자치단체의 계속적인 문제제기에도 불구하고 마지막 순간까지 그 병원의 이름을 공개하지 않았다. 그 병원을 방문한 환자와 방문객들은 치명적인 위험에 노출되었다.

2017년 1월에는 원자력안전위원회의 월성 1호기 사용연장 허가를 다투는 소송이 서울 행정법원에서 열렸다. 법정에는 전문가로서 전 캐나다원자력공사(AECL) 수석안전분석관이 참석했다. 그는 발전소의 여러 가지 기술적인 문제점을 지적하면서 당장 가동을 중단해야 할 수준이라고 보고했다. 그런데 여기에도 정보비공개의 문제가 자리하고 있었다. 원자력발전소의 운영주체인 한국수력원자력이 제출한 최종안전성분석보고서(FSAR) 가운데 많은 부분이 비공개 처리되어 있었던 것이다.

완벽하지 않은 원전의 가동은 수많은 국민들의 생명과 직결된 문제다. 그런데 원전의 관리당국은 심지어 그 계속 가동 여부를 판단할 법원에게조차 중요 정보를 공개하지 않았다. 영업비밀이나 국가안보와 관련된 사항이라는 이유에서였다. 이미 수십 년을 운행해 노후된 원자력 발전 시설에 관한 정보가 안보 또는 영업비밀의 문제라는 것도 전혀 설득력이 없다. 그것은 경제적 이득을 얻기 위해 수많은 국민들의 생명을 가지고 도박을 하는 행위로 보일 뿐이다.

정보를 공개하면 여러 귀찮은 일이 발생한다. 언론과 시민단체들이 문제를 삼고 나선다. 사실 비공개의 방향으로 기우는 것은 우리 정부의 문제만이 아니다. 모든 나라의 정부, 공공기관의 속성이다. 그런데 선진국 정부와 공공기관들의 태도는 다르다. 공개하고 싶지 않은 정보라고 해도 공개가 기본이다.

선진국의 정부와 우리 정부의 다른 태도는 무엇으로부터 기인하는 것일까? 법원의 판결이다. 정부가 공개하고 싶지 않을 때 법원이 그 공개를 강제하지 않는다면 정부로서는 굳이 공개할 이유가 없다. 사법부의 태도가 바뀌지 않는 한 정부의 정보비공개 관행은 바뀔 수가 없다.

습관은 운명을 결정한다. 정보공개의 문제는 단순히 요청된 정보를 공개하거나 하지 않는 문제가 아니다. 그것은 청렴성, 공정성, 정직성 등 행정 전반의 덕성과 연결되어 있는 문제인 것이다. 모두 공개될 것이라고 예상하며 공무를 처리하는 공무원과 모든 것이 비밀에 부쳐질 거라고 예상하며 공무를 처리하는 공무원을 상상해보자. 그들이 업무를 대하는 태도는 다를 수밖에 없다. 정보공개에 관한 관행을 바꾸지 않으면 정부의 타성은 바뀔 수 없다.

법원의 판결문 공개

정보공개의 관행을 바꾸는 것은 사법부의 결단이다. 그런데 법원에게 그와 같은 기대를 할 수 있는 형편일까? 법원에게 정부의 정보공개에 관한 적극적 판단을 기대하는 것은 어쩌면 우물에 가서 숭늉을 찾는 것인지도 모른다.

대법원을 최고법원으로 하는 우리의 법원은 다른 정보도 아닌 '판결문'을 제대로 공개하지 않고 있다.[19] 심지어 대법원 판결도 극히 일부만 인터넷에 공개된다. 법학자들이 학술논문에 인용할 판결을 구하기 위하여 법원관계자에게 부탁을 하고 있는 현재 상황은 희극에 가깝다. 하급심 판결은 거의 모든 판결이 비공개이다.[20]

대법원은 판결문을 공개하지 않는 이유가 판결에 드러나 있는 개인들의 사생활 정보 등이 공개되는 문제 때문이라고 한다. 하지만 시민과 언론, 학자와 법조인들이 공개를 요구하는 것은 그런 정보들이 아니다. 그런 개인 정보들은 정보 처리의 단계에서 분류해 기호화함으로써 얼마든지 비공개 처리할 수 있다. 문제는 그 정보를 이유로 정작 국민들이 감시해야 할 법적 판단에 관한 정보도 비밀로 하고 있는 것이다. 대법원의 판결문 비공개 정책은 국민들이 법원의 판결을 감시하는 것을 불가능하게 한다. 비판받고 검증받는 것을 회피하고자 하는 것은 인지상정이고, 모든 국가기관들의 소망이다. 하지만 이제 더 이상 그런 소망이 실현될 수 있는 시대는 아니다.

판결을 내린 법원이 국민들에게 판결문을 공개하지 않는 것은 의회가 법을 제정하고 그 내용을 공개하지 않는 것과도 같다. 그것은 단순히 알 권리를 침해하는 문제일 뿐 아니라 법치주의 원칙 실현에 장애물을 만들어 놓는 것이다. 법치주의 원칙을 실현해야 할 주인공이 스스로 법치주의 실현을 가로막고 있는, 상상할 수도 없는 관행이다. 만일 법원의 알 권리와 정보공개에 대한 의식이 변화되지 않는다면 헌법재판소에 의해서라도 엄격하게 통제되어야 한다. 법원의 재판에 대한 헌법소원이 허용되어야 하는 또 하나의 중요한 이유이다.

08

집회의 자유

유엔의 보고서

이명박 정부 시절인 2010년 5월 유엔인권이사회는 한국의 표현의 자유 상황이 심각하다고 보아 특별 보고관을 파견했다. 유엔에서 파견된 프랭크 라 루Frank William La Rue 보고관은 법무부, 문화체육관광부, 방송통신위원회, 경찰청, 국가인권위원회 등 16개 정부기관을 방문했고, 표현의 자유를 침해당한 시민들을 만나 실태를 조사했다. 보고관은 조사결과를 정리해 유엔 인권이사회에 제출했다. 그는 보고서에서 2008년 촛불시위 이후 한국에서 표현의 자유가 심각하게 제한되고 있다고 평가했다. 정부의 입장과 일치하지 않는 견해를 밝힌 개인들을 기소·처벌하고 있는데, 기소와 처벌의 근거가 되는 대한민국의 법과 판례는 표현의 자유 보장에 관한 국제법에 부합하지 않는다고 지적했다.

유엔의 보고관이 조사를 벌일 당시 시민운동가들이 표현의 자유에 관한 실태를 고발하기 위한 시위를 기획했다. 한 사람의 인권활동가가 서울 광화문 광장 인도에 팻말을 들고 서 있었다. 팻말에는 "우리에게 표현의 자유가 있다"라고 써 있었다. 6~7미터 떨어진 곳에 다른 인권활동가가 그와 비슷한 내용의 팻말을 들고 서 있었다. 경찰은 이들을 현행범으로 체포했다. 두 사람이 1인 시위를 가장해 계획적으로 함께 시위를 했다는 것이다. 광장에서 표현의 자유를 보장하라는 글을 들고 묵묵히 서 있었던 두 사람의 행위를 과연 범죄라고 할 수 있을까? 경찰은 도대체 무엇에 근거해 이들의 평화적인 의사표시를 범죄로 판단한 것일까?

시민들의 정치적 표현은 자유이다. 자유 중에서도 가장 중요한 자유이다. 권력분립의 원칙이 작동하지 않고, 언론도 권력에 대한 견제를 포기했을 때 민주주의를 지탱할 힘으로 남아 있는 것은 시민들의 직접적 목소리밖에 없다. 시민들의 직접적 목소리를 내는 집회의 자유는 헌법을 지키는 최후의 버팀목이다. 이 자유를 제한하는 국가의 조치는 목적을 달성하기 위해 불가피한 범위, 반드시 필요한 최소한의 범위로 한정해야 한다.

'집회 및 시위에 관한 법률'에는 집회와 시위를 제한하는 다양한 조항이 규정되어 있다. 그 제한 중 하나로 사전신고제도라는 것이 있다. 실내가 아닌 야외에서 집회와 시위를 열 경우에 그 주최자는 목적, 일시, 장소, 참가자 등의 상세한 내용을 경찰서장에게 미리 신고해야 한다는 규정이다. 만일 신고하지 않고 집회를 열게 되면 집회를 개최한 사람은 징역형 등의 형사처벌을 받게 된다. 또한 그 집회는 경찰의 해산명령의 대상이 되어 해산명령을 받고 해산하지 않을 때에는 그 집회에 참가한 사람들까지도 징역형 등의 형사처벌을 받게 된다.[21]

대규모 집회의 경우처럼 공공의 안전에 위험이 생길 것을 우려해야 하는 집회나 시위가 있다. 이런 경우 경찰서장에게 집회의 규모 등을 미리 신고한다면 경찰이 보다 효율적으로 대비할 수 있을 것이다. 하지만 오늘날 경찰의 기동력과 정보력에 비추어 볼 때 지극히 대규모 집회이거나 폭력적인 시위가 아닌 이상 사전신고가 반드시 필수적이지는 않다.

현행 집시법은 어느 정도 규모의 집회가 사전신고가 필요한 집회인가라는 것을 법률에서 정하고 있지는 않다. 대법원은 법률 해석을 통해 그것을 정했다.

집시법상의 집회란, 특정 또는 불특정 다수인이 특정한 목적 아래 일시적으로 일정한 장소에 모이는 것을 말하고, 그 모이는 장소나 사람의 다과에 제한이 있을 수 없다. (대법원 1983. 11. 22. 선고 83도 2528 판결).

집회를 목적으로 '다수'가 모이면 모두 집시법상의 집회이고 시위라는 해석이다. 따라서 두 사람이 모이는 것도 집회가 된다. 사전신고 규정에서는 아무런 조건 없이 '옥외집회'가 신고대상이라고 규정했으므로 모든 옥외 집회를 할 때에는 집시법상의 사전신고가 필요하다는 해석이다. 대법원의 이와 같은 해석에 따라 우리나라에서는 두 사람이 실외에서 모이는 데에도 48시간 전에 관할 경찰서장에게 신고를 해야 한다. 신고하지 않고 집회를 개최한다면 불법집회가 된다. 공공의 주제에 관한 것이든, 평화적인 것이든, 어떤 공공의 위험도 끼치지 않은 것이든 마찬가지다. 경찰은 해산명령을 할 수 있고, 명령에 응하지 않으면 단순한 참가도 범죄가 된다.[22]

독일에서는 헌법 규정 자체를 통해 집회의 허가뿐 아니라 신고제도도 금지하고 있다. 언론에 대한 검열, 고문에 대한 금지를 규정한 것과 같이 집회의 신고를 금지하고 있는 것이다.

우리 헌법은 집회의 허가제도만을 금지하고 있다. 하지만, 독일의 예에서 알 수 있는 것처럼 집회의 신고도 매우 위험한 제도이다. 세심하게 다루지 않으면 표현의 자유에 대한 직접적 침해와 막대한 위축효과가 발생할 수 있다. 따라서 그 신고 제도를 만들고 운영할 때는 집회의 자유를 침해하지 않도록 각별하게 주의해야 한다.

백만 명, 이백만 명이 모여 집회를 해도 공공의 평화와 안전에 아무런 영향을 끼치지 않을 수 있다는 것을 경험했다. 광화문 광장에서 두 사람이 모여 피켓을 들고 표현의 자유를 행사하는 것이 과연 공공의 안전에 어떤 영향을 미칠 수 있을까? 열 명, 스무 명, 백 명의 사람들이라고 해도 침묵시위를 하거나 평화적으로 구호를 외치는 것만으로 아무런 공공의 위험도 초래되지 않는다.

표현을 규율하는 법 원칙의 본질은 신고가 아니다. 그 본질은 자유라는 원칙이어야 한다. 그 주제가 공동체의 공적인 사안이라고 한다면 더욱 자유이어야 한다. 공공의 문제에 관한 의사표시를 하겠다는 목적을 갖는 것, 그 의사를 표시하기 위해 시민들 간에 연락을 하는 것, 서로 용기를 북돋우며 함께 의사표현을 하는 것은 시민들이 자신의 생각을 더 효과적으로 표현하기 위한 당연한 고려이고 지혜이다. 두 사람이 모인 순간부터 잠재적인 범죄라는 의심의 눈초리로 쳐다보는 것이 아니라 위축되지 않고 자발적으로 의사를 표시해준 시민들에게 감사하고 고마워해야 하는 것이다. 질서를 파괴할 객관적인 가능성이 없는 집회와 시위에도 사전신고의무를 부여하고, 신고를 하지 않았다는 이유로 범죄가 된다는 법원의 판단은 자유와 질서를 거꾸로 이해하는 판단이며, 위축효과의 법리를 거꾸로 적용하는 판단이다. 사전신고의 대상이 되는 집회는 반드시 필요한 경우로 엄격하게 제한해 해석해야 한다.

대한민국에서 표현의 자유가 위협받고 있다는 우려 때문에 유엔 인권보고관이 표현의 자유에 관한 상황을 조사하게 되었다. 그 보고관에게 실태를 알리기 위해 두 사람이 팻말을 들었다. 멀리 떨어져서, 조용히 서 있을 뿐인 그들을 향해 경찰이 메가폰을 들었다. 그리고 해산을 명령한다. 움직이지 않고 서있던 이들은 해산에 불응했다는 이유로 체포되었다. 이 모든 장면들이 민주공화국인 대한민국에서 발생했다는 것은 어이없는 비극이다.

최고의 비극은 그런 해석을 만들어낸 것이 행정부나 국회의원들이 아니라 표현의 자유를 최대한 보장해야 할 법원의 판단이었다는 점이다. 규모를 불문하고 모든 집회를 '집회 및 시위에 관한 법률'의 규율대상으로 삼고 있는 대법원의 법률해석은 표현의 자유를 위축시키고 침해하는 위헌적인 해석이다.

1. 선거를 하는 시민들이 각성할 필요가 있다. 하지만 오늘날 국회와 정당이 갖고 있는 여러 가지 문제는 국민들이 지혜로운 선거를 한다고 해서 극복할 수 있는 문제가 아니다. 개별 의원들의 문제가 아니라 이미 권력의 대부분을 차지하고 있는 기성 정당들이 자신들의 기득권을 유지하기 위해 짜놓은 제도, 선거와 정당 제도 설계의 문제이기 때문이다. 선거구와 비례대표제도의 개혁 등 선거법 개정에 관한 논의는 헌법의 개정에 비견할 만큼 중요한 문제이다. 그것이 제대로 이뤄질 때 정당의 잘못된 관행도 개선될 수 있다. 이 문제만큼은 그에 관한 기득권과 이해관계를 갖고 있는 정치인들에게 맡겨서는 안 되고, 시민들이 직접 나서야만 한다.

2. 미셸 푸코, 《감시와 처벌》, 오생근 옮김, 나남, 2011, 85쪽.

3. 2010헌바70 등

4. 헌법위원회가 제대로 작동하지 못했던 데에는 대법원의 잘못이 컸다. 당시의 제도에서는 헌법위원회가 사건의 심판을 개시하기 위해서는 그에 우선해 문제된 법률이 위헌의 의심이 있으므로 심판해달라는 대법원의 요청이 필요했던 것이다. 대법원은 단 한 개의 법률조항에 대해서도 위헌심판의 요청을 하지 않았다.

5. 2017년 대통령 선거 후보자 방송토론에서 최저임금 수준의 십분의 일 수준인 사병들의 월급을 인상하는 것이 중요한 쟁점으로 다뤄졌다. 바람직한 일이긴 하지만 더욱 시급한 문제는 군의 권력에 의해 이들의 권리가 자의적으로 처분되는 일이 발생하지 않도록 법 제도를 갖추는 일이다. 군인들의 법적 지위를 법률로 보장해야 하고 그 법률이 준수되는 것을 제대로 감시하는 장치를 마련해야 한다.

6. 군인사법은 군인의 임용, 복무, 교육훈련, 사기, 복지 및 신분보장 등에 관하여 국가공무원법에 대한 특례를 정함을 목적으로 하는 법률인데(제1조), 군인들의 복무에 관한 사항으로서 복무의 구분(제6조), 장교 등의 의무복무기간(제7조), 현역정년(제8조), 임용 및 임용결격사유(제9조~제15조), 장교

등의 보직(제16조~제17조), 장교 등의 진급(제24조~제26조), 전역 및 제적(제35조~제43조), 신분보장(제44조), 휴가(제46조), 보수(제52조~제55조) 등 주로 직업군인의 복무에 관한 사항들을 규정하고 있을 뿐이다. 따라서 병사들의 복무, 자유, 법적 지위에 관한 유일한 법조항은 위에서 소개한 조항 하나뿐이었다. 국회는 2015년 12월 29일 '군인의 지위 및 복무에 관한 기본법'을 제정하면서 위 군인사법 제47조의2 조항을 삭제하였다.

7. 헌법 제75조는 "대통령은 법률에서 구체적으로 범위를 정해 위임받은 사항과 법률을 집행하기 위해 필요한 사항에 관해 대통령령을 발할 수 있다."라고 규정해 위임입법의 근거를 마련하는 한편, 대통령령으로 입법할 수 있는 사항을 법률에서 구체적으로 범위를 정해 위임받은 사항으로 한정함으로써 위임입법의 범위와 한계를 제시하고 있다. 헌법이 이와 같은 포괄위임 금지 원칙을 정하고 있는 것은 그것이 권력통제를 위한 마지막 방어선이기 때문이다. 이 원칙을 지키지 않게 되면 행정권력이 입법권까지도 행사하게 되어 권력분립 원칙이 무너지고, 의회에 의해 국민들의 자유를 보장한다는 원칙도 무너지게 되는 것이다. 이런 사태야말로 제왕적 권력이 도래하는 사태이고, 그것을 막기 위해서 필요한 것은 헌법 개정이 아니라 시민들의 헌법적 각성과 감시이다.

8. 군인복무규율 제16조의2 (불온표현물 소지·전파 등의 금지) 군인은 불온유인물·도서·도화 기타 표현물을 제작·복사·소지·운반·전파 또는 취득해서는 아니 되며, 이를 취득한 때에는 즉시 신고해야 한다.

9. 예를 들어 미군의 경우, 군대 스스로 설치한 군대의 도서관에 온갖 공산주의 서적들로부터 반미서적들까지 구비하여 독서에 세공하고 있다. 우리 군대에는 사병들이 이용할 수 있는 도서관이란 존재하지도 않지만, 어쨌든 이 조항은 군대의 도서관에 비치할 도서의 조건에 관한 규정도 아니다. 개인이 자신의 비용으로 책을 구하고 읽는 것에 관한 규제이다.

10. 이 결정은 여러 견해로 나뉜다. 하지만 큰 줄기로 보면 두 가지 의견이다. 합헌의견에 여섯 명의 재판관, 위헌의견에 세 명의 재판관이 찬성했다. 과연 어떤 취지의 결정이었는지 읽어 보기를 권한다. 판례번호는 2008헌마638, 사건명은 군인사법 제47조의2 위헌확인 등 사건이다. 헌법재판소의 홈페이지에 있는 판례 검색 시스템을 통해 바로 찾아 볼 수 있다.

11. 마을에는 새뮤얼 패리스라는 목사가 있었다. 광신적인 종교관으로 물의를 일으키고 있었던 그는 자신을 몰아내려는 마을의 지도자들과 대립하고 있었다. 그는 예배의 설교에서 자신과 교회에 대한 반항을 경고했고, 세일럼을 손아귀에 넣고 있는 악마의 세력을 묘사했다. 이상한 병에 가장 먼저 걸린 것은 열아홉 살이었던 패리스 목사의 딸 베티 패리스였다. 그리고 그의 이상한 병은 그녀의 친구 앤 퍼트넘에게도 전염되었다.

12. 기이하게도 고발자들 대부분은 특정가문의 사람들이었고, 마녀로 고발당하는 사람들은 그들과 악연이 있는 사람들이었다. 마을의 또 다른 목사 조지 버러스도 고발되었다. 목사가 사탄의 대변인이고, 마녀의 지도자라는 죄로 체포되자 사람들이 이성을 찾기 시작했다. 일부 시민들이 목사의 구명을 위해 보스턴의 총독에게 탄원했다. 증언방식에 대해서도 문제를 제기했다. 목사는 다른 세 명의 남자와 한 명의 여자들과 함께 처형당했다.

13. 의회는 연방 법률로 새로운 성조기 보호법을 제정했다. 하지만 연방법원은 새로운 연방법률에 대해서도 위헌판단을 했다. 정치권은 연방대법원의 판단을 무효로 만들기 위해 헌법개정을 시도했으나 헌법개정 시도는 실패했다.

14. 미국에서 공직자를 비판한 표현행위의 허용 한계가 문제된 사건이 있었다. 명예훼손에 따른 손해배상판결이 문제된 '뉴욕 타임스사 대 설리번'(New York Times Co. v. Sullivan) 사건이다. 이 사건은 흑인민권운동이 한창이던 1960년에 발생한 사건이었다. 앨라배마주의 몽고메리시의 경찰국장 설리번(L.B. Sullivan)은 뉴욕 타임스와 4명의 민권운동 지도자인 흑인 목사를 상대로 민사손해배상을 제기했다. 이들 목사들은 1960년 3월 29일, 뉴욕 타임스에 몽고메리 경찰들이 시위진압 과정에서의 과잉진압을 고발하는 내용의 전면광고를 실었다. 경찰국장은 이들의 광고 내용 가운데 허위의 내용이

있어 자신의 명예가 훼손되었다고 주장했다. 이에 주법원의 배심원들은 50만 달러의 배상금 지급을 명했다. 연방대법원은 주 법원의 판단을 파기하고, 표현의 자유의 손을 들어 주었다. 판결문을 작성한 브레넌(William J. Brennan) 대법관은 법정의견을 통해 다음과 같이 설명했다. "공무원의 행위에 대해 비판하는 언론에 대해서 그가 언급한 모든 사실이 진실해야 할 것을 명예훼손의 손해배상 판결의 위협으로써 강제한다면 그에 대응한 '자기검열(self-censorship)'을 초래할 뿐이다. 진실에 대한 입증책임을 부과한 상태에서 오로지 진실에 기한 방어만을 허용한다고 하면 위축되는 것은 거짓 언론만이라고 할 수 없다. (중략) 이와 같은 상황 하에서는 공무원의 행위에 대해 비판하고자 하는 사람들은 비록 그들이 진실이라고 믿는 사실이 있는 경우에도, 그리고 그것이 실제로 진실인 경우에도 비판의 목소리를 내지 않고 침묵을 선택할 것이다. 법정에서 자신이 주장하는 모든 사실이 진실이라고 하는 점을 입증할 수 있을까 하는 의구심과 그에 소요될 비용과 노력을 걱정해야 하기 때문이다." 연방대법원은 수정헌법 제1조에 따른 표현의 자유에 의하여 "자신의 공무수행에 관련한 허위에 의한 명예훼손에 대해 손해배상을 받고자 하는 공무원은 스스로 문제된 진술이 '현실적 악의에 의해 이루어졌다는 것', 즉 그것이 허위임을 알았거나 혹은 허위일지도 모른다는 것을 무모하게 무시했다고 증명해야 한다"라고 결론을 내렸다.

15. 다행히 법원은 무죄 판단을 했다. 공직자의 직무라는 공적 관심사에 대한 표현의 자유가 보장되어야 한다는 것이 판단의 주요 이유였다.

16. 헌법에서 절대적 금지로 해석되는 원칙은 두 가지이다. 하나는 고문금지의 원칙이고, 두 번째는 사전검열 금지의 원칙이다.

17. 잘 알려진 이야기의 줄거리는 대략 이런 내용이다. 옛날 옛날에 옷 욕심이 많았던 임금님이 살고 있었다. 어느 날 거짓말쟁이 재봉사들이 임금을 찾아와 세상에서 가장 멋진 옷을 만들어 주겠다고 한다. 그런데 그 옷은 심지어 어리석은 사람들의 눈에는 보이지 않는 특별한 옷이라고 했다. 그들은 궁정의 한 방을 차지하고 옷 짓는 일을 시작한다. 궁금해 견딜 수 없는 임금은 신하를 보내어 알아보게 한다. 자신들의 어리석음이 탄로 날까 두려웠던 신하들은 모두 멋진 옷이 만들어지고 있다고 임금에게 거짓 보고를 했다. 완성되었다는 옷이 전혀 보이지 않았지만 임금 역시 어리석음을 들키지 않기 위해 옷이 보이는 척을 한다. 임금은 새 옷을 입고 거리행진을 한다. 행진을 구경하기 위한 백성들도 자신들의 어리석음이 들통 날까봐 침묵한다. 그런데 한 아이가 소리를 친다. "임금님이 빨개 벗었다!" 그제야 백성들은 키득거리기 시작한다. 차츰 웃음소리가 커져 마침내 모두가 함께 커다란 웃음을 터뜨렸다. 진실을 깨달은 임금은 벌거벗은 채 서둘러 궁전으로 돌아갔다.

18. 집행정지 제도란 이런 것이다. 잘못된 공권력의 행사를 다투는 소송을 제기하면 최종적인 소송의 결과가 나오기까지 걸리는 시간은 몇 년이다. 그 때까지 그 공권력의 효력을 그대로 인정한다면 커다란 손실이 발생하고, 나중에 재판에서 이긴다고 해도 아무런 의미가 없는 경우가 있다. 집행정지 제도는 그럴 때 그 공권력의 효력을 최종 재판의 시점까지 잠정적으로 중단시키는 재판이다. 이 재판은 확정적인 재판이 아니라 임시의 재판이기 때문에 신속하게 진행된다. 법원의 재판이 오래 걸린다는 약점을 보완할 수 있는 제도이다.

19. 물론 재판을 받은 당사자는 판결문을 받을 수 있다. 여기서 말하는 판결문의 공개문제는 당사자나 직접적인 이해관계인에 대한 공개를 말하는 것이 아니라 제3자, 일반인에 대한 공개를 말하는 것이며, 어려운 법적 절차를 거치거나 경제적, 시간적 비용을 들이지 않아도 되는 손쉬운 공개를 말하는 것이다.

20. 2016년 9월 25일 금태섭 의원이 공개한 대법원 자료에 따르면 2010년부터 2015년까지 처리된 본안사건 930만3천559건 중 대법원 종합법률정보 사이트(glaw.scourt.go.kr)에 공개된 건수는 2만4천855건(0.27%)에 불과했다. 법원별 공개율은 대법원 판결문이 8.14%로 가장 높았다. 이어 특허법원 2.64%, 서울고법 1.54%, 대구고법 1.28%, 광주고법 1.12% 순이었다. 전주지법이 0.02%를 기록해 가장 낮았다.

21. 집회 및 시위에 관한 법률

제6조(옥외집회 및 시위의 신고 등)
①옥외집회나 시위를 주최하려는 자는 그에 관한 다음 각 호의 사항 모두를 적은 신고서를 옥외집회나 시위를 시작하기 720시간 전부터 48시간 전에 관할 경찰서장에게 제출해야 한다. 다만, 옥외집회 또는 시위 장소가 두 곳 이상의 경찰서의 관할에 속하는 경우에는 관할 지방경찰청장에게 제출해야 하고, 두 곳 이상의 지방경찰청 관할에 속하는 경우에는 주최지를 관할하는 지방경찰청장에게 제출해야 한다.

제20조(집회 또는 시위의 해산)
①관할경찰관서장은 다음 각 호의 어느 하나에 해당하는 집회 또는 시위에 대해서는 상당한 시간 이내에 자진해산할 것을 요청하고 이에 따르지 아니하면 해산을 명할 수 있다.
2. 제6조제1항에 따른 신고를 하지 아니하거나 제8조 또는 제12조에 따라 금지된 집회 또는 시위
②집회 또는 시위가 제1항에 따른 해산 명령을 받았을 때에는 모든 참가자는 지체 없이 해산해야 한다.

22. 다만, 학문, 예술, 체육, 종교의식, 친목, 오락 등의 집회에 대해서는 신고할 필요가 없다는 예외를 인정하고 있다(집회 및 시위에 관한 법률 제15조). 하지만 이런 집회들은 애초에 정치적인 성격이 없는 집회이기 때문에 권력의 입장에서도 그 자유를 제한할 필요가 없는 집회이다. 공공성이 있고, 권력자와 정치적 다른 생각을 표현하는 집회와 시위의 자유를 보장하는 것이 집회의 자유의 핵심적인 본질이다. 따라서 이런 학문, 예술, 체육 등의 집회에 대한 예외를 인정한 것이 집회의 자유를 충분히 보장하고 있는 의미로 이해할 수는 없다.

제4부

권력을 제한하는
새로운 장치,
헌법재판제도

제9장

헌법재판제도는 어떻게 작동하는가?

01

문제가 많은 재판, 헌법재판

헌법재판이란 어떤 재판인가?

자유롭고 평화롭게 살기 위해서는 권력을 통제해야 한다. 그래서 권력이 넘어서는 안 될 한계선을 정했고, 그것을 모든 법 위의 최고의 법, 즉 헌법으로 만들었다. 헌법이 제 역할을 다하기 위해서는 헌법을 위반하는 권력에 대해 그것이 헌법에 위반되는 것임을 선언하는 제도가 있어야 한다. 독립적인 사법기관에게 권력행사가 헌법에 위반하는 것인지를 재판으로 확인하도록 하고, 위헌이라 선언된 권력행사는 그 효력이 없도록 하는 제도를 '헌법재판제도'라고 한다. 헌법이 지켜지기 위해서 헌법재판제도는 반드시 필요하다.

헌법은 나라의 주인인 국민들이 국민투표로 확정한 법이다. 모든 권력과 법 위에 존재하는 최고의 법이다. 국회와 대통령은 주권자인 국민들이 나라의 일을 맡긴 대표들, 낮추어서 말하면 심부름꾼들이다. 국민들의 심부름꾼인 대표들이 만든 법이나 그들의 권력행사는 주인이 직접 만든 법 아래에 있는 것이 마땅하다.[1] 따라서 헌법을 위반한 권력행사가 무효로 된다는 것은 이성적이고 논리적이다. 그 위반을 확인하는 헌법재판은 적어도 논리적으로는 아무 문제가 없다. 그런데 헌법재판에 과연 아무 문제가 없을까? 그렇지 않다. 헌법재판은 여러 문제와 어려움을 복합적으로 가지고 있는 문제투성이 제도다. 그 문제들을 몇 가지만 열거해 본다면 대략 이렇다.

- 헌법재판은 권력을 대상으로 하는 재판이면서도 그 권력을 복종시킬 수 있는 힘을 갖지 못한 재판이다.
- 헌법의 규정은 매우 성글게 규정되어 있기에 그 헌법으로 하는 헌법재판은 민주주의 원칙과 심각한 갈등이 있는 재판이다.
  독립성이 가장 필요한 재판이지만, 권력이 가장 유혹하고 싶어 하는 재판이어서 독립성이 항상 위협받는 재판이다.
- 재판부 스스로 자의적 재판의 유혹에 심각하게 노출되어 있는 재판이다.

이 가운데 하나만으로도 치명적 위험을 초래할 가능성이 있는데, 헌법재판에는 여러 가지 위험 요소들이 중복적으로 겹쳐져 있다. 한마디로 아슬아슬한 칼날 위의 재판인 것이다. 그러나 이 많은 위험과 문제에도 불구하고 포기할 수는 없는 것이 또한 헌법재판이다. 권력을 통제하고 헌법을 보호하기 위해 반드시 필요하기 때문이다.

'밤의 해변에서 혼자'

시민들이 헌법을 바라보기 시작했다. 우리 정치권력이 야기하는 여러 가지 문제의 원인은 헌법의 시스템이 제대로 작동하지 않아서 발생한 것이었다는 생각에 이른 것이다. 해외에 살고 있는 국민들조차 그렇게 느꼈다. 대통령에 대한 탄핵재판이 모든 이목을 사로잡고 있던 2017년 겨울 밤. 타향으로 시집간 딸들처럼 고국을 그리워하는 여러 교민 가족들이 독일 에를랑겐 근교의 밥상에 둘러앉았다. 한 아주머니의 느닷없는 질문으로 모두 서로의 눈을 쳐다보았다.

"헌법을 보면 정답이 딱 나오나요? 우리나라 뉴스를 보면서 너무 답답해서 그래요. 헌법재판을 하는 사람들은 정답을 알고 있겠지요?"

과연 헌법에 정답이 존재할까?

며칠 후 교민들에게 반가운 뉴스가 들려왔다. 베를린국제영화제 시상식에서 배우 김민희가 여우주연상을 받은 것이다. 〈밤의 해변에서 혼자〉라는 홍상수 감독의 신작이었다. 그런데 영화에 등장하는 유부남 영화감독은 홍 감독을 닮았고, 그를 사랑하게 된 여배우 '영희'의 모습은 배우 김민희를 닮았다. 감독과 배우가 실제 자신들의 이야기와 너무 닮은 영화로 국제영화제의 상을 받은 것이다. 감독님을 사랑하고 존경한다는 배우 김민희의 수상 소감을 들으며 헌법재판소의 한 결정을 떠올렸다. 만일 그 결정이 없었다면 배우와 감독은 영화제에 참석하지 못했을 것이다. 그리고 어쩌면 그 영화도 세상에 나오지 못했을지 모른다.

헌법재판소가 설립된 이후 지속적으로 제기되었던 사건 가운데 하나가 간통 처벌의 위헌성이었다. 과연 인간의 사랑을 법으로 처벌할 수 있는가? 헌법재판소는 1990년부터 2008년까지 네 차례에 걸쳐 간통죄의 위헌성을 판단했다. 이 네 번 모두 합헌으로 결정했다.

그러나 열 번 찍어 안 넘어가는 나무가 없기 때문일까? 2015년 2월, 헌법재판소는 간통죄에 대한 5번째 위헌 여부 판단에서 위헌 결정을 내렸다. 재판관 7대2의 의견이었다.

그런데 의문이 든다. 헌법의 답이 달라진 이유는 무엇일까? 헌법이 개정된 것도 아닌데, 똑같은 헌법으로 내린 재판의 결론이 어떻게 달라질 수 있었을까? 간통죄의 경우처럼 헌재가 결론을 180도 바꾸는 경우는 흔치 않다. 하지만 하나의 결정에서 재판관들의 의견이 갈리는 것, 다수의견과 소수의견으로 갈리는 것은 일상적으로 발생하는 일이다. 평생을 법률가로 살아온 헌법재판관과 대법관들이 그다지 복잡하게 규정되어 있지도 않은 하나의 헌법을 보면서 서로 정반대로 다른 답을 말하고 있다. 우리만의 일이 아니다. 제대로 헌법재판을 하고 있는 모든 국가의 헌법재판 법정에서 나타나는 모습이다. 과연 헌법에 정답이 있는 것일까? 혹시 그들은 헌법이 아니라 자신들의 생각과 취향대로 재판하고 있는 것은 아닐까?

헌법은 재판을 하기에 적당한 법인가?

헌법을 위반한 법률이나 권력행사는 효력이 없어진다는 것은 논리적으로 당연한 결론이다. 하지만 이런 논리는 헌법이 모든 문제를 명확하게 규정하고 있는 법이라는 것을 전제로 한다. 재판에 적용될 법률은 명확해야 한다. 법이 명확하지 않으면 법을 판단하는 기관들이 법의 내용을 자기 마음대로 결정할 수 있다. 그래서 입법자는 법률을 제정할 때 예상되는 모든 사항을 고려해 최대한 구체적이고 명확하게 규정해야 한다.

그런데 헌법은 정답을 선명하게 드러내지 않는다. 헌법은 가장 기본적인 사항만을 추상적으로 규정하고 있을 뿐이다. 헌법은 국가 권력 틀과 개인 생활의 자유 등 모든 국가생활의 바탕을 만들고 있다. 국가의 모든 구성원들이 그 모든 문제에 관해 구체적으로 합의하는 것은 불가능하다. 완벽하게 합의할 수 있을 때까지 싸움을 벌여야 한다면 평화는 요원하다. 동의할 수 있는 최소한의 단계에서 합의하는 것이 헌법을 제정하는 방법이다. 합의하지 못한 부분은 입법자가 법률의 제정을 통해 마무리할 것이라 전제하고 정하는 것이다.

헌법재판관들의 의견이 다수의견과 소수의견으로 갈라지는 것은 정해져 있는 답을 찾지 못해서가 아니라 정답이 구체적으로 정해져 있지 않기 때문이다. 재판에 적용하는 법이라는 관점에서 본다면 헌법은 확실히 위험한 법이다. 여기에서 헌법재판의 문제가 시작된다.

헌법재판을 하지 않는 것이 가능한 대안인가?

그렇다면 헌법재판은 최대한 뒤로 물러나 있어야 하는가? 헌법규정에 명시적으로 정해진 규율에 대해서만 재판하는 것이 옳을까?

헌법은 재판을 위한 법이 아니라고 생각하던 시대가 있었다. 1919년 제1차 세계대전의 패전과 더불어 황제가 퇴위하고, 독일 최초의 민주주의 공화국 헌법인 바이마르 헌법이 제정되었다. 민주적인 선거에 의해 공화국 정부가 수립되었다. 하지만 준비 없이 집권한 민주주의 권력은 머뭇거렸고 비틀거렸다.

준비가 되지 않았던 것은 법관들도 마찬가지였다. 앞서 밝힌 바와 같이 군주국가이며 군국주의 국가였던 독일제국의 법관들은 겉으로는 민주주의 헌법을 받아들이고 있었지만, 한편으로 국가주의 사상을 신봉하고 있었다. 그들은 민주주의 헌법은 재판을 위한 법이

324

아니라고 생각했다. 헌법적 정의, 자유, 민주주의의 원칙을 '정치'의 문제라며 법의 영역에서 몰아냈다. 그래서 국가의 권력행사가 법률에 부합하는가를 판단했을 뿐 그 권력행사가 헌법에 부합하는가에 관해서는 묻지 않았다. 사법부가 헌법 판단을 하지 않으니 민주주의와 시민들은 헌법의 보호를 잃게 되었다. 헌법을 수호하는 법관들이 없었던 바이마르 공화국은 헌법과 함께 몰락하고 말았다.[2]

바이마르 공화국이 몰락하고 히틀러의 독재가 시작되었을 때 헌법을 거부했던 바이마르 법관들은 어떻게 되었을까? 그들 가운데 상당수는 나치의 충실한 심부름꾼이 되었다. 모든 정치를 배제하고 실정법만을 최고의 원칙으로 따르겠다고 하는 '순수한' 법사상은 나치 통치 동안 수많은 악법과 학살의 법을 적용하고 집행하는 데에 사용되었다.

우리나라에서도 1987년 6월 항쟁이 있기 전까지, 그리고 헌법재판소가 본격적으로 활동하기 전까지 유사한 상황이 진행되었다. 대법원을 최고법원으로 하는 우리의 사법부도 헌법과 기본권이 국가 최고의 법이라는 사실을 외면했다. 바이마르 공화국의 법관들이 헌법을 외면했던 것과 같은 이유에서다. 사법의 정치적 중립을 명분으로 내세웠지만 권력자를 편들기 위한 재판이었던 것 역시 동일하다.

헌법을 멋대로 해석하는 것만이 헌법재판의 위험은 아니다. 재판이 헌법을 외면한다면 그에 비할 수 없는 중대한 위험이 발생한다. 사법기관이 헌법의 테두리를 초과하는 권력행사를 못 본 채 한다면 그 결과는 자명하다. 민주주의, 법치주의, 시민들의 자유 등 모든 헌법적 가치가 무너지게 될 것이다. 권력에 기죽지 않고 헌법적 정의를 선포하는 당당한 헌법재판이 시민들의 자유를 제대로 보호하는 이상적인 헌법재판이다.

헌법은 명확하지 않은 법이다. 하지만 헌법에 답이 없거나 재판을 할 수 없는 법인 것은 아니다. 단지 답을 명확하게 정해 놓지 않았기 때문에 그 답을 찾고자 특별한 노력을 기울여야 하는 법일 뿐이다.

02
누가 헌법재판을 해야 하는가?

대통령 노무현 탄핵심판 사건의 결정적인 쟁점

헌법재판제도란 헌법재판을 하는 사법기관에 의한 최종적 헌법해석 권한을 부여하는 제도다. 사법기관의 최종적 헌법해석은 민주주의의 원칙과 조화될 수 있는 제도일까?

헌법을 해석하는 것이 헌법재판소나 대법원의 전권사항은 아니다. 모든 국가기관들은 자신들의 권한을 행사하면서 헌법을 해석하고, 그것을 기초로 권력행사의 결정을 한다.[3] 그런데 국가기관들의 헌법에 관한 판단이 항상 일치한다는 보장이 없다. 하나의 문구를 전혀 다르게 해석해 정반대의 결론도 내릴 수 있다. 명확하게 규정되어 있지 않은 헌법의 특성은 그런 현상을 더욱 부채질한다.

그래서 여러 기관이 각기 다른 헌법의 의견을 내놓을 경우 과연 어느 기관의 판단을 최종적 판단으로 하는가를 미리 정해놓아야 한다. 그렇지 않으면 여러 국가기관들이 각기 다른 해석으로 충돌할 수밖에 없고, 해소할 방법이 없는 대립이 장기간 지속될 수밖에 없기 때문이다.

2004년 3월 12일. 국회는 '대통령(노무현)탄핵소추안'을 상정해 재적의원 271인 중 193인의 찬성으로 가결했다. 소추위원인 국회 법제사법위원회 위원장 김기춘은 같은 날 헌법재판소에 당시 대통령 피청구인 노무현에 대한 탄핵심판을 청구했다. 이 탄핵심판의 판단에는 결정적인 헌법해석의 문제가 가로 놓여 있었다. 대통령 직무 중의 모든 사소한 법위반 행위도 탄핵사유가 되는가, 아니면 중대한 법위반이 있는 경우로 한정되는가의 문제였다. 관련 헌법 조문인 헌법 제65조에는 그에 관한 아무런 기준을 정해 놓지 않았다. 탄핵사유로서 '그 직무집행에 있어서 헌법이나 법률을 위배한 때'라고 규정하고 있을 뿐이다. 조문을 그대로 해석한다면 모든 법위반이 탄핵사유라고 해석할 여지가 있었다.[4]

먼저 국회가 헌법해석을 했다. 탄핵소추위원이 헌법재판소에 제출한 탄핵소추서면에서 밝힌 헌법해석은, 대통령이 직무집행에서 헌법이나 법률에 위배한 '모든' 법률위반 행위가 탄핵대상이라는 것이었다. 그러나 2004년 5월 14일, 헌법재판소는 최종 결정을 했고, 그 쟁점에 대한 전혀 다른 헌법해석을 했다. 헌법재판소는 대통령의 파면을 정당화할 정도로 '중대한' 법위반이 있는 경우가 대통령의 탄핵사유라고 했다. 그리고 그 해석에 기초해 노무현 대통령에 대한 탄핵심판 청구를 기각했다.[5]

만일 탄핵관련 헌법 규정의 해석에 관해 국회의 해석을 최종적인 것으로 해야 한다는 원칙이 존재했다면 헌법재판소의 재판 결론은 달라졌을 것이다. 헌재는 노무현 대통령이 법을 위반한 점은 인정했기 때문이다. 단지 탄핵할 만큼 중대한 위법은 아니라고 판단했기 때문에 탄핵 청구를 기각했던 것뿐이다. 헌법재판소의 이 해석은 박근혜 대통령의 탄핵심판 사건에서도 그대로 유지되고 적용되었다.

물론 이번 사건에서 헌법재판소의 결론은 달랐다. 박근혜 전 대통령의 헌법과 법위반이 중대하기 때문에 파면의 요건을 충족시킨다고 판단했던 것이다.

어느 국가기관의 헌법해석이 최종적 결정인가?

여기서 다시 한 번 헌법재판소의 간통죄 위헌 결정을 살펴보자. 헌법에는 간통과 관련한 아무런 규정이 없다. 오로지 '사생활의 자유'라는 기본권이 규정되어 있을 뿐이다.[6] 그 규정을 보면 '사생활은 자유다'라는 문구 이외에 구체적으로 보호받아야 할 사생활이 무엇인지 그 내용은 등장하지 않는다. 이는 헌법의 조문이 아니라 헌법의 해석으로 결정되는 것이다.

헌법재판소는 간통죄에 대한 위헌 결정에서 결혼한 사람이 사랑을 하고 성관계를 갖는 것은 사생활의 자유의 문제이며, 스스로의 인격으로 각자 결정할 문제라고 판단했다. 그것은 헌법재판소가 헌법에 규정된 여러 기본권들을 종합적으로 고려하여 내린 해석이었다. 헌법재판소는 간통죄 조항에 대해 여러 차례 합헌 결정을 하다가 이번 결정에서 위헌 결정을 내렸다. 종전의 판단과 해석을 달리한 것이다. 다시 말하면, 해석이 변경된 것이다.

헌법재판소가 헌법해석이라는 이름으로 내리는 결정 중의 상당수는 사회의식의 변화를 고려한 헌법 가치의 새로운 발견이라는 의미가 있다. 이런 헌법해석을 진정한 해석이라고 할 수 있을까? 이것은 해석이 아니라 정책적 판단에 불과하다는 문제 제기가 있다. 1962년 예일대 로스쿨의 알렉산더 빅켈 교수는 《가장 덜 위험한 권력the Least Dangerous Branch》이라는 책을 출판하였다. 빅켈 교수는 이 책에서 헌법재판을 하는 연방대법원이 헌법해석이라는 이름으로 내리는 위헌판단 중 상당수는 진정한 헌법해석의 판단이라기보다는 정책판단이라고 주장했다. 만일 진실이 그러하다면 이는 심각한 문제다. 민주주의 헌법의 기본원리에 따르자면 공동체 정책결정의 문제는 대의기관이 담당해야 한다. 빅켈 교수의 논의는 미국에서 헌법해석 권한 논쟁을 불러일으켰다.

국가 공동체의 중요한 문제는 국민들의 다수가 결정해야 한다는 것이 민주주의 기본원리이다. 민주주의 관점에서 볼 때 헌법재판제도의 설 자리는 좁아진다. 헌법재판소 재판관들은 국민의 다수에 의해 선출된 국민들의 대표가 아니기 때문이다.[7]

왜 헌법재판제도인가?

오늘날 미국, 독일, 프랑스 등 대다수 민주주의 국가에서는 헌법재판제도를 둠으로써 최종적인 헌법해석의 권한을 사법기관에게 맡겨놓고 있다. 우리 헌법도 헌법재판소를 설치하고 헌법재판제도를 두고 있다. 그러면 사법부에게 헌법재판을 맡기는 이유는 무엇일까?

대통령이나 의회에게 헌법해석의 최종적 권한을 맡겨 그들의 결정을 최종의 권위로 삼는 것이 일단 민주적으로 보일 수는 있다. 하지만 이 방법은 헌법재판제도를 통한 헌법해석의 경우보다 더 어려운 문제들을 야기한다. 대통령이나 의회의 권력은 국가권력 가운데 가장 강력하다. 만일 이들이 헌법의 결정권한까지 갖게 된다면 이들에게 권력이 지나치게 집중될 수밖에 없다. 뿐만 아니다. 대통령과 의회가 현실 정치 속에서 내리는 결정은 정치적 이해관계에 기초하고 있다. 일관성을 기대하기도 어렵다. 이것은 이들 권력의 잘못이라기보다는 어쩔 수 없는 특성이다. 현실의 파도 속에서 항해하는 이들에게는 장기적인 원칙보다는 현실의 생존이 더 중요할 수밖에 없다.

하지만 최종적 헌법해석을 내리는 기관은 권력기관의 근시안적 결정을 장기적 관점의 헌법해석으로 통제할 수 있어야 한다. 종전의 헌법해석과 단절되지 않는 일관성을 유지하면서, 동시에 시대의 변화에 부응하는 판단을 할 수 있어야 한다. 대통령이나 의회와 같은 대의기관들보다는 사법기관의 작동방식이 최종적인 헌법해석을 하기에 더 적합한 성질을 가지고 있다.[8] 또한 사법기관의 권력이 입법권과 행정권에 비할 때 약한 권력이라는 사실은 사법권이 헌법해석을 통해 권력남용을 하지 못하도록 하는 장치가 된다. 정당성이 없는 판단을 할 경우에는 다른 권력들에 의해 쉽게 견제될 것이기 때문에 스스로 경계하게 되는 것이다.

최종적인 헌법해석의 과제가 다른 권력기관들에게보다는 사법부에게 적합한 과제인 가장 결정적인 이유는 따로 있다. 그것은 바로 권력분립 원칙을 보완한다는 장점이다. 권력분립의 원칙은 오늘날 제대로 작동하지 않는다. 행정부와 의회의 권력이 결합하는 것이 가장 큰 문제이다. 권력이 결합되어 하나의 힘으로 작동하게 되자 헌법은 무시되고, 시민들의 자유도 쉽사리 침해되었다. 헌법재판제도는 권력분립 원칙에 다시 생명력을 불어넣어 작동시키는 가장 유력한 대안이다. 대통령과 의회의 권력을 헌법이라는 정당한 원칙에 의해 견제하고, 헌법의 원칙에 따른 균형을 되찾도록 조정하는 것이다. 권력분립 원칙을 작동시키는 장치라는 측면에서 볼 때, 헌법재판을 담당하는 사법기관은 스스로의 권한을 후퇴시키거나 위축시켜서는 안 된다.

정리하면, 사법기관이 헌법재판과 그것을 통한 최종적인 헌법해석을 담당하는 것이 상대적으로 덜 위험하고, 더 이성적이라고 평가할 수 있다. 특히 오늘날 작동이 망가지고 있는 권력분립 원칙의 실현이라는 관점에 비추어볼 때, 사법기관이 가장 적합한 주체라는 점을 부인할 수 없다.

03
우리나라 헌법재판 이야기

1948년 우리나라에 최초의 근대 헌법이 제정되었을 당시부터 헌법재판제도는 헌법에 규정되어 있었다. 하지만 작동하지 않았다. 사실 이 시대의 최고법은 헌법이 아니라 '생존의 법'이었다. 민주주의와 헌법 원칙들이 외국으로부터 수입되어 왔지만 대다수의 국민들은 헌법이 무엇인지에 관한 인식조차 갖고 있지 못했다. 분단과 참혹한 내전, 절대적인 빈곤 속에서 목적이 모든 수단을 정당화한다는 논리가 세상을 지배했다. 정치세력과 경제적 강자들은 더 많은 권력과 재화를 얻기 위해 수단방법을 가리지 않았고, 백성들은 국가권력이 지켜야 하는 권력행사의 한계라든지, 국민들이 갖고 있는 최소한의 권리에 대해서도 관심을 갖지 못했다.

4·19 민주주의 혁명과 군사 쿠데타(1960~1972)
1960년 4월 19일 국민들의 의지가 부정선거와 독재로 얼룩진 이

승만 대통령의 하야를 촉발하였다. 그리고 새로이 제정된 1960년 헌법은 헌법재판소를 설치할 것을 규정해 본격적인 헌법재판 시대를 예고했다. 하지만 1961년 5월 16일 발생한 군사 쿠데타에 의해 그 헌법은 정지되었다. 장면 수상을 비롯한 민주주의 정부 인사들은 체포되거나 추방되었다. 그리고 헌법재판소는 설립되지도 못한 채 그 생명을 다했다.

5·16 군사 쿠데타로 집권한 군인 세력은 헌법을 개정했다. 그것이 1962년 헌법이다. 이 헌법에서는 최고법원인 대법원에게 헌법재판의 권한을 부여했다. 1971년 대법원이 세상을 깜짝 놀라게 하는 위헌 판결을 내렸다. 국가를 위한 직무 도중 사망하거나 부상당한 군인, 경찰 등의 국가에 대한 배상청구를 제한하는 국가배상법 조항에 대해 위헌 판결을 한 것이다.[9] 이 판결과 그에 뒤이은 일련의 판결들은 사법을 편리한 도구로 사용하고자 했던 권력자의 심기를 건드렸다.[10] 이것은 더 완벽한 독재를 결심한 대통령 박정희가 유신헌법을 제정하는 하나의 동기가 되었다.

유신헌법과 헌법재판 죽이기(1972~1987)

대통령 박정희는 1972년의 유신헌법을 제정하고 본격적인 독재자의 길로 접어들었다. 유신헌법 제정과 더불어 국가배상판결에서 위헌에 찬성한 대법관들과 많은 판사들이 사법부를 떠나야 했다. 유신헌법은 대법원으로부터 헌법재판의 권한을 박탈해 새로 만든 헌법위원회라는 기관에게 넘겨주었다. 하지만 그 기관은 이름뿐인 헌법재판기관이었다. 기능이 작동하지 못하도록 잠금장치를 해 두었기 때문이다.[11]

1980년 유신이 몰락했지만 또 하나의 쿠데타 세력인 신군부 세력이 권력을 장악했다. 신군부 세력들이 개정한 헌법에서도 유신헌법의 헌법재판의 설계를 그대로 유지했다. 헌법재판은 깨어나지 못하고 계속 잠들어 있었다.

헌법재판소의 설립, 헌법의 부활(1987~ 현재)

1987년 6월 시민과 학생들은 헌법의 개정을 요구하는 대규모 민주화 항쟁을 벌였다. 권력은 굴복했고 헌법 개정작업은 더 이상 독재 통치를 승인하지 않겠다는 민주주의의 열기 속에서 진행되었다. 이에 힘입어 1987년 헌법이 탄생했다.

국민들은 수십 년 간 권력의 장식품 역할만을 했던 헌법을 살려내야 한다고 생각했다. 그것을 위해서는 그동안 제대로 작동한 적이 없었던 헌법재판이 중요한 역할을 담당해야 한다고 생각했다. 새로운 헌법재판제도를 도입하기 위해서는 누구에게 헌법재판을 맡길 것인지 결정해야 했다. 헌법위원회는 첫 번째 단계에서 배제되었다. 유신헌법 시절부터 15년의 기간 동안 설치만 되어 있고 단 한 건의 사건도 접수하지 못한 헌법위원회는 논의의 대상이 될 수 없었다. 대법원도 후보에서 탈락했다. 유신과 신군부의 독재 통치를 거치면서 대법원과 사법부의 신뢰는 바닥에 이르렀다. 일부 예외의 경우도 있었지만 대부분의 판사들은 1970년대와 80년대, 즉 유신과 신군부 정권의 기간 동안 정당하지 않은 권력의 무도한 권력행사에 순응했다. 정의를 외면했던 사법에게 헌법재판을 맡길 수 없다는 국민들의 여론은 확고했다.[12]

1988년 최초로 헌법재판소가 설립되었다. 과연 제대로 헌법재판을 할 수 있을 것인지는 아직 알 수 없었다. 대다수의 법조인들은 비관적으로 예측했다. 그런데 그 예상은 빗나갔다. 창립 초기부터 헌법재판소는 오랜 관습처럼 자유를 제약하고 있던 법률들에 대해 위헌선언을 했다. 그리고 그 결정에 대한 입법부와 행정부 권력의 존중과 복종을 확보했다. 헌법은 최고의 권위를 갖는 법으로 다시 태어나기 시작했다.

04
헌법재판을 과연 어떻게 할 것인가?

정치적 대의기관보다는 사법기관이 최종적 헌법해석을 담당하기에 적당하다는 점은 앞서 살펴보았다. 우리 헌법은 헌법재판소에게 헌법재판의 권한을 부여함으로써 헌법해석의 최종 권위를 인정하고 있다. 그것으로 우리 헌법은 안전해진 것일까? 시민들은 안심해도 좋을까?

헌법재판은 헌법의 해석을 통해 공동체의 가장 핵심적 가치와 운명이라는 문제를 다룬다. 시민들의 자유에 한계선을 새로이 설정하기도 한다. 이로써 자유는 전진하기도 하고 심각한 후퇴를 겪기도 한다. 헌법의 해석이라고 하지만 실질적으로는 헌법개정과 동일한 효과를 발생시키는 경우도 적지 않다.

그런데 이렇게 중대한 재판인 헌법재판이 하필 문제가 많은 재판이다. 일례로 최고 권력들이 선면적으로 무시하고 나선다면 헌법제판기관은 그것을 실현시킬 수 있는 아무런 수단을 갖고 있지 않다. 어떻게 하면 권력이 존중할 수밖에 없는 헌법재판을 만들어 낼 수 있을까? 또 헌법재판은 헌법재판을 담당하는 재판부가 자기 멋대로 해석을 해서 공동체의 위기를 초래할 수도 있다. 어떻게 하면 재판부의 자의적 재판과 자의적 헌법해석을 방지할 수 있을까?

물리적인 강제력을 갖고 있지 못한 헌법재판은 권력에 대한 명령이라기보다 권력에 대한 질문에 가깝다. 시민들과 다른 국가기관들이 모두 지켜보는 앞에서 권력에게 질문한다. 헌법으로 질문하는 것이기에 정당성을 갖고 있는 질문이다. 지켜보는 시민들과 국가기관들이 그 질문에 수긍하고 공감한다면 권력을 복종시킬 수 있다. 하지만 설득력 없는 질문에 그친다면 권력은 그 재판에 복종할 이유를 찾지 못하게 된다.

헌법재판이 설득력 있는 질문이 되기 위해서는 제대로 질문해야 한다. 많은 경우 권력은 헌법의 원칙들을 변명과 편법으로 회피하려고 한다. 다수의 편견과 선입관을 자신의 보호막으로 삼기도 한다. 헌법재판이 제대로 질문하지 않는다면 그런 변명과 편견이 헌법재판을 지배하게 된다. 권력의 변명을 쉽사리 용인한다면 시민들은 헌법재판의 질문을 더 이상 신뢰하지 않게 된다. 시민들이 신뢰하지 않는 헌법재판은 권력기관들도 존중하지 않는다. 설득력 있는 질문을 만들어내지 못하는 헌법재판은 신뢰와 존중을 모두 상실하는 악순환에 빠지게 되는 것이다.

하나의 제도가 성공적으로 작동하기 위해서는 제도에 좋은 영향을 미치는 여러 요소들이 결합되어야 한다. 바람직한 헌법재판을 만들기 위해서는 어떤 요소들이 결합해 작용해야 할까? '제대로 질문하기'라는 헌법재판의 본질을 중심에 놓고 본다면 다음과 같은 요소들을 거론할 수 있다.

첫째, 시민들과 원활하게 의사소통하고 있는가? 재판에 참여하는 여러 주체들이 어떤 방식으로 의사소통하고 있는가의 문제는 모든 재판의 핵심 과제이며 본질이다. 하지만 헌법의 해석을 다루는 헌법재판은 시민과의 소통이 특히 중요하다. 가령 시민들이 헌법재판에서 어떤 쟁점을 다루고 있는지도 모르는 사이에 중요한 헌법해석의 결정을 내린다면 이는 단순히 헌법재판의 의사소통의 결함 문제를 넘어 공동체 민주주의의 결함이다. 헌법재판의 모든 과정은 최대한 공개되어야 하고 심판의 논의에 이해관계인, 전문가, 일반 시민들이 참여할 수 있도록 질문을 함께 만들고 공감해야 한다.[13]

둘째, 권력으로부터 독립된 재판을 하고 있는가? 헌법재판제도가 제대로 작동하기 위해서는 권력으로부터 독립해야 한다. 헌법재판의 독립의 문제는 권력을 제대로 통제하는 문제이고, 시민들의 자유를 제대로 지키는 문제이며, 권력에게 가장 아픈 질문이라도 용기있게 제기할 수 있는가의 문제다.

셋째, 바람직한 판단자를 선정하고 있는가? 헌법재판을 둘러싼 여러 가지 어려움과 외부적 압력을 극복하고 최고의 질문을 찾아낼 수 있는 사람을 찾아서 헌법재판관으로 임명하는 것은 이상적인 헌법재판을 만드는 가장 중요한 요소다.

헌법재판소 헌법재판제도의 작동

헌법재판소의 판단은 9명의 헌법재판관들이 함께 머리를 맞대고 만들어내는 재판이다. 그 재판이 아무런 준비 없이 어느 날 느닷없이 만나 이뤄지지 않는 것은 당연하다. 사건의 내용을 연구하고, 그 연구에 기초해 토론하는 과정이 있다. 그 과정 속에는 재판관들뿐 아니라 다양한 사람들의 생각이 서로 뭉치기도 하고 충돌하기도 한다. 헌법재판소 재판과정의 흐름은 구체적인 사건마다 다르고, 하나의 고정된 방법은 존재하지 않는다. 중요한 헌법적 의미를 갖고 있는 사건일수록, 여론의 관심이 집중되는 사건일수록 더욱 그러하다.

재판의 시작

재판부 스스로 시동을 걸 수 없는 것이 재판이고 소송이다.[14] 헌법재판소의 헌법재판도 누군가의 소송제기가 있어야 재판의 시동이 걸린다. 위헌법률심판, 권한쟁의심판, 탄핵심판, 위헌정당해산심판 등 대부분의 헌법재판은 일반 시민이 재판을 요구할 수 없는 유형의 소송이다. 법은 그 재판을 요구할 수 있는 일정한 국가기관 등을 정해 놓았다. 정당한 주체가 헌법재판을 요구하기 전까지는 심판이 시작되지 않는다.

헌법재판 가운데 가장 대표적인 재판인 위헌법률심판이 시작되는 모습을 함께 살펴보자. 한 사람이 법원에서 재판을 받고 있다. 이 사람이 재판을 받고 있는 중에 재판에 적용되어야 하는 법률이 헌법에 위반된다는 의심이 들기 시작했다. 그는 자기 사건에 대한 재판을 하는 법관, 즉 판사에게 그 법률이 위헌인 것은 아닌지 질문한다. 재판을 하는 법관이 살펴보니 그 법률조항은 헌법에 위반된다고 볼 여지가 많은 법률이다. 이 경우 그 법관은 그 법률이 위헌인 것인지 헌법재판소에 그 판단을 요청한다. 이것을 위헌심판제청이라고 한다.

"제가 담당해 재판하고 있는 사건에 적용되는 법률이 헌법에 위반된다는 의심이 드는데 헌법에 위반되는 법률인지 헌법재판소가 판단해 줄 것을 요청합니다."

위헌법률심판을 청구할 수 있는 주체는 오로지 재판을 하는 법원이다. 법원의 위헌법률심판제청으로 위헌법률심판의 헌법재판은 시작된다.[15] 이 밖에 헌법재판의 유형으로 탄핵심판, 위헌정당해산심판, 권한쟁의심판 등이 있는데, 탄핵심판은 국회, 정당해산심판은 정부, 권한쟁의심판은 권한을 다투고 있는 기관 등이 각각의 심판청구 기관으로 정해져 있다.

이제 국민들에게 널리 알려진 용어가 되어버린 헌법소원은 헌법재판소가 담당하는 헌법재판 가운데 일반 시민이 제기할 수 있는 유일한 심판이다. 국가기관의 권력행사로 인해 기본권을 침해당한 시민이 억울함을 구제받기 위해 제기할 수 있는 심판인 헌법소원심판에 관해서는 뒤에 다시 살펴보기로 한다.

주심재판관의 지정

정당한 주체에 의하여 헌법재판이 제기되면 그것으로 헌법재판소의 심판절차가 시작된다. 심판절차의 제일 첫 번째 단계는 주심재판관의 지정이다. 9명의 재판관들이 모든 사건에 대하여 돌아가면서 당번을 맡게 되는데, 사건의 '당번' 재판관을 그 사건의 '주심재판관' 이라고 한다.

주심재판관이란 사건에 대한 조사와 연구를 진행하여 그것을 전원재판부에 보고한다. 주심재판관은 평의가 종료되면 판결문을 작성하는 절차를 진행하는 책임도 맡는다.

헌법연구관의 연구보고서 작성

헌법재판소에는 헌법재판관의 재판업무를 보조하는 헌법연구관들이 있다. 이들은 재판관들의 '감각기관'과 같은 존재이다. 연구관은 다양한 업무를 담당하지만 가장 중요한 업무는 사건 연구보고서를 작성하는 것이다. 이 보고서는 평의의 자료가 될 뿐 아니라 평의가 종료된 이후 결정문의 초안을 작성하는 데에도 중요한 기초가 된다.[16]

각 헌법재판관에게는 그를 전속해 보조하는 2~3인의 헌법연구관이 있다. 이들 연구관을 '전속'연구관이라고 한다. 주심재판관은 사건을 조사하고 연구할 연구관을 정해 그에게 사건을 조사하고 보고서를 작성하도록 지시한다.

한편 헌법재판소는 각 주제별로 3~4개의 공동부를 운영하고 있으며, 이 공동부에 소속된 연구관을 공동연구관이라고 한다. 헌법재판관은 자신이 주심을 맡고 있는 사건 가운데 협업이 필요하다고 판단한 사건을 공동부 소속의 연구관에게 맡긴다. 전속 연구관이건 공동부 소속 연구관이건, 사건 연구 지시를 받은 연구관은 사건의 연구보고서를 작성하여 사건을 맡긴 주심재판관에게 보고한다.[17]

연구관이 연구보고서를 주심재판관에게 보고하기 위해 거쳐야 하는 과정이 있다. 바로 토론회다. 연구관은 보고서가 완성단계에 이르면 그 보고서 초안을 놓고 갑론을박의 설전을 벌이는 연구관들의 토론회를 연다. 토론을 거치도록 한 것은 스스로의 독단에 빠져 잘못된 보고서가 보고되는 것을 방지하고, 사건이 보다 합리적이고 지혜로운 방향으로 판단되도록 하기 위함이다. 보고서에 여러 사람의 다양한 관점과 지혜가 결합되면 바람직한 헌법재판의 판단이 도출되는 데 도움이 될 수 있는 것이다.

연구관의 보고 - 주심재판관의 사건 검토

헌법연구관은 사건 연구보고서를 재판관에게 보고하고, 주심재판관은 보고받은 연구보고서를 검토한다. 연구관이 보고하는 보고서는 단순한 보고서가 아니다. 사건 연구보고서에는 사실과 법률관계, 관련되는 학설과 선례, 사건의 결론에 대한 연구관의 의견 등 사건해결을 위한 모든 내용이 담기게 된다.

사건의 담당연구관은 사실상 그 사건을 가장 오래, 가장 집중적으로 연구한 사람이다. 헌법재판소 내에서는 최고의 전문가인 셈이다. 연구보고서는 담당연구관의 사건에 대한 '판결문'이나 다름없다. 물론 헌법재판소에서 최종 결정은 연구관이 하지 않으므로 법적인 의미를 갖지는 않는다. 하지만 이는 헌법재판소 판단의 중요한 기초 자료가 된다. 주심재판관의 중요한 자료에 그치는 것이 아니라, 모든 재판관들에게 전달되어 재판부 전체의 평의의 중요한 자료가 된다. 뿐만 아니라 평의 후에 헌법재판소 결정문, 즉 다수의견과 소수의견 작성의 기초가 된다.

담당연구관으로부터 보고를 받은 주심재판관은 사건을 검토하게 된다. 연구관에게 사건의 개요와 가장 핵심적인 쟁점, 사건에서 가장 해결하기 어려운 부분 등에 관해 묻는다. 그 사건에 관해서는 본인이 재판부 모두를 대표해 연구 진행의 책임을 맡고 있기 때문에 책임감을 갖고 연구하게 된다. 주심재판관은 보고서를 작성한 연구관과 함께 토론을 벌이기도 한다. 사건에 대해 깊이 있게 이해하기 위해서는 그것이 가장 최선의 방법이기 때문이다. 주심재판관은 사건을 해결하기 위해 보완되어야 할 부분을 지시한다.

보고서에 대한 검토가 끝나면 주심재판관은 보고서를 전체 재판관들에게 전달해 읽을 수 있도록 한다. 보고서는 해당 사건의 배경으로부터 결론까지 거의 모든 사항을 분석해 담고 있는 자료이고, 장기간 동안 연구하고 분석한 자료이기 때문에 사건을 검토하는 데에 큰 도움이 된다. 모든 헌법재판관들은 당사자들이 제출한 서면과 연구관의 보고서를 참고하면서 사건에 대한 결론을 내리는 회의인 평의를 준비한다.

평의 회부

재판관들 모두가 본격적으로 토의할 준비가 되었다고 판단할 때 주심재판관은 평의를 요청한다. 평의는 오로지 재판관만이 참석할 수 있는 회의이다.

헌법재판소는 전원재판부 원칙을 고수하고 있다. 전원재판부의 재판이란 여러 부로 나누어 소수의 재판관들이 재판하는 것이 아니라 모든 재판관들이 함께 모여 재판하는 것을 의미한다. 그래서 전원재판부의 원칙을 고수하는 헌법재판소에서는 9명의 헌법재판관들 전원이 사건을 미리 검토하고, 함께 모여 사건에 관한 토의를 하

며, 그 토의 끝에 사건의 결론을 내린다. 그리고 재판관 전원의 이름으로 재판 결정문을 선고한다.[18]

전원의 재판은 여러 부로 나누어 소수가 재판하는 방식에 비해 더 많은 시간과 노력이 소요된다. 여러 부로 사건을 분담하지 못하기 때문이고, 여러 재판관이 함께 모여 평의를 하게 되면 더 많은 생각이 부딪혀서 그 결론을 내리는 것이 더욱 어렵기 때문이다. 하지만 그것이 바로 전원재판부 원칙의 장점이기도 하다.

구두변론

재판 당사자를 비롯한 여러 관련자들이 재판부 앞에 모여 주장하고 반박하며, 그것을 통해 진실과 공정한 해결을 찾는 절차가 바로 구두변론 절차이다.

헌법재판소는 특별히 중요한 사건에 한정해 구두변론을 열고 있다. 1년에 20회 남짓 구두변론이 열린다. 탄핵심판 절차와 같이 모든 이들의 이목이 집중되는, 국가의 운명을 좌우하는 사건의 경우에는 치열한 변론이 이뤄진다. 하지만 언론의 주목을 받지 못하는 대다수 사건에서 변론은 형식적으로 진행되는 것이 현실이다.[19]

헌법재판소의 심판구조의 설계 가운데 가장 아쉬운 것이 구두변론이다. 구두변론이 활성화되기 위해서는 심판구조 전반에 관한 과감한 개혁이 필요하다.[20]

전원재판부의 최종 평의

사건에 대한 모든 논의가 끝나면 재판관들이 평의절차에서 투표로 그 결론을 내린다. 심리에 참여한 재판관 과반수의 결정으로 결론이 내려진다. 헌법은 더욱 신중하게 판단해야 하는 경우에는 과반수가 아니라 6인 이상의 재판관이 찬성할 경우에만 그 결론이 내려지도록 했다. 탄핵소추에 대한 인용 결정, 법률에 대한 위헌결정, 헌법소원의 인용결정, 정당해산결정 등이 6인 이상 재판관의 찬성을 필요로 하는 결정이다.[21]

결정문의 작성

평의에서 결론이 내려지면 그 내용과 이유를 작성한 결정문을 작성한다. 결정에 필요한 인원의 찬성을 받음으로써 내려진 헌법재판소의 공식 결론과 그것을 뒷받침하는 이유를 법정의견이라고 한다. 법정의견은 앞으로 헌법선례로서 작용하므로 헌법에 준하는 중요한 효력을 갖는다. 그 의견의 신중한 작성을 위해 다양한 토론이 전개된다.

결정문의 초안을 작성한 재판관은 그 초안을 재판관들 전원에게 전달한다.[22] 재판관들은 초안을 숙독한 이후 해당 의견에 동참할 것인지 여부를 집필 재판관에게 통보한다. 결정문 초안을 읽고 그 의견에 동참할 것인지 여부를 밝히는 재판관들의 응답이 그 사건에 대한 최종적 의사표시가 된다.

작성 재판관에게 수정을 요구하는 경우도 있다. 주심재판관은 그 의견을 받아 초안을 수정할 것인지 숙고한 뒤에 그 결과를 통보한다. 재판관들 가운데 법정의견과 다른 의견을 갖고 있는 재판관은 자신의 의견을 반대의견, 별개의견 등을 통해 발표할 수 있다. 최종적으로 모든 재판관들이 결정문에 서명을 하면 결정문은 완성된다.

06

헌법재판소는 어떻게 소통하는가?

의견의 변경을 강제하지 않는 관행

사건의 담당연구관이 그 연구보고서를 주심재판관에게 보고하는 것이 사건 심리의 첫 단계이다. 주심재판관의 의견과 보고서를 작성한 연구관의 의견이 중요한 부분에서 다른 경우 그것을 어떻게 해야 할까? 예를 들어 보자. 국가보안법의 한 조항이 헌법에 위반되는 것인지 판단을 구하는 사건이 접수되었다. 사건의 보고를 담당한 연구관이 한 달여의 시간 동안 연구해 보고서를 작성했다. 연구관의 보고서 결론은 해당 조항이 헌법에 위반된다는 것이었다. 주심재판관이 검토해본 결과 그 법률조항이 위헌이 아니라는 생각을 하게 되었다. 주심재판관은 보고서 작성 연구관을 불러 그의 설명을 듣고, 그 쟁점에 대해 질문했다. 그리고 서로 의견이 다른 부분에 관해 토론을 했다. 토론 후에도 재판관과 연구관의 생각이 바뀌지 않았다. 이제 어떻게 해야 할까?

연구관은 재판관의 보조자다. 따라서 연구관의 생각은 재판관의 생각에 우선할 수 없다. 그렇다면 재판관은 자신의 생각대로 보고서의 논리와 결론을 수정하라고 지시해 처리하면 될까? 만일 그런 방식으로 처리한다면 헌법재판소의 의사소통 과정에 심각한 문제가 생긴다. 연구보고서는 주심재판관만을 위해 작성한 것이 아니다. 그것은 전원재판부의 평의를 위해 작성한 것이다. 담당연구관의 보고를 받는 것은 주심재판관 한 사람이지만, 실질적으로 그 보고를 받는 상대방은 9명 재판관 전원이다. 주심재판관은 재판관 전원을 대표해 보고서를 받아들이고 있을 뿐이다.

전원재판부의 평의를 구성하는 9명의 재판관들은 모두 각자 다른 관점을 가지고 있다. 그래서 그 중에는 주심재판관의 의견에 동의하는 재판관도 있지만, 보고서를 작성했던 연구관의 생각에 동의하는 재판관도 있다. 만일 주심재판관이 보고서를 자신의 생각대로 바꾸라고 지시한다면 그것은 전원재판부가 담당할 재판을 왜곡하는 처사가 된다.

헌법재판소에서는 의견을 강제하지 않는 의사소통의 관행이 형성되어 있다. 특히 그것이 사건에 관한 의견일 경우에는 더욱 그러하다. 재판관은 보고받은 보고서 내용 중 자신의 의견과 다른 부분이 있다고 해도 그것을 변경할 것을 강제하지 않는다. 보고서의 오류나 부족한 부분은 보완하도록 지시하지만 결론을 바꾸라거나 보고서 논리의 본질적 부분을 변경하도록 요구하는 지시나 강제는 존재하지 않는다.[23]

그렇다면 사건 연구의 책임을 맡고 있는 주심재판관은 과연 어떤 조치를 취하게 될까? 그는 제3의 연구관에게 새로운 연구보고서 작성을 맡긴다. 새로운 지시를 받은 연구관이 보고서 작성을 완료했고, 그 보고서가 합당하다고 생각한다면 주심재판관은 그 보고서를 자신의 의견을 반영하는 보고서로서 다른 재판관들에게 전달한다.

주심재판관의 생각과 달랐던 종전 연구보고서는 어떻게 할까? 주심재판관은 이 보고서도 전원재판부에 전달한다. 이것은 전원재판부 재판에 따른 자연스러운 결과이다. 주심재판관이 자신과 같은 생각의 새로운 보고서만을 전원재판부에 전달한다면 사건에 대한 공정한 토론이 방해받을 수 있기 때문이다. 이처럼 전원재판부로 재판하는 것은 의사소통의 개방성에 결정적으로 바람직한 영향을 미친다. 이런 의사소통의 투명성 덕분에 연구관들은 헌법재판 사건을 소신으로 연구할 수 있고, 그 연구는 헌법재판소의 공정하고 지혜로운 판단을 위한 소중한 자산이 된다.

우리나라의 공직문화는 권위적이다. 의견의 설득력이 아니라 의견을 낸 사람의 지위에 따라 의견의 힘이 결정되는 게 일반적이다. 이런 권위적 공직문화에서 의견을 강제하지 않는 관행을 세운 것은 드문 선택이었다. 그 선택으로 인해 헌법재판소에는 원활한 의사소통의 기초가 마련되었다. 사람들은 우리나라 공무원들에게 영혼이 없다고 비난한다. 공무원들의 잘못만은 아니다. 공정한 의견과 판단을 신뢰하고, 소신 있는 주장을 권한으로 보장하고, 그런 주장과 의견으로 손해 보지 않는 시스템을 만들 수 있다면 잠들어 있던 공무원들의 영혼이 깨어나 활개칠 수 있다. 그들의 영혼이 깨어날 때 민주주의와 시민들의 자유가 더 안전해진다.

헌법재판은 투명하게 공개되어 있는가?

헌법재판의 논의는 시민들에게 공개되어야 한다. 그것은 헌법을 구체화하는 논의이고, 권력의 통제와 시민들의 자유를 다루고 있는 논의이다. 주권자를 소외시킨 채 결정해서는 안 되는 문제들이다. 이런 논의의 공개, 시민들의 논의 참여라는 관점에서 볼 때 현재 헌법재판 시스템 중 반드시 점검하고 넘어갈 중요한 문제가 있다. 과연 헌법재판소는 접수된 모든 사건을 판단할 것인가의 문제이다.

축구경기나 음악연주회의 경우에도 사람들의 관심은 일정하지 않다. 얼마나 중요한 경기인가, 어떤 수준의 연주단체인가에 따라 시민들의 관심이 달라진다. 누구도 제한 없이 표를 구입해 참여할 수 있었던 수많은 스포츠 경기와 음악공연이 사람들이 모르는 사이에 진행되고, 그것으로 종료된다. 공개가 중요한 게 아니라 '공개의 질'이 중요하다.

시민들을 헌법 토론장에 초대할 수 있는 심판구조를 만들어내는 것은 헌법재판의 중대한 과제다. 이런 목표를 달성하는 데 가장 해로운 방식은 그 대상을 선별하지 않고 무한정 판단하는 방식이다. 이런 사건처리 방식은 시민들의 관심을 차단시키며 헌법재판 전반에 대한 무감각을 초래한다. 시민들이 관심을 잃게 된다면 헌법재판이 자의적으로 진행된다거나, 권력의 압력이 헌법의 논의를 왜곡시킨다고 해도 별 다른 대책이 없다.

현재 헌법재판소에서는 한 해에 약 2천여 건의 사건이 처리되고 있다. 많은 사건을 처리하다 보니 앞에서 보는 것처럼 구두변론이라는 가장 직접적이고 중요한 토론절차마저도 극히 예외적으로 이뤄지고, 그나마 연다고 해도 형식적으로 운영된다.[24] 한 해에 2천 건은 지나치게 많다. 헌법재판소의 사건 부담으로서도 문제이지만 헌법재판소의 심판에 시민들의 관심을 초대하는 측면에서도 문제다. 아무리 헌법재판에 애정이 많은 시민이라도 사건 숫자가 너무 많고 다뤄지는 쟁점이 사소하고 경미하다면 계속해서 관심을 갖는 것이 불가능하다.

변호사는 일상적인 분쟁, 일상적인 법률해석의 쟁점을 헌법적인 쟁점으로 전환시켜 헌법재판소에 사건을 제기한다. 당사자를 돕는 것은 변호사의 사명이니 그것이 잘못은 아니다. 관건은 그 사건들 가운데에서 공동체의 중요한 헌법적 쟁점이라는 보석을 골라내 처리하는 헌법재판소의 지혜다. 헌법재판은 민주주의와 시민들 자유의 결정적인 침해의 문제를 다루어야 하는 재판이다. 일상생활의 이해관계와 법률의 해석에 관한 고충을 판단하고 해결하는 문제는 법원 등 다른 권리구제기관에서 다루는 것으로도 충분하다. 일반적인 법원에서 다룰 일을 처리하느라 정작 가장 중요한 헌법적 쟁점에 관한 판단을 소홀히 하고, 헌법재판에서 시민들의 관심을 멀어지게 한다면 그것은 헌법재판을 망치는 어리석은 운영이 될 것이다.

헌법재판소가 재판을 요청하는 시민들의 청구에 대해 '그것은 중요한 문제가 아니므로 판단하지 않는다. 우리는 중요한 사건만 재판한다'라고 대답하는 것은 야박한 결정이다. 그런 결정을 허용하는 제도는 국민들로부터 불신 받을 수 있다. 하지만 도전은 항상 위험 속에 존재한다. 어려운 도전인 것은 사실이지만 불가능하지는 않다. 제도의 성공은 국민들의 신뢰에 달려 있다. 신중하고 공정한 운영을 통해 제도의 진심을 국민들에게 전할 수 있다면 제도는 국민들의 신뢰와 바람직한 헌법재판이라는 두 마리 토끼를 잡을 수 있다.

핵심은 사건의 선별 자체에 있지 않다. 어떻게 선별하는가, 그리고 선별한 사건들을 어떻게 재판하는가에 달려있다. 누가 보아도 공정성을 의심할 수 없는 합리적인 선별제도를 통하여 사건과 쟁점을 선별하고, 선별된 사건들을 공정하고 열린 심판구조에서 전면적인 노력을 기울여 판단한다면 시민들의 신뢰를 얻을 수 있다. 그리고 시민들에게 '우리가 선정해 판단하는 쟁점들은 공동체의 가장 중요한 헌법적 쟁점들이니 주권자로서 그 심판에 주목해 달라'고 관심을 요청할 수 있다.

시민들의 관심을 초대할 수 있는 절차와 구조를 만들어야 헌법과 자유를 제대로 보호하는 헌법재판을 만들 수 있다. 재판절차와 심판구조를 지혜롭게 설계하는 것은 지혜로운 재판관을 임명하는 것 못지않게 중요한 문제이다.

제10장
미국 연방대법원에서는 어떻게 재판하는가?

01
미국 연방대법원은 어떤 최고법원인가?

최고법원의 역할

이제부터 한 나라의 헌법재판기관의 심판구조를 소개하려고 한다. 매 사건의 헌법쟁점의 논의에 국민들의 관심과 진지한 토론을 초대하는 헌법재판기관이 있다. 국민들은 그 과정 속에 민주주의의 토론과 시민들의 참여과정이 결합되어 있다고 믿고 있다. 미국의 최고법원인 연방대법원에 관한 이야기이다.[25]

한 나라의 최고법원에는 많은 사건이 접수된다. 어떤 관점을 가지고 접근하는가에 따라 이 사건들을 처리하는 방식이 크게 달라진다. 여기에는 두 가지 관점이 충돌하고 있다. 첫째는 하급심의 잘못된 판단을 교정하는 것이 가장 중요한 역할이라는 관점이다. 둘째는 최선의 판례를 만드는 것에 집중해야 한다는 관점이다. 최고법원에게 시간과 자원은 한정되어 있다. 두 가지 목표를 모두 달성할 수는 없다.

첫 번째 관점에 따라 최고법원이 자신의 역할을 제대로 수행하려면 가급적 많은 사건을 심판해야 한다. 그래야만 더 많은 하급심의 잘못된 재판을 발견할 수 있기 때문이다. 두 번째 관점을 강조하는 입장에서는 더 많은 사건을 심판하는 것은 중요하지 않다. 그것보다는 중요한 쟁점에 올바른 판례를 만들어내는 것이 중요하다. 각 나라의 최고법원은 이 두 가지 충돌하는 철학의 어느 중간 지점에서 조화와 균형을 찾을 수밖에 없으며, 그것이 바로 그 최고법원의 정체성을 결정한다.

연방대법원은 자타가 공인하는 미국의 최고법원이다. 주법 특유의 문제에 관해서는 주 대법원에서 종료되지만, 연방법 특히, 연방헌법이 문제된 사건에 관해서는 독보적인 최고법원의 지위를 가진다. 그런데 미국 연방대법원은 다른 나라의 최고법원과 다른 독특한 정체성을 가지고 있다.

한 해에 접수되는 사건은 약 8천 건에서 1만 건인데, 대법원은 그 사건 대부분을 판단하지 않고 버린다. 약 100건 당 1건의 비율로 중요사건을 선별해 한 해에 80건 정도의 사건만 심판하는 것이다. 선별한 사건에서도 모든 쟁점을 판단하지 않고 가장 중요하다고 판단하는 한두 개의 쟁점만을 선별해 판단한다. 연방대법원은 좋은 판례를 만드는 것에 중점을 두는 법원이기 때문이다.

단순히 적은 수의 재판을 하는 것으로 그 목적을 달성하는 것이 아니다. 스스로의 선택에 따라 가장 중요한 사건과 쟁점을 선별하기 때문에 가장 중요한 주제와 쟁점에 관한 좋은 판례를 만들 수 있다. 시민들의 자유와 권리의 가장 긴요한 부분을 효과적으로 보장하고, 권력구조의 가장 심각한 문제를 찾아 견제와 균형을 회복시킬 수 있다. 연방대법원의 사건을 선별하는 권한이란 처리해야 할 사건이 너무 많아서 그 사건 수를 줄이기 위한 권한이 아니다. 스스로 판단의 주제를 선정하고 결정하는 권한이다. 연방대법원은 이 권한을 통해 자신의 재판에 시민들의 관심과 토론을 초대할 수 있게 되었다.

물론 이것은 양날의 칼이다. 사건을 골라 판단할 수 있는 제도만으로 국민들의 신뢰를 얻을 수 있다고 믿는 것은 순진한 생각이다. 이러한 제도는 오히려 신뢰를 저해할 수도 있다. 권리구제를 받으려 하는 당사자들에게는 제대로 판단도 하지 않고 희망을 자르는 제도이기 때문이다. 판단을 거절당한 당사자들은 차별적인 선별이라는 의심을 하게 된다. 당사자의 불만과 비난으로 그 제도뿐 아니라 사법부 자체의 불신을 가져올 가능성이 있다.[26] 하지만 미국 연방대법원은 이 제도의 운영을 통해 특별한 권위와 신뢰를 얻었다. 여기에 우리가 알고자 하는 진정한 비밀이 숨어 있다. 도대체 어떤 방식으로 제도를 운영했기에 더 큰 권위와 신뢰를 얻게 된 것일까?

그 비밀이 바로 이번 장에서 다룰 내용이다. 우리의 헌법재판제도를 이야기하다가 느닷없이 미국의 이야기를 하는 이유는 그들의 제도 운영의 비밀이 우리의 제도에 참고가 되었으면 하는 간절함 때문이다. 마음이 급한 독자들을 위해 제도 운영의 비밀을 여기에서 미리 공개한다.

- 누구도 수긍하지 않을 수 없는 공정한 절차로 사건과 쟁점 선별
  하기

– 일단 선별된 사건에 대해서는 전면적인 토론으로 심사를 진행하기

이것이 바로 권위와 신뢰를 얻은 미국 연방대법원의 비밀이다.

사건선별의 과정

오늘날 연방대법원의 사법심사를 받고자 하는 당사자는 연방대법원에 대해 사법심사를 요구하는 신청(petition)을 한다. 연방대법원은 그 사건들 가운데 극히 일부의 사건과 쟁점만을 선별해 심판한다.[27]

과연 어떤 사건을 선별하는가에 관한 엄격한 기준은 존재하지 않는다. 연방대법원은 '중요성'이라는 기준으로 판단하고 있다. 연방대법원이 선별하는 사건 가운데 헌법적 쟁점이 많은 이유는 그 사건들의 영향력이 가장 중대하다고 판단하기 때문이다.

사건 선별에서 공정성은 얼마나 많은 수의 대법관들이 모여서 판단하는가, 몇 명의 투표를 요청하는가로 확보된다. 연방대법원은 지정재판부 또는 소부를 두지 않으며, 모든 평의는 전원재판부에서 행하고 있다. 사건을 선별하는 평의 역시 전원재판부에서, 즉 모든 대법관들이 함께 모여서 심의하고 결정한다. 사건의 선별에는 대법관 4명의 투표가 필요하다. 평의에서 4명 이상의 대법관이 찬성할 경우 신청을 받아들여 사법심사를 허가하고, 그렇지 않은 사건은 판단을 거절하는 결정을 한다. 이를 4표의 법칙(Rule of Four)이라고 부른다.[28]

02
구두변론의 과정

    구두변론은 연방대법원 심판절차를 이해하는 데에 빼놓을 수 없는 중요한 절차이다. 대법원은 선별해 심판하기로 한 사건, 즉 대법원이 정식의 사법심사를 진행하는 사건은 모두 구두변론을 한다. 따라서 한 해에 약 60~80건의 사건에 대한 구두변론을 하게 된다. 언론기관들도 변론과정을 적극적으로 보도하고, 논평 등을 통해 자신들의 의견을 밝힌다. 적극적인 시민들은 구두변론 사건과 관련된 집회와 피케팅에 참여한다.

구두변론과 시민들

    연방대법원에 대한 미국 시민들의 높은 관심은 변론절차에 참가하고자 하는 사람들의 열기에서 확인할 수 있다. 언론은 변론할 사건의 내용과 쟁점에 대한 보도를 한다. 시민들, 대학생들, 시민단체와 다양한 분야의 학자들은 변론절차를 방청하기 위해 새벽부터 줄을 선다. 관심이 집중되는 사건에 대한 변론이 개최되는 날에는 피켓 시위가 벌어지기도 한다.

    스나이더 대 펠프스 사건도 관심이 집중되었던 사건이다.[29] 스나이더 사건의 구두변론일 전날 오후 5시경. 연방대법원 앞 인도에는 한 무리의 젊은 남녀들이 앉아 있다. 그들은 두꺼운 겨울 모자와 장갑, 외투로 중무장하고 있었으며, 뒤에는 텐트도 펼치고 있었다. 이들은 다음 날의 구두변론을 방청하기 위해 전날 오후부터 밤샘을 하며 미리 줄을 서고 있었던 것이다.

　다음 날 오전 6시경. 연방대법원 주변은 어두움 속에서 일행을 부르는 소리, 서로 반갑게 인사하는 소리로 부산하다. 오전 8시경. 방청을 위해 선 줄의 끝이 보이지 않는다. 인원의 수가 이미 수백 명에 이르는 것으로 보인다. 피켓을 들고 서성이는 사람들도 보인다. 펠프스의 교회 소속의 신자들인 것으로 보이는 피케팅 시위자들, 조금 떨어진 곳에는 '조국을 위해 목숨을 바친 군인들의 죽음을 모독하지 말라'는 메시지를 적은 피켓을 들고 서 있는 사람들도 보였다.[30] 오전 9시경. 열을 지어 기다리던 시민들에게 방청을 위한 입장이 허락되었다. 방청이 허용되지 않은 이들의 숫자는 그보다 훨씬 많다. 입장을 고대하며 새벽 몇 시간을 추운 거리에서 서 있었지만 성과 없이 각자의 집과 일터로 향해야만 했다.

연방대법원 심판의 개정

　오전 10시 연방대법관들이 입정한다. 연방대법관들은 모든 소송 참여자들, 방청객들이 기립한 가운데 입정하며, 연방대법원의 보안관이 다음 문장을 소리높이 외친다.

　주목하시오! 미국 연방의 영예로운 연방대법원장과 대법관들이십니다. 연방대법원이 개정하므로 이 영예로운 법정의 재판에 관심 있는 분들은 모두 가까이 모이시오. 주목하시오. 신이여 우리 미 합중국과 이 영예로운 법정을 돌보아 주소서!

　연방대법관들이 먼저 착석하면 법정에 있는 다른 참석자들과 방청객들이 착석한다. 연방대법원의 법대는 그리 높지 않다. 법대 앞 발언대에 서서 진술하는 변호사와 법대 위에 앉아 있는 재판관들의 키가 같아 보일 정도다.[31]

구두변론 절차는 연방대법원장이 재판장으로서 진행한다. 재판장이 사건의 번호와 이름을 호명하고 구두변론을 시작한다고 발표한다. 우선, 하급심 법원의 판결을 다투는 신청인의 대리인이 발표하고, 그에 이어서 상대방 대리인이 발표한다. 양측의 대리인의 발표시간은 각 30분씩이다. 한 사건 당 약 1시간씩, 통상 하루에 2건의 구두변론이 진행된다.

연방대법관의 질문

연방대법원의 구두변론절차에서 주장의 발표시간이란 실질적으로 존재하지 않는다. 오로지 대법관의 질문에 대한 응답시간만이 존재한다. 초반부터 대법관들이 중단 없이 질문하기 때문에 그에 대한 답변만으로도 시간이 부족한 것이다.

대법관들의 질문은 매우 공격적이다. 대리인이 자신의 주장을 발언하는 중에 질문하는 것은 통상적인 일이다. 심지어 대리인이 다른 대법관의 질문에 대한 답변을 하고 있는데 말을 끊고 질문하기도 한다. 대법관들은 설득력이 없는 변호사의 주장에 대해서는 그 자리에서 그 논리의 허점을 공박한다. 통계에 따르면 대리인들은 1분 동안 평균 두 개가 넘는 대법관들의 질문을 받고 그에 대해 대답까지 해야 했던 것으로 나타난다.[32]

대리인들도 대법관들에 대한 예의는 최대한 갖추지만, 논점에 관한 비판적인 지적에 대해서는 최대한 반론을 편다. 변호사 시절 연방대법원의 변론에서 탁월한 능력을 보였던 존 로버츠 연방대법원장은 변호사들의 과제를 설명한다.

대부분의 변론은 연방대법관들의 질문에 대한 대답으로 채워진다. 대법관들은 이미 대리인의 주장과 의견을 서면으로 모두 접했다. '당신은 법적 쟁점에 관해 이렇게 주장한다. 하지만 이러한 점은 어떠한가? 당신은 그 점에 관해서는 이야기하지 않았다. 그것에 관하여 설명해 달라. 당신은 이것이 기록에 따른 사실관계라고 주장한다. 그런데 이 점은 어떠한가?' 변호사들에게 이는 매우 어려운 과제다. 단순히 대법관들의 질문에 답을 하는 것에 그치지 않고 자신이 대리한 사건에 대한 논의를 자신이 생각하기에 옳은 방향으로 이끌고, 당사자의 이해를 대변해야 하기 때문이다.[33]

03
판결문의 작성

연방대법원 판결문의 집필자는 판례를 만들어낸 어머니이다. 판결문에서 그 작성자의 명의를 밝히는 것은 단순히 대표 작성자라는 의미를 넘어 연방대법원의 선례를 형성하는 대화와 타협을 이끈 리더로서의 의미를 갖기 때문이다.

연방대법원의 판결문 작성과정은 판결문을 작성할 대법관을 정하는 것으로부터 시작된다. 대법원장이 다수의견에 속할 경우, 대법원장은 의견에 동의한 대법관 가운데 한 명을 판결문 작성자로 임명할 수 있다. 대법원장이 다수의견에 속하지 않는 경우에는 경력이 가장 오래된 대법관이 선정한다. 반대의견 및 별개의견 작성의 경우에도 마찬가지 방식이다.[34]

다수의견, 반대의견 등의 집필자에 의해 의견서가 작성되고 회람되면 그 작성된 의견에 동의할 것인지 여부에 따라 새로운 찬반의견의 조합이 형성된다. 집필자에 의해 다수의견의 초안이 작성되고 회람되는 과정에서 애초에 그 의견에 동의했던 대법관들이 이탈할 수도 있고, 애초에 동의하지 않았던 대법관이 새로이 동참할 수도 있다. 또한 반대의견의 경우도 그 의견의 설득력에 따라서 새로이 다수의견을 형성할 수 있는 가능성도 있다.

만일 대법관이 다른 제안이나 의견 없이 다수의견에 찬성한다면 '나를 다수의견에 포함시켜 주십시오(Please, join me)'라고 서한을 보낸다. 하지만 일부의 의견에 수정을 원하는 경우에는 수정할 것을 제안하는 의사를 표시한다. 집필 대법관은 자신이 양보하고 타협할 수 있는 부분을 최대한 받아들여 그 의견을 반영한다.

가령 대법관A는 사건에 대한 다수의견(Opinion)의 초안을 작성해 대법관들에게 회람한다. 원래 다수의견에 동참하기로 했던 B대법관이 사건의 결론에는 찬성하지만 회람된 의견에 기재된 이유에 대해서는 동의할 수 없다고 생각한다. 대법관B는 대법관A에게 대략 다음과 같은 내용의 서신을 보낸다.

"보내주신 의견 초안은 훌륭합니다. 하지만 그 의견에 동참할 수 없습니다. 종전에 제가 발표한 저의 반대의견의 법적 판단과 배치되기 때문입니다. 저는 초안의 법적 논리를 수정할 것을 제안합니다. 만일 받아들이실 수 없다면 저는 유감스럽게도 저 나름의 의견을 별도로 발표하는 수밖에 없습니다."

이런 서신을 받은 대법관A는 여러 가지 고려를 하게 된다. 대법관B의 의견을 받아 초안을 수정했다가 자칫 의견에 동의를 표했던 다른 대법관의 찬성을 잃을 수도 있다. 종전 다수의견 또는 반대의견에 참여해 자신의 선례가 되는 법해석과 충돌되는 것은 아닌지도 검토해야 한다. 결국 대법관B의 의견과 기존에 작성된 의견을 절충할 수 있는 새로운 초안을 작성하기로 한다. 지금까지 모인 찬성표와 대법관B의 의견을 한 바구니에 잘 담을 수 있도록 해야 하기 때문이다.[35]

연방대법원의 판단이 중요한 것은 판례 때문이다. 최고법원의 판례는 모든 하급법원이 수많은 사건에서 반복적으로 지속적으로 적용하는 '법'이 된다. 더욱이 최고법원이 결정한 헌법의 판례는 '헌법'으로 작용해 더욱 광범위한 적용범위를 갖게 된다. 연방대법원에서 중요한 사건과 법적 쟁점을 골라서 판단하는 것도 그 쟁점에 대한 판례를 만들기 위한 것이다. 대법원이 좋은 판례를 만들어내면 공동체는 그로부터 많은 좋은 것을 얻게 된다. 연방대법관들이 판결문 작성과정에서 서로 대립하고, 양보하고, 타협하는 것은 각자 자신이 판단할 때 가장 정당한 해석을 판례로 만들기 위해 노력하기 때문이다.[36]

04
연방대법원 심판의 공개

시민들이 헌법재판의 논의에 동참하기 위해서는 그 심판과정과 사건에 대한 충분한 정보를 갖고 있어야 한다. 연방대법원이 심판에 관한 자료와 정보를 공개하는 방법을 보면 더욱 더 많은 사람들이 관심을 갖고 참여하는 심판구조를 만들겠다는 의지를 읽을 수 있다. 연방대법원은 사건의 중요한 정보 대부분을 누구든 쉽게 접근할 수 있는 방법으로 일반에게 공개하고 있다.

우선 의견서다. 사건의 쟁점을 파악하기 위해 가장 긴요한 정보는 당사자가 제출한 의견서다. 연방대법원은 홈페이지를 통해 당사자 의견서를 모두 공개한다.[37] 구두변론에 관한 정보들도 전면적으로 공개된다. 변론이 끝난 뒤에는 속기록과 음성녹음 파일이 홈페이지에 공개된다. 판결이 선고된 경우에는 선고 즉시 판결문 원본이 공개된다. 모든 정보는 개인이 저장하고 출력할 수 있다.[38]

모든 정보가 공개되기 때문에 다양한 주체들이 논의의 핵심에 실질적으로 참여할 수 있다. 전문가, 학자, 직업단체, 시민들의 단체들이 쟁점에 대한 자발적인 연구보고서를 제출한다. 자발적으로 참여하는 전문가, 이해관계인들을 '법원의 친구들(Amicus Curiae)'이라고 부르며, 이들이 제출하는 서면을 '친구들의 서면(Amicus Brief)'이라고 부른다. 논의의 방향에 영향을 주고 싶은 이들은 제대로 연구해 진실하게, 재판부의 논의에 도움을 주는 방향으로 서면을 작성해 제출한다. 이들이 제출한 자료는 당사자들의 의견서 못지않게 중요한 자료로 취급된다.[39]

05
연방대법원은 어떤 심판구조를 갖고 있는가

미국 연방대법원의 심판구조의 특징을 한마디로 표현하면 '선택과 집중'이라고 말할 수 있다. 사건의 선별 과정부터 대법관 전원이 재판하고, 선별된 모든 사건에 대해서 변론을 열고, 변론마다 치열한 토론을 진행하는 것은 중요한 헌법 판례를 만들어내는 역할에 집중하기 위한 노력이다. 연방대법원의 공정한 노력으로 미국 국민들은 연방대법원이 과연 어떤 사건을 선별하는지, 그 심판과 토론과정은 어떻게 진행되는지 관심을 갖고 지켜보게 되었다.

모든 권력은 남용의 가능성을 가지고 있다. 헌법재판의 권력도 마찬가지이다. 헌법재판 과정에 국민들의 논의와 관심을 초대해 성숙한 토론장을 만들 수 있다면 헌법재판 권력에 대한 적절한 감시와 견제를 달성할 수 있다. 시민들이 지켜보고 참여하는 재판을 만드는데에 성공한 연방대법원의 심판구조는 우리에게 좋은 참고가 된다.

제11장
헌법재판은 누구에게,
어떻게 맡겨야 하는가?

01
우리는 어떤 헌법재판관을 원하는가?

정의의 여신

정의의 여신은 두 눈을 수건으로 가리고 있다. 한 손에는 칼, 다른 한 손에는 저울을 들고 있는 여신은 지혜롭고 공정한 재판의 상징이다. 여신이 눈을 가리고 있는 이유가 예전부터 궁금했다. 무엇보다도 눈을 가린 채 칼을 들고 있는 것이 위험스러워 보인다. 왜 눈을 가리고 있을까, 눈을 뜨고 열심히 살펴서 판단을 해야 공정한 판단을 하게 되는 것이 아닐까?

그리스 신화에 등장하는 영웅 오디세우스는 트로이 전쟁을 마치고 고향으로 돌아가는 길에 갖은 고초와 모험을 겪는다. 그 중에서도 가장 위험했던 괴물은 달콤한 음악으로 유혹하던 바다의 요정 세이렌들이었다. 이들은 아름다운 음악으로 선원들을 유혹해 마침내 배가 난파되도록 하는 무서운 존재들이다. 사전에 세이렌의 존재와 위험한 음악에 대한 경고를 들었던 오디세우스는 부하들에게 자신의 몸을 돛대에 묶도록 명령했다. 그리고 부하들에게는 귀에 밀랍을 넣어 막은 채 노를 젓게 했다. 과연 암초가 많은 여울목에 당도하자 세이렌들이 나타났다. 오디세우스는 세이렌의 음악소리를 듣는 순간부터 자신의 몸을 바다로 던지고 싶은 충동에 사로잡혀 몸부림치기 시작했다. 하지만 선원들은 그의 명령대로 밧줄을 더욱 단단히 동여매었고, 그것으로 기둥에 몸이 묶인 채 살아남을 수 있었다. 그가 다른 선원들처럼 귀를 막지 않았던 것은 호기심 가득한 여행자로서 그 놀라운 소리를 놓치고 싶지 않았기 때문이다. 그래서 자신의 몸을 돛대에 묶었다. 그 소리를 듣지만, 소리의 유혹에 빠져 잘못된 판단을 하지 않으려 한 것이다.

세상의 질서가 강자와 아름다운 자를 중심으로 돌아가고 있는 것은 부인할 수 없는 사실이다. 그렇기 때문에 판단자로서 약자의 손을 들어주는 것에는 항상 어려운 부담이 따른다. 강자들로부터 강력한 항의와 압력을 받게 되며, 편파적인 판단의 소유자라고 비난을 받는다. 그 반대로 강한 자의 승리를 선언하는 판단은 즐거운 결과를 가져다준다. 세상을 지배하는 강자와 아름다운 우정도 쌓을 수 있고, 그가 나눠주는 여러 보상도 받을 수 있게 되는 것이다. 강자에게 유리한 판결을 하라고 권하는 요소들의 본질은 유혹이다. 스스로 눈을 가리는 강제장치가 없다면 공정한 판단을 버리게 된다. 사람들은 오랜 세월 동안 재판을 보아왔다. 그리고 존경하는 재판과 경멸하는 재판을 구분했다. 정의로운 재판의 판단자들은 강자를 보지 않기 위해 눈을 가리고, 법의 원칙이라는 돛대에 자신을 묶고서 판단을 도출했다. 그래서 정의의 여신은 눈을 가리고 있는 것이다.

신생국 코소보에 헌법재판소가 창립되었고, 몇 년 후 그 재판관들이 미국 워싱턴 D.C.의 연방대법원을 방문했다. 25년간 연방대법관으로 복무하고 퇴임한 고령의 여성 대법관 산드라 데이 오커너Sandra Day O'Connor가 그들을 맞아 강연했다. 강연 말미에 코소보의 한 재판관이 권력과 야합한 언론들의 압력으로 겪는 재판의 어려움을 토로했다. 오커너 대법관의 답이 명쾌했다.

"신문을 보시 말고, TV를 보지 마세요."

가난한 자, 약자, 소외된 자의 승리를 선언해야 할 때 부유한 자, 강자, 권력자의 화난 얼굴을 쳐다보지 않고 판단할 수 있는 사람이 진정한 판단자다. 정의의 여신이 눈을 가리는 것은 맹목적인 판단이 아니라 공정한 판단을 의미한다.

헌법재판관, 현재진행형

현직 헌법재판관들은 모두 최고 엘리트들이다. 우수한 성적으로 사법시험을 합격했고, 법원과 검찰의 법조계 내에서도 최고의 경로를 밟아본 분들이다.

개인적으로는 최고의 능력과 성실성의 상징인 이들이 재판부 전체로 볼 때는 획일성이라는 특징으로 나타난다. 가령, 성별과 학벌이 그러하다. 일례로 현재 한 명의 재판관을 제외하고는 모두 남성이다. 평등의 문제를 중요한 쟁점으로 논의해야 하는 헌법재판소에서, 그것도 남성 중심의 문화가 뿌리 깊은 우리 사회에서, 대다수 남성

재판관이 모여서 헌법재판을 한다는 것은 걱정스럽지 않을 수 없다.

학벌도 마찬가지이다. 한두 명을 제외하고 모두 같은 대학, 심지어 같은 전공 출신이다. 우리 사회에서 모든 사람들이 좋은 학벌을 갖추기 위한 경쟁을 벌여야 하는 이유를 적나라하게 보이고 있다. 성별, 학벌, 경력, 지역으로 겹겹의 계층이 만들어지고, 그것으로 분리되고 잘려진 것이 우리 사회의 모습이다. 동일한 성별, 동일한 학벌, 동일한 경력을 가진 사람들의 헌법재판이 다원주의와 통합의 헌법을 선언할 수 있을까?

더욱 중요한 문제는 생각의 다양성이다. 헌법재판관들은 다원적인 가치로 세상을 바라볼 수 있어야 한다. 여러 경험에 의해 영향을 받게 되는 것이 사람들의 생각이다. 그 중에서도 가장 큰 영향을 주는 것은 직업의 경험일 것이다. 현재 헌법재판관으로 임명되는 대부분의 사람들은 평생토록 법관으로 일했다는 동일한 특징을 갖고 있다.[40] 좋은 약이라도 지나치게 많으면 독이 된다. 유사한 경험과 유사한 고민을 하면서 평생을 보낸 법관들만으로 재판부를 구성하는 것은 어떤 의미로도 바람직하지 않다. 이런 식의 획일적인 재판부 구성은 재판부를 함께 구성하고 있는 재판관들에게도 재앙이다. 서로의 장점을 더해 가장 지혜로운 판단을 찾는 재판이 되지 못하고 동일한 단점과 한계 안에서 버둥대는 재판이 되기 때문이다.

헌법재판소 창립 초기에는 변호사, 학자, 정치인의 경력을 갖고 있는 분들이 다양하게 혼합되어 재판관으로 임명되었다. 최고의 헌법재판소장으로 평가받는 제1대 조규광 헌법재판소장은 15년의 판사 경력에 이어 약 20여 년간 변호사 활동을 했던 분이다. 그 분뿐이 아니다. 창립 초기의 알록달록한 경력의 다양성 재판부는 헌법재판의 전통이 없는 상태에서 놀라운 헌법재판을 쌓았고, 오늘날까지도

추앙받는 판례들을 만들어냈다. 헌법재판소가 자리를 잡으면서 이 채로운 경력을 갖고 있는 분들의 숫자가 급속히 줄어들었다. 그리고 현재 헌법재판소는 획일적이고 일률적인 판단들로 헌법재판소 본래의 색깔을 잃고 있다는 비판을 듣고 있다.

현재 재판관 경력의 압도적인 주류는 법관이다. 그런데 아이러니하게도 우리 법관들 가운데 상당수는 헌법과 헌법재판에 부정적 시각을 갖고 있다. 이것은 대법원이 헌법재판소를 바라보는 시각에서 기인한다. 우리나라의 대법원은 헌법이란 법이 아니라 정책적 선언에 가깝다고 생각하는 경향을 보이고 있다. 그래서 헌법에 의해 법률의 해석이 좌우된다는 생각에 기부감을 갖고 있다.[41] 실제 법원에서는 헌법에 기초한 법률 해석을 하는 판사는 튀는 판사라는 불신의 평가를 받는다. 반면 대법원 판례만을 금과옥조로 삼는 재판을 하는 판사는 최고의 판사로 평가받는다. 주로 그런 평가를 받은 판사들이 헌법재판관의 후보로 물망에 오른다.

헌법의 영향을 받지 않으려고 고집스럽게 법률만을 해석하는 대법원 판례, 그런 판례의 예외 없는 적용만을 최고의 가치로 삼는 법관과 바람직한 헌법재판관의 상은 조화될 수 없다. 열린 시각으로 헌법해석의 판단과 토론을 하지 않으며, 법률의 해석이 헌법의 해석에 의해 영향을 받는 것, 심지어 헌법재판소 자체에 대한 부정적 생각을 가진 법관이 단지 법원에서 인정받는 법관이라는 이유만으로 헌법재판관에 임명되는 구조는 어느 면에서도 적절하지 않다.

우리 사회는 주류의 가치가 사회 구석구석에 강제되는 획일 사회이다. 그 사회에 다원주의를 바탕으로 하는 헌법을 실현하는 것이 우리 헌법재판의 과제이다. 여러 생각이 자유롭게 어울려 살아갈 수 있을 때 더 행복한 공동체가 될 수 있다고 생각하는 헌법재판관에게 우리 헌법의 선언을 맡기는 것이 우리 헌법이 구상하는 헌법재판 제도이며 우리 헌법의 작동원리인 것이다.

02
최고의 헌법재판관을 임명하는 방법

최고의 선한 의도로 최선의 헌법재판관을 임명할 때 헌법재판은 가장 신뢰받고 독립적인 재판을 이룰 수 있다. 정치권력이 바람직하지 않은 의도로 적합하지 않은 후보를 헌법재판관으로 임명할 때 헌법재판은 최대의 위기를 맞게 된다. 나쁜 헌법재판관의 임명은 헌법재판의 정상적인 작동을 뿌리부터 흔들 수 있는 가장 위험한 수단인 것이다.

헌법재판관 임명방법

헌법재판관들은 헌법의 해석이라고 하는 헌법 제정에 버금가는 중요한 문제를 다루는 이들이다. 이들의 판단에 따라 국민의 대표가 만든 법률도 무효로 되고, 대통령의 권력행사도 취소가 된다. 과연 누가, 어떻게, 어떤 사람을 임명할 것인가는 가장 어려운 헌법문제이다.

우리 헌법은 헌법재판관의 임명에서 독특한 방식을 사용하고 있다. 행정부의 수반인 대통령이 3인의 재판관을, 입법부인 국회에서 3인의 재판관을, 사법부의 수장인 대법원장이 3인의 재판관을 지명

헌법을 쓰는 시간

하도록 한다. 모든 지명된 재판관 후보자는 대통령이 최종적으로 임명한다. 우리 헌법이 대통령, 국회, 대법원장이 나누어서 지명권을 행사하도록 정한 것은 권력분립의 이상이 헌법재판소를 구성하는 데에도 실현되도록 한 것으로 이해할 수 있다. 우리 헌법의 구상이 바람직한 것일까?

대통령제의 나라인 미국에서는 연방대법원의 대법관을 임명할 때 대통령이 후보자를 지명하고, 지명 받은 후보자가 의회(상원)에서 인준을 받도록 하고 있다. 대통령이 혼자서 9명의 대법관을 지명하는 미국의 방식은 위험스러워 보일 수도 있다. 하지만 이것은 일종의 착시 현상이다. 연방대법관의 임기가 종신제이기 때문에 대법관이 퇴임하는 일이란 좀처럼 발생하지 않는다. 그래서 한 대통령이 자신의 임기동안 임명할 수 있는 대법관은 재선을 하는 대통령이라고 하여도 1~2명 정도에 불과하다. 종신제는 임명권자들에게 커다란 책임감을 부여하는 효과도 낳는다. 대통령과 의회는 자신들이 임명하는 대법관이 자신들이 임기를 다한 이후에도 오랜 동안 나라에서 가장 중요한 판단을 내릴 것이라는 점을 잘 알고 있다. 지명권자인 대통령이나 인준을 담당하는 상원 모두 최고의 책임감과 신중함으로 연방대법관을 지명하고 인준함으로써 헌법 제정자의 의도를 실현한다.

오늘날 세계 최고 헌법재판소로서의 권위를 갖고 있는 독일 헌법재판소에서는 재판관을 어떻게 임명하고 있을까? 의원내각제 국가인 독일은 16인의 헌법재판관을 모두 의회에서 선출한다. 연방상원과 연방하원에서 각 8인의 헌법재판관을 임명한다. 양원 모두 재적의원 3분의 2의 결의로 헌법재판관을 결정한다.[42]

헌법재판관 임명에 관한 독일 설계의 묘미는 과반수가 아닌 재적

의원 3분의 2를 정족수로 정해 놓은 데에 있다. 과반수로 임명할 것을 정해 놓았을 때 예상되는 현상은 과반수를 가지고 있는 특정 정당이 자기 멋대로 표결을 시도하거나, 여러 정파 간에 지분을 나누어 갈라먹기 합의로 임명을 하는 것이다. 그래서 독일 헌법은 재적의원 3분의 2라는 가결 정족수를 정해 놓았다. 의회의 각 정당이 최선의 후보자를 찾기 위해 실질적인 합의를 하도록 이끄는 설계다. 실제로 독일 하원은 12인으로 구성된 별도의 특별위원회를 구성해 초당파적인 노력으로 후보자를 찾고 검증한다. 이것은 헌법재판관을 선출하는 것이 국가적인 과제라는 점, 그것이 진보와 보수의 문제, 정당과 정파의 이해관계의 문제가 아니라는 점에 대한 공감대가 있기 때문에 가능한 일이다.

우리의 헌법재판관 지명은 독일의 경우와 너무 다르다. 지명권자인 대통령, 국회, 대법원장은 재판관 선출을 위원회와 같은 별도의 기구를 만들지도 않고, 그 논의를 공개하지도 않는다. 밀실에서 결정되기 때문에 지극히 주관적인 편견에 따른 지명, 측근인사의 사적인 추천에 따른 지명도 충분히 가능한 것이다. 독일의 의회는 초당적 위원회를 구성하는 등의 방식으로 가장 적임자를 찾으려 노력한다. 우리의 국회도 적어도 3인의 헌법재판관에 대한 지명권을 가지고 있기 때문에 그런 노력을 기울일 수 있는 가능성이 있다. 과연 우리 국회는 어떤 방식으로 후보자를 결정해 지명하고 있을까?

3인의 헌법재판관을 지명할 때 우리 국회는 각 당에서 독자적으로 결정한다. 각 정당별로 할당 재판관 수를 정한 채 정당별로 기호에 맞는 후보자를 임의로 정하는 것이다. 여당이 1명, 야당이 1명, 여야가 합의해 1명을 지명하는 것이 관행이다. 각 정당은 자기 몫의 재판관을 지명할 때에는 자기 당 내부에서 논의해 후보자를 선정, 발표한다. 구체적인 후보자에 관한 실질적인 합의가 없이 각 당이 각자 정한 후보자이기 때문에 국회의 청문회와 의결과정에서 불필요한 공격과 비난을 받게 된다. 가령 지명된다고 해도 상처투성이 지명이 되고, 헌법재판에 대한 신뢰는 그만큼 실추되고 만다.

한 정당이 다른 정당과의 협의 없이 자유롭게 후보자를 지명하게 되면 정당 지도부의 의사가 중요한 역할을 하게 된다. 장막 뒤에서 이뤄지는 당 지도부의 인사 결정에는 여러 가지 거래가 개입되기 마련이다. 만약 정당이 공정하게 정했다고 해도 그것으로 특정 정당과 일정한 관계에 있는 인사일 것이라는 공정하지 않은 인상을 만들어내게 된다. 그것은 정당을 위해서도, 헌법재판을 위해서도 해로운 선택인 셈이다.

헌법의 원칙에 충실하고, 전문적이며, 청렴하고 공정한 재판관을 지명하는 것은 안정적인 정치의 궤도를 만들어내는 일이다. 실질적인 합의를 통한 최선의 후보자를 선정할 수 있는 제도가 필요하다. 권력을 제한하기 위한 헌법 개정을 한다면 바로 이런 영역의 헌법 개정이 필요한 것이다.

대법원장의 지명권

헌법재판관의 지명 가운데 가장 기이한 지명이 대법원장에 의한 3인의 헌법재판관 지명이다. 헌법재판소 구성에서 대법원장 개인에게 그와 같은 권한을 부여하는 나라는 없다. 만일 지명권을 갖는 주체를 '대법원장'이 아니라 '대법원'으로 규정했다면 이해할 여지가 생긴다. 대법원은 권력분립의 하나의 주체이므로 헌법재판소의 구성에 참여할 정당성이 있다는 설명이 가능하다. 하지만 대법원장이 사법권의 주체는 아니다. 대법원장에게 3인의 헌법재판관의 지명권을 부여한 이유가 무엇인지 합리적인 설명을 찾기 어렵다.[43]

헌법재판소와 대법원이 적절한 견제와 균형관계를 유지할 때 우리 사회의 오랜 병폐인 사법 관료주의를 극복할 수 있다. 그런데 대법원장의 3인 헌법재판관 지명권에 의해 헌법재판소와 대법원의 권력균형은 설계 단계로부터 엉클어져 있다. 대법원장에게 지명되어 헌법재판관으로 임명된 3인의 헌법재판관들은 대법원장에 대한 은혜를 기억할 수밖에 없는 입장이 된다. 헌법재판소는 대법원과 관련되는 사법 정책적, 법리적 판단을 하게 된다. 그들의 미묘한 입장은 대법원과 관련되는 헌법재판소의 판단에 직접적으로 영향을 미치게 된다.

헌법을 쓰는 시간

제12장
헌법재판소를 독립시키는 방법

01
재판관의 독립과 임기의 복잡한 함수 관계

미국 사법제도 가운데 가장 이채로운 제도는 모든 연방판사의 종신제다. 연방헌법의 기초자들은 모든 연방판사들의 임기를 종신으로 정했다. 대통령의 임기와 의회의원의 임기는 엄격하게 정하면서 판사들의 임기를 종신으로 했던 이유는 무엇일까? 미국 헌법의 기초자 가운데 한 명인 알렉산더 해밀턴은 법관직이 종신의 임기를 가져야 하는 이유에 대해 다음과 같이 설명하고 있다.

법관직을 종신으로 하는 것은 그 제도만큼 사법부의 견고함과 독립성에 기여하는 제도는 없기 때문이다. 정의를 실현하는 법원은 헌법과 개인의 권리를 보장하기 위해 타협하지 않고 그 원칙을 고수해야 한다. 그런데 일시적으로 재직하는 법관에게는 이와 같은 성격을 기대하기 어렵다. 법관의 일시적인 임명은 법관의 독립이라는 중요한 요소에 치명적이다.[44]

헌법재판관의 임기는 헌법재판소의 독립성, 더 나아가서 국민들의 자유와 긴요하게 연결되어 있다. 우리 헌법은 헌법재판관의 임기를 대법관의 임기와 같은 6년으로 규정하고 있다. 국내외의 헌법전문가들은 우리나라 헌법재판관의 임기가 지나치게 단기라고 지적한다.[45] 정작 우리나라의 법관들과 법조계 인사들은 그 임기가 그대로 충분하다는 의견이다. 그 논리가 재미있다. '사법부의 제일 좋은 자리를 몇 사람이 독점해서는 안 된다'는 것이 그들의 주장이다. 헌법재판관의 직책을 여럿이 돌아가며 앉아야 하는 자리, 동등한 기회와 평등 실현의 대상이 되는 자리라는 생각은 놀라운 발상이다.

법조인들이 최고의 헌법재판을 담당하는 책임을 하나의 '자리'로 인식하는 것은 그만큼 벼슬에 민감하게 반응하기 때문이다. 이것은 걱정스러운 일이 아닐 수 없다. 대통령과 대법원장은 빛나는 선물 꾸러미를 가지고 있다. 법조계 인사들이 이 선물들에 군침을 흘리고 있다면 권력자가 이들을 얼마나 쉽게 복종시킬 수 있을 것인지 말할 필요조차 없다. 헌법에서 법관 신분보장을 규정하고 있는 것은 법관들이 징계나 신분박탈을 걱정하지 말고, 국민의 자유를 위해 양심을 다하여 가장 공정하고 지혜로운 판단을 당부하는 의미이다. 더 높은 자리라는 선물에 정신을 빼앗기고 있다면 그 모든 독립과 신분보장의 장치들은 물거품이 되어 버리고 만다.[46]

헌법재판관이 정치권력을 견제하는 힘은 헌법재판관의 임기로부터 발원한다. 강산이 변해도 변하지 않고 재직하는 헌법재판관들이 있어야 헌법재판의 독립과 정치권력과의 균형이 제대로 이뤄질 수 있다. 한 사람의 헌법재판관은 매 결정마다 스스로 헌법의 해석에 관한 선례를 만들어내고 있다. 아홉 재판관의 그것들이 모여서 헌법의 판례를 만들고, 헌법을 만든다. 그들을 수시로 교체한다면 헌법의 판례는 일관되지 않은 채 흔들리고, 헌법에 대한 신뢰도 흔들릴 수밖에 없다.

헌법재판관과 대법관 등 최고법관의 임기는 최소한 10년 이상의 기간으로 변경해야 한다. 그 임기가 장기가 될수록 헌법의 원칙과 사법권의 독립은 단단히 보장되는 것이다. 임기가 장기로 될수록 임명권자도 더욱 신중하게 선별해 후보자를 지명하게 된다. 그런 헌법적 설계에 의할 때 사법부가 더욱 공정하고, 더욱 지혜롭게 판단할 수 있다. 사법부가 정치권력으로부터 제대로 독립하고, 제대로 견제할 수 있는 것이다. 그렇게 될 때 국민들의 자유를 위한 재판을 할 수 있는 성숙한 기초가 마련된다.

02
헌법재판소장의 임기

최악의 논쟁

헌법재판소장은 국회의 동의를 얻어 대통령이 임명한다. 헌법재판소장은 헌법재판소의 사무와 행정을 총괄하며, 대외적인 문제에서는 헌법재판소를 대표한다. 헌법재판소장은 단순한 상징이 아니라 헌법재판소 기관의 독립을 수호하고, 다른 권력과 견제와 균형을 이루는 실질적 역할을 한다.

헌법에는 헌법재판소장의 임기를 명확하게 규정하지 않았다. 헌법재판관의 임기를 6년으로 정해 놓았을 뿐이다. 그래서 헌법재판관의 임기로 규정된 6년을 헌법재판소장의 임기로 해석하고 있다. 헌법재판소장으로서 임명받는 동시에 헌법재판관으로 임명받은 것으로 해석하는 것이다. 헌법재판소가 창립한 이래 취임했던 네 분의 헌법재판소장은 6년의 임기 동안 재임했다. 국가기관, 학자, 실무가, 언론, 일반 국민 등 어느 누구도 이 해석에 대해 이의를 제기하지 않았다. 그것으로 약 25년간 헌법적 관행이 형성된 것이다. 적어도 2006년까지는 그러했다.

현직 헌법재판관을 재판소장으로 임명한 경우, 그 헌법재판소장의 임기는 어떻게 결정되어야 할까? 현직의 재판관이 아니었던 재판소장의 임기와는 다르게 해석해야 할까? 임명권자가 누구를 선택하는가에 따라 헌법재판소장의 임기가 달라지도록 해석하는 것은 헌법재판소의 독립에 가장 치명적인 해석이다.

2006년 8월, 당시 노무현 대통령은 전효숙 헌법재판관을 헌법재판소장으로 임명할 뜻을 밝혔다. 그러자 대통령과 갈등을 빚고 있던 일부 보수언론에서 만일 재직하는 헌법재판관을 재판소장으로 임명한다면 헌법재판관으로서의 재직기간을 제외한 나머지 잔여기간을 그 임기로 보아야 한다고 주장했다. 진보적 성향을 갖고 있는 전효숙 재판관을 재판소장으로 임명할 경우에는 그 임기를 문제 삼겠다는 경고였다. 당시 청와대는 임기 논란을 피하는 대안을 찾으려고 했다. 후보자가 재판관 직을 사퇴해 현직 재판관이 아닌 상태에서

헌법을 쓰는 시간

재판소장으로 임명받는 방안이 적절한 것으로 검토했다. 그래서 청와대는 후보자에게 재판관직의 사임을 권했다. 전효숙 재판관은 헌법재판소와 대법원의 자문을 거친 후 재판관직에서 사직했고, 대통령은 사임한 전 재판관을 재판소장 후보자로 지명했다. 보수언론과 일부 정치인들은 그 선택을 헌법재판소장으로서의 임기를 연장하기 위한 잔재주라고 비난했다.

논쟁은 매우 혼탁하게 진행되었다. 재판소장의 임기, 재판소장으로 임명될 수 있는 자격 등 여러 쟁점에 관한 논쟁이 진행되었지만 그 주장에는 편견과 감정이 실려 있었다. 그런 주장이 실제로 받아들어졌을 때 우리의 헌법재판제도가 어떻게 운영될 것인가에 관한 진지한 고민은 보이지 않았다. 단지 현재 논란이 되고 있는 후보자를 공격해 탈락시키려는 칼날만이 무성했다.

그들은 헌법을 지키는 문제라고 주장했지만 그 실질은 헌법재판소의 독립을 해치는 주장이었을 뿐이다. 불필요하게 거칠었던 논쟁은 후보자의 인격과 헌법재판제도에 깊은 상처를 남겼다. 헌법재판소 독립에 결정적인 위기가 초래된 상황임에도 헌법재판소를 포함한 모든 헌법기관들이 수수방관하며 침묵했다. 후보자 또는 임명권자인 대통령에 대한 반감으로 헌법재판제도의 파괴를 방치하였던 것은 아닌가 하는 의구심을 지울 수가 없다. 개인적으로는 헌법재판제도 역사상 최악의 논쟁이었다고 평가한다. 결국, 전효숙 후보자는 후보직에서 물러나고 대법관 출신의 이강국 변호사가 새로운 후보자로 지명되었다. 국회의 동의를 받아 제4대 헌법재판소장으로 취임했다. 그의 임기는 6년이었다.

헌법재판소장의 임기

2017년 1월 헌법재판소. 박한철 헌법재판소장의 퇴임식이 진행되었다. 그가 헌법재판소장으로 재임했던 기간은 3년 10개월에 불과하다. 재판소장에 임명될 당시 재판관으로 재임하고 있었고, 그런 경우에는 재판관 재임기간을 제외한 것을 소장의 임기로 보아야 한다는 해석에 따라 임기가 단축된 것이다.[47] 박근혜 전 대통령의 탄핵심판이라는 중대 사건이 심판 중이었던 위급한 상황이었음에도 재판장인 헌법재판소장이 그 사건을 마무리 짓지 못하고 단기의 기간 동안만 재임하고 퇴임했다.[48]

헌법재판관으로 재임하던 중 임명된 헌법재판소장의 임기에 대해서는 아직까지 어떤 국가기관도 정식 유권해석을 내놓지 않았다. 단지 일부 언론과 정치인들이 재판관으로서의 재임기간을 제외해야 한다고 해석하고 있을 뿐이다. 그런 주장을 하는 이들은 아마도 그것이 권력을 제한하는 길이라고 믿고 있기 때문일 것이다. 하지만 그것은 자신의 주장이 어떤 결과를 초래할 것인지에 관해 제대로 살피지 못한 주장일 뿐이다.

권력의 견제와 균형이라는 관점을 놓치면 권력의 제한은 달성할 수 없다. 헌법재판소는 오늘날 가장 중요한 권력견제기능을 담당한다. 헌법재판소장의 권력과 임기가 굳건한 기초 위에 있을 때 헌법재판소가 권력을, 특히 대통령과 국회의 권력을 제대로 통제할 수 있다. 대통령의 권력을 제한해야 한다고 주장하는 사람들이 대통령을 효과적으로 제한할 수 있는 헌법재판소의 권력을 취약하게 만들고, 결과적으로 대통령의 권력을 비대하게 만드는 해석을 하고 있다. 단견과 무지의 결과라고 말하지 않을 수 없다.

헌법기관의 임기는 그 기관의 독립성, 그리고 종국적으로는 전체

권력구조의 균형에 영향을 끼치는 중요한 사항이다. 따라서 헌법기관의 임기를 함부로 늘리거나 줄여서 해석하는 것은 절대로 피해야 할 금기이다. 임기를 줄이는 해석을 하는 것도 늘리는 것 못지않은 위험을 초래한다. 권력이 견제와 균형을 이루고 있는 상태에서 한 기관의 권력을 약화시키면 그로부터 견제 받는 권력이 커지는 것이 당연한 이치이기 때문이다.

그리고 헌법기관의 임기는 확정적으로 해석해야 한다. 임명된 사람이 어떤 사람인가, 가령 임명 당시의 직책이 대법관인가, 헌법재판관인가, 헌법재판관을 지냈던 전직 헌법재판관인가에 따라 그 기간이 달라지는 것으로 해석해서는 안 된다. 만일 확정적인 임기의 해석을 하지 않는다면 그것으로 다른 권력들에게 중대한 약점을 노출시키게 되고 권력균형의 왜곡을 초래하며, 헌법기관 간의 불필요한 갈등과 혼란을 야기할 수도 있다.

헌법재판소장을 어려 면 임명하는 대통령

헌법재판소장이 헌법재판소 내에서 얼마나 중요한 지위를 갖는 것인지는 더 이상 강조할 필요가 없다. 그의 덕성과 능력에 따라 재판부와 헌재 구성원들의 소통이 파괴되기도 하고 증진되기도 한다. 그리고 그 리더십에 따라 헌법재판의 위상과 질, 헌법재판소에 대한 국민의 신뢰가 달라진다.

헌법재판소장의 임기는 항상 일정해야 한다. 재판관이었다가 소장이 된 경우에는 재판관으로 재직한 기간을 제외한 잔여임기가 헌법재판소장으로서의 임기라고 하는 해석은 모순투성이 해석이다. 만약 이 해석에 따르자면, 헌법재판관으로서의 임기를 방금 마친 사람은 6년의 임기를 확보하고, 헌법재판관의 임기를 아직 마치지 못하고 6개월가량 임기를 남겨둔 현직 재판관은 단지 6개월 동안만 헌법재판소장직을 유지할 수 있다.

이렇게 해석하면 헌법재판관은 임명권자인 대통령이 헌법재판소장의 임기를 자유자재로 조절할 수 있게 된다. 대통령은 재직 중인 헌법재판관들 가운데 잔여임기를 살펴 헌법재판소장의 임기를 임의로 조절할 수 있고, 그 방법으로 헌법재판소장 임명권을 여러 차례 행사할 수도 있게 된다. 박근혜 전 대통령이 탄핵소추 되지 않았다면 자신의 임기 중에 두 명의 헌법재판소장을 임명했을 것이다. 바로 이 위험한 해석에 근거해서 말이다.

최근 문재인 대통령은 김이수 재판관을 헌법재판소장으로 지명했다. 김이수 재판관은 단지 1년 3개월의 임기를 남겨놓고 있을 뿐이어서 기존의 해석에 따르면 헌법재판소장으로서 1년 3개월만 재임할 수 있다. 만일 그가 국회 동의 절차를 거쳐 임명된다면 대통령은 다시 한 번 또는 여러 번 헌법재판소장 임명권을 행사할 수 있게 된다. 대통령은 헌법재판소장 후보자를 지명하는 자리에서 국회가 입법을 통해 헌법재판소장의 임기의 문제를 정리해 달라고 요청했다고 전해진다. 과연 대통령의 진정한 의도가 무엇인지 현재로서는 알 수 없다.

헌법재판소장이 단기의 임기만을 마치고 물러나는 점은 헌법재판소장으로 임명받을 받을 가능성이 있는 잠재적 후보자들, 가령 현직 헌법재판관들의 '욕망'을 불필요하게 자극한다는 점에서도 큰 문제이다. 헌법재판소장의 후보자 군으로서 가장 유력한 것이 현직 헌법재판관들이다. 헌법재판소의 수장이라고 하는 '벼슬'은 현직 헌법재판관들에게 커다란 유혹일 수밖에 없다. 현직 헌법재판소장의 임

헌법을 쓰는 시간

기 만료가 멀지 않다면 이 유혹은 더욱 거부할 수 없는 매력을 발하게 된다. 하지만 그 유혹에 마음을 빼앗긴 순간부터 현직 재판관들은 임명권자인 대통령의 눈치를 보아야 하는 불우한 존재들이 되고 만다. 임기를 단축시키는 해석은 재판관들을 대통령의 권력에 복종시키는 장치로 작용하는 것이다.

이명박, 박근혜 전 대통령 시절에는 헌법재판소가 대통령의 권력을 제대로 견제하지 못했다는 것이 일반적인 평가이다. 그 뿌리는 어디로부터 시작된 것일까? 헌법의 설계는 권력구조에 민감한 영향을 미친다. 언뜻 보아서는 사소해 보이는 해석이 태풍을 만들어내기도 한다. 헌법재판소장의 임기에 관한 해석이 그렇다. 사법의 권한 중에 정치권력과 가장 날카롭게 부딪히는 것이 헌법재판이다. 헌법재판소가 독립성과 공정성을 유지하기 위해서는 국민, 언론, 정치권이 세심하게 보살펴야 한다. 헌법재판소장의 임기를 단축하는 해석은 헌법재판의 독립과 통치구조의 권력균형을 한순간에 무너뜨릴 뿐 아니라 대통령의 권력을 치명적으로 강화할 수 있는 위험한 해석이다.

제13장
또 다른 헌법재판기관: 대법원

01

대법원과 헌법재판

헌법재판기관으로서의 대법원

법원의 재판은 중요하다. 한 사람의 일생의 문제가 걸려 있는 경우도 적지 않다. 인간의 판단이기 때문에 완벽할 수 없는 것이 재판이다. 최대한 잘못된 재판이 내려지지 않게 하기 위해서 여러 단계의 재검토 과정을 만들어 놓았다. 지방법원의 판단이 제대로 된 것인지 살피는 고등법원의 재심사, 고등법원의 판단이 제대로 된 것인지 살피는 대법원의 재심사 단계가 바로 그것이다. 이렇게 법원 내에서 이뤄지는 여러 단계의 재심사 과정을 '심급'이라고 한다.

법원이 재판과정에서 판단한 법률의 해석도 재판의 일부이므로 심급의 과정 속에서 다시 검토되게 된다. 그 심급의 최종적인 위치에 있는 대법원은 모든 법률의 해석에 관한 최종적 판단을 하게 된다. 대법원의 법률해석은 그 법의 해석에 관한 한 앞으로 모든 하급심 법원이 그것을 따르게 되는 실질적인 법으로 작용한다. 이것을 대법원의 판례라고 한다.[49]

대법원은 헌법으로부터 부여받은 권한을 통해 헌법을 준수하고 보장해야 하는 책임을 가지고 있다. 따라서 법률을 해석할 때에도 헌법을 준수하고 보장하는 방향으로 해석해야 한다. 이처럼 헌법에 부합하는 방향으로 법률해석을 하는 것은 일면으로는 법률의 해석이지만, 다른 일면으로는 헌법해석을 하는 것이고 헌법재판을 하는 것이다.

제3편에서 살펴보았던 사례들, 의사가 아닌 사람의 문신 시술 금지 판단, 모든 집회에 대한 사전신고의무 적용의 판단, 언론 보도의 대통령에 대한 명예훼손 여부의 판단 등은 모두 법률해석을 통한 헌법재판의 사건들이었다. 비록 헌법재판소가 설립되어 특별한 유형의 재판은 헌법재판소가 독점적인 판단권한을 갖고 있다곤 해도 대법원은 여전히 매우 중요한 헌법재판기관이다. 방대한 영역의 재판에서 헌법재판을 하고 있기 때문이다.

법원의 재판에 대한 헌법소원의 금지

법원의 재판이 잘못되었다고 생각하는 당사자는 상소를 제기해 상급법원의 재심사를 받을 수 있다. 최종적으로 대법원이 그 재판의 정당성을 심사하게 되어 있는 것이다. 이렇듯 여러 단계의 심사를 통해 재검토를 받을 수 있으므로 국민의 자유는 충분히 보장되고 있는 것일까?

대법원이 헌법에 위반하는 법률해석을 하는 경우의 통제장치가 법원의 재판에 대한 헌법소원이다. 헌법소원 제도를 인정하는 나라에서는 재판에 대한 헌법소원을 인정하고 있다. 대표적인 예로 독일의 경우를 보자. 재판으로부터 자신의 자유와 기본권을 침해당했다고 생각하는 시민은 그 재판을 대상으로 헌법재판소에 헌법소원을 제기할 수 있다. 법원의 재판에 대한 헌법소원 사건은 독일 헌법재판소가 다루는 사건 가운데에서 90% 이상의 압도적인 비중을 차지하고 있다.

우리 제도에서는 재판에 대한 헌법소원이 금지되어 있다. 헌법재판소를 설립할 당시 대법원은 새로 설립될 헌법재판소가 담당할 역할의 한계선을 설정했는데, 그 한계선이 '법원의 재판에 대한 헌법소원 금지'였다. 법원의 재판에 대해서 헌법재판소가 심사할 수 없다는 뜻이다. 이 한계선은 헌법재판소법에 규정되어 아직까지도 그 효력을 발휘하고 있다. 때문에 대법원이 법률을 해석할 때 헌법에 위반되는 해석을 해도 헌법재판소가 통제할 수 없다. 의사가 아닌 사람의 문신 시술을 처벌하는 것, 광장에서 두 사람이 각기 피켓을 들고 서 있는 것을 처벌하는 것, 남성용 자위기구를 파는 것을 음란물로서 처벌하는 것이 시민들의 헌법상 자유를 침해하는지 의심이 든다고 해도 헌법재판소의 본격적인 심사가 이뤄지지는 못한다. 이것들은 사소한 예에 불과하다. 대법원의 법률 해석은 그것이 헌법의 자유를 침해하는 것인지 여부의 심사를 받지 않은 채 시민들의 모든 일상생활을 지배하고 있다.[50]

헌법재판소가 법률의 위헌여부의 판단을 시작하면서부터 법률의 제정에 헌법해석이 영향을 주게 되었다. 입법자들의 입법논의에서 헌법과 기본권의 고려가 중심 위치를 차지하게 되었고, 그것으로 커다란 법치주의의 발전을 이루게 되었다. 이제 법률의 해석 영역에서도 과거의 관행을 탈피해 헌법과 자유의 논의를 적극적으로 개입시켜야 한다. 대법원의 법률해석 판단에 대해 헌법재판소가 기본권의 관점에서 심사하는 것은 어느 기관이 상위기관이 되느냐는 문제가 아니다. 헌법의 가치를 실현하기 위한 두 개 최고 사법기관 간의 판례를 통한 대화이고, 시민들의 자유를 지키기 위하여 권력에 대항하는 사법기관들의 연대이고 협력이다.

독일에는 전문영역별로 5개의 대법원들이 있다. 이 대법원들은 헌법재판소의 위헌심사를 받아들이고 있다. 대법원은 그것을 헌법을 수호하는 방법으로 생각할 뿐 대법원으로서의 법률해석권한과 권위 손상으로 받아들이지 않는다. 그것만이 아니다. 헌법재판소 역시 다른 법원의 재심사를 받아들이고 있다. 유럽인권재판소의 심사이다. 헌법재판소의 재판이 유럽 인권협약에 위반된다고 판단하는 경우 유럽인권재판소는 그 재판을 취소할 권한을 갖고 있다. 그렇다고 독일 헌법재판소의 권위가 손상되지는 않는다. 오히려 헌법재판소가 더욱 정당하고 설득력 있는 재판을 하도록 자극함으로써 그 권위를 고양시키는 데에 기여하고 있다.

법원의 재판에 대한 헌법소원이 금지된 것은 대법원이 최고 사법기관으로서의 지위를 지키려는 입장을 고수하기 때문이다. 최고법원의 진정한 권위는 시민들이 그 법원의 판단을 신뢰하고, 권력이 그 법원의 판단을 명백한 기준으로 받아들일 때 생기는 것이다. 서로 협력하지 않고 다른 목소리를 내는 최고법원들의 갑옷은 권력의 창에 쉽게 뚫리고 만다. 권력의 남용을 통제하고 국민의 자유를 지켜야 하는 사법기관이 명예와 자존심을 고집하는 사이에 사법기관으로서

의 권위는 물론 시민들의 자유도 무방비 상태로 노출되는 것이다.[51]

법원에도 국민들의 기본권과 자유를 위한 법률해석을 도출하기 위해 애쓰는 판사들이 있다. 하지만, 우리 사법이 쌓아온 관행의 벽은 내부적인 노력만으로 개선되기에는 지나치게 두텁다. 시민들의 자유를 지키기 위해 법원의 재판에 대한 헌법소원은 필요하다. 법원의 재판에 대한 헌법소원 제도가 성공적으로 정착하기 위해서는 헌법재판소도 이성적인 한계선을 찾아야 한다. 헌법재판소가 법원의 재판 모두를 전면적으로 심사할 수는 없다. 그것은 헌법을 보호하기 위한 기존의 역할과 임무마저도 스스로 버리는 꼴이 되고 말 것이다. 달성하려는 가장 중요한 목표를 설정해 그 목적에 맞게 스스로의 자원을 가장 효과적으로 사용해야 한다. 가장 먼저 할 일은 습관처럼 시민들의 자유를 억압하는 잘못된 법률해석을 교정하고 헌법의 자유에 대한 해석을 제대로 세우는 일이다.[52]

02
이유 있는 불신

대법원의 소부 재판

최고법원의 사건 심리방식으로는 전원합의체 재판과 소부의 재판 두 가지가 있다. 전원합의체란 모든 대법관이 함께 모여 사건에 관한 논의를 하고, 그 논의 끝에 사건의 결론을 내리는 방식을 말한다. 이에 대해 소부의 재판이란 소수의 대법관들만 모여 재판을 하는 방식을 말한다.

보통 국민들은 대법원 판례라고 하면 대법관 모두가 모여서 치열하게 토론해 만들어낸 판례일 거라 기대한다. 하지만 현실은 그렇지 못하다. 대법원이 2015년 판단한 사건의 수는 41,871건이다. 단순 계산만으로도 하루에 100건이 넘게 처리해야 하는 어마어마한 숫자이다. 이 많은 사건을 전원합의체로 재판할 수는 없다. 그렇기 때문에 우리 대법원은 소부의 재판을 애용한다.[53]

대법원의 소부 재판은 대법원장과 법원행정처장을 제외한 대법관 12명이 4명씩 3개의 소부를 구성해 진행한다. 소부 재판을 하는 이유는 그렇게 처리하는 것이 훨씬 효율적이기 때문이다. 때문에 극히 일부의 중요 사건에 대해서는 전원합의체에서 재판하고, 나머지 대부분의 사건들은 소부에서 신속하게 처리한다.

한편, 우리 대법원은 그 효율성을 더하기 위해 소부 재판제도에 주심제도를 결합시키고 있다. 사건의 연구와 심리를 사건마다 정해져 있는 주심대법관이 주도한다. 4명으로 구성되는 소부에서 재판하면서 주심제도까지 사용하는 것은 어느 나라의 최고법원에서도 볼 수 없는 극단의 효율성 추구 모델이다. 대법원이 처리해야 할 사건 수가 지나치게 많기 때문에 사용하는 제도이지만 그런 상황에서 사용하는 제도이기 때문에 그 부작용이 더욱 심각해질 수 있다. 대법관들은 살인적이라고 할 정도의 과도한 사건처리의 부담을 받고 있다. 각자 자신이 주심으로 맡고 있는 사건의 처리에 집중하게 되고, 주심이 아닌 사건들에 대한 관심과 검토는 제한되고 차단될 수밖에 없다. 사건의 심판은 실질적으로는 주심대법관 한 사람이 하는 단독재판의 방향으로 나아가게 된다.

박시환 전 대법관은 대법관으로 재직하는 동안 많은 소수의견을 발표하여 새로운 법해석의 관점을 제시했던 대법관으로 유명하다.[54] 2016년 11월 박 전 대법관은 대법원의 실무를 회고하는 논문을 발표했다. 이 논문을 통해 그동안 베일에 가려져 있던 대법원의 업무 관행의 일단이 세상에 모습을 드러내게 되었다. 논문은 여러 문제점을 지적하고 있으나 그 중 가장 심각한 문제는 소부 재판에서 이루어지고 있는 합의의 모습이다.[55]

주심이 아닌 다른 대법관들은 그날 합의할 사건 목록을 합의하러 주심대법관실로 들어가 자리에 앉는 순간에 비로소 보게 되고, 그 전에는 그날 다른 대법관 주심사건은 어느 사건이 합의에 회부되는지 전혀 알지 못한 상태에서 합의에 임한다는 것이다. (…) 아침 9시 30분부터 소부 합의가 시작되고 원칙적으로 각 대법관마다 돌아가며 2시간씩 하루 종일 합의를 진행하여 대략 오후 7시경 끝나는 것으로 되어 있지만, 실제로는 그보다 시간이 많이 걸려 저녁 8시를 넘어가는 경우가 많고, 저녁 9시나 10시를 넘어 끝나는 경우도 적지 않다. 한 번 기일에 각 주심대법관별로 2시간, 길어야 3시간의 시간이 주어지는데 그 시간 동안 100건의 사건을 합의하려면 1건의 합의에 허용되는 평균 시간은 기껏해야 1분 30초 정도를 넘지 못한다. (…) 실제로 내용을 설명하는 사건의 평균 설명 시간이 3~4분을 넘어가기 힘들다. 주심이 아닌 다른 대법관은 합의할 사건의 내용을 전혀 모르는 상태에서 합의에 임하게 되므로 그 3~4분 안에 사건내용과 쟁점, 각 쟁점에 대한 가능한 법해석의 입장과 그 이론적 근거 및 사건처리의 결론을 모두 설명하여 이해시키는 것은 너무나 벅찬 일이다. (…) 주심대법관의 사건 설명과 처리의견이 제시되면 다른 대법관들이 내용에 관하여 질문을 하거나 찬성, 반대의 의견을 표시하게 되는데, 질문이나 이견이 제시되면 주심대법관의 간단한 추가 설명이나 근거 제시가 있게 되고 이견이 더 있으면 토론으로 연결되지만, 시간에 쫓기는 관계로 토론이 길어지게 되면 검토보고서를 돌려 본 뒤 다음 번 합의기일에 합의를 속행하기로 하고 토론을 중단하는 경우가 많다. 그런데 다른 대법관들이 불과 3~4분 내외의 설명만을 듣고 사건 내용이나 쟁점 검토의 문제점을 제대로 파악하기는 매우 어려운 형편이고, 따라서 질문할 사항이나 이견을 그 즉시 바로 제시하기는 쉽지 않다. (…) 한마디로 소부의 합의는 그다지 충실하다고 하기 어려우며, 주심대법관의 간단한 설명과 의견을 듣고 이견이 있는지를 확인하는 정도에 그친다고 해도 과언이 아니다.

중요하고 어려운 문제를 토의하는 기본은 미리 읽고, 생각하고, 준비한 상태에서 토의에 임하는 것이다. 그것은 법의 문제를 떠나서 모든 사회활동의 공리라고도 할 수 있다. 그런데 우리의 최고법원인 대법원이 그런 공리를 거역하는 방식으로 재판하고 있다는 것은 사히 충격적이다. 재판을 주도하는 1인의 대법관을 제외하고 다른 대법관들은 사건을 전혀 모른 채 재판이 시작되고, 길게 잡아 3~4분 만에 주심대법관의 사건에 대한 설명(사실관계, 쟁점의 제기, 쟁점에 대한 여러 가지 해석 가능성, 헌법에 부합하는 해석에 대한 검토까지)이 모두 끝나고 간단한 의견 진술로 합의가 종료된다는 것은 상상을 초월하는 극단적인 약식재판이다. 대법원은 소부재판마저도 진정한 합의 재판이 아니라 사실상 1인 재판으로 운영하고 있는 것이다.[56]

대법원이 이처럼 공장에서 상품을 찍어내듯 재판을 하면 동시에 판례들도 쉴 없이 생산된다. 판례는 산출되지만 시민들은 대법관들이 그 판례를 만들어내면서 무엇에 관심을 갖고 토론을 했는지조차 알 수 없다. 문제는 이처럼 무수하게 쏟아지는 판례들 가운데 우리들의 운명을 결정하는 판단이 섞여 있다는 것이다.

어떤 판결이 내려진 것인지 파악하지 못하는 것은 일반 시민들만이 아니다. 학자, 언론인, 전문가, 사회단체뿐 아니라 법조인들의 상황도 크게 다르지 않다. 대법원의 재판에 관한 사회적 토론이 진행되는 경우는 거의 없다. 극히 일부 재판의 결과에 대한 대법원 스스로의 공보와 홍보가 있을 뿐이다. 헌법재판의 중요한 일부분을 담당하고 있는 대법원의 재판이 여론과 국민들의 관심으로부터 단절되어 있는 현상은 우리 사법 더 나아가 우리 공동체의 커다란 비극이다.

03
대법관 전관 변호사

갑술 씨의 재판

갑술 씨(가명)는 서울 변두리에서 부동산중개업을 하고 있다. 중개를 하면서 좋은 물건을 만나면 직접 투자를 하기도 한다. 우연히 알게 된 갑술 씨는 평범한 사람들이 겪는 현실의 법은 이런 것이라면서 하소연을 했다. 갑술 씨의 억울한 사연은 다음과 같다.

갑술 씨는 토지중개를 하던 중에 우연히 좋은 가격의 토지를 발견해 그것을 사들였다. 그런데 얼마 후 그 토지의 이웃사람으로부터 소송을 당했다. 그는 자기가 그 땅에 대한 진정한 권리자라면서, 갑술씨의 매매계약일자보다 앞선 매매계약서까지 보여주었다. 부동산업을 하는 갑술 씨는 자기가 계약의 중대한 부분을 제대로 확인하지 않은 실수를 한 것으로 생각하고 크게 당황했다. 소송에서 진다면 경제적으로도 큰 손실을 입을 뿐 아니라 직업적으로도 능력 없는 사람으로 평판이 날 가능성이 있다고 생각했다. 조용히 변호사를 고용해 응소를 했다. 그런데 소송과정에서 상대방이 문서를 위조한 정황이 등장했다. 그래서 형사고소를 했다. 상대방을 피고로 한 제1심 형사재판에서 문서위조의 유죄판단이 나왔다. 형사판단이 유리한 증거로 사용되어 제1심의 민사소송에서도 승소했다.

그런데 반전이 생겼다. 상대방이 판사 출신의 전관 변호사를 고용해 다투기 시작했다. 형사판결의 무죄가 뒤집혔다. 문서위조를 했을 가능성이 높기는 하지만 명백한 입증이 되지 않았다는 것이다. 그 판단의 영향으로 민사 항소심에서도 일부 패소 판결을 받았다. 하지만 아직까지 주요 부분의 승소는 유지되고 있는 상태였다.

상대방은 쉽사리 물러서는 사람이 아니었다. 그는 대법원에 상고를 제기했고, 변호사를 다시 교체해 대법관을 지낸 변호사를 선임했다. 갑술 씨는 판사 출신의 전관 변호사가 선임되고 난 다음에 형사판결이 뒤집힌 경험이 있었던지라 또 판결이 뒤집힐지 모른다는 불안감에 사로잡혔다. 대법관을 지낸 분이 대법원 사건을 맡아서 변호한다면 그 영향력이 매우 클 것이라고 두려워했다. 이번이 마지막 심판이기 때문에 여태까지 승리한 것은 아무런 소용이 없다. 이번에서 진다면 막대한 경제적 손해와 함께 직업적 신뢰도 추락하게 된다.

모든 것을 결정하는 승부라는 초조함에 갑술씨도 거액의 수임료를 지불하기로 하고 대법관 출신의 변호사를 선임했다. 그런데 사건은 예상하지 못했던 방향으로 움직였다. 갑술 씨의 재판이 심리 불

속행 결정을 통해 신속하게 종료되었고, 그 결정으로 갑술 씨가 승소한 것이다. 예상하지 못했던 시기에 우편으로 대법원의 결정문을 받은 갑술 씨는 자신이 선임한 대법관 경력의 변호사 사무실에 전화를 걸어 사무장과 통화했다.

사무장: 변호사님께서 갑술 씨 사건에 대하여 한참 연구를 진행하고 계십니다. 조만간 의견서를 제출할 예정입니다.

갑술씨: 그럼, 아직 의견서도 제출하기 전이란 말인가요? 그런데 대법원으로부터 상고 기각되었다는 결정문을 받았습니다.

사무장: 아, 정말입니까? 확인해보고 다시 전화 드리겠습니다.

잠시 후 사무장에게 다시 전화가 걸려왔다.

사무장: 그 사건에 대해서 변호사님께서는 서면으로 의견을 제출하지는 않았지만, 대법관 동료들에게 연락을 하여 구두로 설득을 했고, 그 결과 좋은 판단이 나온 것이라고 하십니다.

설마 대법관을 지낸 변호사가 과거의 동료에게 좋은 결과를 부탁하지는 않았을 것이다. 그런 일은 일어나지 않았다고 믿고 싶다. 대법원에 서면도 제출하지 않았는데 재판이 끝나버렸으니 고액의 수임료에 상응하는 다른 기여를 했음을 주장하기 위해 사무장이 꾸며낸 이야기였을 것이라고 생각하고 싶다. 이 이야기의 핵심은 변호사가 대법관들에게 부탁했는지의 문제가 아니다. 도대체 우리 국민들이 승소가 너무나 당연한 사건에조차 거액의 수임료를 내면서 전관 변호사를 찾아가야 하는 이유는 무엇인지 묻고 싶은 것이다. 사법에 대한 불신, 전관 변호사를 둘러싼 불신의 외관은 국민들로 하여금 부담하지 않아도 될 거액의 세금을 납부하게 하고 있는 것이다.

사법의 신뢰를 허무는 사람들

대법관 경력을 갖고 있는 변호사가 헌법재판소장, 대법원장, 국무총리의 후보자로서 청문회에 서게 되면 항상 고액 수임료 문제로 곤욕을 지른다. 대법관의 임기를 마치고 변호사가 되어 수십억을 벌었다고 하는 보도는 이제 놀랄 거리도 되지 못한다.

모든 입장을 양보한다고 해도 대법관을 지낸 변호사가 대법원의 사건을 수임하는 관행은 정상적이라고 할 수 없다. 훌륭한 의사가 환자를 잘 치료하고, 생명을 구할 수 있는 것처럼 변호사의 능력에 따라 소송의 결과가 달라질 수 있는 것은 사실이다. 변호사의 능력과 투입한 노력의 정도에 따라 수임료가 달라진다는 것 역시 인정할 수 있다. 하지만 한 나라 법의 상징인 대법관이 퇴임했다고 거액의 수임료를 받고 자신이 근무했던 최고법원의 사건을 수임해 한 쪽 당사자를 변호하는 것은 상식을 벗어난 관행이다. 대법관 경력의 변호사가 거액의 수임료를 받게 되는 이유가 소송의 기술과 능력 때문이라고 생각한다면 그것은 지나치게 순진한 생각이다. 대법관을 지낸 사람만이 갖는 신비의 마법이 있지 않고서는 그런 고액의 수임료는 가능하지 않다. 사람들은 그들의 '영향력'에 대해 고가의 수임료를 지급하고 있는 것이다.

소송을 제기하고 있는 국민들, 누군가로부터 제기된 소송에 걸려 있는 국민들은 인생을 건 싸움을 하게 된다. 대법관 경력의 변호사에게 사건을 맡기면 거의 승소하거나, 패소하더라도 손실을 최대한 줄일 수 있다고 한다. 주변의 친지들이 그렇게 말하고 브로커들이 그렇게 말한다. 우리 국민들이 대법원과 사법에 대한 신뢰가 충분하다면 그런 말을 믿을 이유도, 거액의 돈을 지불할 이유도 없다. 문제는 우리 현실이 그렇지 않다는 점이다.

대법원이 과연 그런 영향력을 허용하는 것인지 알 수 없다. 하지만 현재 그들에게 고액의 수임료를 지불하는 관행이 생긴 것을 보면, 그리고 대형 로펌마다 전직 대법관 모셔가기 경쟁을 하는 것을 보면 적어도 시장에서는 전직 경력이 갖는 후광에 거액을 지불할 가치가 있다는 믿음이 깔려 있음을 알 수 있다.

사법에게는 공정성을 의심받지 않을 외관을 만들 책임이 있다. 그래서 사법제도 중에는 공정한 외관을 만드는 것을 목적으로 하는 제도가 수없이 많다. 그런데 가장 최고의 공정성을 추구해야 할 대법원이, 재판이라는 가장 본질적인 영역에서 공정한 외관을 만들어 내지 못하는 것은 이해하기 어렵다.

사법의 집을 짓는다면 그 가장 밑바닥의 기초는 공정성과 그에 대한 신뢰로 이뤄질 것이다. 그런데 뜻을 모아 사법의 집을 세우던 사람들이 갑자기 그 기초 블록을 빼내어 가지고 간다면 그 집은 어떻게 될까? 집을 짓는 데 헌신했던 공로가 아무리 크다고 해도 그 기초를 가져가는 것이 허용될 수는 없다.

하지만 우리나라의 사법에서는 그런 일들이 벌어지고 있다. 최고법원의 법관들이 그동안 일했던 대가라고 하면서 그 벽돌을 파내어 가져간다. 사법의 집은 허물어지고 왜소해지는 반면 대형로펌의 건물은 날로 장대해진다. 대법관을 지낸 법조인의 입장에서는 변호사

개업을 하는 것은 직업을 자유롭게 선택하는 당연한 자유라고 생각할 수 있다. 하지만 그 자유는 재판받는 국민들에게는 가혹한 협박이 된다. 그리고 국가와 사회는 사법의 신뢰 추락이라는 회복하기 어려운 손상을 입게 된다. 직업의 자유라는 개인의 기본권을 존중해야 하지만 그 자유가 사법에 대한 신뢰를 침해한다면 눈물을 머금고 제한할 수밖에 없다.

대법원으로서는 공정하게 재판업무를 수행하고 있으며 어떠한 부당한 영향력과도 관계가 없다고 주장할 수 있다. 하지만 사법의 책임은 그러한 불공정성의 오해를 불러일으킬 수 있는 외관을 제거하는 것까지 포함한다. 불공정의 외관이 있고, 그 결과로 사법의 신뢰가 허물어지고 있다면 그것을 막기 위한 조치는 시급하게 마련되어야 한다. 전직 대법관들의 변호사 개업을 금지할 필요가 있다.

하지만 그들의 개업을 금지하기 이전에 우선적으로 합의해야 할 일이 있다. 그동안의 헌신에 대한 감사 표시를 하는 것이다. 성격이 급한 우리는 개혁을 한다면서 목적에 급하게 매달려 일을 그르치곤 했다. 가끔은 일을 망쳐 모든 논의를 과거로 되돌리고 싶은 사람들이 일을 주도하는 것 아닐까 하는 생각이 들 정도이다. 이 문제의 해결은 최고법관으로서 헌신했던 전직 대법관들의 명예와 예우를 고려하지 않고 이뤄질 수 없다. 대법관직을 명예롭게 종료한 분들에게 과연 어떤 충분한 예우를 마련할 것인가를 논의하고 나서 그 다음의 문제를 생각하는 것이 올바른 순서이다.

04
대법원 구성의 문제점

　현재 대법관의 수는 대법원장을 포함해 14인이다. 헌법에 따르면 대법관은 대법원장의 제청으로 국회의 동의를 얻어 대통령이 임명한다. 문제는 대법원장에게 부여된 대법관 제청권이다. 최고법원 법관의 임명절차에 최고법원장이 개입하는 경우는 다른 어느 나라에서도 그 예를 찾을 수 없는 특이한 설계이다. 그런데 이 제도가 우리 대법원의 공정한 재판과 사법권 독립에 나쁜 영향을 미치고 있다.

　대법관이 되는 것은 모든 법관들의 간절한 꿈이다. 대법관으로 임명될 것을 희망할 정도의 평판, 경력을 갖추고 있는 잠재적 후보자 수십 명의 법관들은 자신들이 모두 대법관이 되기에 부족하지 않은 자격을 갖고 있다고 생각한다. 대법원장은 그 가운데에서 한 사람을 제청하는 것이다.[57] 자신을 알아봐 준 사람을 위해 죽음도 각오한다는 말이 있다. 제청된 후보자는 대법관이 된 이후에도 자신을 대법관으로 만들어준 대법원장의 고마운 뜻을 잊지 못한다. 대법원장이 제청권으로 개입할 수 있게 한 것은 대법원장과 대법관 사이에 은혜를 주고받은 사람 사이의 위계질서를 만들게 된다.

　하나의 전원재판부를 구성하는 대법원장과 대법관의 관계는 대등한 관계로 설정해야 하는 것이다. 그런데 우리의 대법원은 대법원장의 제청권으로 인해 그 힘의 균형이 처음부터 대법원장 쪽으로 기울어져 있다. 그 덕분에 전원재판부에서 한 표만을 행사할 수 있는 대법원장은 재판부의 모든 논의 위에 독보적인 존재로 군림하게 된다. 대법원이 대법원장에 반대하는 목소리를 제대로 내지 못하는 재판부로 구성되는 것은 대법원에 의해 견제되어야 할 권력으로서는 나쁘지 않은 일이다. 대법원장 한 사람만 제대로 지배할 수 있다면 다른 대법관들, 나아가 사법부 전체를 장악하는 통로를 확보할 수 있기 때문이다.

대법원장의 대법관 제청권 조항이 그렇다. 대법원장에게 중요한 권한을 부여하고 있으므로 대법원과 사법부 권한을 강화하는 것으로 보일 수 있는 이 조항은 실제의 작용에서 그 반대의 효과를 발생시킨다. 대법원의 공정하고 자유로운 토론을 방해하고, 대법원장이 모든 사법정책을 일방적으로 결정하는 것을 가능하게 하며, 사법부의 독립을 악화시키는 결과를 가져오는 것이다.

1. 주권자인 국민들의 의지로부터 가까운 정도에 따라 그 정당성의 힘이 결정된다. 이것을 헌법에서는 민주적 정당성이라고 한다. 국민들이 직접 결정하는 국민투표에 의해 최종 승인된 헌법은 민주적 정당성에서 가장 큰 힘을 갖는 것이다.

2. 1933년 1월 수상이 되어 권력을 장악한 아돌프 히틀러는 같은 해 3월 '국가의 위난을 제거하기 위한 법'이라는 명칭의 법(일명 전권위임법)을 의회에서 통과시켰다. 이 법은 의회의 모든 권한을 행정권에 위임했고, 행정부가 제정한 법률이 헌법보다 우위에 있다는 것을 내용으로 하는 법이었다. 히틀러와 나치는 이 전권위임법을 통해 최초의 민주주의 헌법인 바이마르 헌법을 실질적으로 폐지시키고 말았다.

3. 입법자인 국회의 경우를 보자. 국회에서 법을 제정하기 위해서는 헌법해석의 과정을 거치게 된다. 헌법을 해석해 헌법의 가치를 찾아내고 입법을 통해 그 가치를 실현한다. 또한 헌법을 해석해 법으로 제정할 수 있는 한계를 찾아낸다. 그리하여 제정하는 법률이 헌법의 테두리를 벗어나지 않도록 한다. 행정부의 행정권 행사와 사법부의 재판에도 항상 헌법해석이 개입되는 것이며 헌법에 관한 결정이 필요하다.

4. 헌법 제65조
①대통령·국무총리·국무위원·행정각부의 장 헌법재판소 재판관·법관·중앙선거관리위원회 위원·감사원장·감사위원 기타 법률이 정한 공무원이 그 직무집행에 있어서 헌법이나 법률을 위배한 때에는 국회는 탄핵의 소추를 의결할 수 있다.

5. 헌법재판소의 헌법해석을 직접 읽어 보자. "대통령에 대한 파면결정은, 국민이 선거를 통해 대통령에게 부여한 '민주적 정당성'을 임기 중 다시 박탈하는 효과를 가지며, 직무수행의 단절로 인한 국가적 손실과 국정공백은 물론이고, 국론의 분열현상 즉, 대통령을 지지하는 국민과 그렇지 않은 국민 간의 분열과 반목으로 인한 정치적 혼란을 가져올 수 있다. 따라서 대통령의 경우, 국민의 선거에 의해 부여

받은 '직접적 민주적 정당성' 및 '직무수행의 계속성에 관한 공익'의 관점이 파면결정을 함에 있어서 중요한 요소로서 고려되어야 하며, 대통령에 대한 파면효과가 이와 같이 중대하다면, 파면결정을 정당화하는 사유도 이에 상응하는 중대성을 가져야 한다."(헌재 2004. 5. 14. 2004헌나1).

6. 헌법 제17조
모든 국민은 사생활의 비밀과 자유를 침해받지 아니한다.

7. 가장 앞서서 민주주의를 이룩하였으며, 국민들의 민주주의 의식, 정치인들의 수준과 질에서 판단해 볼 때 민주주의의 가장 선진국이라고 볼 수 있는 영국에서는 오늘날에도 의회주권의 사상, 즉 공동체의 가장 중요한 판단을 의회가 맡아야 한다는 사상이 가장 중요한 헌법적 가치이다. 그래서 영국에서는 의회가 제정한 법률에 대한 위헌심사에 대하여 소극적인 태도를 오늘날까지 유지하고 있다.

8. 가령, 사법의 다양한 절차와 원칙들은 헌법의 안정적 테두리를 만들어내기에 더 적합한 성질을 가지고 있다. 예를 들어 사법기관은 판결문을 통해 판단하는데, 그 판결문에는 구체적인 판결이유를 작성하고 그 판결문을 일반에게 공개해야 한다. 이런 권력행사 방식은 그 판단에 대한 논리적인 검증과 비판을 가능하게 한다. 또한 사법기관의 새로운 판단은 스스로 과거에 내렸던 판단과 일관되어야 한다는 원칙을 가지고 있다. 그래서 과거에 내린 판단은 새로운 판단을 하는 데에 제약으로 작용한다. 새로운 판단을 할 때에는 미래의 판단을 고려해 스스로 절제된 판단을 하게 만든다.

9. 이 위헌판결은 딩시 징치싱황으로는 매우 민감한 판결이었다. 정부는 1960년대 중반부터 격화되었던 미국의 베트남 전쟁에 참전결정을 했다. 연 인원 약 30만 명의 장병들이 베트남의 정글에서 전쟁임무를 수행하게 되었고, 수많은 병사들이 유골이 되거나 상이군인이 되어 귀국했다. 그런데 정부는 희생된 참전용사들에게 충분한 보상을 지급하지 않았다. 대법원이 위헌판결을 했던 것은 그들에 대한 보상을 제한하는 법률조항이었던 것이다.

10. 민주화 시위를 벌이고 체포된 학생들에 대한 무죄 판단이 내려졌고, 대법원의 판결에 따라 베트남 참전 중 전사한 전몰장병에 대해 대법원의 위헌판결의 취지에 따라 국가배상을 하도록 하는 판결이 내려졌다. 권력은 시범 케이스로 판사들을 체포하고 구속영장을 청구했다. 그것으로 백 명이 넘는 판사들이 사표를 제출하는 사법사상 유례없는 사법파동이 초래되었다.

11. 헌법위원회가 위헌법률심판을 할 수 있기 위해서는 법원의 요청이 필요하도록 했고, 법원의 요청은 반드시 대법원을 거쳐 대법원의 결정에 따라 요청하도록 했다. 서슬 퍼런 유신독재권력의 기세 속에서 권력이 만든 법에 대한 헌법재판을 요청하는 판사도 없을 것이지만, 설혹 그런 판사가 있다고 해도 대법원에서 알아서 돌려보내도록 하는 두 번째 안전장치를 마련해놓은 것이다. 결국 1987년 헌법 개정으로 헌법위원회가 폐지되는 시점까지 헌법위원회는 단 한 건의 헌법재판 사건도 접수하지 못했다.

12. 대법원도 헌법재판의 권한을 원하지 않았다. 대법원은 헌법판단의 사건은 정치적 사건이며, 정치적인 사건은 사법의 본령이 되는 사건이 아니라고 믿고 있었다. 헌법재판 사건을 둘러싼 갈등으로 대법원이 정치파동에 휩싸이게 될 것이라고 우려했다. 차라리 헌법위원회 또는 헌법재판소와 같은 별도의 국가기관을 세워서 그 기관에게 정치 사건의 판단을 맡기고 대법원은 정치적 사건으로부터 초연해 사법의 본령을 지키고 있는 것이 마땅하다고 생각했다.

13. 이것은 헌법을 멋대로 해석할 위험을 감시하는 문제인 동시에 주권자들을 존중하는 민주주의 원칙의 문제이다. 이에 관해서는 뒤의 '헌법재판의 구조'와 '헌법재판 논의의 공개성'에서 다뤘다.

14. 사법의 권력을 '수동적 권력'이라고 하는 이유도 그 때문이다. 입법부, 행정부와 비교할 때 사법부가 가장 작은 권력인 이유 중의 하나는 스스로 개시해 작동할 수 없다는 한계 때문이다. 만일 법관이 스스로 검사의 공소제기 없이 스스로 형사재판을 개시해 작동할 수 있다면 법관은 통제되지 않는 위험한 권력을 갖게 된다. 영화 속의 로보캅은 영웅이지만 현실에서 그와 같은 권력은 자의적인 폭군일 뿐 이다. 이것은 권력통제의 측면에서는 중요한 의미를 갖는 원칙이다.

15. 법원은 헌법재판소의 결론이 내려질 때까지 재판을 정지하고 기다린다. 헌법재판소가 법률의 위헌 여부에 대해 판단하면 그 결론을 받아 원래의 사건을 재판한다. 헌법재판소가 문제된 법률조항이 위헌인지, 합헌인지의 결론을 내리면 법원은 그 판단의 결과에 따라 재판한다. 만일 문제된 법률이 위헌이라면 그 법률은 더 이상 효력이 없는 것이므로 그 법률이 없는 것으로 전제하고 판단해야 하고, 합헌이라면 그대로 적용해 재판하면 된다. 만일 법원의 재판부가 사건에 적용되는 법률이 헌법에 위반되는 의심이 없다고 판단한 경우에는 어떻게 진행될까? 판사는 그대로 그 법률을 적용해 재판하면 된다. 그런데 재판 받고 있는 당사자가 판사의 생각과 달리 문제된 법률이 위헌이라는 생각하는 경우 당사자가 헌법재판소에 그 법률의 위헌 여부를 직접 요청할 수 있을까? 현재의 헌법재판소가 설립되기 전의 제도에서는 당사자에게 그와 같은 자격을 주지 않았다. 현재 헌법재판제도는 당사자에게 문제된 법률의 위헌성에 대한 헌법재판소의 판단을 요청할 수 있는 권한을 부여하고 있다. 이 경우도 헌법소원의 한 형태로 일반 시민이 헌법재판을 청구할 수 있는 길을 보장하고 있는 것이다. 이것이 헌법재판소법 제68조 제2항에 따른 헌법소원이다.

16. 헌법재판소에는 여러 가지 계열의 헌법연구관들이 있다. 헌법재판소는 해마다 소수 인원의 법조인과 학자를 헌법연구관으로 채용되는데 이들은 헌법재판소를 자기의 본 직장으로 삼아 장기간 근무한다. 이들을 자체연구관이라고 한다. 자체연구관과 대비되는 파견연구관들도 있다. 우선, 법원으로부터 파견된 연구관들이 있다. 이들은 8-10년의 경력의 판사들 중 선발된 인원으로서 통상 2년간 헌법재판소에서 재판업무를 보조한다. 같은 방식으로 검찰도 검사들을 헌법재판소에 파견한다. 법제처와 국세청 등 일부 행정부에서도 소수의 인원을 연구관으로 파견한다. 서로 다른 경험과 전문성을 갖고 있는 여러 계열의 연구관들은 각기 자기가 갖고 있는 것을 보탬으로써 헌법재판소의 지식과 전문성을 더 풍부하게 만들 수 있다. 여러 다른 계열의 연구관들 사이에서 진행되는 적극적인 토론은 커다란 지혜를 만들어낼 수 있다. 더욱 긍정적인 효과는 새로운 생각의 상호 자극을 통해 '고여 있는 생각'이라는 함정에 빠지지 않게 도와준다는 점이다.

17. 대통령에 대한 탄핵심판, 정당해산심판, 국회의 날치기 사건 등 국가적으로 중요하면서도 그 사건의 규모가 방대한 사건은 별도의 특별팀을 만들어 운영하기도 한다.

18. 예외는 있다. 모든 시민들에게 청구의 문이 개방되어 있는 헌법소원심판의 경우에는 그 청구가 갖추어야 할 제대로 된 조건을 갖추지 못한 사건들이 많이 섞여 있게 마련이다. 이런 사건들을 걸러내는 작업을 효율적으로 하지 않으면 헌법재판소의 기능이 제대로 돌아가지 못할 수밖에 없다. 그래서 제대로 된 조건을 갖추지 못한 헌법소원심판 청구를 걸러내는 작업에 한 해서 각 3인으로 구성된 3개의 지정재판부를 꾸려서 활용하고 있다. 이들 3인 지정재판부에서는 조건을 갖추지 못한 헌법소원 청구를 각하하는데, 오로지 전원의 의견이 일치된 경우에 한해 걸러낼 수 있고, 의견이 다른 경우에는 전원재판부로 보내서 처리해야 한다.

19. 변론에서 진행된 주장과 토론이 사건의 판단에 직접적으로 영향을 미치지 못하는 것이 일반적이다. 변론의 토론은 사건을 위해 이미 제출한 서면을 요약해 발표하는 방식이며, 그에 대한 재판관들의 질문도 날카롭지 못하다. 어차피 본격적인 평의를 하는 것은 구두변론을 하고 나서 한참의 시간이 경과하고 난 이후이기 때문이다. 그래서 재판부의 판단에 결정적인 영향을 미치는 것은 구두변론의 토론이 아니라 당사자가 제출한 서면과 연구보고서이다.

20. 가장 중요한 개혁은 중요한 쟁점을 갖고 있는 사건에 한정해 재판하고, 일상적인 쟁점의 사건에 대해서는 재판을 거절할 수 있는 권한을 확보하는 것이다. 구두변론에 관해서는 뒤에서 다시 살펴보기로 한다.

21. 법률의 위헌 여부를 판단하는 재판을 예로 들어보자. 재판관 가운데 2명의 재판관 결원이 생겨서 7인의 재판관이 재판을 했다. 그 가운데 5인의 재판관이 헌법위반의 판단에 찬성했다. 이 경우 그 찬성의 비율은 투표에 참여한 재판관의 3분의 2를 넘는 높은 찬성비율이다. 그럼에도 그 법률은 위헌으로 선언되지 않는다. 헌법이 6인의 재판관 찬성을 요구하고 있기 때문이다.

22. 결정문의 초고를 작성하는 재판관은 통상적으로 주심재판관이다. 하지만 주심재판관이 갖고 있는 의견이 법정의견이 되기 위해 필요한 찬성표를 얻지 못한 경우, 즉 그의 의견이 반대의견이 된 경우에는 다수의견 재판관 중에서 선임 재판관이 결정문 초고와 그에 포함된 법정의견을 작성하게 된다.

23. 그런 관행이 완벽한 법칙으로 존재하지는 않는다. 종종 연구관의 의견과 결론을 변경하고자 시도는 발생한다. 하지만 그런 시도는 헌법재판소 내에 적지 않은 스캔들이 된다. 헌법재판관들은 모두 동등한 권력을 갖고 있기에 재판관들 상호간의 문제제기로서 견제되고, 균형을 다시 회복할 수 있다.

24. 처리되는 2천 여 건의 결정 중 구두변론이 이뤄지는 것은 20여 건에 불과하다. 거의 대부분의 사건에서 구두변론 절차가 생략되고 있는 것이다.

25. 연방대법원은 헌법재판소인가? 미국에는 헌법재판소가 없다. 헌법재판을 하는 곳은 법원이다. 모든 법원이 헌법재판의 권한을 갖고 있으므로 보통의 소송사건의 재판절차 속에서 헌법재판이 함께 이루어진다. 당사자들이 주 법원, 연방지방법원, 연방항소법원의 헌법재판에 승복하지 않고 상소하는 경우 최종적으로 도달하는 곳은 연방대법원이다. 연방대법원은 뒤에서 볼 사건선별 권한을 통해 중요한 헌법적 쟁점을 심판하는 것을 가장 중요한 역할로 설정하고 있다. 그래서 미국 대법원이 판단하는 사건 가운데 헌법적 쟁점에 관한 재판이 가장 큰 비중을 차지하고 있다. 국민들과 여론이 큰 관심을 갖고 있는 사건들, 역사의 한 획을 그은 사건들 그리고 정치적, 사회적으로 큰 논쟁이 되는 사건들 대부분은 헌법적 쟁점 사건들이다. 국내외의 많은 법학자들은 미국 연방대법원의 실질은 헌법재판소라고 평가하고 있다. 법적으로 정확한 표현은 아니다. 하지만 연방대법원의 역할 가운데 헌법재판이 가장 두드러지는 것은 사실이다.

26. 우리 대법원은 1981년 사건을 선별해 심사하기 위한 상고허가제도를 도입했다. 대법원의 사건 부담을 조금이라도 덜어야 할 필요가 있었기 때문이다. 하지만 상고허가 제도는 국민들로부터 신뢰를 받지 못했고 1990년경 법 개정으로 폐지되었다. 상고허가제도에 대한 여론이 나빴던 이유에 대해 법원 관계자들은 우리 국민들의 성정이 끝까지 싸우는 다혈질이고, 삼세판을 좋아해 최종심인 대법원의 심판을 받기를 원하기 때문이라고 주장했다. 하지만 그 절차의 설계와 운영이 잘못되어 제도의 공정성이 의심받았기 때문이라고 보는 것이 보다 객관적인 분석이다. 이에 관해서는 '대법원'의 장에서 다시 살펴보기로 한다.

27. 2009~2010년 회기 동안 연방대법원에서 처리한 사건의 통계를 보면, 총 8,085건의 사건 가운데 연방대법원이 선별해 정식의 판결을 했던 건수가 77건에 불과하다. 상고가 제기된 사건 가운데에서 오로지 1퍼센트의 사건만을 선별해 심판하는 것이다.

28. 신청에 대한 거절 결정은 한 문장의 결론으로 내려지며 이유는 기재되지 않는다. 어떤 대법관이 심판을 거절하는 결정에 강한 반대의견을 가지고 있는 경우에는 반대의견을 발표한다. 그 내용은 주로 사건이 연방대법원이 판단할 만큼 중요한 가치를 가지고 있다는 점을 논박하는 내용이 된다. 이 경우에는 아무런 이유도 없는 한 줄의 심판 거절의 결정문의 뒤에 여러 문단의 반대의견이 첨부되는 기이한 현상이 나타나기도 한다.

29. 2010년 10월 새로운 회기가 시작되면서 구두변론이 열린 사건이다. 사건을 제기한 스나이더 씨의 아들 매튜는 미군 해병대 소속 병사로서 이라크에 파병되어 전투 중 사망했다. 소송의 상대방 프레드 펠프스 씨는 1955년 웨스트 보로 침례교회라고 하는 작은 교회를 창립했다. 교회의 신도들은 대부분 자신의 가족들이다. 이 교회는 미국 정부의 동성애 등에 대한 정책이 잘못되었다고 생각한다. 그 멤버들은 군인들의 장례식에 나타나 피케팅을 하는 방법으로 자신들의 생각을 표현했다. 스나이더 씨는 매튜를 추모하는 사람들이 장례식에 참석할 수 있도록 지역신문에 장례식의 시간과 장소를 공지했다. 웨스트 보로 교회신도 7인은 그 광고를 읽고 매튜의 장례식에서도 피케팅을 하기로 결정했다. 장례식 날 교회신도들은 장례식장 부근에 나타났다. 이들은 장례식 직전 약 30분 정도의 시간 동안 피케팅을 했다. 그들의 피켓에 쓰인 내용은 섬뜩한 내용이었다. "신은 미국을 혐오한다", "신이시여 9. 11. 테러에

감사합니다", "병사들의 죽음에 감사합니다", "교황은 지옥으로", "사제들은 어린 소년들을 강간한다", "신은 동성애자를 혐오한다"

스나이더 씨는 펠프스 씨와 웨스트 보로 교회를 상대로 정신적 손해배상을 청구하는 소송을 제기했다. 연방지방법원의 배심원단은 우리의 돈으로 환산해 약 50억 원의 손해배상을 인정했다. 사건이 연방대법원에 이르게 되면서 전 국민들이 사건의 내용을 알게 되었다. 많은 사람들은 웨스트 보로 교회의 피케팅이 비탄에 빠진 가족들의 아픔을 이용한 일종의 노이즈 마케팅이라고 평가했다. 전사한 병사의 장례식을 극단적인 종교관의 선전장으로 사용하는 사람들에 대해 미국 사회가 분노했다.

30. 우리의 집회 및 시위에 관한 법률에서는 헌법재판소, 대법원은 물론 전국에 산재한 모든 법원 앞 100미터 내에서의 집회 및 시위를 금지하고 있다. 존 로버츠 대법원장은 연방대법원 앞의 피케팅을 두고 다음과 같이 언급했다. "시민들이 연방대법원 앞에서 피케팅을 하는 것은 의견을 발표하기 위한 적합한 장소로서 그곳을 선택한 것뿐이며, 우리 재판부를 향해서 피케팅을 하는 것이라고 생각해서는 안 된다." 모든 법원 인근에서의 모든 집회 및 시위를 금지하는 것은 표현의 자유에 대한 과도한 금지이다. 헌법재판소나 대법원의 앞이라고 해도 중요한 사건의 변론이나 선고가 있는 날에는 질서를 무너뜨리지 않는 범위 내에서 표현을 자유로이 허용해야 한다. 그 날, 그 장소에서 표현해야 할 것들이 있는 것이고, 그것을 표현하는 것은 민주주의의 중요한 일부분이다.

31. 데이비드 수터(David H. Souter, 1990~2009 재임) 전 대법관은 심판정을 다음과 같이 묘사했다. "만일 대법관이 변호사의 발언대를 향해 몸을 최대한 기울이고, 변호사가 몸을 최대한 대법관 쪽을 향해 뻗는다면 상호 간에 악수도 할 수 있는 정도의 거리라고 나는 늘 손님들에게 소개한다. 이것은 매우 중요하다. 왜냐하면, 구두변론이 진행될 때 대법관들과 변호사는 신체적으로, 정신적으로 서로 아주 가깝게 느낄 수 있으며, 이는 진정한 토론을 가능하게 하기 때문이다." (〈Supreme Court: A C-Span Book Featuring the Justices In Their Own Words〉, Public Affairs)

32. 1998~2006까지의 약 20년 동안의 통계에 따르면 연방대법관들은 한 사건의 변론이 벌어지는 1시간 동안 평균 133개의 질문을 했다.

33. 로버츠 대법원장의 인터뷰, 〈Supreme Court: A C-Span Book Featuring the Justices In Their Own Words〉, Public Affairs.

34. 과거와 현재의 연방대법원장들은 판결문 작성자를 결정하는 업무가 연방대법원장의 가장 중요한 직무라고 증언한다. 평의의 과정을 지켜본 연방대법원장은 대법관들 가운데에서 가장 지지를 받을 수 있는 의견을 갖고 있는 대법관을 선정해 집필의 임무를 맡기게 된다. 하지만 동시에 의견작성 임무가 대법관들 사이에 공정하게 분배되도록 해야 한다. 2005년 세상을 떠난 윌리엄 렌퀴스트William Rehnquist 전 연방대법원장은 연방대법관으로서 22년(1972~1994), 연방대법원장으로서 약 11년(1994~2005)을 복무했기 때문에 법정의견의 작성을 둘러싼 연방대법관과 대법원장의 양자의 입장을 모두 이해할 수 있는 위치에 있었다. 그는 법정의견의 집필권한을 골고루 배정하는 것이 매우 민감하고 중요한 업무라고 회고한다. "중요하고 의미 있는 사건에서 법정의견의 판결문 작성의 책임을 맡을 것인지 여부는 연방대법관들 모두 민감하게 생각하고 있는 사안이다. 판결문 작성은 대법관이 대법원에서 수행하는 업무 중에 기록으로 남는 거의 유일한 업무일 뿐 아니라, 대법관의 직책이 주는 보람 중에 중요한 헌법적 쟁점에 관한 판단을 집필하는 것만큼 보람 있는 일도 없기 때문이다." (William Rehnquist, 〈The Supreme Court〉, Vintage)

35. 판례는 결론이 아니라 이유를 통해서 만들어진다. 결론을 같이 하지만 여러 가지 다른 이유로 갈라지는 경우에는 판례가 만들어지지 않는다. 오로지 다수의 결론만 있을 뿐 그것을 뒷받침하는 이유에 대해서는 다수의 의견이 존재하지 않기 때문이다.

36. 참고로 앞서 구두변론에서 언급했던 스나이더 대 펠프스 사건의 판결을 소개한다. 연방대법원이 과연 어떤 판단을 할 것인가에 대해 언론과 시민들이 촉각을 곤두세웠다. 연방대법원은 8:1의 판단으

로 펠프스와 교회의 손을 들어줌으로써 헌법상 표현의 자유를 보장하는 쪽을 선택한 것이다. 연방대법원의 판결문을 작성한 것은 존 로버츠 대법원장이었다.

"헌법상 표현 자유의 보장은 공공의 문제에 관한 논쟁이 활발하게 진행되어야 한다는 국가적인 결단이다. 이는 개인적인 문제가 아니라 민주주의 구현과 직결되어 있는 문제이기 때문이다. 따라서 공공의 문제에 관한 표현은 수정헌법 제1조의 가치 가운데 가장 최고의 위치를 차지하는 것이다. (…) 비록 세련된 사회, 정치적인 논평이라고 하기에는 부족하지만 웨스트 보로 교회가 다루고자 하는 쟁점은 미국 시민들의 정치-도덕적 행태, 국가의 운명, 군의 동성애 정책, 가톨릭 신부들의 스캔들 등을 다루고 있으며 이는 공적으로 중요한 의미를 갖는 주제들이다. (…) 표현이 경멸의 감정을 일으킨다거나, 분노의 감정을 일으킨다는 이유로 그 보호가 박탈되어서는 안 된다. 만일 수정 헌법 제1조의 원칙으로서 확실한 것이 하나 있다고 한다면 그것은 그 사회에서 불쾌감을 준다거나 동의할 수 없는 표현이라는 이유로 정부가 이를 규제해서는 안 된다고 하는 것이다. 모든 표현의 자유 보호의 핵심은 틀려 보이거나, 심지어 상처를 주는 표현이라고 할지라도 보호되어야 한다는 점이다."

민주주의를 지키기 위해서는 여러 종류의 노력과 희생이 필요하다. 표현의 자유를 더 넓게 보장하기 위해 무절제한 표현이 주는 아픔을 인내하는 노력도 그 중 하나이다.

37. 정확히 말하면 대법원 홈페이지가 당사자들의 의견서를 공개하는 곳은 아니다. 전미변호사협회(ABA) 웹사이트에 게시하고 대법원 홈페이지에서는 이 정보를 링크하는 방식으로 제공한다.

38. 연방대법원 홈페이지(https://www.supremecourt.gov/)의 첫 번째 회면의 항목 가운데 'Oral Argument'를 선택하면 구두변론 일정, 구두변론의 녹취음성파일 및 녹취록의 정보를 선택해 얻을 수 있다. 'Opinion' 항목을 고르면 법정의견과 반대의견 등 대법관들의 의견을 구할 수 있다.

39. 이들이 제출한 서면도 홈페이지를 통해 공개하고 있다.

40. 현재는 1명의 재판관이 검사, 나머지 재판관들은 법관의 경력이다. 그들은 모두 법관으로 평생을 보냈다. 최근 임명된 이선애 재판관이 법관 경력에 더해 2년의 헌법연구관 경력, 10년 남짓의 변호사 경력을 가지고 있을 뿐이다.

41. 대법원과 주류 법관들은 법과 재판의 정수를 민사법이라고 생각한다. 그리고 논리적이고 체계적인 민사법의 반대극단에 있는 법이 헌법이라고 생각한다. 실제로 법관이 되는 교육을 담당하는 사법연수원에서 판사가 되는 것을 좌우하는 과목은 민사실무 과목이다. 헌법과목은 프로그램에 등장하지 않는다. 따라서 헌법에 대한 연구는 판사가 되는 데에 거의 도움이 되지 못한다.

42. 연방제 국가인 독일에는 각 주(Land)에서 파견된 대표들로 구성된 연방상원(Bundesrat)이 있다. 상원은 각 주의 이익을 침해할 수 있는 입법, 주의 권한, 재정과 행정에 관한 입법, 헌법의 개정 등에 관한 거부권을 갖고 있을 뿐 진정한 입법의 권한은 하원(Bundestag)이 가진다. 독일에서 진정한 의회는 하원이다.

43. 대법원장의 헌법재판관 지명권이 기이해 보이는 데에는 또 다른 이유가 있다. 그것은 대법원장에게 대법관의 제청이라는 또 다른 헌법적 권한을 부여하고 있기 때문이다. 이 권한은 대법원장에게는 다른 대법관과 법관을 지배할 수 있는 큰 권력을 부여하는 것이지만 사법부의 다른 권력에 대한 견제 능력은 크게 약화시키는 조항이다. 그런데 헌법은 그런 특이한 권한을 갖고 있는 대법원장에게 헌법재판소의 중요한 일부를 구성하는 권한까지 부여하고 있는 것이다. 대법원장의 대법관 제청권이 미치는 나쁜 영향에 관해서는 다음 장에서 다시 살펴보기로 한다.

44. 미국 헌법 제정 당시 연방헌법의 제정을 주도했던 알렉산더 해밀턴, 제임스 메디슨, 존 제이는 1787년 뉴욕시의 신문에 새 헌법의 의미와 필요성을 설명하는 논설을 연속해 기고했다. 당시에는 헌법의 제정을 둘러싼 갈등이 있었다. 헌법 제정회의에서 가까스로 연방헌법의 최종안을 결정했고 각 주에 그 비준을 요청했다. 과연 그 헌법이 자유를 보장하는 헌법인가, 오히려 자유를 침해하는 괴물이 되는 것은 아닌가를 놓고 전국적으로 뜨거운 헌법논쟁이 진행되었다. 헌법비준에 반대하는 정치가들은 연

방헌법의 위험성을 강조하면서 연설회를 열고, 시위와 행진을 벌이고 있었다. 헌법의 제정을 주도했던 세 사람의 저자들은 비준 반대자들에 대항해 헌법 제정의 취지와 그 각 헌법조문의 철학적 배경을 설득하는 글을 쓸 것을 결의했다. 이들이 1787년 10월부터 1788년 8월까지 연속해 쓴 총 85편의 글을 〈연방주의자 논설(Federalist Paper)〉이라고 부른다. 인용문은 그 논문 가운데 사법부에 관한 편이다.

45. 미국 연방대법관은 모든 연방판사들과 동일한 임기, 즉 건강이 허락하는 한 영구적으로 재직하는 종신의 임기이며 독일의 헌법재판관들의 임기는 12년이다.

46. 이 문제에 대한 처방은 높은 자리의 임기를 짧게 하는 것이 아니라 그 반대의 방법이다. 현재 자리에 앉아 있는 사람들의 임기가 길어지면 공석이 생기지 않기 때문에 자신과 경쟁자들이 아무리 경쟁한다고 해도 그것이 가능하지 않게 된다. 선물을 경쟁의 대상에서 제거하는 것과 같은 효과가 생기는 것이다. 그렇게 되면 최고법관의 후보자를 선정할 때 지난번에는 사법연수원 몇 기가 대법관이 되었으니까 이번 후보자는 몇 기라고 하는 그들만의 계산도 그만두게 될 것이다. 최고법관이 되고자 하는 법조인들이 성취동기가 없어져 재판에 노력을 기울이지 않을 것은 걱정하지 않아도 된다. 우리의 법조인들은 태생적으로 성실한 능력자들이다. 이들에게 최고법관으로의 출세 경쟁을 제거해 줄 수 있다면 이들은 공정한 재판, 역사에 남을 변론, 수사, 판결문의 작성이라는 다른 대상을 놓고 경쟁할 것이다. 그것으로 우리 사법은 더욱 건강해질 것이다.

47. 박한철 헌법재판소장은 후보자 시절 국회의 청문회에서 소장으로서의 재판관으로 재임한 나머지 잔여기간만 재임하겠다고 밝혔다. 자신의 임명에 반대하는 의원들에게 트집을 잡히지 않기 위한 고육책이었다. 박한철 소장은 그 상태로 임명되었고, 그 기간 동안 재임하고 퇴임했다.

48. 헌법재판소는 8인의 재판관으로 운영되었다. 같은 해 3월에는 이정미 재판관의 임기만료 퇴임도 예정되어 있었기 때문에 재판부의 정족수를 채우지 무하는 사태를 걱정해야 할 위기가 초래되었다. 대통령의 탄핵심판이 진행 중인 상태에서 재판이 정족수 미달로 정지된다면 그야말로 해결할 수 없는 국가위기 사태가 되는 것이었다. 다행히 헌법재판소장의 권한대행을 맡은 이정미 재판관이 신속하고 공정하게 탄핵심판을 마무리했고, 그것으로 국가위기 사태를 무사히 넘길 수 있었다.

49. 법률의 해석이란 법률을 말하게 하는 것이다. 집시법의 '집회'가 무엇인지 알 수 없을 때는 그 법률이 진정으로 무엇을 말하고자 하는 것인지 알 수 없다. '집회'가 무엇인지 해석이 확정되는 순간 법률의 실체가 드러난다. 법률의 해석이란 법률이 갖고 있는 실질적 모습을 찾아주는 것이라고도 말할 수 있다.

50. 재판에 대한 헌법소원이 금지된 결과 나타나는 또 하나의 부작용이 있다. 국가권력 가운데 가장 방대한 활동영역을 갖고 있으며, 가장 적극적으로 활동하고 있는 행정권의 행사에 대한 헌법재판소의 통제가 불가능해진 것이다. 오늘날 국가권력의 행사는 대부분 행정권의 행사로 나타난다. 가장 전형적인 권력행사이고, 가장 빈번하게 일어나는 권력행사이므로 이것으로 인한 피해자도 가장 많은 수를 차지하게 된다. 그런데 행정권력 행사에 대한 소송은 법원에 제기하도록 되어 있다. 법원의 재판이 잘 되었는지에 관한 재심사는 최종적으로 대법원에서 담당하게 된다. 이 영역에서도 역시 법원의 재판에 대한 헌법소원이 금지되어 있으므로 그 재판에 대해 헌법재판소에서 다툴 수 없다. 결과적으로 행정권의 어떤 권력행사가 헌법에 위반하는 것인지에 대한 판단을 대법원이 최종적으로 심사하게 되는 것이고, 헌법재판소는 이에 개입하거나 심사할 수 없는 것이다.

51. 대법원이 헌법적 고려를 하지 않은 채 법률해석을 하는 것은 너무 많은 수의 재판을 하고 있다는 점에 기인한다. 중요한 헌법적 쟁점을 발견하고 그 쟁점에 대해 기존의 편견과 선입관을 벗겨낸 새로운 법률해석을 하는 것은 물리적으로 가능하지 않다. 이것은 헌법재판소가 반드시 유념해야 할 문제이다. 법원의 재판에 대한 헌법소원이 시작된다면 법원에서 최종적으로 패소한 당사자들이 자신의 사건을 헌법재판소로 가져가서 다투게 될 것이다. 만일 그 모든 사건들을 전면적으로 심사한다면 헌법재판소는 스스로 헌법과 국민을 소외시키는 헌법재판의 길에 들어서게 된다. 그 많은 사건을 심사하게 된다면 기존의 헌재 내에 작동했던 의사소통과 토론은 모두 작동을 멈출 수밖에 없다. 권한만 늘리고 실

제의 기능은 퇴보해 설득력 없는 헌법해석만 남발하는 최악의 모델이 될 것이다. 따라서 헌법재판소가 재판에 대한 헌법소원을 받아들여 심사를 시작한다면 지금 헌법재판소가 다른 헌법재판 사건에 사용하는 판단하는 방식과는 전혀 다른 새로운 심사방법을 도입해야 한다.

52. 그러기 위해서는 접수되는 재판소원 사건 가운데 실제 재판을 할 수 있는 것은 가장 중요한 사건, 그 중요한 사건들 가운데에서도 가장 중요한 쟁점이라고 상정해야 한다. 제도의 성공은 오히려 그 선별작업에 달려 있다고 볼 수 있다. 국민들이 수긍할 수 있는 가장 투명하고 공정한 선별, 그러면서도 가장 엄격한 선별이 될 수 있도록 그 제도 설계에 지혜를 모아야 할 것이다.

53. 박시환 전 대법관은 임기 6년의 기간 동안 전원합의체 판결이 총 100건이었다고 기록한다. 연 평균 약 15건 정도 되는 숫자이다. 최근 전원합의체 사건의 수는 줄어들고 있는 추세이다.

54. 2004년~2006년 대법원 구성의 다양화를 요구하는 여론에 힘입어 임명된 이른바 '독수리 5형제'(김영란·박시환·김지형·이홍훈·전수안 대법관) 대법관들은 대법원에 활발한 토론과 논쟁의 새바람을 가져왔다. 그 중 박시환 전 대법관(2005년 11월~2011년 11월까지 6년간 재임)은 단독으로 또는 당시 그와 뜻을 같이 했던 이른바 '독수리 오형제' 대법관들과 함께 헌법과 기본권을 고려한 법해석의 관점을 제시해 과거의 해석에 안주하고 있던 대법원에 새로운 바람을 일으켰다. 하지만 그들의 퇴임 이후 대법원은 단색의 논의가 지배하는 과거의 모습으로 회귀했다.

55. 선진국에서는 퇴임한 대법원장, 대법관들이 변호사가 되는 것이 아니라 강연과 집필활동을 한다. 회고록을 내서 대법원의 판례와 실제 업무의 관행을 소개한다. 그것은 법의 형성이 어떤 과정을 거쳐 이뤄지는 것인가를 시민들에게 공개하는 민주적인 관행이다. 법의 판단이 진지하고 신중하게 이뤄진다는 것을 확인하면 법에 대한 신뢰도 높아지게 된다. 선진국과 달리 우리의 대법원 구성원들은 그 누구도 그 내용을 국민들에게 알려주지 않았다. 박 전 대법관은 논문에서 논문 작성 이유를 다음과 같이 밝혔다. "대법원은 상고사건을 처리해 오면서 그동안 드러난 여러 문제점들을 내부적으로 해결하려고 많은 노력을 해 왔다. 그러나 반세기가 지난 지금까지도 해결하지 못하고 남아 있는 문제에 대해서는 이제는 더 이상 이를 내부적으로만 해결하려 하지 말고 외부에 공개해 함께 고민하고 지혜를 모아야 할 때가 되었다고 생각한다." (박시환, 〈대법원 상고사건 처리의 실제 모습과 문제점〉, 《민주법학》(Vol. 62), 2016. 11.)

56. 그렇기 때문에 주심대법관 한 사람의 관점과 영향력이 압도적일 수밖에 없고, 특히 대법관을 지낸 '전관 변호사'에게 사건을 의뢰하면 유리한 판단을 받는다고 믿는 불신은 바로 대법원의 이런 제도 운영에서도 그 한 원인을 찾을 수 있다.

57. 물론 대법원장이 제청했다고 임명이 보장되지는 않는다. 국회는 그 후보자에 대한 동의를 거부할 수 있고, 대통령도 대법원장의 제청을 거절할 수 있다.

01

1986년 봄

대통령 전두환의 독재정치가 마지막 기승을 부리던 시절, 대학에 입학했다. 전투경찰들에게 맞고, 밟히고, 끌려가는 학생들을 매일같이 보았다. 작용이 강하면, 그에 맞서는 반작용도 강해진다. 명백한 부정의의 폭력을 경험하던 그 시절의 학생들은 그에 맞서는 것이 최고의 선이라고 생각했다. 당시 젊은이들에게 아름다운 것들은 투쟁, 희생, 혁명 같은 검붉은 색의 것들이었다.

학교 신문사의 학생기자가 되었다. 애써 만들었던 신문이 검열에 의해 삭제되고, 아예 신문의 배포 자체가 금지되기도 했다. 학교 밖에서는 더욱 경악할 일들이 벌어졌다. 그해와 그 다음 해 여러 학생들이 목숨을 잃었다.

그리고 1987년 1월. 박종철 군이 공안기관에 연행돼 조사를 받던 중 사망했다. 그리고 얼마 후 경찰이 박 군을 고문했을 뿐 아니라 고문 중 사망 사실을 은폐하려고 증거를 조작했다는 진실이 드러났다. 학생기자들은 제1면을 박종철 군 고문 조작 사건 특집으로 가득 채워 신문을 제작했다. 권력은 그 신문의 배포를 금지했다. 학생기자들은 교내의 학생들을 상대로 서명운동을 하고 철야농성을 했다. 그러던 어느 날 국가정보요원들은 편집장 선배를 체포해 알 수 없는 곳으로 끌고 갔다. 학생기자들은 더 이상의 싸움을 포기했다.

1987년 6월. 그 해 4월 독재자 대통령이 시민과 야당이 요구하는 대통령 직선제 개헌을 받아들이지 않겠다고 발표했다. 시민들과 학생들이 거리로 뛰쳐나온 것은 그 해 6월이었다. 태극기를 앞세우고 행진해 온 시민들이 도심 한 가운데에서 만나 감격의 눈물을 흘렸다. 시민들의 힘에 의해 헌법이 개정되었다. 그동안 흉내만 내던 대통령 선거가 국민들의 직접 선거로 개정되었고, 헌법재판소가 설립되었다.

02

1992년 겨울

군복무를 마쳤고 대학을 졸업했다. 시도하지 않으리라고 공언했던 고시공부를 시작했다. 시작부터 좌절이었다. 그 공부가 어떤 의미를 갖는가에 대한 확신이 없다는 것이 가장 큰 어려움이었다. 신림동 고시원 콘크리트 벽 사이에서 외로움과 절망감으로 쪼그라들었다.

그나마 의미를 주는 것이 헌법 공부였다. 그렇다고 헌법을 신뢰했다고 말할 수는 없다. 그때까지도 헌법은 책에만 존재하는 것이었다. 헌법이 변화를 만들어 내리라고는 기대하지 않았다. 그런데 불가능이라고 생각했던 일들이 이뤄지기 시작했다. 헌법재판소가 법률에 대한 위헌결정을 내리기 시작한 것이다. 낡은 관행의 질서가 벗겨졌고, 요지부동이었던 권력이 헌법에 복종하기 시작했다.

저녁마다 헌법재판소의 결정문을 읽으며 흥분했다. 다수의견을 읽으며 고개를 끄덕였는데 반대의견을 읽으며 고개를 더 크게 주억거리고 있었다. 결론이 내려졌음에도 반대의견이 힘 있게 살아 있을 수 있다는 것, 그 의견이 언젠가 다수의견이 될 시기를 기다리고 있다는 것이 내 영혼을 열광하게 했다. 그리고 무엇보다도 하위법의 해석에서도 보지 못했던 토론이 최고법인 헌법해석에 관해 이뤄지고 있다는 사실!

우리 사회에서 교육받으면 익숙해지는 것이 하나 있다. 정답의 존재가 그것이다. 모든 일에는 정답이 있다. 우리 사회에서 생존하기 위해서는 그 정답을 기억하는 것이 중요하다. 정답을 알지 못하거나, 택하지 않았을 경우에는 어떤 형태로거나 제재를 받기 때문이다. 그런데 정답을 강요하지 않는 헌법재판소의 결정으로 세상이 변화하기 시작했다. 사실 세상을 변화시킨 것은 사람들의 바뀐 생각이었다. 점점 더 많은 사람들이 헌법재판소의 정답 없는 토론이 전해주는 설득력에 동의하고 있었다.

'만일 더 많은 사람들에게 이 논의를 알릴 수 있다면 우리 사회는 더 많이 변할 수 있을 것이다.'

헌법의 논의와 질문을 담은 책을 쓰고 싶다는 소망을 키우게 된 것은 대략 그 무렵이었다.

03

2015년 여름, 베를린

그 해 베를린의 수은주는 연일 40도를 넘나들었다. 독일 전체가 기록적인 더위에 헐떡거렸다. 멀리 피서를 떠나지 못한 베를린 시민들은 근교 호수에서 피서를 했다. 물이 있어 시원하고, 숲이 있어 한가롭다.

어느 한증막 같은 일요일. 전철을 세 번 갈아타고 근교의 호수 슐라흐텐제Schlachtensee에 도착했다. 시각은 이미 늦은 오후. 호숫가와 물속에는 아직도 제법 많은 사람들이 있었다. 갈색 물속에 몸을 담그니 뜨겁던 몸과 머리가 식기 시작한다. 그때 문득 호수 건너편에 가보고 싶다는 생각이 들었다. 무모한 생각을 실행에 옮기는 버릇이 있는 사람들에게 이런 생각은 위험하다. 마음속에서 벌써 두려움의 갈등이 일기 시작했다.

'말도 안 되는 생각이야. 자신의 생명을 소중하게 생각하자.'

'멋진 추억이 될 수도 있어. 해볼 만한 도전일지도 몰라.'

고구마처럼 생긴 호수였다. 긴 쪽은 7~8킬로미터의 먼 길이었지만, 가로지르는 쪽은 직선거리로 채 1킬로미터가 되지 않는 단거리. 그쪽이라면 도전해볼 만한 거리였다. 온갖 자연 속의 변수가 제거된 수영장에서라면 말이다. 깊이 생각해보지도 않은 채 출발하고 말았다. 스스로에게도 제대로 알리지도 않은 채 무모한 도전을 시작한 것이다.

2015년은 여러 가지 어려운 고비를 넘긴 해였다. 악화된 목 디스크 증상으로 통증 속에 잠들고, 통증 속에 깨어나야 했다. 언제 끝날지 알 수 없는 통증은 공포를 준다. 이제 시간을 막연하게 보낼 수 없는 시점이다. '우물쭈물 하다가 이렇게 될 줄 알았다'는 말을 남기고 싶지는 않다. 하고 싶은 여러 가지 일 가운데 가장 절실한 것 두 가지를 노트에 적었다.

첫 번째, 25년 전에 결심한 책을 쓸 것.
두 번째, 우리가 헌법재판제도를 수입한 독일이라는 나라에서 헌법과 민주주의가 제대로 작동하는 모습을 보고 공부할 것.

2015년 6월. 근무하던 학교에 사직서를 제출했다. 그리고 가족을 몰아 무작성 베를린 행 비행기를 탔다. 남들이 일반석으로 하지 않는 선택을 하고 나니 겁이 났다. 새벽마다 두렵고 쪼그라든 마음으로 소리를 지르면서 깨었다. 걱정으로 우그러진 마음은 동이 트고 나서야 펴지곤 했다. 갑자기 거대한 수조에 빠져 파닥거리고 있는 파리가 된 기분이었다. 그 파리가 이번에는 수조보다 더 큰 호수에 빠진 것이다.

고개를 들어 도착하려는 건너편 물가를 다시 한 번 바라보았다. 거리가 전혀 좁혀지지 않았다. 짙은 갈색의 호수는 그 넓이도, 깊이도 전혀 가늠할 수 없었다. 뒤돌아보니 내가 떠나온 쪽도 같은 정도의 거리이다. 방향을 거꾸로 돌리는 데에는 많은 체력이 소모된다. 방향을 잘 맞출지도 자신이 없다. 진행하던 방향으로 계속 전진하기로 마음을 먹었다.

이제 많이 지쳤다. 숨을 헐떡이며 다시 한 번 고개를 들어 거리를 확인한다. 아무리 헤엄쳐도 거리가 좁혀지지 않는다. 아무래도 직선으로 가고 있지 않은 모양이다. 도저히 도달할 수 없을 것 같다. 포기해야 하는 걸까?

머릿속에 많은 사람들의 얼굴이 떠올랐다. 갑작스런 사고에 놀라고 당황한 가족들. 내 장례식에 조문 온 헌법재판소의 예전 동료들. 또 다른 사람들의 얼굴도 떠오른다. 독일로 떠나겠다고 할 때 걱정하며 말리던 학교의 동료 교수님들이다.

'그래 고작 그렇게 인생을 끝내려고 독일로 갔나? 왜 하지 말라는 짓을 해. 사람들이 말리는 길에는 다 이유가 있는 것을, 쯧쯧.'

정말 나의 선택은 잘못되었던 것인가, 이렇게 끝나는 것인가?

04
2016년 가을

글을 쓰기 시작한 지도 벌써 일 년이 되었다. 생각은 저 앞에서 이리 저리 뛰고 있는데 글은 좀처럼 앞으로 나가지 않았다. 오랫동안 구상해 왔기 때문에 몇 달이면 쉽사리 끝낼 수 있으리라고 생각했던 글이 일 년이 넘어도 같은 자리에서 맴 돌고 있다.

그 때 서울에서 믿기 어려운 뉴스가 날아들었다. 대통령이 정체를 숨긴 사람의 판단에 맹목적으로 의지해 정치를 해왔다는 소식이었다. 곧이어 대통령이 재벌과 거래했다는 뉴스, 생각이 다른 사람들의 리스트를 만들어 차별하고 억압했다는 뉴스가 전해졌다. 권력을 견제하는 임무를 맡은 누구도 저항하지 않았다. 권력에게 물려놓았던 재갈을 완벽하게 놓친 것이다.

절대권력을 가지고 있었던 그는 질문받기를 싫어했다. 그래서 누구도 질문하지 못했다. 헌법이 다시 나타나기 시작한 것은 그를 향한 질문이 시작되었을 때다. 질문들이 등장하면서 헌법이 살아나기 시작했다. 끝내 질문받기를 거부했던 그는 추락하고 말았다.

나쁜 권력에 대한 가장 위력적인 대응은 합리적이고 정당한 질문을 하는 것이다. 헌법의 마지막 보호장치라는 질문의 쓰임새를 알고 있는 시민들은 동료 시민들의 질문을, 그것이 설혹 자신과 다른 생각에 기초한 질문이라고 해도, 감사히 여긴다. 우리 사회에 질문이 넘칠 때 권력을 통제할 수 있고, 자신의 자유가 비로소 안전해지는 것을 알고 있기 때문이다.

05
2017년 봄, 그리고 여름

검은 구름에 잠겨 있던 숲이 푸른 하늘아래 빛나는 초록색으로 부서지고 있다.

시민들의 용기에 감동했고, 지혜에 탄복했다.

그리고 매일 같이 '마일발트' 숲을 걸었다.

이제 가까스로 원고 쓰기를 마친다.

헌법재판소 〈윤석열 탄핵심판 2차 변론〉 전문
(2025.1.16.)

안녕하십니까? 청구인 측 대리인 김진한 변호사입니다.

2024헌나8 대통령 윤석열 탄핵심판 사건의 피청구인에 대한 탄핵소추 사유 및 그 위헌 위법성을 쟁점별로 살펴보겠습니다.

우선 서론입니다.

탄핵소추 의결서에 있는 소추 사유에는 비상계엄 선포 행위와 국헌 문란 행위가 있습니다. 사실상 비상계엄 선포 행위 역시 국헌 문란 행위이기 때문에 다음의 다섯 가지 국헌 문란 행위가 소추 사유가 되겠습니다.

첫 번째, 비상계엄 선포 행위
두 번째, 국회 봉쇄 및 침입 행위

세 번째, 군 병력에 의한 중앙선거관리위원회 침입 행위 및 압수 행위

네 번째, 계엄 포고령 선포 행위

다섯 번째, 법관들에 대한 체포 구금 지시 행위

구체적인 쟁점에 들어가기에 앞서 국헌 문란 행위는 왜 중대한 헌법 위반 행위인가에 관해서 말씀드리겠습니다. 사람들은 국가권력이 필요합니다. 국가권력이 없으면 우리와 가족들의 생명과 자유, 재산이 모두 위태롭습니다. 그래서 사람들은 국가를 세웠고 국가권력을 만들었습니다.

그런데 국가권력 자체도 본질적으로 내재적인 위험성을 가지고 있습니다. 국가가 갖고 있는 자의적 성질, 이기적 성질, 폭력적 성질로 인해 많은 사람이 국가권력에 의해 희생당한 사례, 자유가 침해당한 사례가 우리 인류 역사에서 수없이 많습니다.

그래서 사람들이 수백 년에 걸친 싸움과 갈등 속에서 새로운 지혜를 깨닫고 만들어낸 것이 헌법과 권력통제 시스템입니다. 권력을 한 사람이나 한 국가기관에 집중시키지 않고 여러 기관에 배분해서 서로 견제하고 통제하도록 하는 것. 그 권력견제와 통제, 균형과 조화의 톱니바퀴가 바로 헌정 질서이고, 그 헌정 질서를 침범하는 것이 바로 국헌 문란 행위입니다.

따라서 국헌 문란 행위는 단순히 국가기관을 침범하는 행위가 아닙니다. 바로 이 권력견제와 균형의 시스템 자체를 파괴하는 행위가 국헌 문란 행위이고, 국헌 문란 행위가 중대한 헌법 위반인 것은 바로 그 시스템이 지키려고 하는 우리들의 생명과 자유, 안전을 침해하는 행위이기 때문입니다.

구체적인 소추 사유를 그 위헌 위법성과 함께 검토해보겠습니다.

첫 번째로 비상계엄 선포 행위입니다.

12·3 비상계엄 선포 행위는 헌법에 정한 요건과 절차를 전혀 준수하지 않은 위헌적 비상계엄입니다.

우선 실체적 유연성에 관해서 보겠습니다. 민주공화국에서 독재정치는 허용되지 않습니다. 하지만 비상시에 독재정치와 유사한 권력 집중을 허용하는 것이, 법과 제도로서 독재와 유사한 정치를 허용하는 것이 바로 비상계엄입니다. 따라서 헌법 제77조에서는 그 위험한 비상계엄 선포를 엄격하게 요건을 규정함으로써 통제하고 있습니다. 첫 번째는 전시 사변 또는 이에 준하는 국가 비상사태의 존재이고, 두 번째는 병력으로써만 공공의 안녕질서를 유지할 수 있는 경우라는 요건입니다. 12·3 비상계엄 선포 당시 이와 같은 요건이 전혀 충족되지 않았음은 모든 국민이 다 알고 있습니다.

피청구인은 주장합니다. 국가긴급권 발동의 요건은 대통령의 자유재량으로 결정할 수 있는 것이다 하지만, 헌법재판소는 1996년 긴급재정명령에 관한 사건에서 다음과 같이 판시했습니다. "국가긴급권 발동의 요건 판단은 대통령의 자유재량이 아니다. 객관적으로 대통령의 판단을 정당화할 수 있을 정도의 위기상황이 존재해야 한다."

12월 3일은 입법, 행정사법, 우리 사회질서, 모든 것이 정상적으로 작동하고 있는 평범한 날이었습니다. 헌법상, 계엄법상 전혀 요건을 갖추지 못한 비상계엄 선포였음을 모든 국민이 다 알고 있고, 피청구인이 그와 같은 위헌적인 비상계엄을 빌미로 국회에 군대를 침투시켜서 국회 회의를 방해했던 장면은 모든 국민이 TV 생중계를 통해서 목도한 공지의 사실입니다.

다음으로 절차 위반에 관해서 보겠습니다. 절차 위반은 단지 대통령의 권한 행사 방식 위반의 문제가 아닙니다. 그것은 행정부 내의 절차적 통제, 권력 통제에 관한 법들을 준수하지 않은 문제입니다. 중요한 헌법상 절차 위반만 살펴보기로 하겠습니다.

우선 국무회의 심의 절차를 위반했습니다. 헌법에는 대통령이 중요 정책을 결정함에 있어서 대통령의 자의적 결정이나 독선적 결정을 방지하기 위해 국무회의 심의 절차를 두고 있습니다. 특히 헌법 제88조 제1항과 제89조 제5호에서는 계엄 선포를 국무회의의 필수적인 심의 사항으로 명시하고 있습니다.

12월 3일 국무회의와 유사한 회의가 대통령실에서 열리긴 했습니다. 하지만 국무총리를 비롯한 국무위원들은 그 회의가 정상적인 국무회의가 아니었음을 모두 인정하고 있습니다. 대통령은 일방적으로 비상계엄 선포를 통지했고, 대화 도중 갑자기 자리를 떠나 생방송으로 비상계엄을 선포했습니다. 회의나 대화 내용을 기록한 정상적인 회의록도 존재하지 않습니다.

다음으로 국법상 행위인 문서주의와 부서 원칙 위반에 관해서 보겠습니다. 이것도 역시 행정부 내의 권력통제 장치라고 할 수 있는 것입니다. 헌법 제82조는 대통령의 국법상 행위는 문서로써 해야 하고 국무총리와 관계 국무위원이 부서해야 한다고 규정하고 있습니다. 피청구인은 12월 3일 비상계엄을 문서의 형식으로 선포하지 않았고, 국무총리와 관계 국무위원들의 부서도 존재하지 않습니다. 헌법 제82조의 문서주의 부서 제도를 위반하였음이 명백합니다.

헌법을 쓰는 시간

세 번째 절차 위반으로 계엄 선포 시 지체 없는 국회 통보 의무 위반에 관해서 보겠습니다. 헌법 제77조 제4항에서는 대통령이 계엄을 선포할 때 지체 없이 국회에 통과할 의무를 규정하고 있습니다. 이는 국회가 계엄을 통제할 수 있는 권한, 즉 계엄 해제 요구 결의를 할 수 있도록, 그것이 가능하도록 하는 절차입니다.

피청구인은 국회에 대한 통보 의무를 전혀 이행하지 않았고, 오히려 경찰력을 동원해서 국회의원들이 국회에 들어가지 못하도록 막았습니다. 피청구인의 비상계엄 선포 후 국회 통보 의무 위반은 중대한 헌법 절차 위반입니다. 결국 피청구인의 12·3 비상계엄 선포는 헌법상 요건과 질차 중 어느 하나도 준수하지 않은 위헌직인 비상계엄 선포였습니다.

두 번째, 국헌 문란 행위로서 국회 봉쇄 및 침입 행위에 관해서 보겠습니다.

피청구인은 계엄 해제 요구 결의를 하고 있는 국회를 공격했습니다. 경찰을 통해 국회의원들의 국회 진입을 막았고, 또한 군을 투입해서 본회의장 안에서 계엄 해제 요구 결의를 하고 있는 국회의원들을 강제로 끌어내려고 했습니다.

대통령의 비상계엄 선포는 헌법의 모든 원칙과 구조를 파괴할 수 있는 가장 무서운 권한 행사입니다. 이를 견제할 수 있는 유일한 헌법적인 수단은 국회의 계엄 해제 요구권 단 하나밖에 없습니다. 그런데 대통령은 바로 그 계엄 해제권을 파괴하려 한 것입니다.

권력견제의 헌법 장치를 파괴하려고 한 피청구인의 행위는 국헌 문란 행위입니다. 만일 국회가 피청구인의 방해 행위로 인해 계엄 해제 의결에 실패했다면 지금 이 시기 대한민국에는 독재정치 또는 군정통치가 도래해 있을 것입니다. 이것은 명백한 헌법 파괴 행위입니다.

다음으로 국회의장, 국회의원들에 대한 체포 지시에 관해서 보겠습니다. 피청구인은 국회의장과 야당 대표 등 자신에 반대하는 정치 인사들에 대한 체포 및 구금을 지시했습니다. 헌법 제44조 제1항에는 회기 중 국회의원의 불체포특권을 규정하고 있습니다. 더 나아가 계엄법 제13조에서는 회기 중이 아니라 하더라도 계엄 중에는 국회의원의 불체포특권을 보장하고 있습니다.

피청구인의 행위는 헌법 제44조, 계엄법 제13조의 불체포특권 규정을 정면으로 위반한 행위입니다. 더욱이 피청구인의 국회의장, 국회의원 등에 대한 체포 지시 행위가 국회의 계엄 해제 요구 결의를 차단하기 위한 목적이었다고 한다면 그것은 더욱 중대한 위헌 행위입니다. 이것은 자유민주적 기본질서를 침해하는 행위이며, 대의민주주의 원칙에 정면으로 반하는 행위입니다.

세 번째, 국헌 문란 행위인 중앙선거관리위원회 침해 행위의 위헌성에 관해 보겠습니다.

피청구인은 중앙선거관리위원회에 군대를 침투시켜 선거관리 서버 및 직원, 휴대폰 등을 압수수색하였고, 직원들에 대한 체포 구금 계획까지 세웠습니다. 중앙선거관리위원회는 헌법상 독립된 헌법기관입니다. 다른 권력기관, 특히 행정부의 부당한 선거 간섭을 제도적으로 배제한다는 의미에서 독립된 헌법기관으로 설립한 것입니다.

이처럼 비상계엄하에서도 특별한 조치를 할 수 있는 독립된 헌법기관을 침해한 행위는 헌법 제77조 제3항과 제114조에 위반하는 행위입니다.

다음으로 직원의 휴대전화 압수 행위에 관해서 보겠습니다.

피청구인은 12월 3일 비상계엄 선포 직후에 병력을 선거관리위원회에 침투시켜 당일 당직을 서고 있던 직원들을 제압하고 그들의 휴대전화를 압수했습니다. 이는 당직자들이 외부나 상급자에게 연락하여 도움을 요청하지 못하도록 한 행위라고 할 수 있습니다. 이것은 헌법 영장주의 위반이고 신체의 자유 침해이며, 통신의 자유 침해인 동시에 선거관리위원회의 독립성에 대한 침해라고 할 것입니다.

네 번째, 국헌 문란 행위인 포고령 제1호의 위헌 위법성에 관해서 보겠습니다.

다음은 포고령 제1호의 일부입니다.

계엄사령부 포고령(제1호)

1. 국회와 지방의회, 정당의 활동과 정치적 결사, 집회, 시위 등 일체의 정치활동을 금한다.
2. 자유민주주의 체제를 부정하거나, 전복을 기도하는 일체의 행위를 금하고, 가짜뉴스, 여론 조작, 허위 선동을 금한다.
3. 모든 언론과 출판은 계엄사의 통제를 받는다.

포고령 제1호에 국회의 정치활동 금지를 규정하고 있습니다. 이는 국회 기능을 중단시키려는 의도이며, 대의민주주의 원칙의 본질을 침해하는 포고령입니다.

포고령에 있는 다른 조항들의 내용을 보면 국민의 정치활동의 자유, 정당활동의 자유, 언론 출판의 자유, 단체행동권 등 기본권을 전면적·본질적으로 침해하고 있습니다. 이것은 계엄 선포 이후에 국민의 반대와 저항을 예측하고 그 반대와 저항을 억압하기 위한 목적으로 만들어진 포고령이라고 하겠습니다. 자유민주적 기본질서의 핵심은 정치적 반대파의 보호입니다. 포고령 내용에는 정치적 반대파를 반국가 세력으로 몰아 제거하려고 합니다. 이것은 자유민주적 기본질서를 폐지하고 독재를 선언하는 것과 다름없다고 할 것입니다.

포고령 제1호의 내용은 이미 비상계엄 자체가 위헌이기 때문에 위헌적입니다. 하지만 설령 적법하고 정당한 비상계엄 선포였다고 하더라도 그 내용이 기본권과 자유민주적 기본질서를 본질적으로 침해하는 내용이기에 위헌적인 포고령입니다.

마지막으로 사법부 주요 인사에 대한 체포 구금 지시의 위헌성에 관해서 보겠습니다.

피청구인은 아무런 근거나 범죄 혐의도 없이 전직 대법원장을 비롯한 전·현직 법관에 대한 체포 구금을 지시했습니다. 헌법은 제105조, 제106조에서 대법관과 법관의 신분을 보장하고 있습니다. 헌법상 법관의 신분 보장은 단지 법관 개인의 신분 보장이 아닙니다. 그것은 사법권 독립의 보장이고 권력분립 원칙의 보장이며, 법치주의 원칙의 가장 기본적인 전제입니다.

그럼에도 불구하고 피청구인은 이러한 헌법의 명령을 정면으로 위배한 반헌법적인 행위를 했습니다. 또한 이와 같은 사법부 주요 인사에 대한 체포 구금 지시로 인해서 공정한 재판이 방해되고 공정한 재판이 위축된다고 하면 모든 국민의 공정한 재판을 받을 권리마저도 침해되는 것입니다.

헌법을 쓰는 시간

*

피청구인의 헌법 위반 행위의 중대성에 관해서 보겠습니다.

헌법재판소는 두 번의 대통령 탄핵심판 사건에서 헌법이나 법률 위배의 중대성 판단 기준을 선언한 바 있습니다. 그것은 대통령을 임기 중 파면할 정도로, 첫째 법 위배 행위가 헌법 수호의 관점에서 중대한 의미를 가지는 경우, 둘째 대통령의 법 위배 행위를 통해서 국민의 신임을 중대하게 배반한 경우라는 기준입니다.

먼저 첫 번째 법 위반의 중대성에 관한 사항을 보겠습니다.

앞서 본 바와 같이 피청구인은 절차와 요건을 전혀 갖추지 않은 비상계엄 선포를 했고, 계엄 해제 결의 중인 국회에 대한 공격 행위를 했습니다. 이것은 법치국가 원칙에 대한 전면적인 공격 행위라고 할 것이고, 이것만으로도 중대한 헌법 위반 행위이며, 독재정치를 선포한 것과 다름없는 행위입니다. 또한 그밖에 열거한 국헌 문란 행위들은 모두 자유민주적 기본질서, 권력분립의 원칙, 법치국가 원칙에 반하고 대통령의 헌법 수호 의무에 위반되는 헌정 파괴 행위입니다.

다음으로 국민들의 신임에 대한 배신에 대해서 보겠습니다.

피청구인은 앞서 살펴본 법 위반 행위, 헌법 위반 행위로 이미 국민들의 신임에 대한 심각한 배신 행위를 했습니다. 그러나 거기서 그치지 않았습니다. 피청구인은 헌법을 준수하고 보호할 의무를 선서한 대통령입니다. 그럼에도 불구하고 현재까지 헌정 질서 침해 행위를 반성하지 않고 있으며, 오히려 국민을 분열시키는 음모론에 기초한 반헌법적인 주장을 하고 있습니다. 또한 위헌적인 비상계엄과 모든 국헌 문란 행위를 정당화하려고 시도하고 있습니다.

피청구인에게는 대한민국의 헌법 수호 의지가 전혀 없습니다. 따라서 대통령으로서 국정을 담당할 자격이 없다고 할 것입니다.

＊

헌법 수호 필요성의 관점을 살펴보겠습니다.

피청구인은 매우 위험합니다. 만일 이 사건의 탄핵심판 청구가 기각되어 피청구인이 대통령 직무에 복귀한다면 과연 피청구인이 어떤 위헌적인 행위를 할 것인지 전혀 예측할 수 없습니다. 그래서 많은 국민이 불안해하고 있습니다. 만일 피청구인의 헌정 파괴 행위를 받아들이고 그리하여 피청구인을 파면하지 않는다고 한다면 이를 본보기로 삼은 미래의 독재자를 키워내는 결과가 될 것입니다.

피청구인은 우리 국민이 가까스로 이룩해놓은 대한민국의 민주주의 헌정 질서를 50년 이전으로 후퇴시켰습니다. 그는 민주공화국을 배신하였습니다. 그가 대한민국 헌정 질서에 남긴 상처는 오랫동안 지속될 것입니다. 그로 인한 갈등과 혼란 역시 우리를 계속해서 괴롭힐 것입니다.

우리는 민주주의 상처를 치유하고 법치주의를 다시 일으켜 세워야 합니다. 그래서 피청구인을 대통령직에서 파면해야 합니다. 그것이야말로 대한민국의 상처 입은 헌정 질서를 정상으로 회복하는 가장 중요한 첫걸음이 될 것입니다.

＊

결론입니다.

피청구인에 대한 탄핵심판 청구는 충분하게 이유 있는 경우로서 반드시 파면할 필요가 있습니다. 헌법재판관님들의 지혜롭고 공정한 판단을 간곡하게 부탁드립니다. 감사합니다.

감사의 글

　오래 마음에 두고 있던 책이 실제로 출판되어 나오리라고 예견하지 못했다. 책을 쓰는 동안 행복에 겹기도 하였지만 적잖은 좌절의 순간이 있었다. 원고를 읽고 격려해주신 소중한 분들이 없었다면 이 작업을 마치는 것은 진실로 가능하지 않았다.

　추천사라고 하는 어려운 부탁을 선선하게 들어주신 윤영미 교수님을 비롯하여 김두식 교수(경북대 법전원), 김복기 교수(서울대 법전원), 정광현 교수(한양대 법전원), 김동훈 헌법연구관, 전형호 변호사의 꼼꼼한 조언과 따뜻한 지지에 감사드린다.

　조언해주신 분들 가운데에는 법학을 공부하지 않은 분들도 적지 않았다. 법을 공부하지 않은 독자들을 위한 책이었기에 이 분들의 의견이 더욱 소중하고 감사하였다. 이영미, 김진국, 전창록, 한만조, 곽은진님의 칭찬과 질책에 특별한 감사의 말씀 드리고 싶다.

　먼 길을 떠나겠다는 중년의 아들을 '더 나이 들면 못하는 일이다'라며 선선히 보내주시던 나의 스승 어머니, 책을 쓴답시고 들어 앉아 세끼 밥을 축내는 남편을 참아주었던 예쁜 아내에게 감사와 사랑의 마음을 전한다.

가끔 폭발하는 아빠의 날카로운 신경을 묵묵히 참아준 기태와 재미없는 이야기를 재미있게 들어준 태희에게 고맙다는 말, 그리고 이제는 이 책을 한번 읽어 보라는 말을 전하고 싶다.

초보 저자를 믿고 출판을 허락해주신 메디치미디어의 김현종 대표님, 별것 아닌 글을 송구스러울 만큼 높이 평가해주시고 꼼꼼하게 제언해주신 메디치미디어 편집부에 특별한 감사의 말씀을 드린다.

"지금 우리 국민들이 헌법시험을 본다면 점수가 상당히 높게 나오지 않을까요?"

"그렇겠네요. 헌법재판제도, 탄핵요건, 구속영장제도……."

2017년 5월 중순, 탄핵의 소용돌이가 지나가고 새 대통령이 취임한 직후 이제 법조인이 된 로스쿨 졸업생들과 모인 자리에서 주고받은 말이다. 실은 한 해 전 가을까지만 해도 경제발전에 비해 우리 국민들이 민주시민으로서의 역할을 익힐 시간이 너무 부족했다며 탄식하곤 했다. 그러나 놀랍게도 그해 연말 이후 사정이 바뀌었다. 시민들이 직접 나서서 세상을 바꾸고, 직업 정치인들에게 비판이나 지지를 보내며 적극적으로 정치에 참여하는 모습은 일상이 되었다.

현대인은 여러 가지 네트워크로 더 긴밀하게 연결되고 있다. 숲 속에서 소박하고 독립적인 '자연인'의 생활을 보여주는 텔레비전 프로그램이 꾸준한 인기를 얻는 현상은 이러한 연결의 과도함, 생존을 위해 끊임없이 나를 세상에 맞추어야 하는 삶의 방식에서 오는 스트레스가 만만치 않음을 짐작하게 한다. 그러나 '타잔'처럼 자급자족하는 생활을 선택하지 않는다면 공동체 속에서 나의 위치와 역할을 알아야 할 필요가 있다.

국경을 넘어 세계가 연결되고 있는 시대이지만 국가는 개인의 삶에 여전히 큰 영향력을 행사한다. 현대인은 생활의 많은 부분을 국방, 치안, 교육이나 의료서비스, 연금 등의 형태로 제공되는 공공재나 공적 급부에 의존한다. 국민은 소득의 일부를 국가에 납부하고, 국가는 엄청난 규모의 자원을 관리하고 재분배한다. 그래서 우리는 선진적 제도를 도입해 시스템을 마련하고, 지도자의 자질을 갖춘 사람들을 선출해 정책결정을 하도록 맡기며, 우수한 인재들을 직업공무원으로 임용해 정부 업무를 전문적으로 수행하게 한다.

그러나 우리가 직접 겪어온 현실을 돌아보면, 우리 사정에 맞는 좋은 시스템을 마련하거나 선한 의지와 능력을 갖춘 대표를 뽑는 일은 의도와 다르게 흘러가기도 한다. 급기야 시스템 작동에 큰 문제가 생길 때도 있다. 감시받지 않는 정치권력은 부패하고, 사회세력 가운데서도 기회만 생기면 부당한 이익을 추구한다. 뿐만 아니라 그러한 기회를 만들고 기득권을 강화하기 위한 환경을 만들려는 시도가 끊임없이 나타난다. 이는 마치 적당한 조건이 갖추어지면 세균이 번식하는 것처럼 자연스런 현상이라고 할 수 있다. 그러니 주권자인 시민은 항상 깨어 있으면서 국가와 사회의 현실을 파악하고, 정치에 참여해야만 한다. 중요한 일을 고용된 사람에게만 맡겨두고 잘 되기를 바랄 수만은 없기 때문이다.

말하자면 이 책은 시민이 주권자 역할을 제대로 하기 위해 읽어야 할 안내서다. 국가의 기본적 조직과 정치 과정을 규율하는 원리와 제도, 시민의 기본권을 폭넓게 다루었지만 일상용어로 서술되어 읽기 쉽고, 곳곳에 짧은 이야기와 유용한 정보가 들어 있어서 재미도 있다. 단숨에 전체를 읽을 여유가 없다면 관심이 가는 부분을 골라서 읽어도 유익하리라 믿는다. 간혹 글쓴이의 의견에 동의할 수 없다 하더라도 누구의 생각이 틀렸다고 단정할 필요는 없다. 헌법적 쟁점에 관해서는 종종 여러 가지 해석이 가능하며, 글쓴이의 말처럼 헌법의 저자는 결국 '시민'이다.

나는 글쓴이가 헌법연구관으로 일할 때 헌법재판소에서 함께 일했다. 두 사람 다 법학전문대학원으로 소속을 옮긴 후에는 가끔 다른 옛 동료들과 함께 인사동에서 만나 차를 마시며 헌법재판이나 정치 현안을 주제로 이야기를 나누곤 했다. 글쓴이는 예전부터 우리나라 민주주의의 발전에 기여하는 역할에 관심을 가지고 있었다. 학교에 사직서를 내고 독일로 떠나기 직전에는 시민을 위한 헌법, 시민을 위한 민주주의에 대한 책을 쓰고 싶다던 말이 기억난다. 세상 모든 일은 인과관계로 서로 연결되어 있으니 우연이란 없다고 믿는다. 하지만 요즘 겪은 일들이 예사롭지 않게 느껴지던 차에 한동안 소식이 뜸하던 글쓴이로부터 메일이 왔다. 동료 시민들에게 요긴하게 쓰일 수 있는 책이 때에 맞게 준비되었기에 반가운 마음으로 추천사를 쓴다.

2017년 6월 20일

윤영미(고려대학교 법학전문대학원 교수)

참고문헌

국내문헌

가이우스 율리우스 카이사르, 김한영 역, 《갈리아 전쟁기》, 사이, 2005

김정후, 《유럽건축 뒤집어보기》, 효형출판, 2007

김하열, 《헌법소송법》, 박영사, 2016

노명식, 《프랑스 혁명에서 파리 코뮌까지(1789-1871)》, 책과함께, 2011

로버트 스테이시·주디스 코핀 공저, 손세호 역, 《새로운 서양 문명의 역사 - 하》, 소나무, 2014

로버트 카플란, 이상옥 역, 《지중해 오디세이》, 민음사, 2007

미셸 푸코, 오생근 역, 《감시와 처벌》, 나남, 2016

박석무, 《다산 정약용 평전》, 민음사, 2014

박우룡, 《영국 - 지역, 사회, 문화의 이해》, 소나무, 2002

앤서니 루이스, 박지웅·이지은 공역, 《우리가 싫어하는 생각을 위한 자유》, 간장, 2010

앨너 브링클리, 손세호 외 공역, 《있는 그대로의 미국사》, 휴머니스트, 2011

에마뉘엘-조제프 시에예스, 박인수 역, 《제3신분이란 무엇인가》, 책세상, 2003

앨리슨 위어, 하연희 역, 《엘리자베스 1세》, 루비박스, 2007

오인석, 《바이마르 공화국의 역사》, 한울아카데미, 1997

이준일, 《헌법학강의》, 홍문사, 2008

정위안 푸, 윤지산·윤태준 공역, 《법가, 절대권력의 기술》, 돌베개, 2011

조지프 캠벨, 이진구 역, 《신의 가면 1 : 원시 신화》, 까치, 2003

조지형, 《헌법에 비친 역사》, 푸른역사, 2007

조지형, 《미국헌법의 탄생》, 서해문집, 2012

존 로크, 강정인·문지영 공역, 《통치론》, 까치, 2007

존 스타인벡, 김승욱 역, 《분노의 포도》, 2008

존 스튜어트 밀, 서병훈 역, 《대의정부론》, 아카넷, 2012

주경철, 《테이레시아스의 역사》, 산처럼, 2002

한수웅, 《헌법학》, 법문사, 2017

허영, 《한국헌법론》, 박영사, 2017

외국문헌

Andras Sajo. *Limiting Government.* Central European University Press, 1999.

Arend Lijphart. *Parliamentary versus Presidential Government.* Oxford University Press, 1992.

Baum, Lawrence. *The Supreme Court.* SAGE, 2012.

Chemerinsky, Erwin. *Constitutional Law: Principles and Policies.* Aspen Publishers, 2006.

Gressman, Eugene. *Supreme Court Practice.* BNA Books, 2007.

Hamilton, Alexander, and James Madison. *The Federalist Papers.* Barnes and Noble, 2004.

Lamb, Brian, and Susan Swain, Mark Farkas. *Supreme Court: A C-Span Book Featuring the Justices In Their Own Words.* Public Affairs, 2011.

O'Connor, Sandra Day. *The Majesty of the Law.* Random House, 2003.

Rehnquist, William H.. *The Supreme Court.* Vintage, 2001.

헌법을 쓰는 시간

권력을 제한하는 여섯 가지 원칙

초판 1쇄 2017년 7월 15일 발행
개정판 1쇄 2025년 2월 14일 발행

지은이 김진한
펴낸이 김현종
출판본부장 배소라 **책임편집** 이솔림 **편집** 최세정 진용주
디자인 김기현 **마케팅** 안형태 김예리
미디어·경영지원본부 신체선 배법선 문상철 신인걸

펴낸곳 (주)메디치미디어
출판등록 2008년 8월 20일 제300-2008-76호
주소 서울특별시 중구 중림로7길 4
전화 02-735-3308 **팩스** 02-735-3309
이메일 medici@medicimedia.co.kr **홈페이지** www.medicimedia.co.kr
페이스북 facebook.com/medicimedia **인스타그램** @medicimedia
유튜브 www.youtube.com/@medici_media

© 김진한, 2017·2025
ISBN 979-11-5706-397-0 (03300)